U0921689

广东省哲学社会科学“十二五”规划项目

清末守旧派研究

QINGMO SHOUJIUPAI YANJIU

黄庆林◎著

人民出版社

责任编辑：邵永忠
封面设计：黄桂月
责任校对：吕　飞

图书在版编目（CIP）数据

清末守旧派研究／黄庆林 著．—北京：人民出版社，2018.9（2021.4 重印）
ISBN 978－7－01－019702－9

Ⅰ.①清…　Ⅱ.①黄…　Ⅲ.①政治派别—研究—中国—清后期
Ⅳ.①D691.22

中国版本图书馆 CIP 数据核字（2018）第 193571 号

清末守旧派研究
QINGMO SHOUJIUPAI YANJIU

黄庆林　著

人民出版社出版发行
（100706　北京市东城区隆福寺街 99 号）

北京一鑫印务有限责任公司印刷　新华书店经销

2018 年 9 月第 1 版　2021 年 4 月第 3 次印刷
开本：710 毫米×1000 毫米 1/16　印张：20
字数：320 千字

ISBN 978－7－01－019702－9　定价：58.00 元

邮购地址　100706　北京市东城区隆福寺街 99 号
人民东方图书销售中心　电话（010）65250042　65289539

自 序

按照惯例，书稿完成后，总得写点什么。原本应该请我的博士生导师史革新教授写个序言的，但先生在我博士毕业两年后便已仙逝；原本应该请我的硕士生导师杨鹏程教授写个序言的，但先生这几年大病初愈，处于康复休养阶段，不敢再以此等小事增其烦扰。至于其他的学界前辈与同行，众所周知的忙碌，而我又乃学界一无名小卒，故更不该以此等并无多少技术含量的文字打搅其工作与生活，遂作罢。

于是，自己来一个序言，也算是有头有尾吧。而且，凑巧的是，整理完书稿，刚好是美国时间 2017 年的最后一天，此时，国内已是新年第一天的凌晨，在岁末年头抒写一些自己的感慨，也许更有意义吧，这既是对我这一年工作的总结，也是对多年所拖欠工作的总结，整理好过去，才能迎接新开端，不是吗？

可是，写些什么呢？坐在窗前，思绪飘散，我想起了 2015 年 11 月初到达陕西，游览黄帝陵和西安城墙时，写下了的两段文字：

“如果说，站在黄河这边，隔着奔腾的壶口瀑布，可以遥望山西临汾的话，那么，站在皇帝陵的山峦上，隔着沧桑变幻的历史，便可窥见中华民族五千年的传承。时空的变幻，也无法隔绝在纵横捭阖的政权更替中，炎黄子孙对始祖的无限敬仰。在云蒸霞蔚的中华第一陵的山冈上，在黄帝手植的松柏树前，在汉武帝十八万大军一夜垒成的仙台上，你会觉得，每一个人，都微如尘埃，在如此深邃寂寥而又热闹非凡的时空里，你仅仅拥有那么一瞬！”

“正如秦山晋水，酿不出荆楚佳肴一样，吴侬软语，也孕育不出陕地的粗犷与豪迈。西安，这个古代建都最早，也建都最久的城市里，曾经有十三个封建王朝在此定都，埋葬着 72 个帝王和无数的能臣名相。秦皇汉武与大唐盛世，全都尘封在了历史的长河之中。然而，当你走近她，昔日的辉煌便会在不经意中悄然流露，它弥漫在恢弘壮阔的兵马俑中，停驻在神秘莫测的秦始皇陵之内，也飘洒在武则天乾陵的梁山上空，还遍布于华清池的水池里，骊山山顶曾经的烽火中及大小雁塔古朴的塔顶内。不仅如此，西安地下的每一片砖瓦都可能有着深厚的历史文化的渊源。当你驻足于古城墙的石阶上，眺望西安城内的美景时，你就好像站在了文明的这头，遥望着忽隐忽现的三千年中华文明的那头，感受着岁月的沧桑巨变。人文的底蕴，就那样，随时随地地吸引着你，静静地感染着你。如果你以为，陕地只有人文景观，没有自然风光，那就大错特错了，秦岭的秋，藏在静谧的深山里，犹如一颗明珠，肃立在寒冷的秋风中，等着你去拥抱！”

读着自己随手写下的文字，会觉得，在不经意之中，历史的思维已经浸入我的骨髓。历史的长河如此深邃浩渺，岁月的变化如此沧桑剧烈，每一个个体，在历史长空，都如匆匆过客，渺小如蝼蚁，谁也没办法主宰历史的发展。那么，对于历史人物的评价，也应以历史的眼光，将其放到当时的历史背景和历史条件下进行考察，放到广阔的历史视野中去思量。清末守旧派，长期生活在传统的社会环境中，突然遭遇西方列强的侵略和西方文化的入侵，面对转型时期的社会新形势，以高高在上的文化自大意识审视西方文化，以谨慎的心态揣测西方侵略者的意图，坚守传统之际，在排外守旧的旋涡中越陷越深，终于葬送了自己，拖累了国家。我们可以批判守旧派的落后、无知与懵懂，可以批判他们为一己之私争权夺利给国家民族带来的灾难，但是，历史人物，总归有其时代的、思想的、认识的局限性，社会环境、性格特征、地域范围、成长经历等等，都可能对个体的成长发展和抉择造成影响。一味地批判已经于事无补，被同一个石头绊倒无疑可悲。今人，所能做的，就是吸取历史的、现实的经验与教训，特别是涉及国家发展方向的决策，更应统筹兼顾，三思后行，拒绝头脑发热，尤怕一意孤行。理性、审慎、科学、协调发展，才可能走得更远。为洞察清末世态人心，汲取历史经验教训，批判继承文化传统，撰成此书，为后世鉴。

本书作者

2017 年 12 月 31 日于达拉斯

目　录

绪 论

1900 年，八国联军入侵，京师沦陷，华夏陆沉，列强在中华大地肆虐，疯狂地掠夺资源和财富，侵犯中国的领土和主权。庚子事变——这一幕惨绝人寰的历史悲剧，拉开了新世纪的序幕，在近代以来备受列强欺凌的中华民族历史时空中深深地烙上印痕，让国人沉痛至今。

直面惨痛的过往，总结历史的经验教训，以为现实借鉴，是史学工作者的责任。庚子事变的发生，无疑根源于列强对中国的侵略与觊觎。然而，百余年后，再次回顾这段惨痛的历史，则不能再以弱者的心态怨天尤人或是顾影自怜了，深刻地自我检讨和理性地反思乃时代发展之必需：我们除了斥责列强肆无忌惮的侵略、抗击列强侵吞弱小民族弱肉强食的丛林政治外，无疑也应审慎地剖析当时执掌政权的清朝政府决策的失误。抉择的理性化是一个国家与民族趋于成熟的标志，国家的发展与抉择需要理性，拒绝头脑发热、盲目冲动与意气用事。然而，当时清政府统治阶级内守旧派错误的政治抉择却在一定程度上恶化了事态。无疑，守旧派守旧、排外与盲目冲动，给列强入侵提供了借口，恶化了政局，也给国家和民族带来了深重的灾难。时代在发展，我们只有客观与审慎地对待历史与现实问题，将民族情感融入理性的精神，理性思考和应对各种社会、现实问题，才会将国家民族引至更好的方向。背负着庚子阴影踯躅前行的中国人只有深入认识那段惨痛的历史，从中汲取教训，才能真正超越过去，面向未来。

基于此，拙著《清末守旧派研究》，拟从当时主掌朝政的清政府中央统治集团内守旧派形成、分裂过程及其成员的行为、活动、思想观念出发，探寻他们采取排外误国政策的深层历史文化动因，从而更深刻地认识世纪之交中国的遭遇和成因，以及中华民族几千年的历史文化传统，为后世鉴。

一、“守旧”及守旧派的概念

要了解“守旧”的概念，首先需要将之与“顽固”“保守”等词做区别。

人们往往将近代中国的守旧派称之为顽固派，或者顽固守旧派，批判其因循守旧，愚昧无知，盲目排外，仇视一切西洋事物，幻想恢复之前“闭关锁国”的局面，认为其代表了清朝统治集团中最腐朽、最保守的势力。然而，笔者认为，“顽固”一词，多带有意识形态或政治立场的意蕴，饱含贬义。本书试图从辩证唯物主义视角出发，力图客观真实地呈现守旧派的本来面貌，而不是先入为主对守旧派进行政治批判，故不采用“顽固”一词。

保守，一般从文化的视角来探讨守旧的态度。与保守相对的，即激进。保守与激进并存于中国近代思想文化史，二者的双峰对峙构成了中国近代文化史上的奇特景观。衡量人的思想为保守抑或激进，需要一个客观的参照物，这个参照物即客观现状，也即现存的社会文化、政治制度、社会秩序等等。余英时先生曾指出：“最简单地说，保守就是要维持现状，不要变；激进就是对现状不满意，要打破现状。要打破现状的人我们常把他放在激进的一方面，要维持现状的人，我们把他放在保守的一方面。”① 近代中国，西学东渐，社会转型，在此特殊历史背景下，激进与保守这一对概念被赋予了更多的内涵，即在纵向的时间范畴上如何对待本民族的历史文化传统和社会秩序，横向的空间范围内怎样对待西方文化和社会。一味维护传统拒斥西方文化倾向于保守，要求抛弃传统崇尚西方则为激进。

“守旧”一词，更多的是从政治范畴来考量，兼具政治与思想文化的双重内涵：从政治上来说，守旧是指维护现存的政治制度和社会秩序，排斥和反对变更；从思想文化上来讲，则是要求捍卫和守护现存政治制度和社会秩序赖以存在的思想基础和意识形态体系。守旧意味着固守旧的秩序，故在近代中西方文化冲突与交融的社会大势下，守旧与排外如影随

① 李世涛主编：《激进与保守之间的动荡》，时代文艺出版社 2002 年版，第 3 页。

形，如孪生兄弟，并行不悖。总的说来，守旧乃强调在政治、思想、文化领域固守传统。将守旧这一概念放到中国近代转型社会环境当中，则是指对封建君主专制制度及其赖以支撑的思想文化体系的固守和遵从。

基于此，守旧派则是指固守传统反对革新的政治派别。近代中国守旧派是鸦片战争以后，面对列强的入侵和西方文化的冲击，中国封建统治阶级内部分化出的一个固守传统统治秩序和社会制度、拒绝向西方学习、逆近代社会潮流而动的守旧政治派别。这一派别在鸦片战争时期发端，洋务运动时期发展，维新运动时期变本加厉，而到了义和团运动时期，守旧势力恶性膨胀，达到中国近代史上的顶峰。对于中国近代史上的守旧派，李侃先生曾经指出："政治上极端反动和思想上的极端保守落后，维护一切黑暗势力，仇视和排斥任何进步的新生事物，愚昧落后，而又固步自封，拒绝学习，贫弱衰败而又自我欣赏，夜郎自大"① 是他们的特征。他们对其固守的传统充满信心，甚至"几乎迷信的认为，能够唤起民众来克服原始落后武器的不足"。② 总的说来，中国近代历史上的守旧派基本都有着如此政治思想倾向。但具体来说，守旧派也并非铁板一块，其内部成员的思想也并非完全一致或一成不变。首先，在不同的历史时段中，守旧派的守旧会有不同的表征。其次，随着时代的发展，守旧派的思想也会不可避免地发生改变。尽管这种改变乃出于被动，是其为应对时代和局势的变化而做出的修正，但不可否认他们终究在某些方面有所改变。因此，近代不同历史阶段的守旧派对中国传统文化和西方文化的态度也有所不同。然而，尽管从纵向时间轴上来考量守旧派，其思想有所改变，但与社会现实相比较，他们却总是滞后于时代发展的要求。这是他们自身的悲哀，也是时代大潮大浪淘沙时必然出现的景观。

本书所涉及的清末守旧派是指顽固反对革新、固守旧的封建体制、盲目排外，镇压维新运动后开始执掌朝政大权、并且利用义和团以灭洋泄愤的封建顽固派。他们活跃在维新运动时期直到庚子事变八国联军侵华期间，要求在政治思想文化领域继承传统，保守旧有的政治秩序；他们煽动

---

① 李侃：《中国近代史散论》，人民出版社 1982 年版，第 52 页。

② ［美］柯文著，雷颐、罗俭秋译：《王韬与晚清改革——在传统与现代性之间》，江苏人民出版社 2003 年版，第 149 页。

慈禧太后发动戊戌政变，实行高压统治残酷镇压新派人物；他们利用、误导义和团以排外，终酿成难以挽回的滔天大祸。八国联军进攻北京后，慈禧太后、光绪帝仓皇西狩，在列强的要挟下，清政府被迫下令惩处其中的头面人物，主要包括载漪、载勋、载濂、徐桐、刚毅、崇绮、赵舒翘、启秀、英年、董福祥、毓贤、李秉衡等清朝王公大臣。“短短几年的政治风云变幻，使封建顽固派从权力的高峰跌到失势的边缘”。[①] 这股势力从此在政治上一蹶不振，再难成气候。

以上只是守旧派在清朝中央政府中的代表人物或地方要员。作为一个政治派别，它绝不可能孤立地存在，而是有着广泛的支持者——阵容庞大、人数众多的中央至地方各级守旧官僚和地方士绅集团。他们无论在朝在野，都在声援和支持朝廷当轴守旧派守旧与排外的举措和主张，是守旧派赖以存在的坚实的社会基础。他们被淹没在万千的守旧人群中，其思想主张往往通过当轴守旧诸臣表现出来，当轴守旧大臣为其喉舌，代替他们在高层发出声音。故可得出结论，当轴守旧派位居于众多守旧分子所在的金字塔最顶层。

需要指出的是，从纵向时间轴来看，清末守旧派（1898—1901）为适应时代需要已在前期守旧派基础上进步了不少，其思想中存在的某些开新因子和与时俱进的努力，甚至与早期洋务派思想颇为相似。然而，本书仍然将其定义为守旧派。这是因为，就同时期朝野趋新的政治流派、思想群体和社会形势来说，他们依然守旧，依然落后于时代潮流，依然是社会前行的绊脚石。

二、论题的缘起及选题意义

百余年前的义和团运动及随后发生的庚子事变，给当时和后世都带来了深远影响，留下了惨痛的历史教训。总结历史经验教训，从耻辱的历史中找寻民族发展与前行的方向和力量，是化耻辱为动力、变被动为主动的重要方式。学史使人明智，历史永远是一个民族获取理性力量的巨大精神

① 朱金甫、程歗：《就新编档案史料谈对义和团运动研究的几点浅见》，《义和团运动与近代中国社会》，四川省社会科学院出版社 1987 年版。

源泉。“一个民族对于未来方向选择的成功与否，取决于他对于自身历史认识与反省的深度”。[①] 透过纷繁芜杂的历史现象，梳理出历史深处本质的、内在的规律，启迪后人，是史学工作者的责任。

清末世纪之交这一段历史留给后世的教训太沉重、太深刻。任何落后于时代的思想观念、任何不利于社会正常发展举措的施行、任何只凭一时冲动不计后果的盲目行为都会给国家和社会造成危害。而这些正是清末守旧派所犯下的致命错误。只有将历史研究的探头深入到守旧派所在的时代及其内心深处，具体而客观地分析他们主张和思想及其行为的根源，才有助于人们更加全面、客观地看待在中西文化激烈冲突的时代背景下，这群人在面对西方列强侵略和西方文化入侵时所采取的对策和坚持的立场，也才能正确而全面认识封建守旧派。我们需要分析他们误国行为产生的深层历史原因，从而知晓在晚清“趋新”的时代态势下，近代中国统治阶级肩负着沉重的封建镣铐、固守着厚重的传统躯壳、陷入守旧排外的深渊难以自拔，最终导致害己误国悲剧发生的深层文化动因。透视守旧派行为及其思想，还可以深入了解那个外敌入侵的激烈动荡年代里新旧思想全面交锋和冲突的实况，进一步感知在近代社会转型过程中，传统文化发展所遭遇到的种种滞障和封建正统文化中的消极因素对于社会转型所起的滞后作用。因此，百余年后的今天，通过科学研究，全方位、多角度把握当时守旧派行为及其思想根源，挖掘他们坚持守旧排外主张的深层原因，分析传统社会文化在他们身上的深深烙印，无疑具有非常重要的历史意义。反观这一段沉重的历史，我们得到的不仅有历史的经验和教训，还能更加深入了解我们民族在几千年发展中延续下来的历史文化传统。

中华民族文化历经几千年发展，形成了独特的体系，精华与糟粕并存，需要后人认真体会、把握和分析，审慎考察、批判和反思，从而更好地吸收民族文化养分，更好地继承和发扬民族传统与文化。因此，深入挖掘守旧派及其思想形成的深层社会历史原因，反思传统文化的历史惰性和其中的消极因素对近代社会变革和历史发展的阻碍作用，也是本书需解决的问题。

---

① 摘自王先明：《近代绅士：一个封建阶层的历史命运·前言》，天津人民出版社 1997 年版。

三、学术史回顾

20 世纪 80 年代以前，学术界对于近代守旧派及其思想的研究很少。80 年代以后，随着思想解放潮流的兴起，史学研究也不断深入和拓展，近代守旧派及其思想的研究取得了不少成果。

（一）对守旧派政治活动及立场的研究

守旧派之守旧，首先是通过其守旧排外活动展示出来的，研究者多通过挖掘和整理相关资料，尽可能真实展现守旧派的形象，并分析其特征。近代守旧派的研究最先也从此方面开始，至今成果已非常丰富。20 世纪 80 年代，李侃先生就认为，“政治上极端反动和思想上的极端保守落后，维护一切黑暗势力，仇视和排斥任何进步的新生事物，愚昧落后，而又固步自封，拒绝学习，贫弱衰败而又自我欣赏，夜郎自大”[①] 是近代守旧派的特征，这是较早对近代守旧派评析的成果；近年来，研究成果也不少，如山东师范大学张立胜的硕士论文《晚清守旧派官僚集团研究》概述了晚清守旧派官僚集团在洋务运动时期、戊戌变法时期、义和团运动时期及清末新政时期的守旧活动，分析了守旧派形成的背景和成因，论述了其历史演化、基本主张及其特征，并简明扼要评价了其对晚清社会的影响。然而，该文主要着眼于清朝中央政府内一些典型的官吏，相对于晚清守旧派的复杂性和层次的多样性来说，略显单薄。

随着社会的发展，社会环境的改变，时局的变化及历史任务的变更，晚清不同时段守旧派所反对的对象在不断变化，固守的内容也发生了变更。

如洋务运动时期的守旧派坚持以礼仪人心为自强之根本，视西方先进技艺为“奇技淫巧”，反对学习西方，通过多种方法和途径来拒绝洋务派的革新举措，试图以传统的重本轻末、重义轻利准绳来抑制革新的脚步。对于该时期的守旧派，改革开放之初的研究者大多从宏观上阐释其反洋务

① 李侃：《中国近代史散论》，人民出版社 1982 年版，第 52 页。

的立场，如李时岳、胡滨论述了顽固派反对铁路修筑；[①] 李喜所综述倭仁顽固反对革新。[②] 近年的研究多为个案，旨在对守旧派某个成员展开微观审视。如王雅娟对刘锡鸿这样一个中国历史上首位出使西洋的副使、首位驻德公使、清政府第一次正式派出的早期外交使节进行了论述。刘锡鸿曾走出国门、亲身感受和体验了中西两种不同的制度和文明，对西方文明有较多了解，有比其他守旧派开明的一面，能较为平和地看待西方的政教风俗，认识到西方文明某些方面的优越；但是，其脑海里依然有着根深蒂固的传统思想，依然拒绝学习西方。如其曾亲眼目睹火车的种种好处和便利，也一度惊讶于其惊人的速度，却依然固执地认为火车对中国有百害而无一利、反对在中国修筑铁路；如他承认轮船的优越性，却坚持认为海上作战乃洋人的长处，国人之长在陆地，故学习西方建设海军等于是避长就短；总之，他坚持认为民心风俗才是中国自强的根本，反对中国购买轮船与开局自制。其“彼邦虽好，非吾可学或应学”的观念，反映出在中西方文化冲突面前他最终选择了保守传统、崇尚祖制。[③] 张宇权则将刘锡鸿放在整个晚清社会变革的历史大背景中深入研究其保守思想的内容、特点、形成原因及影响等，通过个案以点带面展现了晚清保守思想概况。[④]

维新运动是维新派试图依靠光绪皇帝改变传统政治制度、挽救国家民族危机的变革。与时代主题相对应，该时期守旧派的坚守重点转变成维护传统人伦道德、反对维新派的言论与政治变革举措。对于戊戌变法中守旧派的研究，学界多从守旧派与变法失败的关系方面进行，成果颇多，研究也较充分。如钟家鼐从守旧派反对变法的种种活动出发，剖析变法失败的原因，展现出守旧而拒绝开新的立场和态度对于社会变革的消极作用。[⑤] 总体而言，该时期守旧派的研究，个案较少，对于整个派别深层思想的研究也较少。

义和团运动时期封建顽固派的研究，是义和团运动史研究中的重头

① 李时岳、胡滨：《洋务派、顽固派关于铁路问题的争论》，《吉林大学学报》（社会科学版）1980 年第 5 期。

② 李喜所：《倭仁——一个封建老顽固》，《人物》1981 年第 1 期。

③ 王雅娟：《晚清保守思想的一个特殊典型——刘锡鸿保守思想剖析与阐述》，东北师范大学 2004 年硕士论文。

④ 张宇权：《思想与时代的落差：晚清外交官刘锡鸿研究》，天津古籍出版社 2004 年版。

⑤ 钟家鼐：《论顽固守旧大臣对戊戌变法的阻碍与扼杀》，《贵州文史丛刊》2000 年第 2 期。

戏，学界在此方面已取得了丰硕的成果。但其中大多数论著都是从顽固守旧派在义和团运动兴起和发展过程中所扮演的角色及其政治行为入手，论述他们的极端排外举动，分析他们为一己之私利用义和团攻打使馆从而导致误国行为发生，以及在此过程中其所持的心态和政治态度。如廖一中[①]、金冲及[②]、牛济[③]、李文海[④]、高新战[⑤]、胜仪[⑥]、刘圣宜[⑦]、欧阳跃峰[⑧]等人的研究都比较深入地论述了守旧派与义和团兴起的关系，展现出地主阶级的落后思想和盲目排外误导了义和团运动。李德征、丁风麟指出，庚子义和团围攻使馆“是以慈禧为首的封建顽固派为实现废帝立储而策划的政治阴谋”。[⑨] 史若民指出，“受阶级地位决定，对洋教持反对和排斥态度的不是农民，倒是占统治地位的地主阶级及其代表人物”，地主阶级的“保守、落后、愚昧、狭隘意识、排外思想”在义和团运动中暴露得十分充分，“近代中国的仇洋灭教、排外思想”，如果一定要从阶级方面寻找根源的话，应当说是“出自地主阶级封建专制统治集团”。[⑩] 周育民认为，清政府守旧派鼓动义和团排外乃出于私利，以达到拥立载漪之子大阿哥继承皇位的目的，不但不是爱国者，反而是历史的罪人。[⑪]

与义和团运动时期守旧派整体政治表现的丰硕研究成果相比，个案研究相对比较单薄，为数不多的几篇文章主要论述他们当时的政治活动，鲜少涉及其思想主张，而且基本局限于对李秉衡、毓贤等几个人的研究。如张庆军指出，李秉衡和洋人关系一直很紧张，但他的抗敌思想与置国家利

① 廖一中：《论义和团运动时期统治阶级中的抵抗派》，《天津师院学报》（社会科学版）1979 年第 3 期；廖一中：《再论清政府与义和团的关系》，《历史研究》1985 年第 6 期。

② 金冲及：《义和团运动时期的各阶级动向》，《学术月刊》1960 年第 11 期。

③ 牛济：《清朝顽固派与北京义和团》，《山东师院学报》（人文社科版）1980 年第 5 期。

④ 李文海：《关于义和团与封建统治阶级关系的若干问题》，《求索》1986 年第 3 期。

⑤ 高新战：《义和团运动时期清朝顽固派的嚣张与覆灭》，《许昌师专学报》1986 年第 2 期。

⑥ 胜仪：《一伙祸国殃民的顽固派：庚子事变肇祸诸臣》，《历史大观园》1986 年第 6 期。

⑦ 刘圣宜：《试论庚子事变肇祸诸臣》，《华南师大学报》（社会科学版）1987 年第 3 期。

⑧ 欧阳跃峰：《清朝顽固派与义和团运动的兴起》，《安徽师大学报》（人文社科版）1987 年第 4 期。

⑨ 李德征、丁风麟：《论义和团时期围攻使馆事件》，《文史哲》1981 年第 1 期。

⑩ 史若民：《义和团仇教灭洋、排外思想探源》，选自《义和团运动与近代中国社会》，四川省社会科学院出版社 1987 年版。

⑪ 周育民：《己亥建储与义和团运动》，苏位智、刘天路主编：《义和团运动一百周年国际学术研讨会论文集》下，山东大学出版社 2002 年版，第 839—859 页。

益于不顾，仅为一己之私攻打使馆的疯狂举动完全不同。[①] 李宏生对毓贤在山东义和团兴起过程中所扮演的角色进行的充分论述，有助于全面了解毓贤其人。他指出："毓贤与李秉衡等人一样，都试图从义和拳、大刀会身上，从人民群众'灭洋灭教'的斗争中，抓到一种可资利用的力量和机会，以求摆脱洋人过多的勒逼、干预和控制，甚至幻想用义和拳、大刀会的神功拳术，与列强相抗衡，去扫除、泯灭'异族'给中国旧有的统治秩序所造成的一切非常变化"，"毓贤试图把人民的反抗斗争纳入官绅控制之中，引入绝对排外的轨道，促使他们为维护清朝的统治而专与洋人、洋教为敌"。由此，他认为，毓贤等守旧派的盲目排外主义"是连结地主阶级封建顽固性与农民阶级狭隘保守性之间的一架桥梁"。[②] 戚其章肯定了毓贤处理民教纠纷的立场，指出，"毓贤在山东对义和团的基本政策是'惩首解从'，这一政策相对而言是比较开明的。在处理山东的民教交涉案件时，他坚持'持平办理'，应该说是难能可贵的。但从他的主流看，不宜评价过高。在清政府招抚义和团问题上，他起了一定的促进作用，实际上把义和团引向了邪路。而他的极力主战，正表明他已经成为以慈禧为首的封建顽固派中的一员。他不是对中华民族有功，而是有罪；不是爱国，而是误国"。[③]

孙丽萍指出毓贤是完全忠从于清政府政策的忠实奴才，他的忠从最终导致了误国的悲剧，自己也成为替罪羊。该文单纯从毓贤对义和团和清朝中央政府的态度着手，对其深层思想尚未涉及。[④]

张立胜从刚毅的为政务实入手进行论述，指出刚毅的务实与倭仁等守旧理学名臣的务虚之区别，认为其守旧主要体现在从政实践中。[⑤]

刘茂亭[⑥]和廖一中[⑦]对赵舒翘和载漪的活动和主张，以及当时利用义和

① 张庆军：《李秉衡与义和团关系浅析》，选自《义和团运动与近代中国社会》，四川省社会科学院出版社 1987 年版。

② 李宏生：《毓贤与山东义和团》，《山东师院学报》（哲学社会科学版）1980 年第 5 期。

③ 戚其章：《关于毓贤评价的几个问题》，《社会科学研究》2000 年第 3 期。

④ 孙丽萍：《从忠实奴才到替罪羊——清末山西巡抚毓贤的悲剧》，《沧桑》2001 年第 3 期。

⑤ 张立胜：《一个务实的守旧派官僚——刚毅》，《山东行政学院、山东省经济管理干部学院学报》2004 年第 3 期。

⑥ 刘茂亭：《晚清的法律家赵舒翘》，《西北政法学院学报》1984 年第 1 期。

⑦ 廖一中：《论载漪》，《天津师大学报》（社会科学版）1983 年第 4 期。

团以排外的守旧派之间微妙的关系有所论述。

台湾学者李守孔《清季山东之教案与拳乱》一文对李秉衡、毓贤在义和团运动兴起过程中的作为进行剖析，指出，“当拳乱初起时，李秉衡、毓贤于山东巡抚任内尚肯认真查办教案，虽同情鲁民之排外，实无纵拳之明证，而外国公使及教士每藉口教案无端勒索，助长教民之骄焰，更增平民之恶感”。[①] 该文对李秉衡、毓贤二人评价中肯，但基本局限于对其活动的述评，没有深入到思想方面进行研究。

近年，孔祥吉先生对义和团运动期间李秉衡的言行进行再考察，论证了李秉衡陷害主和派，导致徐桐、刚毅等顽固派将许景澄、袁昶等杀害的重要事实，认为李秉衡在义和团运动中的行为，与守旧派的愚昧排外政策，有着千丝万缕的联系，以前评价李秉衡是爱国的说法应当改变，应根据其行为所造成的后果来衡量。[②]

综上所述，由于史料丰富，学界对不同时期守旧派活动的研究已经比较充分，能展现出在近代西学东渐大潮中守旧派坚守传统统治秩序和政治体制、反对革新而且固执排外的真实面貌，对其作为和影响也做出了比较客观的评价。

（二）对守旧原因的宏观分析

关于守旧派守旧的原因，近年成果颇多。已有研究从多方面论述了守旧派守旧的根源，包括“夷夏之辨”的束缚，祖宗成法的包袱，对固有权势地位的维系，固有的文化心理及个人人生经历的限制等。王尔敏教授系统分析和深入细致探讨了守旧派坚守传统的多种原因，在学界影响颇大：“近代保守倾向之表达，最直接最易见之处，是对外族之反应。……中国本位文化观念之强烈，系宋元儒家提倡之结果。”“自五代以迄明清，中国民族始终辗转挣扎于沦亡境地。若不以本位文化为固结维系，则不免覆灭沉沦，永无翻身之日。换言之，千年来中国数度沦亡于异族，颇赖一批坚毅有恒之保守派学者，在无论如何恶劣逆境，循各种不同方式，得以固守其文化信仰，传播后世。此项传统性格，遂遗留当世一坚闭固拒之保守动

① 李守孔：《中国近百余年大事述评》第2册，台湾学生书局1996年版，第794页。

② 孔祥吉：《义和团运动中李秉衡的言行考察》，《清史研究》2011年第3期。

向。其严重者，若徐桐屡为稗史讥嘲，固不必重述。然果有他例以见其大概者，又有内阁学士文治，其于光绪间争铁路疏有云：闻铁路而心惊，睹电杆而泪下。尤足见坚僻固陋之情状。其次至如叶德辉、王先谦之反对康有为，亦均自本位与西化之对立而言”。“保守倾向之另一表达，则为维护儒家道统之理想。中国三千年来，历经学者之提倡发扬，立儒学为正宗道统，沿承既久，普及亦广。自清末以前，凡识字知书，莫不以儒徒自居。近代中西接触频仍，西方学术渐次输入，不惟宗旨别异，抑且信仰不同。遂亦影响及正统儒术之崇奉地位，卫道之士，自不免起而拒斥其所谓异端旁系之学，乃至形成保守态度。此中道学之士，著名如理学大家倭仁以‘忠信为甲胄，礼仪为干橹’，正为一时之重要代表。”“保守倾向之另一表达，则直就中国主观立场而言。……其所持习惯之有力论调，或即声号夷夏之防，以为拒斥异类之壁垒。由是而并自蹈固陋，甘自抱残守缺。王闿运之理论即本此观点”。“保守倾向之又一表达，乃出于政治观念中恪守祖宗成法之信条，亦即不敢违背祖宗之旧规而有所更易。既不得更易，自遂进而为墨守局面。原其基本理念，本自泛孝主义推广而来，以孝治天下，自以为趋孝道而仪范万民，用为施治之准绳。其不背祖宗，乃至大至显之行为，泛滥其义，遂并祖宗一切，不敢稍移。”“清人不易祖宗之成法，为向来政治中保守派之有力武器，亦足知其有深厚之信仰基础。曾廉之理论，即本此立场”。“复次，保守倾向之又一表达，在于固有权势地位之维系。”“保守倾向之又一表达，则为固有习惯癖好之沿承，无论有效与否，是好是坏，均不易改变”。“在中国农业社会，历代之施教，世风之熏习，均特别发展墨守固旧习尚，往往加深而成不可解释之惰性，一旦置身不同格局，遂觉坐卧不宁”。“近世风俗嬗变，制度衣冠，乃其显而易见者，实则至细如语言文字，亦日新月异。依固有习惯衡之，乃视为佶屈聱牙，不堪入耳。王先谦攻诋当时的新文体……此外叶德辉也同样感觉碍眼而加以抨击”。[①] 但该文主要立足于宏观视角论述近代守旧派守旧之原因；微观研究方面，李细珠《晚清保守思想的原型——倭仁研究》通过对倭仁思想、文化理念的深入研究后得出守旧的原因，水到渠成，令人信服。由此可

① 王尔敏：《中国近代社会思想史论》，社会科学文献出版社 2003 年版，第 142—145 页。

见，宏观研究不可缺乏，但微观研究的深入，能使守旧派守旧原因的探讨更加深入和具体，也更具说服力。

（三）对守旧派思想主张及文化理念的微观探讨

对守旧派思想进行研究，挖掘隐藏在其守旧主张和政治态度后面内心的真实想法和深层思想，有利于后代扬长避短、祛除包袱轻装上阵、解放思想，也有利于对传统文化批判地继承。近年来学界开始涉足守旧派思想观念，突破了以往仅限于守旧派政治活动研究的政治事件史藩篱，具有更为广阔的视野。如丁伟志、陈崧《中体西用之间》一书有几个章节专门论述守旧派作为洋务派、维新派对立派别的思想特征。① 王雅娟对刘锡鸿政治思想方面笃信与崇拜传统、经济思想方面奉守重农抑商思想进行了阐述，展现出其落后主张的深层原因。张立胜总结和评议了清末守旧派的外交思想：固守“夷夏之防”观念；拘泥于传统外交礼仪，仇视洋人洋教，对外交涉坚持强硬态度；妄自尊大、反对派遣驻外公使。其认为守旧派此种观念严重阻碍了中国外交由传统向近代化的转型，对清政府内政也产生了不利影响。②

黎仁凯教授在《直隶义和团运动和社会心态》③ 一书中用一章的篇幅专门论述了清朝统治集团的成员在义和团运动兴起过程中所产生的派别纷争、各派别的心态及产生如此心态的政治因素，指出这批顽固保守派是“以满族亲贵为主体、载漪父子为轴心、权倾朝野的抚团排外派”。他们“基本上是由戊戌时期的后党顽固派演化而来，是一帮极端顽固、愚昧落后且不谙外情的人”。他们喜欢义和团，源于“对义和团‘法术’的迷信心理”“倚仗‘人心’的从众心理”和“借助义和团之力打击政敌的居心叵测”。而他们之所以产生这些心理与其长期生活的社会环境、所扮演的社会角色、文化程度和个性的影响分不开。这一系列因素导致他们闭目塞听，颟顸无知，固守“天朝上国”的观念，对外来文化不屑一顾，最终选择极端排外、支持义和团灭洋而攻打使馆的误国行为。总之，该文对义和

① 丁伟志、陈崧：《中体西用之间》，中国社会科学出版社 1995 年版。

② 张立胜：《清末守旧派的外交思想刍议》，《山东省农业管理干部学院学报》2006 年第 5 期。

③ 黎仁凯：《直隶义和团运动和社会心态》，河北教育出版社 2001 年版。

团运动时期的保守派及其心态进行了详尽论述，是研究守旧派的一篇力作。但该文仅限于分析该派人物利用义和团以抗敌时的行为和心态，对于他们之所以会有如此心态的深层思想、历史文化因素涉及较少。

李细珠《晚清保守思想的原型——倭仁研究》，是研究近代守旧派的一篇上乘之作，深得学界好评。该书旨在从微观上探讨倭仁的生平、入仕经历及其道德品质、理学思想、伦理思想等与守旧的关系，分析了其保守思想的困境和形成原因。该著还将倭仁与曾国藩进行了比较，指出二人因治学思想的不同导致了“务虚”与“从实”的区别，二者分别代表了晚清理学发展的两个方向：理学修身派和理学经世派。治学思想的不同，直接影响了二人寻求国家自强道路的方法和路径。该著从深层思想层面分析守旧人物坚持保守态度的原因，对人们深入了解倭仁及与之相似的守旧派之守旧原因大有启发。①

马秀平立足于倭仁与王先谦两个典型的守旧人物，以宏观与微观相结合的方式论述了同光年间保守主义思想的总体特征，着重探讨他们保守主义思想的成因、理论基础与价值取向以及他们在应对社会变局上采取的一系列举措。② 王玉华则从文化学的角度分析了守旧派持守的文化理念。③

（四）存在的不足

基于多种原因，在整个历史研究领域中，对于进步派别及其思想的研究远比落后派别与思想的研究充分和深入，如对晚清时期洋务派和维新派等进步派别的研究成果显然比同时期守旧派的研究要深入和系统。具体到晚清各阶段，对晚清前期守旧派的研究成果比后期要丰厚、深入和细致，后期守旧派的深层思想体系及其与前期守旧派的区别与联系等方面尚待深入探讨。

已往对守旧派的研究，多限于抨击其守旧、排外、落后的一面，而对于其作为封建官僚体系的一分子，其政治上的表现、为官之道、学术造

---

① 李细珠：《晚清保守思想的原型——倭仁研究》，社会科学文献出版社 2000 年版。

② 马秀平：《从倭仁到王先谦——清代同光年间保守主义思想的典型探析》，福建师范大学 2003 年硕士论文。

③ 王玉华：《晚清顽固派文化思想研究》，辽宁师范大学 2004 年硕士学位论文。

旨、文化理念、为适应社会变革所做的努力等方面则相对涉及较少。作为一个政治派别，其思想是否具有合理性，其对当时形势的判断是否存在合理成分，其治国举措是否完全背离当时社会要求等方面，鲜有学者论及。总之，目前的研究状况使守旧派的守旧排外标签更加深刻与牢固。

而且，对晚清各时期守旧派的研究中，目前学界多侧重于探讨守旧派在该时段反对革新的立场和心态，如探讨义和团运动时期守旧派在义和团运动兴起和发展过程中所持的立场和观点、所采取的举措、所拥有的心态、所起的作用等，但其深层思想考察却往往被忽略，从而影响人们对其的全面、正确评价。作为一个政治派别，他们有什么样的深层思想，他们思想的共同特质是什么，目前学界很少论及。而该时期清政府中央统治集团内部的守旧派，往往被视为为了自己的政治利益而盲目排外、极端守旧，最后因误导义和团运动而误国的人物，从而被简单地划入盲目排外的封建顽固派。然而，守旧派是一个非常复杂的政治群体，其守旧思想也是多种因素的结合，二者都不是简单冠以“守旧”就能说明问题的。只有进行深入、具体、系统的考察，才能比较客观地揭示守旧派复杂的思想体系和支撑其守旧政治举措的复杂思想背景。

守旧派是一个非常广泛的群体，包括清朝中央官员、地方官僚以及站在这些代表人物后面充当他们坚实社会基础和群众基础的广大中下层官吏及士绅。而目前的研究仅局限于少数典型人物，虽然取得了不少成果，但相对于人数众多的整个守旧阵营来说，尚显薄弱，还存在很大挖掘空间。

当然，其中也存在很多困难。虽然近代史资料浩如烟海，但与守旧派相关的资料却比较缺乏。如徐桐、李鸿藻等守旧派，乃清朝中央政府内的饱学之士，却没有留下相关文集；而倭仁等留有文集的守旧大臣，却因其学术造诣之深，导致研究难度之大，使人望而却步。再者，守旧派层次很多，包括理学大臣、务实而无学术素养的大臣及王公贵胄等。层次的不同，导致该派别成员思想并非一致，其守旧行为的后面，掩藏着多种思想立场，夹杂着多种政治关系和利益，需条分缕析、分层梳理、深入透视。因此，对于这个派别的研究，不能一刀切，需区别对待，在分类的基础上逐个进行研究，研究的复杂性可想而知。

总的说来，晚清各时期守旧派的研究，个案稍多，但不丰厚；整体思想、文化理念等方面的研究不多，有深度有影响的成果则更是少之又少。无疑，晚清守旧派及其深层思想的研究尚有很大挖掘空间，值得深入研究和探索。从拓宽与加深学术研究的角度来说，有必要对晚清各时期守旧派的思想进行系统梳理和深入分析，以避免历史研究的简单化和标签化倾向。同时，也应深入挖掘守旧派思想中进步成分，及其与其他派别的政治关系、交游状况等，以期更深入地展现同在儒家思想为主导的中国传统文化熏陶下，有些官吏能因时而动、选择革新道路，而守旧派却总滞后于时代潮流的原因。

四、研究思路、方法及征引资料说明

研究思路：本文拟从戊戌变法至义和团运动时期清朝政府统治集团内部守旧派当时的政治表现入手，探寻该派别的形成过程及其政治活动、立场和态度。在此基础上，结合守旧派的文集资料和时人评论，深入挖掘守旧派的政治、文化思想。并将其与前后的守旧派进行比较，分析不同时段守旧派思想的异同，揭示该时期守旧派思想的复杂性和历史特征。以此透视经过了几十年的洋务运动、开一时风气的维新运动之后的世纪之交的晚清，封建统治集团内部之所以还会存在如此保守、盲目排外和无视世界大势的守旧派的深层历史文化成因，揭示传统文化的巨大惯性。通过剖析清末守旧派的思想和言行，分析其对当时和后代社会的影响，探求在国家民族面临巨大危机的生死存亡关头，作为民族的一员，特别是居于决策集团内，身为国家发展掌舵领航的领导者，应如何有效克服感性情绪支配而理性、冷静处理重大复杂问题。最后，通过对守旧派身上深刻传统文化印痕的剖析，探讨如何克服传统惰性而有效实现传统的继承与更新。总之，本书拟通过这种步步深入的剖析，揭示清末守旧派的深层思想体系和传统文化在近代社会转型之时所面临的困境。

研究方法：本文拟在唯物史观指导下，在广泛搜集资料和借鉴前人研究成果的基础上，运用历史学、政治学、文化学、哲学、社会学等多学科的理论与方法，对清末守旧派及其思想进行系统而深入的研究。

既从整体上考察清末守旧派这一政治群体，又对这一群体成员进行具体而深入的剖析以探讨其层次性，是本课题最突出的创新点。这里所说的整体，不仅包括过程整体，即对这个群体的形成、分裂过程进行整体探究，还包括时间整体，即在时间上突破单一的戊戌变法或者义和团运动时期而适度延伸到之前与之后的历史时段，将守旧派放在他们政治生涯和晚清国家民族危亡、中西方文化激烈冲突、社会发生巨大变革的广阔社会背景下考察，通过展示其政治表现、动向及深层思想，对守旧派及其思想进行多方位、多角度的整体考察；除对守旧派进行整体探讨外，还将梳理大量史料以厘清立场相同而思想上大相径庭的守旧力量的层次性，分析其最终能合流成为一个派别的深层原因。无疑，本课题的视角，对于深化晚清史研究具有非常重要的意义，它能从一个侧面深入展现当时统治阶层的状况及其与当时社会发展的关系，从而展现近代社会转型过程中的多重变奏。

征引资料说明：本书对于清末守旧派思想的研究，基本上是基于这些人物的相关言论和著作，但也有一些边缘性资料，需要在此说明：

1. 资料所涉及的时间阶段。因本书专注于1898—1901年间清末守旧派的研究，所以原则上在论述该时期守旧派时所征引的资料基本上都出于此时间段，也即戊戌变法以后到义和团运动时期，但这几年与守旧派相关的资料多是对其活动的描述且数量有限。基于思想的稳定性，本书中守旧派深层思想的研究往往会跨越该时期而延伸到前后历史时段，上溯到甲午战争时期、甚至到洋务运动前期，下至清末新政时期。甲午战争是一个大的转折点。甲午战争后守旧派对于国情和列强的看法已经与后来义和团时期相差无几，而且相隔时间不远，相关资料可直接引用；本书引用时间更早的资料，主要是关于守旧派在内政方面的认识。这是因为在晚清大变革的历史背景下，思想滞后于历史的守旧派，对西方国家和西方文化的认识虽然变化不大，但不可否认也会随着时间推移和社会局势变化而慢慢发生改变，特别是对西方器物文化最终能在一定程度上予以接受。但是，其内政思想即治国方法、治国理念、指导思想等方面却基本没变。所以，在论证守旧派的内政等思想时，会涉及某些他们之前之后的看法和主张。

2. 关于征引人物思想资料的范围。笔者在论述清末守旧派思想时，主要以守旧派成员的文集等为依据，兼及时人论说。然而，以下一些人物的言论也有所涉及或征引：

（1）早于该时期之前就已经去世了的守旧派，如王炳燮。王炳燮实际上是洋务运动时期的守旧派，其思想可以代表清末守旧派（1898—1901）在洋务运动时期的思想，也即清末守旧派的前期思想。因为在对待列强传教态度方面，清末守旧派的认识大抵与之相同，故在论及清末守旧派对列强传教的认识时会引用其话语。

（2）与清末守旧派同时期的某些官僚，他们虽没居于清政府中央决策集团核心，但属于前沿守旧派的坚强后盾，乃为前沿守旧派摇旗呐喊、造势助威的广大守旧派的一员。可以说清末守旧派（1898—1901）的思想是广大中下层守旧派思想的代表，但另一方面，后者的思想在一定程度上也可以反映前者。因此，本书适当引用这些人的思想言论，如徐致祥、于荫霖、叶德辉等。

（3）直接为徐桐等居于朝政决策位置的守旧派出谋划策并直接参与排外活动的人。他们虽未居于政治前台，但与居于前台的守旧派官僚关系非常密切，是围绕在他们周围的一些中上层守旧官僚，如曾廉、王龙文、徐道焜、黄桂鋆、王廷相等人。他们的言论，能在很大程度上反映出当权守旧派的思想动向。

（4）为巴结和逢迎守旧派而附和守旧派言行和主张的人物。为保住政治地位或达到升迁目的，他们发出的附和言论、主张和建议，必定与当权守旧派思想高度吻合，否则，难以达到趋奉目的。

第一章　近代中国守旧思潮述论

清末守旧派的渊源，可追溯到明末清初。到了近代，鸦片战争爆发，清王朝国门洞开，列强武力裹挟的西方文化和各种商品如潮水般涌入，正式拉开了中西方文化激烈碰撞和冲突的序幕。清王朝内部一些能顺应时代、思想开明、富有开创性的社会精英试图改变国家衰弱的局面开始学习西方，遭到守旧派激烈反对。这种激烈反对情绪，随着守旧派登上政治前台，逐步牵引着守旧排外行径登上近代中国历史的巅峰。

第一节　明末清初中西方文化的首次碰撞

明末清初，西学东来，迎面冲击着古老中国思想界，中西方文化开始了首轮碰撞。然而，中西方文化首次碰撞与交锋的刀光剑影很快就因清王朝闭关锁国政策而烟消云散。其时的中华帝国尚沉睡于“康乾盛世”的余温中，在国力强盛和文化辉煌中沾沾自喜、闭目塞听，对西方社会的巨大变化茫然不知，在“天朝上国”无所不有的美梦中继续沉沦。后起而年轻的西方国家已在科学技术方面突飞猛进，社会制度也发生了翻天覆地的变化。工业革命正引领着这些国家摆脱中世纪的梦魇，朝着新型民主国家迈进。然而，中西方文化类型不同，体系各异，有着不同的价值观念和思维方式。当颇具侵略扩张意味的西方文化开始向古老中华大地渗透的时候，受国力虚弱和封建王朝衰势的影响，中国思想界没有再现汉唐盛世恢弘博大的文化胸襟与气度。为了维护传统文化一统天下的局面，部分士绅开始了一系列抵制外来文化的活动。

明末清初，欧洲耶稣会传教士来华传教，带来了天文、地理、数学等近代西方知识，在士大夫阶层中引起了很大反响，有人明确表示欢迎，显露浓厚兴趣；而拒斥者颇多，他们排斥西方科技，视之为奇技淫巧，反对天主教在中国传播。这是近代中西方文化冲突与碰撞的开端与萌芽。

在以天主教为代表的西方文化冲击下，中国传统文化内部开始了一系列抵制和反击活动，其中最具代表性的是徐昌治、杨光先、沈権、冷守中等人。早在明崇祯年间，徐昌治就编写了《圣朝破邪集》一书。书中收录了大量明朝士人的反天主教言论，抨击天主教“妖妄怪诞”，“举尧舜以来中国相传纲维统纪之最大者，而欲变乱之”，“妄干天道”“暗伤王化”。[①]他针对西方文化开始渗透现状特意编写该书，目的是“明大道，肃纪纲，息邪说，放淫词、辟异端，尊正朔”，“激发人心，抹杀异类”，以期“有补于一时，有功于万世”。[②] 清初的杨光先也是抵制基督教的旗手，他认为：“世道之不替，赖士大夫维之”，“士大夫者，主持世道者也。正三纲、守思维，主持世道者之事。”而西方“邪教”却欲“灭我亘古以来之君亲帅”，导致“三纲晦、五伦绝”，“将天下之人胥沦于无父无君”[③] 的境地；他猛烈批判徐光启，认为其因贪渎西方“奇巧器物”而引荐汤若望入朝，“假以修历为名，阴行邪教”，“修妖书以惑天下之人”，“毁灭我国圣教”。[④] 而圣教乃“圣圣相承”，“惟此道统历千年而不坠，在天地间如日月之无终无古，有明晦而无消歇”。[⑤] 基于该“邪教”与中国圣学悖逆，他恳请朝廷加以诛灭，并赶走在华传教士以正纲常，“宁可使中夏无好历法，不可使中夏有西洋人”。[⑥] 杨光先坚定的辟邪立场，得到了当时及后世大部分正统封建士大夫的高度赞扬，被认为是清朝“第一有识有胆人”，“正人心、息邪说，孟子之后一人而已”。“其书亦为第一有关名教、有功圣学、有济名生之书。”天主教在清初之所以“不敢公然大行”，“中国之民，不至公然习天主教而尽为无父无君之禽兽者，皆杨公之力也”。[⑦]“其诋耶稣

① 徐昌治：《圣朝破邪集》卷一，日本安政乙卯冬翻刻本，第8页。
② 徐昌治：《圣朝破邪集·辟邪题词》。
③ 杨光先：《不得已·引言》，1929年中社影印本，第2页。
④ 《请诛邪教状》，杨光先：《不得已》上卷，第4页。
⑤ 《尊圣学疏》，杨光先：《不得已》上卷，第60页。
⑥ 《日食天象验篇》，杨光先：《不得已》下卷，第91页。
⑦ 钱绮：《不得已·跋》，杨光先：《不得已》下卷，第118页。

异教，禁人传习，不可谓无功于名教矣”。① 透过诸多类似言论，可以管窥，当时西方文化对古老中国思想界冲击之巨大和中西方文化初次碰撞产生的反响之激烈程度。

天主教是区别于中国传统文化的异质文化，有着完全不同于中国传统的思想和价值观念。其最初欲借历法等西方先进科技渗透进中国思想体系，但封建士大夫们敏锐地感觉到这不单纯是科技问题，而是涉及思想学术领域与封建道统、文化观念的根本性问题。因此，从一开始，封建士大夫们便义正词严地反对其在国内传播。

由于诸多原因，西方传教士的传教活动在清康熙年间被禁止，自此一直到鸦片战争以前，传教都被视为非法。清王朝实行的闭关锁国政策，阻碍了中西方之间的文化交流，大清王朝被人为地与西方世界隔绝开来。然而，西方社会飞速发展，在这隔离的一百多年时间里，中国被远远抛在了西方国家之后。鸦片战争之后，列强的炮火肆无忌惮轰击着中华大地，中国古代辉煌的文化能量释放时代随之宣告结束，处于被动挨打状态下的中国人开始了边拒斥、边学习西方文化艰难而尴尬的历程。

第二节　鸦片战争后守旧思潮的再次兴起

近代中国守旧派的兴起与守旧思潮的澎湃，与外来侵略的肆虐与外来文化的渗透紧密联系在一起。在民族危机和文化危机袭来之际，守旧派开始走向历史前台展现其思想主张与守旧面貌。

一、鸦片战争后日趋严重的民族危机

鸦片战争后，西方列强一次次入侵导致日益严重的民族危机，激起了中国人爱国救亡的热情，同时也激荡起一浪高过一浪的守旧排外思潮，构筑起排斥西方、固守传统的顽固思想堡垒。从以倭仁、刘锡鸿为代表的洋务运动时期的守旧派到以王先谦、叶德辉为代表的戊戌变法时期的守旧

① 黄丕烈：《不得已·跋》，杨光先：《不得已》下卷，第117页。

派，再到以徐桐、刚毅为代表的义和团运动时期的守旧派，同样逆时代潮流而动，顽固程度却在不断加深。可以说，日益严重的民族危机，是清政府统治阶级内守旧情绪不断升温最为直接的激发因子。而守旧派对民族危机严重程度认识的不断深化，也加深了他们亡国灭种的危机感。具体说来，近代中国民族危机的严重性，主要表现在以下几方面：

（一）列强武力侵略导致日益严重的民族危机

鸦片战争的炮火轰开了清王朝闭关锁国的大门，沉迷于天朝上国中的人们开始从沉睡中苏醒，但从苏醒到觉醒决非一蹴而就。长期的与世隔绝，导致国人，即便是社会精英，从迷蒙无知到认清局势，都需要一个漫长的过程。

最先，连林则徐等人对西方和西方人也知之甚少。他们认为中国的大黄、茶叶是促使西方人正常消化的重要物资，如若缺乏，西方人必将因无法消化而肚胀致死，故克敌制胜之法就是限制大黄、茶叶出口，如此，西方人必偃旗息鼓主动投降。后来，在与西方接触的过程中，林则徐等人才猛然发现事实并非如此，从而开始发出学习西方的呐喊。

对于西方军事力量的认识，中国人也经历了类似过程。人们最先认为西方人膝盖不能弯曲，不能适应陆战，故只需将其士兵引诱到陆地砍其膝盖便可战而胜之。虽然鸦片战争中，英国坚船利炮所向披靡，但大清王朝的臣民们仍然相信“海夷之技，未有大胜于中国也”。[①]《南京条约》签订以后，中国人，连清朝政府官员们都以为鸦片战争不过是一次小小的军事失误而已，故朝野上下“仍复恬嬉，大有雨过忘雷之意”，导致两次鸦片战争期间二十年光阴白白荒废。镇压太平天国运动过程中，清政府借助列强之师用以“安内”，期间才逐渐认识到列强军事力量之强大，后来的历史多次证明他们当初看法的幼稚、愚昧与无知。

第二次鸦片战争之后，清政府内洋务派官僚开启了早在第一次鸦片战争时林则徐、魏源就曾倡导的“师夷长技以制夷”——洋务运动。可是，以“以中国之道，用泰西之器”，“中学其本也，西学其末也，主以中学，

① 姚莹：《覆光律原书》，《东溟文后集》卷八。转引自杨航军：《走向近代化，清嘉道咸时期中国社会走向》，中州古籍出版社2001年版，第383页。

辅以西学”[①] 的洋务运动没能挽救清王朝颓败的命运。洋务派三十多年苦心经营的自强运动最终在甲午战争的炮火中功亏一篑。清政府甲午战争的败北最令人震惊，民族生死存亡的危机感顿时弥漫在华夏大地。梁启超说：“吾国四千余年大梦之唤醒，实自甲午战败割台湾偿二百兆以后始也。”[②] 又说：“甲午丧师，举国震动，年少气盛之士，疾首扼腕言维新变法。”[③] 甲午战败带给中国的创伤是空前的，一向自视为泱泱大国的中国竟然被“蕞尔岛国”日本击败，中国人高昂的民族优越感顷刻崩溃坍塌。到19世纪末年，中国面对的不再是单个国家的攻势，而是西方列强联合起来共同对付与瓜分中国的蚕食豆剖。当时的中国，“犹以一羊处群虎之交”,[④] 处于“敌无日不可以来，国无日不可以亡”[⑤] 的生死存亡边缘。列强加紧侵略步伐，步步进逼，在瓜分中国的引擎轰鸣声中，妄图将中国变为其殖民地。该时期，全国各地都驻守着列强的势力，他们在军事上威胁、经济上压榨中国，还通过其侵略先锋传教士干涉中国内政。“教士袒护教民，气焰日张”，而各地官府则是“遇有教案，无不栗栗危惧”，“各处教士欺压平民，民间积愤过甚”[⑥] 的情况比比皆是。全国各地反洋教斗争的呼声连绵不绝且愈演愈烈，抗洋教运动的浪潮风起云涌，教案此起彼伏、层出不穷，民教矛盾一触即发，民族危机日益严重。在此背景下，民族精英、执时代牛耳者深刻认识到民族危机的严重性。紧迫的民族危机感，激起各种强国御侮思潮和社会行动，推动着国人进一步觉醒。

（二）西方发达科技给国人带来的心理危机

国人对于西方先进科技的认识也经历了一个漫长的过程。在中国传统社会，科技一直为封建正统知识分子所不齿，被视为“末技”、难登大雅之堂。重仕进、轻科技的历史传统导致科学技术在近代中国全面落后于西

① 郑观应：《盛世危言·西学》，华夏出版社2002年版，第112页。

② 梁启超：《戊戌政变记》，《戊戌变法》(1)，第249页。

③ 梁启超：《清代学术概论》，中华书局1954年版，第71页。

④ 汪康年：《中国自强策·上》，《时务报》第4册，光绪二十二年八月一日（1896年9月7日）。转引自郭汉民：《晚清社会思潮研究》，中国社会科学出版社2003年版，第145页。

⑤ 梁启超：《南学会叙》，《饮冰室合集》文集之2，中华书局1989年版，第65—66页。

⑥ 中国第一历史档案馆编：《义和团档案史料续编》上册，中华书局1990年版，第108—109页。

方。鸦片战争后，国门洞开，西方先进的科学技术大规模涌现在国人面前，让沾沾自喜于国家和民族辉煌灿烂文明的中国人疑惑不已，他们最初并不相信西方科技有如此威力，甚至有人怀疑西方军队并非人类，乃“天兵天将”。随着了解的深入，疑惑变成震惊。薛福成《庸庵笔记》中有一则关于胡林翼的逸事，足以说明西方发达科技给当时中国人带来的巨大冲击力与震撼力。

有合肥人，刘姓，尝在胡文忠麾下为戈什哈，继而退居乡里。尝言：楚军之围安庆也，文忠曾往视师。策马登龙山，瞻眄形势，喜曰：“此处俯视安庆，如在釜底。贼虽强，不足平也。”既复驰至江滨，忽见二洋船鼓轮西上，迅如奔马，疾如飘风。文忠变色不语。勒马回营，中途呕血，几至坠马。文忠前已得疾，至是益笃。不数月，薨于军中。盖粤贼之必灭，文忠已有成算，及见洋人之势方炽，则膏肓之症，著手为难，虽欲不忧而不得矣！阎丹初尚书，向在文忠幕府，每与文忠论及洋务，文忠辄摇手闭目，神色不怡者久之，曰：“此非吾辈所能知也。”噫！世变无穷，外患方棘，惟其虑之者深，故其视之益难，而不敢以轻心掉之。此文忠之所以为文忠也。①

无疑，胡林翼透过洋人轮船之速，看到了西方科技的巨大威力。其深刻感觉到清王朝此刻遭遇到了前所未有的劲敌，也先人一步从中西方之间的巨大差距中感知到了中华民族的巨大危机。这个站在时代前沿的中国人，显然已经预知到远道而来的西方列强将给古老中国带来巨大威胁。李鸿章在光绪元年（1875）分析中外形势时指出：“各国条约已定，断难更改。江海各口，门户洞开，已为我与敌人公共之地……似觉防无可防矣。”“一国生事，诸国构煽，实为数千年未有之变局。轮船电报之速，瞬息千里；军器机事之精，工力百倍；炮弹所到无坚不摧，水陆关隘不足限制，又为数千年未有之强敌。”② 可见，中西方之间的巨大差距，已经将站在时代前列的中国人卷入到亡国灭种的深深危机感之中了。

---

① 薛福成：《枣臣忧国》，《庸庵笔记》卷一，民国商务印书馆铅印本，第11页。

② 《李鸿章全集·奏稿》卷24，海南出版社1997年版，第825页。

（三）坚船利炮携裹而来的西方文化带来的文化危机

中国古代历史上，中原地区以外的少数民族被冠以“蛮”“夷”“戎”“狄”称号，以区别于受封建正统文化熏陶的华夏民族。少数民族有可能在一定时期以强大的军事力量摧毁中原地区的封建政权而建立新政权，但也仅仅造成了封建王朝的改朝换代，并未导致封建体制的倒台、封建文化的坍塌。反而，执掌政权的少数民族很快被中原文化同化。即便是以少数民族入主中原的满洲贵族政权，也在捍卫封建正统文化上毫不松懈。因此，于中原地区的封建文化而言，周边少数民族的威胁并不让人畏惧。然而，近代中国遭遇到的西方列强却并不相同。

鸦片战争伊始，国门洞开，与西方世界隔绝多年的大清王朝封建官吏们，将西方列强等同于中国古代历史上中原地区以外野蛮和落后的少数民族，视之为“夷狄”，认为是没有文化的无根之民，并不具威慑力。对于西方科技的先进，朝廷大员们大都不以为然，且认为即便威力无比，也是中华文化传播的结果，乃根源于中国。然而，一次次战败，让封建官吏们切身体验到了西方科技的巨大威力，这种体验前所未有，史海钩沉也无从借鉴；而西学东渐后西方列强坚船利炮携裹而来的西方文明，与传统三纲五常政教文明截然不同。封建官吏和知识分子们尤为深切地感受到西方列强与古代周边少数民族之差异，领悟到西方文明带来的威胁不仅在于军事方面，更在于文化的渗透和将导致传统三纲五常政教文明衰颓的可怕境地，让人油然而生畏惧与胆寒。这种远道而来的文化，携带着工业文明的魅影，与几千年封建正统文化相悖离，更是古代周边少数民族游牧文明难以比肩的，亡国灭种的文化危机感由此深深笼罩在封建官吏心头。故而，被这种危机感攥紧了内心的李鸿章等人发出了“几千年未有之变局”的感叹。

在日趋严重的民族危机面前，基于对时局了解程度的差异，对强国御侮方式看法的不同，清政府封建官吏逐渐分化为先进和落后的派别。洋务派较为清醒地认识到世界局势的变化而主张积极追赶西方，而依然沉浸在天朝上国迷梦中的守旧派不承认西方科技的威力，一味强调传统礼义人心于安邦治国的重要性，坚信“防之以器械营垒弗如防之以礼义忠信”,① 拒绝学习西方，反对改变传统。同时，基于对列强侵略的仇恨，守旧派对侵略者的厌恶情绪战胜了学习西方以自强的忍辱负重抱负。他们将自强希望寄托于内政的修明，拒绝跟西方列强产生任何瓜葛。随着局势变化和中西方文化交流的不断加深，近代社会掀起了一波又一波向西方学习的热潮。唯独守旧派，他们始终站在开新派别的对立面，冷眼旁观局势的变化，批判开新举措和建议，抱残守缺，固执地以守旧姿态迎击时代浪潮的侵袭。

二、鸦片战争后的守旧思潮

近代中国守旧派的沉渣泛起与转型社会的局势变化、中西方文化碰撞交融紧密相关，而守旧思潮则是传统文化遭遇西方文化入侵和渗透时所产生的一种抗拒性回应。如果说，明末清初西方文化对中国传统文化的冲击规模尚小、给中国思想界带来的仅为一圈圈涟漪的话，那么，鸦片战争后，西方文化大规模、全方位的渗透和入侵，则猛烈激起了中国思想界的顽强抵抗，掀起了一次次中西方文化冲突的滔天巨浪。面对趋新的思想和政治派别，近代中国守旧派守旧思潮澎湃，主要形成于以下几个时段：

鸦片战争中，以林则徐为首的有识之士敏锐觉察到中国落后于西方的事实，开眼看世界，开风气之先，守旧士人则开始了近代针对学习西方的首番攻击。他们认为，“夷之伎俩，全在恫吓以取虚声”,② 且西方国家绝不会真心诚意使西学为中国所用，“姑无论四夷同一气类，虽日为蛮触争，而万不可为中国用也”，“就令乐为我用，而一舟之费，内地可调兵数千，败必索偿，胜更求无底止，终难以善其后。”“天朝全盛之日，既资其力，又师其能，延其人而受其学，失体孰甚”。有人甚至认为，西方科技不过雕虫小技，且其乃根源于中国，“彼之火炮，始自明初。大率因中国地雷飞炮之旧而推广之。夹板舟，亦郑和所图而予之者。即其算学所称东来之借根法，亦得诸中国。但能实事求是，先为不可胜，夷降如我何。不然反

① 方濬颐：《二知轩文存》卷10，沈云龙主编：《近代史资料丛刊》3编第49辑，台湾文海出版社1966年版，第660页。

② 梁廷枏：《夷氛闻记·序》，中华书局1997年版，第4页。

求胜夷之道于夷也，古今无是理也。虽然，服之而已也，何必胜”。[1] 第一次鸦片战争后少数先进分子要求学习西方的呼声过于弱小，无法唤醒依然沉睡的国人，在当时举国酣睡的社会中，开明清醒如林则徐者乃凤毛麟角。以故，该时期守旧尚不能成为一种思潮，只能算是近代守旧思潮惊涛拍岸的前奏而已，仅闻轰鸣之声，尚无压城之势。

两次鸦片战争失败，清政府统治阶级内一部分有识之士终于意识到必须学习西方才能抵御外侮、挽救民族危机，国家才能富强。于是，洋务派走向历史前台，开启了轰轰烈烈的洋务运动。洋务派的开新举措激起以倭仁为代表的守旧派之无比恼怒。洋务运动每一项学习西方的变革举措都遭到他们激烈反对。守旧派和洋务派针锋相对，他们鄙视西方的政教风俗，拒不承认西方有任何值得中国效法之处。他们以中国文化为中心的自大意识根深蒂固，蔑视西方文化，视学习西方为师事“夷人”，乃精神上丢盔弃甲、放弃尊严的行为。同时，由仇视西方侵略者进而仇视西方文化，成为近代之初守旧派的普遍心态。

守旧派深受儒家思想的熏染，认为挽救世道应以人心为关键，人心正则政治清明，国家昌盛，所向披靡。否则，军事科技再强，也犹如无根之木，缺乏根基，终将于事无补。而人心正，则需倡明正学，禁止学习西方那些败坏人心的奇技淫巧。朱克敬认为：“近日学西方者，多糟粕程、朱，秕糠孔、孟，赞美夷人，以为事事胜于中国，用夷变夏，即可自强，此大误也。中国之法，万世不易之经，今日之弊，由学者不能实践，非孔、孟、程、朱之罪也。夫人知忠爱，名分凛然，中国之长也；但守法令，不习诗书，夷人之短也。今我方舍旧谋新……则强弱之势愈悬，猾夏之祸愈烈，不数十年，衣冠礼义之邦，将成兽蹄鸟迹之区。此鄙人所大惧也。”[2] 不难判断，在他们眼里，学习西方不过是成就术数之士，而在中国传统社会，术数乃末流，难登大雅之堂，绝不能允许其登堂入室。

守旧派鄙视西方声光化电，以为“彼之实学，皆杂技之小者”。[3] 而西方人一意讲求此“杂技”，“使趋利之舟车，杀人之火器，争多竞巧，以为

① 梁廷枏：《夷氛闻记》卷5，第172页。

② 朱克敬：《谬戒》，《清廷之改革与反动》上册，正中书局1961年印行，第605页。

③ 刘锡鸿：《英轺私记》，湖南人民出版社1981年版，第108页。

富强”。他们相信中国几千年圣教文明，圣人辈出，远非西方能比，圣人“言理之深，有过于外洋数倍者”，“外洋以富为富，中国以不贪为富；外洋以强为强，中国以不好胜为强”。故“所以致富强者，准绳乎仁义之中”，即以仁义立国，则所向披靡，“究其禁奇技以防乱萌，揭仁义以立治本，道固万世而不可易”，如此，“彼之为无用者，殆无用之大用也夫？”[①]他们强烈反对学习西方修路、开矿、架设电线，因为在其眼中，修路毫无必要，只需“正朝廷以正百官，正百官以正万民”，“此行之最速，一日而数万里，无待于煤火轮铁者也”。[②]而“电线之设，深入地底，横冲直贯，四通八达，地脉既绝，风侵水灌，势所必至，为子孙者心何以安？传曰：‘求忠臣必于孝子之门’，藉使中国之民肯不顾祖宗邱墓，听其设立铜线，尚安望尊君亲上乎？”[③]今天看来十分荒谬的言论，在当时却振振有词、掷地有声，为大多数国人所接受、信奉与遵从。上行下效，下层百姓反对开矿架线的抗议之声不绝于耳，对这些有益国计民生举措的破坏行为也层出不穷。封建守旧派，作为官方代表，不仅不能首开风气带动全民破除迷信，积极推动国家发展，还不断发表落后迂腐言论，为百姓的愚昧和颟顸行为做依撑，于国家来说，是一种悲哀；而仅仅因为列强利用先进科技作为侵略他国的工具，就因此否定科技的价值，此以偏概全、因噎废食的看法无疑更为可笑。

另外，对西方事务充满排斥的情绪，无疑也禁锢了守旧派对西方先进科技成果深入了解的步伐，导致其轻易得出各种片面、武断的结论。如对于轮船，刘锡鸿认为，“船身即获保固，而烟筒风樯机器一处受损，即不可行，虽铁奚益？故私意谓不如仍制火轮木船”。[④]王闿运也认为“火轮者，至拙之船也；洋船者，至蠢之器也。船以轻捷为能，械以巧便为利。今夷船煤火未发，则莫能行驶；炮须人运，则重不可举”，其结论是：“机器船局，效而愈拙”。[⑤]他们甚至紧盯先进科技的弱点、无限放大其缺点从而拒绝承认新事物，拒绝更新思想。在他们思想中，中国古代的术数之学

① 刘锡鸿：《英轺私记》，第110页。
② 刘锡鸿：《英轺私记》，第122页。
③ 《洋务运动》(6)，第331页。
④ 刘锡鸿：《英轺私记》，第149页。
⑤ 王闿运：《湘绮楼文集》卷二，上海国学扶轮社1910年重刊本，第5页。

已经发展得高超无比、精妙绝伦，远比西方先进，因而向西方学习则是贻笑大方之举。正如守旧官员杨廷熙说：“历代之言天文者，中国为精；言数学者，中国为最；言方技艺术者，中国为备。……恐西学之轮船机器未必有如此幽深微妙矣。”①

总之，洋务运动时期顽固的封建守旧派强调世道人心是挽救国家衰颓的关键，认为只要在“用人行政上倍加审慎”，“则外患胥平，内忧悉泯”，“亿万年有道之长基于此”。② 他们坚信，“天下之治乱，存乎人心，人心之邪止，存乎学术。……未有学术正而天下人心不正，人心正而天下不治者”。③ 而要人心正、天下治，则只需坚守祖制，“实力奉行，悉去其旧日之所无，尽还其旧日之所有，即此可以复治。”“祖宗制法皆有深意，历年既久而不能无弊”，乃因“私害法之人致之”。故祖制须固守，“若改弦而更张，则惊扰之甚，祸乱斯生”，而如西方修路开矿举措，虽然有利，但“害亦存焉”，且与祖制不符，以故“非圣天子所贪求也”。④ 总之，“恪守祖宗之成法以固结民心，以永保天命，则天下臣民之福也”。⑤

维新运动时期，维新派要求改弦易辙，更张政治制度，更加激起继承了洋务运动时期守旧派衣钵的维新运动时期守旧派的反对。此时的守旧派已提不出新鲜的理论反对变法和学习西方，只能一再强调礼义人心的重要性，攻击康、梁之说为邪教，抨击其目的“非欲将中国一切典章文物废弃摧烧，全变西法，使中国之人默化潜移，尽为西洋之人”。⑥ 他们将圣道衰微、“邪说”横行局面形成的原因，归咎为洋务运动所造成的“人心日伪，机巧日出”的社会风气，因而维新运动兴起源于“人心陷溺于功利，行法者借吾法以逞其私”。而“邪教”之所以能横行则是义理未能倡明之结果。“自顷道术衰息，邪说朋兴，圣学既微，异教遂乘间而入”，⑦“今之学者义

① 《洋务运动》(2)，第45页。

② 方濬颐：《二知轩文存》卷12，沈云龙主编：《近代史资料丛刊》第49辑，台湾文海出版社1966年版，第721页。

③ 徐致祥：《嘉定先生奏议》，沈云龙主编：《近代史资料丛刊》第43辑，台湾文海出版社1969年版，第152页。

④ 刘锡鸿：《英轺私记》，第105页。

⑤ 徐致祥：《嘉定先生奏议》，第46页。

⑥ 《文仲恭侍御严劾康有为折》，《翼教丛编》卷2，上海书店出版社2002年版，第30页。

⑦ 《朱侍御答康有为第三书》，《翼教丛编》，第6页。

利之不明，廉隅之不立，身心之不治，时务之不知。聪颖者以放言高论为事，谓宋、明无读书之人；卑陋者以趋时速化为工，谓富强有立致之术。人心日伪，士习日嚣，是则可忧耳”。而“邪说诬民，而不思正谊明道以挽颓流者”，则属“士君子之辱也”。[①] 因此，“忧世者亟当明理义以正人心，岂可倡为奇邪，启后生以毁经之渐?”[②] 故治国之道，“必以正人心、厚风俗为先，法制之明备抑其次也。况法制本自明备，初无俟借资于异俗，讵可以末流之失归咎其初祖，而遂以功利之说导之哉?”[③] 而正人心则需“修明孔、孟、程、朱《四书》《五经》《小学》《性理》诸书，植为根底，使人熟知孝弟忠信、礼仪廉耻、纲常伦纪、名教气节以明体”。[④]

综上所述，鸦片战争爆发后，随着西学大规模入侵和渗透，与先进中国人迈出学习西方步伐相对的，是近代中国守旧派保守传统、害怕西方学习导致“以夷变夏”的守旧思想奔涌翻腾。守旧派对适应历史潮流的近代化举措的反对和压制，促使近代中国守旧思潮持续发酵和不断升温。到义和团运动时期，守旧派在镇压维新运动、残杀新派人物之后，又亲手策划了近代史上最愚昧、最守旧的一幕历史闹剧。义和团运动时期的守旧思想是近代以来守旧思想的最顶峰，也是近代守旧派对几十年来学习西方开明举措之反动，是守旧派几十年来积累的守旧与排外思想之总爆发。本书旨在对处于守旧思潮顶峰时期的清末守旧派进行集中探讨，追本溯源，厘清真相，廓清其层次，考究其根基，以为后世记。

---

① 《朱侍御答康有为第三书》，《翼教丛编》，第 8 页。

② 《朱侍御答康有为第三书》，《翼教丛编》，第 6 页。

③ 《朱侍御答康有为第四书》，《翼教丛编》，第 11 页。

④ 《文仲恭侍御严劾康有为折》，《翼教丛编》，第 30 页。

第二章　清末守旧派的形成与政局

戊戌政变后登上政治前台的清末守旧派，在撺掇朝廷残酷镇压维新派、奉行高压政策后，逐步取得朝政实权，并开始推行守旧排外的举措，最终导致家国剧变。守旧派之所以能够走上政治前台并将其守旧与排外举措付诸实施，乃经由一系列政治事件发酵、人事变动冲击得以实现，也是晚清政局恶化之表现。与之相对应的，守旧派势力的膨胀也为清王朝走向灭亡埋下了病根和隐患。

第一节　守旧派的形成：清流传统·理学大臣·满族王公

晚清守旧派的形成，既与政治文化传统息息相关，也和其时各政治派别的博弈和力量消长紧密联系。当时活跃于晚清政坛的政治派别众多，而对晚清守旧派形成起推动作用或者影响颇大的政治力量主要有清流派、理学大臣与满族王公。

一、清流的传统

清流是以清议作为参政手段，对朝政实行舆论监督的政治群体。“自宋儒以崇奖言路为义，数百年来，优待言官，奉为故事”。[①] 清议在中国历史上有着悠久的历史，是封建时代翰、詹、科、道的言官对朝政各方面得失的一种评议方式。这种评议本质上属于一种社会舆论，它的存在根源于

---

① 《郭嵩焘奏稿》，岳麓书社1983年版，第407页。

两方面因素：一方面，统治者为了完善统治、巩固皇权，以清议来约束奸臣佞臣，有助于克服腐败现象，平衡内外权力；另一方面，封建士大夫自身的素质和特点决定了他们关注社会、关心政治，不畏权势大胆发表自己的意见，这也是知识分子的天性使然。① 晚清清流派的存在就体现了这两方面因素。其声势之盛，"上足以耸动君上，鞭策执政；下则领导全国士子以为声援。此一强大之舆论力量，在甲午以前，盖为守旧势力阻碍、牵掣洋务运动之一重要武器也"。②

晚清清流派有前清流与后清流之分，都适应于慈禧"以清议维持大局"的政治目的而产生。前清流主要活动在同光之际，一直到中法战争结束才瓦解，成员有李鸿藻、张之洞、张佩纶、陈宝琛、宝廷、邓承修、黄体芳、吴可读、吴大澄、于荫霖等人。这一派人物的活跃根源于慈禧太后为制约洋务派和地方实力派大臣以平衡各派政治势力的需要。当政的慈禧太后为将新兴的洋务派控制在自己能掌控的范围内，遂利用清流派予以限制。而前清流中这些传统中国士人代表，本就对洋务不屑一顾，鄙视学习西方的行为，认为这样会使天朝颜面扫地。同时，他们对办理外交事务的洋务派官僚大肆攻击和保持高度警惕，认为这些人以媚外为能事，借洋务以自重，不仅洋务举措并无实际效果，还将贻误朝政。

后清流是较前清流晚些时候出现的清议政治派别。他们承续前清流，在光绪帝亲政后开始活跃。甲午战争前后，后清流势力达到顶峰，终因慈禧太后发动戊戌政变的人事变动而瓦解。但清流派的成员和作风并未随政变的发生而消灭，其内部某些守旧分子还一直残存于清朝统治机构中枢，直到庚子事变后才消解殆尽。其首领是军机大臣李鸿藻、徐桐、翁同龢、潘祖荫，成员有盛昱、沈曾植、文廷式、李慈铭、梁鼎芬、张謇等人。

虽然清流派被利用，其存在被当成了封建政治体制发展达到顶峰时期的一种制衡机制，但这些封建知识分子们却非常乐于演绎好此角色。他们品评人物、抨击时政、指斥弊政、弹劾权贵，成为活跃在晚清政坛上的一道风景。他们自身也多洁身自好，操守廉洁，大多讲究"修身、齐家、治国、平天下"，为中国传统士大夫之典型代表。他们多注重品评吏治，认

① 郑峰：《论晚清前清流之清议》，《甘肃社会科学》1999 年论文辑刊。

② 石泉：《甲午战争前后之晚清政局》，三联书店 1997 年版，第 11 页。

为政治清明是国家强大的要素。在他们眼里，国家制度本身并无问题，问题在于现实社会中国家的“良法美意”往往为贪官污吏所破坏，故整肃吏治，对中饱私囊、以公谋私、尸位素餐的官员加大惩罚力度才是政治清明的必由之路。诚然，清议肩负着政治监督的功能，能在一定程度上制约中央政府和地方实力派大员的腐败。然而，归根结底，清流派只是慈禧太后用来平衡其统治集团内各派势力以制约洋务派中央及地方大员的棋子，故其势力往往会随慈禧太后的个人喜好和自身权力保护和局势控制等目的而消长。而且，他们身居高墙深院，缺少实践经验，视野较为狭窄。即使有一些关心世界局势、了解外情、见解较新者，“特其所讲求之洋务，大都着眼于国际情势之纵横捭阖，而不甚注意于人我国力之实况，与夫增进中国国力之实际办法。”故“虽亦侈谈洋务，而与实际之洋务工作，则无甚关联”。[①] 因此，他们诸多没经亲身实践所发出的议论也往往流于虚妄、不切实际与“放言高论”，其与生俱来的这种弊病毫无疑问会制约其势力的发展。

清流派不切实际的放言高论以及与世界形势的疏离使其部分成员仍然沉浸在天朝帝国无所不有的迷梦当中，与之相伴的是其政治心态的守旧。于是，虚骄、夜郎自大、闭目塞听而颟顸无知就成为部分清流人士的特点。他们不切实际的言论严重阻碍了当时社会进步举措的推行，给社会的顺利发展设置了重重障碍。正如唐才常所说：“数十年来之主持清议相议以忠义奋发者，不曰用夏变夷，即曰闭关谢使，且动以本朝海禁之开相诟詈。”[②] 如此，当时全国上下都笼罩在浓厚的守旧氛围中，令洋务派官僚倍感窒息。几乎每一项洋务举措的实施，都会遭到守旧派的抨击。连最实用的关乎国计民生的举措也不例外。如士大夫“一闻修造铁路、电报，痛心疾首，群起阻难，至有以见洋人机器为公愤者”。[③] 英商在淞沪间修的小铁路，也因“人群骇异”被清政府买回而拆毁，体现出清朝政府统治集团内部守旧势力的强大。其实，当时民众反对这种新式交通工具，与传统思想

① 石泉：《甲午战争前后之晚清政局》，第 20 页。

② 台湾“中央研究院”近代史研究所编：《近代中国对西方列强认识资料汇编》第 4 辑，第 2 分册，第 620 页。

③ 郭嵩焘：《伦敦致李伯相》，《洋务运动》（1），第 303—304 页。

影响有关，也与官绅阶层的怂恿脱不了干系，他们认为铁路的修筑破坏了风水，影响了地脉，但当铁路运行时他们还是表现出了浓厚兴趣。同治十三年（1874）上海到吴淞之间的铁路修筑完成，有人评论道："天下之事，但闻其名，未见其实，鲜有不震惊其事之难成，疑讶其法之有碍。一旦躬亲遇之，而后知其平淡无奇，并不觉其怪异可骇。始叹中西之制作虽殊，而求其利便于人世则同。如上海今日所造成之火车铁路是也。"① 由此可知，普通民众对这些新事物接受与否往往与现实需要紧密结合，某些虚妄不实的传统必然会随着时间的推移而发生改变。然而，政府的有效倡导能加快这种改变的速度，一旦政府成员也在为守旧主张推波助澜，则于社会发展极为不利。李鸿章就对清流派流于空谈的清议之误国深有体会，他说：

> 言官制度，最足坏事。故前明之亡，即亡于言官。此辈皆少年新进，毫不更事，亦不考究事实得失、国家利害，但随便寻个题目，信口开河，畅发一篇议论，藉此以露头角；而国家大事，已为之阻挠不少。当此等艰难盘错之际，动辄得咎，当事者本不敢轻言建树；但责任所在，势不能安坐待毙。苦心孤诣始寻得一条线路，稍有几分希望，千盘百折，甫将集事，言者乃认为得间，则群起而讧之。朝廷以言路所在，又不能不示加容纳。往往半途中梗，势必至于一事不办而后已。大臣皆安位取容，苟求无事，国家前途，宁复有进步之可冀？

又曰：

> 天下事，为之而后难，行之而后之。从前有许多言官，遇事弹纠，放言高论，盛名鼎鼎；后来放了外任，负到实在事责，从前芒角，立时收敛，一言不敢妄发；殆至升任封疆，则痛恨言官，更甚于人。尝有极力讦我之人，而俯首下心，向我求教者。顾台院现在，后来者依然踵其故步，盖非此不足以自见。制度如此，实亦无可如何之事也！②

---

① 《观火车铁路纪略》，《申报》1876 年 4 月 8 日。转引自李长莉：《晚清上海社会的变迁——生活与伦理的近代化》，天津人民出版社 2002 年版，第 89 页。

② 吴永口述，刘治襄记：《庚子西狩丛谈》，岳麓书社 1985 年版，第 107—108 页。

李鸿章对言官制度的评价虽有所偏激，但激愤而无可奈何的言论反映出他曾深受其害并深恶痛绝。抛开政治主张和立场的差异来说，其说法无疑也有一定合理性，他所谈到的这种情况在当时确实普遍存在。而且，由于党派斗争的影响，言官上书不实情况也多有发生。李慈铭就曾针对此种状况指出："新政（辛酉政变）以来，朝局一变，上书言事者肩背相望，爱我者争相从谀，谓可骤进。"① 中法战争后上台主持朝政的孙毓汶也曾批评朝内言官"结党陷害，夙习已然"。② 洋务运动开办过程中所遭遇到的一系列挫折，言官的清议就难逃其咎。郭嵩焘也认为同光之际言官因为权力斗争以及私人恩怨等问题而"毛举细故，见事生风。大率因睚眦之小怨，用影响疑似之传闻，胪列入告"。"所苛求者一言一事之微，而所关国家大局固已巨矣。其甚者，疆吏之贤否，藩臬之迁擢，皆取决言官一疏，断行不疑。太阿倒持，尤乖政体，未尝深念民生休戚与朝廷措置之宜，崇奖太过，徒长虚诬，实为害政"。③

对此"清议误国"情形，曾纪泽也指出："中西通商互市，交际旁午，开千古未曾有之局，盖天运使然。中国不能闭门而不纳，束手而不问，亦已明矣"。"穷乡僻左，蒸汽之轮楫不经于见闻，抵掌抚髀，放言高论，人人能之"。但作为定策国家发展的政府中枢集团，"清议支流"，"硁硁自守"，"除高头讲章外，不知人世更有何书；井田学校必欲遵行，秦汉以来遂无政事"则明显不行，"登庙廊之上，膺事会之乘，盖有不能以空谈了事者，吾党考求事理，贵能易地而思之也"。④ 可以说，那些反对学习西方和反对开展洋务的言论多为清议论者对时局无知的反应。他们无视现实发展需要而一味固守传统，成为清末守旧派守旧与排外的原型。

总体上来说，主张对外应战是清流派的一贯作风，他们主张在对外交往中态度强硬、反对妥协投降，这未尝不是他们爱国情愫的表现。甲午战争之前，日本增兵朝鲜，士大夫痛感事态严重，对李鸿章对外妥协、寄希

① 李慈铭：《越缦堂文集》卷4，沈云龙主编：《近代中国史料丛刊》3编第17辑，台湾文海出版社影印本，第128页。

② 陈义杰整理：《翁同龢日记》第5册，光绪二十年十一月初四日，中华书局1989年版，第2756页。

③ 《郭嵩焘奏稿》，岳麓书社1983年版，第407—408页。

④ 《曾纪泽遗集·日记》，光绪四年（1878年）十月初五日，岳麓书社1983年版，第343—444页。

望他国从中调和而不肯备战的行为进行猛烈抨击。他们纷纷上奏请求朝廷下定决心、一心应战，“想北洋海军训练已非一日，不得谓之不精，区区日本，何足惧哉！”他们希望朝廷坚持定见，饬李鸿章极力备战，不得心存苟安，“大旨灭日本，语殊豪迈”[①]。战争中，清流派密切关注局势进展，攻击李鸿章不遗余力，认为他“贻误战局”，“别有用心”，“有心殆误”“年老昏聩”，丁汝昌“迁延畏葸，诸臣弹劾，异口同声”[②]。对淮军将领叶志超、卫汝贵等人贪生怕死，统军无方，对于北洋海军内部腐败现象的攻击，清流派更是毫不留情。战争失利，“朝论哗然”，清流主战派愤恨非常，弹劾李鸿章，必欲去之而后快，甚至有上书朝廷“请杀李鸿章，劾枢臣无状”[③] 之言。平壤失陷后，李鸿章终因“未能迅卜戎机，日久无功，命拔去三眼花翎，革去黄马褂，交部议严处”。当李鸿章主持与日和议归，“翰林院代递六十八人联衔折劾李鸿章”[④]，至此，李鸿章在朝几十年的政治资本被打得七零八落。而与李鸿章同处于朝的孙毓汶、徐用仪等人也遭到言官的弹劾，谓徐用仪“比附孙某，与李相表里”[⑤]。“孙毓汶被劾罢，翁同龢继入，主战益力。用仪论事与同龢忤，遂出枢廷，并解总署事”[⑥]。由上可知，清流派高言论战，抨击权贵、弹劾权臣，引导舆论走向，对朝廷用人行政影响不可谓不深。

综上所述，同光之际的清流派，对时局不了解，用传统的思维方式思考问题，排斥洋务，高言论战。清流派的这些特性在一定程度上影响了当时及其后守旧派的思想。

二、清流派与守旧派的关系

晚清政府内的清流派与清末守旧派有着天然的血缘关系，主要表现在以下几方面：

① 《翁同龢日记》第 5 册，第 2710 页。
② 《翁同龢日记》第 5 册，第 2722 页。
③ 《翁同龢日记》第 5 册，第 2764 页。
④ 《翁同龢日记》第 5 册，第 2829 页。
⑤ 《翁同龢日记》第 5 册，第 2822 页。
⑥ 《徐用仪》，《清史稿》卷 466，第 42 册，中华书局 1977 年版，第 12759 页。

（一）二者思想存在相通之处

首先，他们都对时局了解不多而注重承继传统、拒斥学习西方。清流派特别是前清流，由于身处高墙深院，缺乏实践经验，政治心态倾向于守旧。部分清流成员仍然沉浸在天朝帝国无所不有的迷信当中，议论时政流于虚妄、不切实际与“放言高论”。虚骄、夜郎自大、闭目塞听而颟顸无知是部分清流人士的特点。洋务运动伊始，前清流就站到了洋务派对立面，他们坚信礼义人心至关重要，向西方学习不足以弥补在此过程中人心道德的沦丧（注：即使后来直接倡导洋务的张之洞此时思想也很保守）。在他们眼中，人心气节乃自强之根本，朝廷如能培养臣民的气节使人心团结一致，则“遇有灾患之来，天下臣民莫不同仇敌忾，赴汤蹈火而不辞，以之御灾而灾可平，以之御寇而寇可灭”。[①] 李慈铭“往往于义利之关、正邪之辨，大声疾呼”，以欲为朝廷“裨助风化”，“扶植名教，激扬廉耻”[②]，其抨击“晚近之学所以不古若者”，乃“徒以经义之不纯、趋向之不壹，正谊明道之不讲，谋利计功之日勤”[③]。其言一如刘锡鸿等顽固派的“国政俱饬，人心克奋，其足摧劲旅不系乎战具也”。[④]

洋务运动时期，倭仁之守旧就颇有清流之风，时人谓当时枢廷“力诋艮老（倭仁），意在排击清流”[⑤]，不难看出倭仁等守旧派与清流人士的内在关联。如同文馆之设，谣言甚多，“京师口语藉藉”[⑥]，有对联云：“鬼计本多端，使小朝廷设同文之馆；军机无远略，诱佳子弟拜异类为师。”[⑦] 或作对联曰：“未同而言，斯文将丧”；又曰“孔门弟子，鬼谷先生”[⑧]。提倡洋务的恭亲王奕䜣被称为“鬼子六”，丁日昌被称为“丁鬼奴”。当奕䜣等人上奏请求在同文馆招收科甲正途人员学习天文算学时，反对者云集。其中反对最力者为倭仁，他大倡礼义人心，认为“欲求制胜必求之忠信之

① 《洋务运动》（2），第29页。
② 李慈铭：《复陈书卿观察书》，《越缦堂文集》卷4，第110页。
③ 李慈铭：《杭州敷文书院碑记》，《越缦堂文集》卷10，第310页。
④ 《刘光禄遗稿》，《洋务运动》（1），第277页。
⑤ 《翁同龢日记》第2册，同治九年八月廿七日，第798页。
⑥ 《翁同龢日记》第1册，同治六年二月廿四日，第521页。
⑦ 《翁同龢日记》第1册，第519页。
⑧ 《翁同龢日记》第1册，第521页。

人，欲谋自强必谋之礼仪之士”[①]，“天下之大，不患无才”[②]，反对师事“夷人”，“上亏国体，下失人心”[③]。张盛藻的封奏，与倭仁看法相似，其谓：“天文算法，钦天监天文生习之，制造工作，宜责令工部督臣役习之。文崇近臣，不当崇尚技能，师法夷裔。”诸多此类言论，在当时社会引起巨大反响，“众论纷争，日胜一日”，导致报考学生寥寥，“或一省中并无一二人愿投考者，或一省中仅有一二人愿投考者，一有其人，遂为同乡同列之所不齿”[④]。奕䜣无奈地道：“自倭仁倡议以来，京师各省士大夫聚党私议，约法阻拦，甚且以无稽谣言煽惑人心，臣衙门遂无复有投考者。”[⑤]当时的士大夫“自命正人”，“动以不谈洋务为高见”，“有讲求西学者，则斥之曰名教罪人，士林败类”，[⑥]“以为无事则嗤外国之利器为奇技淫巧以为不必学，有事则惊外国之利器变怪神奇以为不能学”[⑦]。由此可见当时朝野守旧势力之强大、守旧思想之浓厚。虽然清流派并不等同于守旧派，但当时朝廷内外对于洋务举措的攻讦与批驳，与清流派也脱不了干系。当顽固派围攻郭嵩焘时，李鸿藻、张佩纶、何金寿等清流派更是声气相通，极尽声援之能事，最终使清廷撤销了郭嵩焘驻英公使之职。由此可见，在维护传统排斥西方文化等方面，清流派与守旧派很多时候都站在同一阵线并肩作战。

戊戌、庚子时期的清末守旧派也保守着同样的观念和做法，他们也一味强调人心的重要性，谓足以影响一个国家的兴衰与存亡。也因为如此，当义和团运动兴起时，他们主张抚团以剿洋，其中一个观点就是认为国家有义和团“此种固结之人心，即无灵符足御枪炮，亦足夺东西人之魄而尽驱之于外洋”[⑧]。

其次，二者都对洋务派大臣疑忌重重，谨防其借洋务以自重，警惕其擅权而危及朝局。洋务运动开展过程中，前清流在此方面抨击颇多，特别

---

① 《洋务运动》（2），第 34 页。
② 《洋务运动》（2），第 30 页。
③ 《洋务运动》（2），第 34 页。
④ 《洋务运动》（2），第 39 页。
⑤ 《洋务运动》（2），第 36 页。
⑥ 郑观应：《西学》，《戊戌变法》（1），第 47 页。
⑦ 《洋务运动》（2），第 33 页。
⑧ 《愤言三》，《申报》光绪二十六年七月廿五日。

是对权臣开展洋务、办理对外交涉心存疑虑。作为前清流砥柱的张之洞就曾批判洋务运动毫无成效，对权臣因循、李鸿章依附俄国而自重的行为十分不满，其谓："自咸丰以来，无年不办洋务，无日不讲自强，因洋务而进用者数百人，因洋务糜耗者数千万。冠盖之使，交错于海邦；市舶之司，日增于腹地。屈己捐爱，将待何时，事阅三朝，积弱如故。一有俄事，从违莫决，缙绅缩手，将帅变色。"① 甲午战争中，清流派抨击李鸿章，认为其为保存自身实力导致备战不力而贻误战机。诸多言论，矛头一致对准洋务大员及其行为，暴露出清流派对李鸿章等洋务大臣的强烈不满。而清政府守旧派对于李鸿章、刘坤一等地方大员的抨击也同样不遗余力，如李秉衡道："近数十年凡专办交涉之事，侈言洋务之利者，无不家赀千百万，昭昭在人耳目，究之其利在公乎？在私乎？亦可立烛其奸矣"②，职是之故，"所谓富强安在哉！"③ 戊戌变法时期，王廷相攻击张荫桓"媚外人，交近侍"④；义和团运动蔓延至京城，守旧派攻打使馆的主张遭到徐用仪、立山、联元等人反对之时，他们蛮横地污蔑这些人乃通敌卖国之贼，欲置其于死地，彰显出他们内心深处对洋务派的深深疑忌。也由此可见，对洋务派的不信任直接影响了他们政治态度。

再次，二者对于洋务运动的效果评价都不高。对于洋务举措开展的效果，清流派一直持怀疑态度。他们经常交章弹劾洋务举措，认为并未达到实际的效果，原因在于洋务派官员办理不力和其中存在诸多腐败和管理漏洞。如光绪三年（1877 年）九月，御史董儁翰奏轮船招商局急需整顿，原因在于"该局每月亏银五、六万两，因置船过多，载货之资不敷经费。用人太滥，耗费日增"等⑤。黄体芳也谓自洋务运动开办，"造机器、广招商、置兵轮、购枪炮，由李鸿章奏办者几二十年，糜国帑以亿万计，百弊丛生，毫无成效，略可睹矣。"⑥

清末守旧派也比较关注洋务运动的实际成效，抨击其种种名不符实之

① 张之洞：《张之洞全集》卷 2，河北人民出版社 1998 年版，第 41 页。
② 李秉衡：《奏陈管见折》，《李秉衡集》，齐鲁书社 1993 年版，第 300 页。
③ 李秉衡：《奏陈管见折》，《李秉衡集》，第 299 页。
④ 《王廷相》，《清史稿》卷 467，第 42 册，第 12767 页。
⑤ 朱寿朋：《光绪朝东华录》（1），总 481 页。
⑥ 《洋务运动》（3），第 18 页。

处。李秉衡曾于1895年指责开矿毫无实效道：“矿产开采已十余省，办理几三十年，除云南本有铜矿外，亦谨开平一煤矿耳。其余招商试办者率皆股本耗折，迄无成功。”[①] 因此，他多次谈及应暂停山东矿务开采。赵舒翘亦多次指陈各省所开矿产的质量问题，谓“至各省试办，旋开旋废，徒赔购运机器之费者更无论矣”[②]。可见，洋务运动开办的效果是清流派和其以后的守旧派共同关注的问题，他们由最先的排斥西学发展到注重找寻洋务运动开办过程中的诸多弊端，无疑是在用挑剔的眼光审视着国家的兴利除弊。

最后，他们都主张实行强硬的外交政策，反对妥协软弱外交。高言论战是清流派一贯的表现，而清末守旧派也难逃此窠臼。他们都主张国家在对外交往中持强硬的态度，对李鸿章外交中的软弱十分不满。长于清议而短于实际，“轻言战争”是清议的一个通病。[③] 清流派对局势了解无多，实际经验缺乏，倾向于高谈阔论、慷慨陈词，其主张较难贴合实际。如李鸿章所说的：“寻五十年来”，“清议进议者，不深维终始，高谈战事”。[④] 清流派使“一时尊王攘夷之论，靡漫于全国。凡稍谈外交识敌情者，咸斥为汉奸大佞。痛诋之不遗余力。党势既盛，遇事则挟其鸱张虚骄之气。以鼓动多数无识之徒为之后盾。朝廷于和战大计往往为所劫持”[⑤]。崇厚负责办理伊犁交涉，清流派激烈抨击，甚至要求清政府将其处死、与俄国重新谈判。中法战争中清流派同样持如此立场高言论战，其主张最终左右了朝政，清政府选择对法开战。然而，中法战争中，清流派成员被派往战争前线，但马江战役的失败，结束了张佩纶等清流派书生论战的局面。

义和团运动时期，守旧派无疑乃高言论战强硬外交政策的实施者。他们在此方面超过了清流派，甚至最终做出不惜与多国同时开战的抉择。由此可见二者思想的相通之处。

① 李秉衡：《奏陈管见折》，《李秉衡集》，第296页。
② 赵舒翘：《慎斋文集》卷二，1924年西山书局印，第20—21页。
③ 陈勇勤：《“清流”三群体与在朝清议》，《荆州师专学报》1995年第6期。
④ 康有为：《上清帝第二书》，《康有为政论集》上册，中华书局1981年版，第118页。
⑤ 《清流党之外交观》，《清朝野史大观》卷4，上海书店出版社1981年版，第92页。

（二）政治斗争的方法趋于一致

晚清时期清朝政府统治阶级内部派系林立，清流派也被卷入其中。晚清官场人员冗杂、仕途拥挤，那些经过科举正途到部的官员，求补一缺动需一二十年，“吏部虽有选班，亦非一二十年不能轮到”，于是往往“壮年通籍，则白首为郎，暮齿分曹，则半途求去，人才抑塞，欲进无由”[①]。清流派通常由这些翰、詹、科、道的言官组成，他们久居于虚位，不满之心日益滋长。在此心态驱使下，为引起最高统治者注意，他们往往敢于言事，不畏权贵，直言进谏。同时，他们通常会依附在某一高层官员的身边或附属于某一派系。为达到推翻某一派人物的目的，清流派通常“毛举细故”，“辄曰某也弱或曰某也贪，及穷究其事，实则又不能办一事。而弱与贪有十倍者，迺转置之不论不议之列，人心日益迷谬，而用人者亦遂颠倒敷衍，万事掣肘而莫知由”。[②] 同光之际，此类现象比比皆是。如光绪四年（1878），时为詹事府左庶子的黄体芳，就因“以传闻无据之辞，诋董恂为奸邪”[③] 议处。

这种罗织罪名以攻击其他派系人物的政治斗争方式在清末守旧派身上同样暴露无遗。庚子五大臣之死就与此有关。在当时守旧派总理朝政的局势下，其他派系大臣“动辄得咎”。这是历代政治斗争的惯用伎俩。下文将有专门章节论及守旧派在该时期的活动，兹不赘述。

（三）成员组成的连贯性

在成员组成上，清末守旧派有一部分成员乃直接承继清流派而来，是清流派历经几番动荡淘洗后的残余力量。尽管清流派与其他派别之间的政治斗争十分频繁，貌似团结一致，但其内部也并非铁板一块。清流内部派别之争可以追溯到同治年间。这两个派别分别为以李鸿藻、徐桐所代表的“北派”和翁同龢、潘祖荫所代表的“南派”。前者为北方人，讲究性理之

① 朱寿朋：《光绪朝东华录》（1），总 507 页。

② 唐文治：《记和硕庆亲王事》，《茹经堂文集》卷 6，沈云龙：《近代史资料丛刊续编》第 4 辑。

③ 朱寿朋：《光绪朝东华录》（1），第 572 页。

学，后者则是南方人。李鸿藻、潘祖荫在戊戌变法之前就已去世，翁同龢在戊戌变法时也被驱除回籍，徐桐就成了硕果仅存的几个具有清流遗风的大臣之一；于荫霖也属于清流派的重要成员，“以直言敢谏名闻天下”，“凡朝廷用人行政，壹不惬于舆论，必抗疏力争，不避怨嫌”，被称为翰林四谏之一[①]；李秉衡与清流派主持清议的“铁汉”[②]——邓承修具有同样的强硬风骨。中法战争之后，邓承修与李秉衡奉命同勘中越边界，他们认为据约应先改正中、越分界，再论其他，而清政府迫于法国的压力，准许法国先勘定原界。二人与法国据理力争，并屡次上疏朝廷坚持原有看法，不肯退让，被清廷惩处。李秉衡敢于直言，廉洁公忠，坚决维护国家主权与利益，对外毫不妥协，为时人所称道。编修王廷相敢于言事，不畏权贵，曾“以浙江学政徐致祥秩满调安徽，外似优隆，内实屏绝”[③]，他常为民请命，且十分仰慕李秉衡，后随李秉衡出战御敌，是李秉衡坚定的追随者，也同样具有清流风范。徐致祥阻开铁路，光绪十二年（1886）曾“先后封事十数上，而惓惓于抑阉寺，治河工，为时论所美”[④]。其曾十分推崇清流派翰林四谏之一的张佩纶，也曾因清政府受德国逼迫而调任李秉衡十分不满，认为此乃“朝廷黜陟之大权操之敌人也。为请顾全国体，毋慑敌”[⑤]。透过此类言行与主张，不难发现，清末清政府守旧派在派系组成与参政风格上与清流派的深厚渊源。

总之，无论是在思想上、斗争方法，还是人员构成上，清流派对晚清政局的影响都很大。清末守旧派承袭其思想而来，并继承了清流遗风和其内部某些成员，将清末守旧与排外的思想推向了最高峰。

三、晚清理学大臣

盛行于宋、明时期的理学，余波荡漾，久而不息，流及近代仍有很大影响。从广义范畴来说，它是以讨论天道性命问题为中心的中国传统哲学思潮，其流派纷繁芜杂，包括北宋中期周敦颐的濂学、邵雍的象数学、张

① 柯劭忞：《于中丞奏议·序》，《悚斋遗书》，1923 年北京刻本。
② 《邓承修》，《清史稿》卷 444，第 41 册，第 12457 页。
③ 《王廷相》，《清史稿》卷 467，第 42 册，第 12767 页。
④ 《徐致祥》，《清史稿》卷 444，第 41 册，第 12459 页。
⑤ 《徐致祥》，《清史稿》卷 444，第 41 册，第 12459 页。

载的关学、二程的洛学、司马光的朔学，南宋时朱熹的闽学、陆九渊兄弟的江西之学，明中期王守仁的阳明学等等。而将众多流派按其基本观点和影响来分，可以分为以二程、朱熹为代表的程朱理学和以陆九渊、王守仁为代表的陆王心学。二者在哲学上分歧很大。

陆、王心学，也称道学或宋学，被视为儒家中的“格心派”（一称“主观唯心主义”），其认为“心外无物，心外无理”，主张人的主观意识是派生世界万物的本原。陆王心学重视“明心”，要求尊德性，强调为学的目的并不仅仅在于增进知识，而是为了实现道德的至高境界。儒家经典的学习与研究、对外界事物的认知与把握，都不可能直接增进道德，只有人的本心才是道德的根源。故只有扩大、完善人的良心结构才能实现道德增进的目的。陆王心学这种对本心的不断强化，逐渐发展成为空谈心性、束书不观、游谈无根的倾向，备受当时及后世诟病。

与陆、王心学强调本心相对，程朱理学被认为是“格物派”（一称“客观唯心主义”），其认为“理”是永恒的、先于世界而存在的精神实体，世界万物只能由“理”派生，主张由道问学，格物致知，穷究物理。其一再强调知识学习的重要性，坚持人的道德水准必将随知识的积累而不断增进。

受封建统治阶级支持，程朱理学在元代开始被推崇为学术正统，成为当时社会占统治地位的主流意识形态。虽然清代学术以考据、训诂为主，然理学依然占据着一定地位，清政府制定学术政策时仍在不断强化程朱理学的社会地位。如清朝初年，以康熙帝为首的统治者奉行崇儒重道的文化政策，大力表彰朱熹，一度形成程朱理学“独尊”的局面。理学的尊奉者人数众多，在全国多个较为活跃的学术群体中，理学的声势较大。到嘉、道年间，理学更有复兴之象。嘉庆皇帝亲政伊始便昭示百官：“修己斯能治人，其效捷如影响。修几之要在主敬，平时收摄人心，内省不疚”，“若不能自正身心，则仪表不端，焉能率下？未有己不正而能正人者也。”① 其崇尚理学之意跃然于纸上。该时期理学崇尚者甚多，形成了关中、皖南、湖湘三个区域性的理学群体。

① 《经筵御论·修己以敬》，《清仁宗御制文二集》，卷1，第3页。见故宫博物院：《清仁宗御制文·养正书屋全集定本》，海南出版社2000年影印本。

到了晚清，社会黑暗、经济残破、阶级矛盾尖锐，再加上外敌入侵和西方思想的渗透，在国家民族危机的刺激下，士大夫们开始关注社会现实，寻求解救清王朝于危机之中的对策。此时，统治者及部分士人打出了“卫道”的旗帜，倡导推崇正学（程朱理学），再次导引出了理学繁兴的局面。然而，危机解决方法的不同，使严守封建道统的理学内部开始分化。倭仁、吴廷栋等人侧重于通过个人道德修养的“内圣之功”，以“诚”“敬”为本，来实现国家的复兴，学界将其称为理学主敬派；与其相对的，是被称为理学经世派的曾国藩等人，他们既讲“内圣之功”，又讲“外王之道”，强调“义理之学”与“经世之学”的结合，带有较强的事功色彩。

强调加强个体道德修养，忧患于世风日变的理学主敬派倭仁、徐桐之流，试图维护儒家思想的一统天下，“执仁义道德以伸天下之正气，扶植纲常使天下之民之心爱君亲上团结”，坚持此立国之正道，认为“未有纲常不植、正气不伸而可以守宗庙社稷者”。[①] 他们批判那些自认为识时务者所建的功利之策实际无丝毫功利可言，反而导致国家之祸。西方侵略带来的危机，使理学坚守之士更加注重捍卫学术之根基，“若非有忧勤惕厉之心震动恪恭之气，感孚中外，激励臣民，彼族将视我为无志奋兴，必有益肆其欺侮者”。强调修身齐家的理学主敬派大臣们十分痛心于洋务派大员“多酣豢于声色货利之中，有生之乐、无死之心”，认为将导致“士气不振、邪说潜兴”，“凡荒唐无稽之徒皆得逞其浮游不根之论”。他们追溯造成此局面的原因，认为：“晚近之学术，多歧杂糅，诸子剽窃、百家炫博矜奇”，更有甚者，“狃时尚变诈之谈，溺外人新奇之论，离经叛道，见异思迁，流弊所极，敢于蔑视六经，非毁先儒，斥正学为迂谈，薄名教为多事，心术既坏，行检随之，世运所以波靡，人材所以狡杂”，因此，“今欲痛除斯弊，非讲明正学无以遏异教之猖狂，非屏斥邪说，无以救人心之陷溺。”故根本之途，上自皇帝，下至王公大臣们，应争当楷模，取“儒先性命之书，濂洛关闽之学”，“朝夕观看”，“由修齐以进求治平，天德王道一以贯之”，“异端邪说者摒斥弗庸”，则“邪说无自而入”，“志趣定则异端无得而干”，最终“国祚可永”。[②]

---

① 佚名：《静海徐相国传》，藏于国家第一历史档案馆古籍部。

② 佚名：《静海徐相国传》，藏于国家第一历史档案馆古籍部。

倭仁在反对同文馆招收科甲正途人员学习天文算学时的言论在当时颇具代表性：

> 窃闻立国之道，尚礼仪不尚权谋；根本之图，在人心不在技艺。今求之一艺之末，而又奉夷人为师，无论夷人诡谲未必传其精巧，即使教者诚教，学者诚学，所成就者不过术数之士，古今来未闻有恃术数而能起衰振弱者也。……如以天文、算学必须讲习，博采旁求，必有精其术者，何必夷人，何必师事夷人？且夷人吾仇也，咸丰十年，称兵犯顺，凭陵我畿甸，震惊我宗社，焚毁我园囿，戕害我臣民，此我朝二百年来未有之辱，学士大夫无不痛心疾首，饮恨至今，朝廷亦不得已而与之和耳，能一日忘此仇耻哉？议和以来，耶稣之教盛行，无识愚民半为煽惑，所恃读书之士讲明义理，或可维持人心。今复举聪明隽秀、国家所培养而储以有用者，变而从夷，正气为之不伸，邪氛因而弥炽，数年以后，不尽驱中国之众咸归于夷不止。①

以上文字中，倭仁等死守儒家思想捍卫理学正道的官员们对于西学不屑一顾之情跃然于纸上，在他们看来，国家的发展、国力的强盛，都决定于在学术上是否能严守正道。

以倭仁、崇绮、徐桐、启秀等官员为代表的晚清理学主敬派大臣们，在清王朝遭遇强敌入侵和文化渗透之际，立即想从祖先的智慧中寻找救国之策。然而，除了宣扬正道、屏斥邪说的话语，他们似乎再难找到新鲜词汇了。他们立足于晚清中央政权内部，影响着天子以至群僚，抨击洋务派、维新派，拒绝学习西方，坚守封建道统，捍卫理学根基，在民族危机日益严重的背景下逐渐发展成为最顽固的守旧力量。由于受儒家思想影响至深，秉持修身齐家治国平天下之道的这些封建官吏们对自己要求尚严，多注重修身内省，虽然思想守旧，然而大多立身持正，在官僚系统中颇具声望，能得到不少群僚的尊敬和支持，就连最高统治者慈禧太后，也对他们礼让三分。这部分势力在晚清的持续存在、绵延不绝，代表着传统学术在此时依然具有强大的势能和生命力，仍能影响到国家的发展和社会的变化。

---

① 中国史学会编：《洋务运动》（2），上海人民出版社、上海书店出版社 2000 年版，第 30—31 页。

四、晚清社会危机与满族王公

满族王公是清政府内一股成员众多、势力强大的满族政治势力。

众所周知，满洲贵族入主中原后，对原来掌控这片土地的汉族进行了各种打压，目的就是要巩固满洲贵放的统治。“扬州十日”“嘉定三屠”，“留头不留发、留发不留头”，满汉不通婚，文字狱，闭关锁国，以及从清初开始各级官府衙门的扬满抑汉举措等等，无不反映出满洲贵族试图从生活上、思想上、精神上对汉族进行严密控制和密切防范。归根结底，这些举措都是为了防止和消弭汉族不利于满洲贵族政权的行为，从而达到维护清朝廷统治秩序的根本目的。满洲贵族，联合蒙古族，高居于汉族之上，掌控着大清王朝政权机构核心，心安理得地享受着各种优待、食着世代的俸禄、过着汉族人难以企及的优渥生活。抑制汉族官僚的势力成为清政权一以贯之的态度。然而，世易时移，时代变化，外敌入侵，给养尊处优的满洲贵族统治和生活都带来了致命危机。

晚清社会危机，首先来自于外来冲击。自从西方列强用坚船利炮轰开了闭关锁国的大门，清王朝的统治便开始危机四伏了。西方文明的入侵，对于几千年农业文明支撑下的封建统治本身就是一种巨大的冲击。两种异质文化，在中西方接触伊始便开始了激烈碰撞，这种碰撞从一开始便伴随着刀光剑影和隆隆枪炮声，中西方之间的差距，在国门洞开之际便彰明较著了。然而，这种差距并不是当时身处其中的每一个中国人都能看得清楚真切的，也不是每一个中国人都能立即理解领悟得了的。

满洲贵族统治下的清政权中，两百多年里，汉族一直居于被压制地位，汉族成员要想出人头地没有捷径可寻，没有满洲贵族那样的世袭机会，只有通过勤勉努力和不断奋斗才有可能迈入仕途。这无疑养成了汉族的忧患意识和积极上进的生活态度。两百多年的奋发图强与孜孜不倦的学习，造就了不少汉族士子和官员的勤勉与识见。当晚清政府遭遇西方列强入侵的危机，他们首先想到的是如何增强国力以抵御外侮。而很显然，要增强国力、改变清王朝积贫积弱的羸弱状态，必须与时俱进、学习西方、革新图强。因此，革新改革的先锋人物大部分是汉族官员，他们痛心于中西方之间的巨大差距，希望通过学习西方来救亡图存、抵御外侮。

然而，纵使身居大清王朝统治核心的满族权贵也忧虑于民族的生死存亡，但面对危机和社会变革，他们首先想到的不是如何挽救国家民族的危亡，如何促使中华民族同仇敌忾、共御外侮，他们最为忧虑的，是满洲贵族两百多年统治根基的动摇，最为担心的，是两百多年来备受奴役的汉族官员改革主张背后的动机。他们疑心汉族官员趁此机会迎头反击，推翻满洲贵族的统治。正如恭亲王奕䜣所言，试图推翻清朝统治的“发、捻交乘”，才是心腹之害，而列强的蚕食，不过是肘腋之忧。虽然恭亲王此言目的为办洋务，但作为清朝统治高层的皇亲贵胄、朝政要员，其维护满洲贵族统治的立场却路人皆知。

恭亲王奕䜣乃通达时务之人，他懂得审时度势，深知要维护满洲贵族的统治，必须顺应时代要求学习西方以缩小中西方之间的巨大差距。然而，在他身后，有着无数的满洲贵族：他们食着世代的俸禄，过着锦衣玉食的生活，两百多年里，其家族成员都不需勤勉上进和努力奋斗便可衣食无忧。养尊处优的生活导致他们游手好闲、不务正业、不思进取、颟顸无知。为了继续这种优越的生活和社会地位，对汉族的疑忌就仿佛流淌在满洲贵族身体里的血液般自然与正常，一旦缺少便会不安、不舒服、不适应。这种血液浸淫在他们身体里，伴随其子孙繁衍而代代相传。故抑制和打压汉族官员的态度，并没因满洲贵族政权的稳定而消弭，他们时时都在防范，不时地审视、拷问汉族官员的建议和举措。危机来临之际，满洲贵族的官员们首先想到的也是如何保住自己的既得利益和身份地位，防范和提防汉族篡权夺权。到了晚清，随着民族危机的加深，他们的态度并没有改变，反倒由于汉族新兴势力的兴起和汉族官员的种种开新主张，更是极尽猜忌与打压。

因此，在晚清危机来临之际，不少居于社会顶层的满、汉官员自然而然地分裂成不同派系，他们虽然都背靠着大清的江山，然而，大清江山对于他们却有着不一样的意蕴。在不同利益和立场的主导下，满洲贵族的官员们站在主张革新的汉族官员对立面。在他们眼里，汉族官员的革新，将会断送大清（限指满洲贵族）的江山、葬送满洲贵族高高在上的身份和地位，无疑是出于要一改汉族受压制地位、将满洲贵族既得利益一扫而空的巨大阴谋。毫无疑问，这部分满族官员振振有词地批判和反对革新举措，理由便是汉族官员在趁机夺权。他们试图在动荡局势和欧风美雨的冲击下维护满洲贵族的政治权益和地位，从而坚决排斥汉族官僚及其为救亡图存而采取的自强举措，不容许任何威胁他们既得利益的政治力量存在于朝廷之中。于是，他们成为晚清统治集团内守旧势力的中坚力量。

故而，仇视汉人，成为晚清大多数满族官员的基本态度。正如光绪皇帝之生父醇亲王所认为的："吾国之兵，将以防家贼而已，非以御外侮也。"① 端王载漪，"挟贵倚势，盛气凌人。汉大臣中稍有才具者，必遭忌克"②。刚毅，"凡汉人皆恨之，不论其为北人、南人也。"他以恶汉人出名，尝曰："变法者，汉人之利而满人之害，吾宁输国于外人，而不使奴隶（指汉人）分润。"③

然而，晚清政府在政治、经济、军事等领域一系列变革举措的提出与实施，都离不开审时度势的汉族官员和士子们的苦心经营与维持，这更加剧了满族官员的疑虑。军事上，清政府的正规军八旗、绿营腐败不堪、战斗力低下。为镇压太平天国运动，清政府不得已起用汉族大员曾国藩编练湘军，此后，李鸿章的淮军也开始兴起。汉族大员掌握清朝军政大权的局面初具雏形，激起不少满族官员甚至最高统治者的疑忌。曾国藩乃一介儒臣，为减轻朝廷疑忌，在镇压太平天国后只好主动削减湘军。同时，倡导学习西方的洋务运动，其领导者大多是思想比较开明的汉族官僚，在兴办实业的过程中，他们渐渐发展成地方实力派。这种状况更引起了一向猜忌和排斥汉族势力的满族官员深深的不安。如对于汉族官僚经办的洋务举措，刚毅一向反对有加，视察江南时他命两江总督刘坤一将其苦心经营的练将学堂裁撤，目的即为排斥、打压汉族大员，削弱其势力；戊戌变法是汉族官员和士子主导的一场政治体制变革，制度的革新牵涉到满洲贵族的既得利益，不可避免地触及满族官员的权势。在满洲贵族看来，这无疑是一场变乱，是变满族主政为汉族主政的变乱，是对满洲贵族入关以来统治的反正。面对将导致丢掉祖先江山的动乱，他们焉能坐视不理？因此，想方设法打击汉族新兴势力、阻止改革举措便成为满族官员们的必然选择。

① 中国史学会：《戊戌变法》（一），上海人民出版社、上海书店出版社 2000 年版，第 268 页。

② 陈夔龙：《梦蕉亭杂记》，卷一，山西古籍出版社 1996 年版，第 33 页。

③ 汤志钧：《戊戌变法人物传稿》下编，中华书局 1982 年版，第 532 页。

他们不仅反对各种变革举措、镇压革新官员，甚至对于主张改革的光绪皇帝抨击也不遗余力。1897 年，刚毅请旨练满洲军，光绪皇帝答之曰："我看你似乎觉得满洲军能打仗，我告诉你罢，他们简直不中用。"刚毅碰此大钉子，遂以此语奏闻太后，并告诸王公、贝勒等，言皇帝乃满人之敌，将以要职悉简汉人。满人之闻此言者，自然皆怀反对皇帝之意。[①] 联元本出自同治帝后之父崇绮门下，义和团运动时期，在和战问题上与崇绮意见相左，崇绮厉声骂之曰："君满人，欲效汉儿卖国耶?"[②] 可见，这些满洲权贵对于汉族的防范心理已经达到了处心积虑、无以复加的地步。

总之，晚清社会危机四伏之际，满族王公大臣们担心改革会危及自身利益，设法抑制汉族官僚及其适应近代社会发展方向的举措，试图将国家权力牢牢控制在自己手中，拒绝变革就成为他们绝大部分人的立场和态度。自清初以来满人所享有的特殊待遇使之对自身的权利和地位患得患失，加上长期以来养尊处优的生活，造就了他们大多不学无术，文化水平普遍不高。在晚清动荡不安、内忧外患的局势中，大部分满族官员无法把握近代社会发展的脉搏，也无从知晓近代社会的发展方向，他们愈来愈趋向于守旧，成为晚清守旧集团的重要组成力量。

五、清末守旧派的合流与消弭

戊戌变法，这场旨在改变封建君主专制制度的变革，对于几千年的封建体制和长期以来依赖此体制生活的官吏们来说，无疑是一场空前的危机。危机刺激下，晚清守旧派势力迅速集中、急遽发展。他们之间尽管有各自不同的利益和层次分歧，但在共同的敌人面前，却空前团结。他们撺掇着最高统治者慈禧太后，镇压维新运动、打击维新人士，最终发动政变，将变法成果几乎摧毁殆尽。经历政变后的人事变动，守旧派纷纷走向了统治权力中心，他们分布在朝中各部门，掌控着朝政大权，势力逐渐膨胀。

戊戌变法时期，新旧势力斗争尤为激烈。而革新运动之所以受到守旧

---

① 《戊戌政变始末》，见恽毓鼎撰：《清光绪帝外传》，北京古籍出版社 1999 年版，第 92 页。

② 《记立山联元》，见《清朝野史大观》，卷四，上海书店出版社 1981 年版，第 71 页。

派的强烈阻挠和反对，一个非常重要的原因就是新政实施势必危及守旧派既得权益。康有为“变法尤须变人”，“衰老大臣精力不足以辅新政”的看法，使守旧派官员惶惶不可终日。梁启超分析守旧派阻挠新政的原因时说：“吾所挟以得科第者曰八股，今一变而务实学，则吾进身之阶将绝也；吾所恃以致高位者曰资格，今一变而任才能，则吾骄人之具将穷也；吾所藉以充私囊者曰舞弊，今一变而覆名实，则吾子孙之谋将断也。然犹不止此。吾今日所以得内位卿贰，外拥封疆者，不知经若干年之资俸，经若干辈之奔竞而始能获也。”[①] 虽然梁启超乃出于敌对立场分析守旧派反对变法的原因，但不可否认其分析的贴切与中肯，因一经变法，“诸臣之求富贵保身家之道，将尽行蔽塞之矣”，那些满族亲贵、守旧派们“安得不以死命争之”？变法期间，守旧大臣“寝不安，食不饱”[②]，心惊胆战，忐忑不安，无疑，他们害怕变法将使其失去安身立命的利禄之源、丢掉赖以生存的晋身之阶。在既得利益面前，守旧派表现出空前的团结和前所未有的一致立场，阻止新政成为其当务之急和共同利益之所在。

在众多守旧派成员中，徐桐、刚毅等人因深得慈禧太后信任、位高权重、资历高深等原因自然地充当了该时期朝廷内外守旧派的前锋、支柱和核心。刚毅、徐桐、赵舒翘、启秀、英年、载漪等这些在义和团运动时期参与“已亥建储”，主张废黜光绪帝，误导和利用义和团运动以排外，最终不惜与多国同时开战的庚子肇祸诸臣们，此时——戊戌变法时期，纷纷竭尽所能、各显神通地积淀政治资本了。

光绪皇帝励精图治，力图通过革新来推动国家的发展与强大，而守旧诸臣纷纷阻拦与反对，令其非常愤懑，他悲怆地认为“国事全误于守旧诸臣之手”[③]。面对接连不断的反对和阻挠，他怒火中烧，却又常常无可奈何，除了厌恶，似乎找不到更好的方式来面对守旧诸臣。据载，自光绪十三年（1887）至二十四年（1898），十多年的时间，朝中声望颇隆的大学士徐桐仅被光绪皇帝召见过一次。光绪皇帝“雅不欲其在军机，恨之甚

① 梁启超：《论变法后安置守旧大臣之法》，《戊戌变法》（3），第33—34页。

② 苏继祖：《清廷戊戌朝变记》，《戊戌变法》（1），第351页。

③ 梁启超：《戊戌政变记》，《戊戌变法》（1），第251页。

深”[①]。而作为守旧派的头面人物，徐桐坚决反对光绪皇帝革新，其门生严修响应维新变法倡导开办经济特科，他十分生气，致严修九谒其门而不见，并削了其门生之籍。并且，他对朝廷保举经济特科人才的谕令拒不奉行。其子副都御史徐承煜问其办经济特科所举人才事宜，他厉声责之曰："汝若举人，可勿见我。""承煜不复敢言"，而"举朝望风，三月无敢举一人者"。在专制时代，人们思想尚未开化之时，某个个体的力量足以影响朝政走向和国家的发展方向。[②] 这种情形让人联想到此前几十年徐桐之师倭仁在反对同文馆开设天文算学科时的巨大影响力。倭仁为首守旧派的反对，导致人言籍籍，群起非难，报考天文算学馆的人数非常之少。后来慈禧太后为使倭仁思想稍稍开化，命其在总理衙门任职。因总理衙门任职需面对洋人和处理洋务，倭仁心生厌恶，屡屡请辞，却未得朝廷允许。最终，为达到不赴任目的，倭仁在上任途中故意摔落马下；当戊戌变法如火如荼进行之际，徐桐发现其强烈的反对与阻挠并无多大效果，也仿效其师倭仁的手法向朝廷抗议。《申报》专文报道了徐桐这次"意外"，其文曰：

> 中堂请假。近来朝廷变更诸政，九卿衙门裁撤其四。徐中堂曾转折阻止未蒙允行。日前中堂逢署办事，下轿至公署前，不意忘却户限，举步直前，以致几乎踣地。中堂年逾八旬，精力未免衰耗，受此惊悸，乃请假二十日俾得调养云。[③]

《申报》虽没明说徐桐此举乃为反对变法而拒绝上朝，但其中玄奥众目昭彰，时人都知徐桐此举乃无言抗议光绪帝新政。"徐与刚相亦颇相善"[④]，二者落后的思想趋同。欲阻止新政，徐桐第一个想到的便是联合刚毅。

刚毅一向自诩清廉，但其仇视汉人，排外而守旧，是满人统治集团中突出的守旧代表。他反对政治革新，利用帝后之间的矛盾不断挑拨离间，时论认为，"宫廷之不和，刚毅实播构于其间"。光绪帝每变行新法，他则

① 《戊戌政变始末》，恽毓鼎撰：《清光绪帝外传》，北京古籍出版社 1999 年版，第 91 页。
② 梁启超：《戊戌政变纪事本末》，《戊戌变法》(1)，第 317 页。
③ 《中堂请假》，《申报》光绪二十四年七月二十三日。
④ 《戊戌政变始末》，恽毓鼎撰：《清光绪帝外传》，第 92 页。

"挟西后、李莲英之势，每事必与上忤"。[①] 他认为："今欲倾我大清天下者，为康有为。而新法皆有为所臆造。今用新法，是用有为，以叛徒执政，实从古所无。""皇上所览书籍，皆有为所进，即其自著之妖言，古人安有是论。"[②] 其"痛心疾首于新政，必尽罢之始快"[③]。故为压制维新运动，打击以翁同龢为首的帝党人物，"徐桐、刚毅等交章乞治奸党"[④]，他们联合起来，共同反对与阻挠新政的推行。

启秀为徐桐学生，徐桐荐之入枢府，为徐桐亲信。其"极言非废新法，则训政为无名"，谓"新学非圣无法，士习已浇，安从图治"[⑤]，建议朝廷"厘正文体，昌明圣学"[⑥]。

其时，赵舒翘为刑部尚书，"最恶司员上书，明诏既下，虽有力不能遏止。"[⑦]

曾廉、王龙文等人也在反对变革的声势中乘风破浪，大有"直挂云帆济沧海"之势头。曾廉本为知府，在戊戌变法时上万言书于朝廷，谓须"斩康有为、梁启超以塞邪慝之门，而后天下人心自靖、国家自安"[⑧]，故深为徐桐赏识。

王龙文为翰林院编修，与曾廉"京师尝过从，两邸近相邻"[⑨]，两人共同反对变法，认为康有为等"自托于议政者率辨言乱政之流"，建议朝廷将其处以极刑，"以杜乱萌而收实效"[⑩]。其与曾廉思想相通，过从甚密，共同上奏朝廷预谋斩杀康有为等维新派。其沆瀣一气，加强守旧派势力的目的昭然若揭。

"守旧诸臣"，"既惮上之英明，切实任事，又恶新政扞格，不便于私；假公济私，群相纠合"，诬陷光绪帝"将不利颐和园"，因而故意"激太后之怒"，"以变乱成法，众心不服，悚太后之听；以联外夷，惑邪说，动太

① 梁启超：《戊戌政变记》，《戊戌变法》（1），第 308 页。
② 费行简：《慈禧传信录》，《戊戌变法》（1），第 468—469 页。
③ 费行简：《慈禧传信录》，《戊戌变法》（1），第 468 页。
④ 费行简：《慈禧传信录》，《戊戌变法》（1），第 466 页。
⑤ 费行简：《慈禧传信录》，《戊戌变法》（1），第 468—469 页。
⑥ 《启秀》，《清史稿》卷 465，第 42 册，第 12753 页。
⑦ 胡思敬：《戊戌履霜录》，《戊戌变法》（1），第 385 页。
⑧ 曾廉：《应诏上封事》，《戊戌变法》（2），第 489 页。
⑨ 曾廉：《蠡庵集》卷四上，1911 年曾氏会辅堂刻本，第 27 页。
⑩ 王龙文：《平养堂疏稿》，1920 年刻本，第 4 页。

后之疑惧”[①]，促使慈禧太后以为“非废立皇上，逐杀新党，一概归复旧制，不足以安天下之心，不足以存社稷之守”[②]。终于，守旧派如愿以偿，通过慈禧太后发动了戊戌政变，囚禁光绪帝于瀛台。戊戌变法中的革新势力随之分崩离析，在守旧派的残酷打压和无情扫荡下四分五裂，散落飘零。

戊戌政变后走向政治前台的清末守旧派，掌握朝政大权，打压新派人物，排斥新思想，将守旧排外举措渐次实施。义和拳起，守旧派闻风而动，试图利用义和团以实现其长久以来的抗洋主张，将列强及与之相关的西方思想和事物一并驱逐出国门。为使最高统治者慈禧太后早下定与列强决裂之决心，载漪、连文冲等人联合起来，假造照会，以列强名义逼慈禧太后退位。收到诏书的慈禧太后终于掉入了守旧派为其精心设置的陷阱，其怒火中烧，在御前会议上以哭闹撒泼的方式有效堵住了开明大臣们欲反对开战的泱泱之口，最终以朝廷名义与列强开战。

积贫积弱的清朝廷欲孤注一掷与列强开战，反对之声自然不绝于耳。守旧派试图以杀一儆百的方式封住众大臣之口。据佐原笃介《拳乱纪闻》中称：“当李鉴帅入觐时，极言东南合约之非，且言不诛外省一二统兵大臣，不足以震中国之势，而外人决不能除。”[③] 鉴帅即李秉衡。朝中守旧派对其抗洋寄予厚望。端王载漪也在御前会议上痛斥光绪皇帝剿拳之议，与刚毅等人密谋杀袁昶等亲列强之大臣以泄愤。此时，绝大多数满族亲贵王公，和守旧的汉族大臣们，齐刷刷地站到了一起，要求抚团抗洋，消除反对声音。庚子五大臣，便在这种背景下成为守旧派铲除抗洋反对声音的牺牲品。

在守旧派的纵容下，义和团开始攻打使馆。联军以保护使臣为名进犯京师，庚子事变发生。无疑，守旧派抚团排外的举措加速了列强的侵华进程。面对强悍的联军，清军一溃千里、一败涂地。徐桐、崇绮自缢身亡，李秉衡战败饮金自杀，刚毅病死。和议之际，列强开列了长长的逞凶名单，要求惩办祸首。名单所列皆为鼓动义和团攻打使馆和主张利用义和团

① 苏继祖：《清廷戊戌朝变记》，《戊戌变法》（1），第329页。
② 苏继祖：《清廷戊戌朝变记》，《戊戌变法》（1），第330页。
③ 翦伯赞等编：《义和团》，第1册，神州国光社1951年版，第190页。

以排外的守旧派王公大臣。最终，除徐桐等已死的大祸首外，赵舒翘、启秀、毓贤、英年等人或被赐死或被处死；满族亲贵中，载漪及载澜被发配新疆监禁，载勋被赐自尽。慈禧太后对于列强开列的惩凶名单无奈地遵从，然对李秉衡临危受命、以身殉国之做法十分感念，在其死后欲优抚之，遭到奕劻等人的反对和抵制。他们认为："李秉衡夙与西人为仇，由南省北来，途次督拳民攻毁教堂。迨入京后，围攻使馆，极力加攻。大臣有与泰西辑睦者，附和佥人而陷害之。其死也，与救使联军对敌所致，如斯忠贞，果为国乎？必应力（予）驳辨，请嗣后勿再降此项谕旨"，并建议"撤销李秉衡恤典，以示大公"。①

至此，声势浩大、显赫一时的守旧力量遭受空前打击，权势一落千丈，人员衰败凋零。清末守旧派势力由此消弭。虽然之后守旧思想仍不时沉渣泛起，守旧力量也时常兴风作浪，但再也难像之前一样形成气候了。

第二节　守旧派的人员构成与分层

清末守旧派活跃在戊戌变法到庚子事变八国联军侵华时期。其代表人物有：载漪、载澜、载勋、载濂、徐桐、徐承煜、刚毅、崇绮、赵舒翘、启秀、英年、毓贤、李秉衡、廷雍、董福祥、叶德辉、于荫霖、连文冲、曾廉、王龙文、萧荣爵、洪嘉与、黄桂鋆、徐道焜、王廷相、王培佑、何乃莹、檀玑、溥良等清朝王公大臣。

载漪（1856—1922），道光帝之孙，咸丰帝之侄子，惇亲王奕淙之子。惇亲王奕淙在辛酉政变之中"有隐德于太后，故太后亲之"②。载漪于咸丰十年（1860）袭贝勒，光绪十四年（1888）加郡王衔，至二十年（1894）晋端郡王。其兄弟贝勒载濂、辅国公载澜，庄亲王载勋，都是顽固守旧的王公，反对变革。义和团援入京师后，清廷任命载勋为京师义和团统领，"庄亲王等自奉统率义和团之命，遂于府中设坛。而近畿四乡人民皆练义

① 中国第一历史档案馆藏：电报档，综合类，收电档。

② 《戊己间训政诸王大臣论略》，《义和团》（4），第219页。

和团，日至王府挂号，络绎不绝。”[①] 戊戌变法后，载漪等人谋废黜光绪帝、立载漪之子为大阿哥，这批人成为大阿哥党。因立储之事，各国公使拒绝入贺，载漪等人十分记恨，日夜思报复。义和团起，载漪等“盛推拳民忠勇，有神术，可用”。他们认为：“雪耻强国，在此一举！”[②] 于是，招抚义和团，以载勋为统率义和团大臣，载澜等辅佐之。抚团政策出台后，任何异己或阻挠都被其视为眼中钉，必欲去之而后快。该时期反对载漪等人攻打使馆举措的徐用仪、袁昶、立山等五大臣就因载漪等人构陷被杀。后联军要求惩办祸首，载漪及载澜被发配新疆监禁，载勋被赐自尽，满洲贵胄中权势显赫的守旧力量至此遭受空前打击，日趋凋零。

徐桐（1819—1900），字荫轩，汉军正蓝旗人。父泽醇曾为礼部尚书。其乃道光进士，曾任同治帝师，历充翰林院掌院学士，上书房总师傅，吏部尚书协办大学士，体仁阁大学士。其在朝内一向以守旧著称，“以理学自命，日诵《太上感应篇》，恶新学如仇。门人李家驹充大学堂提调，严修请开经济特科，桐榜二人之名于门，拒其进见。其宅在东交民巷，恶见洋楼，每出城拜客，不欲经洋楼前，乃不出正阳门，绕地安门而出”[③]。戊戌变法之后，他与崇绮、载漪等谋废立，迷信义和团，至联军入京，“桐仓皇失措”，自缢而亡，年八十二。[④]

徐承煜（？—1901），为徐桐子，字楠士。拔贡。以户部小京官晋迁郎中，累官刑部左侍郎。庚子五大臣之死，“承煜实主之”，“徐尚书（注：徐用仪）等刑西市，承煜监斩有得色。或请用诛大臣礼，怒斥曰：‘此汉奸，杀之犹轻，何恤为？’”[⑤] 联军入，其“为日军所拘”，与启秀俱被正法。[⑥]

崇绮（？—1900），字文山，阿鲁特氏，蒙古正蓝旗人，大学士赛尚阿之子，同治皇后父。同治年进士，清朝“立国二百数十年，满、蒙人试汉文获授修撰者，止崇绮一人”。同治十一年（1872），其女被册封皇后，

① 中国社会科学院近代史所编：《庚子记事》，中华书局1978年版，第86页。

② 《刚毅》，《清史稿》卷465，第42册，第12752页。

③ 罗惇曧：《庚子国变记》，上海书店出版社1982年版，第37页。

④ 《徐桐》，《清史稿》卷465，第42册，第12750—12751页。

⑤ 《义和团》（2），第53页。

⑥ 《徐承煜》，《清史稿》卷465，第42册，第12751页。

赐崇绮为三等承恩公。历迁内阁学士，户部、吏部侍郎。及同治帝驾崩，“孝哲皇后以身殉，崇绮不自安，故再引疾。”光绪二十六年（1900），溥儁为大阿哥，嗣同治帝。“乃起崇绮于家，俾署翰林院掌院学士，傅溥儁。于是崇绮再出，与徐桐比而言废立，甚得太后宠，恩眷与桐埒。”义和团起，崇绮尤信之。联军入京，亡走保定，自缢死。①

刚毅（1837—1900），字子良，满洲镶蓝旗人，以笔帖式累迁刑部郎中。谙习例案。曾任江西按察使、广东布政使、山西巡抚等。光绪二十年（1894）召授军机大臣，补礼部侍郎。光绪二十四年（1898）为工部尚书协办大学士。戊戌变法时其反对尤力，政变后曾监斩六君子。义和团起，清廷令刚毅、赵舒翘驰往近畿解散，待其归朝覆命之时却汇报朝廷谓义民可用，于是有抚团政策的出台。及“联军入犯，两宫西狩，刚毅扈行至太原。车驾欲之西安，又从。道遘疾，还至侯马镇，死”②。

赵舒翘（？—1901），字展如，陕西长安人。同治年进士，授刑部主事，迁员外郎。“居刑曹十年，多所纂定，其议服制及妇女离异诸条，能传古义，为时所诵”。曾任职安徽凤阳知府、浙江布政使、江苏巡抚等。光绪二十四年（1898）为“晋尚书，督办矿务、铁路”。其思想守旧、反对变法，戊戌政变后得到升迁，“明年，命入总理各国事务衙门，充军机大臣。”义和团兴起，赵与刚毅被派往涿州解散，回朝汇报时谓义和团人心可用，于是有抚团举措的出台。联军入，“随扈至西安。联军索办罪魁，乃褫职留任，寻改斩监候”，后赐自尽。③

启秀（？—1901），字颖之，库雅拉氏，满洲正白旗人，同治年进士，选庶吉士，散馆改刑部主事，累迁内阁学士，曾任职盛京刑部。光绪二十年（1894），拜理藩院尚书，后为总管内务府大臣。光绪二十四年（1898），授礼部尚书，“疏陈厘正文体，倡明圣学。命充军机大臣兼总理各国事务衙门。”义和团起，“董福祥攻使馆不下，启秀荐五台僧御敌”。继而联军入，启秀被日军拘，后被正法。④

① 《崇绮》，《清史稿》卷468，第42册，第12775—12776页。

② 《刚毅》，《清史稿》卷465，第42册，第12752页。

③ 《赵舒翘》，《清史稿》卷465，第42册，第12752页。

④ 《启秀》，《清史稿》卷465，第42册，第12753页。

英年（？—1901），“字菊侪，姓何氏，隶内务府，为汉军正白旗人。以贡生考取笔帖式，累迁郎中兼护军参领。光绪中，历奉宸苑、左翼总兵、正红旗汉军副都统、工部右侍郎，调户部。”义和团起，“以英年、载澜副载勋、刚毅统之。”后清政府与列强议和，“各使议惩首祸，英年褫职论斩，羁西安狱，寻赐自尽。”①

毓贤（？—1901），字佐臣，内务府正黄旗汉军。监生出身，是清朝末年著名的酷吏和极端排外人士。“光绪十四年，署曹州，善治盗，不惮斩戮。”后累迁按察使、布政使。“二十四年，调补湖南，署江宁将军。裁革陋规万余两。”1899 年升任山东巡抚，上任伊始，便一如既往大肆镇压革命运动。他曾 8 次下令不准民间私立大刀会、红拳会，不准设场习拳，并在 8 月杀害了活动于济宁、汶口、巨野等地的义和团首领陈兆举等。曾派济南知府卢昌诒率领几百名骑兵到平原县，在森罗殿开枪击杀群众多人。毓贤在山东为官 20 余载，熟知山东情况。平原事件后，他看到义和团力量仍在发展，同时感到外国教会势力比义和团对清朝统治的威胁更为严重。因而对义和团的镇压不似之前那样卖力。他首先改义和拳名为义和团，采取由“剿”变“抚”的策略。毓贤认为“民心可用”，对义和拳采用招抚的办法，将其招安纳入团，使义和团成为合法组织，并授“毓”字旗。毓贤纵容拳民烧教堂、杀教士。教士求保护，毓贤下令置之不理。毓贤向端王载漪、庄王载勋、大学士刚毅等力荐拳民可用，获准面见慈禧太后，1900 年被重新起用为山西巡抚。在山西，毓贤排外更加激烈，唆使义和团焚烧教堂及屠杀教民，对拳民首领款若上宾。之后对传教士假称兵力不足，未能在各县对其保护，设计命全省教士集中到省城太原一室之内。于 1900 年 7 月 9 日，在巡抚衙门西辕门前，将 12 名天主教方济各会的意大利籍主教、修士和修女，34 名英国浸信会传教士，包括 11 名幼童悉数杀害，并亲手杀死天主教山西北境教区正主教艾士杰。山西全省共杀传教士 191 人、中国教民及其家属子女 1 万多人，焚毁教堂、医院 225 所，烧拆房屋两万余间，山西成为各省在义和团运动中死难者最多的省份之一。联军攻陷天津后，毓贤率兵勤王，并随慈禧太后逃往西安。后联军入，和

① 《英年》，《清史稿》卷 465，第 42 册，第 12754 页。

议成，“联军指索罪魁，中外大臣复交章论劾，始褫职，戍新疆。”[①] 充军新疆途中于兰州被处死。其自制挽联，第一联云：“臣死国，妻妾死臣，夫复奚疑，最难老母九旬，稚女十龄，未免凋伤慈孝治；我杀人，夷狄杀我，亦有何憾。所愧奉君廿载，历官三省，空嗟辜负圣明恩。”第二联云：“臣罪当诛，臣志无他，念小子生死光明不似冤沉三字狱；君恩我负，君忧谁解，愿诸公老成谋国，切须早慰两宫心。”毓贤其人虽以残忍著称，但并不贪污，死后山西还有人建祠堂供奉，但被清政府勒令拆掉。

李秉衡（1830—1900），字监堂，奉天海城人。初入赀为县丞，迁知县，后“知冀州”、永平府。在抗法战争中功勋昭著，为军队筹备粮饷，不遗余力。为官清廉，裁撤弊政，时称“北直廉吏第一”。光绪二十年（1894），召为山东巡抚。光绪二十三年（1897）因德国传教士被杀引起山东教案，德使强迫清廷褫李秉衡职。其于是退而隐居安阳三年，后刚毅入枢廷，“荐之起”。[②] 虽然他没有直接参与戊戌政变，但其思想守旧排外，山东有大刀会起，主仇西教，“秉衡恒奖许之”。其乃主张招抚义和团以抗洋的得力倡导者，毓贤曾语其属曰：“义和团魁首有二，其一鉴帅，其一我也。”[③] 统兵抗击联军，出屯杨村、河西坞，战败，饮金死。“联军索罪魁，以先死免议，诏褫职，夺恤典。”[④]

于荫霖（？—1904），字次棠，吉林伯都讷厅人。擅长理学，咸丰年进士，“从大学士倭仁问学”，后出而为湖北荆宜施道、广东按察使、云南布政史、安徽布政。光绪二十四年（1898），擢湖北巡抚，时张之洞为总督，“颇主泰西新法”，荫霖“龂龂争议”，“以为救时之计，在正人心、辨学术，若用夷变夏，恐异日之忧愈大。”[⑤] 其无疑也属守旧派成员，只是未能居于统治中枢。其在湖北组织义和团进攻汉口的外国人，和议起，联军开列了一份要求惩处支持义和团抗洋的清官员名单，于荫霖名列其中。

廷雍（？—1900），字邵民，满洲正红旗人。以贡生累迁直隶布政史。支持义和团抗洋，继而联军侵入保定，他“被执”，“并及诸士绅”，雍曰：

---

① 《毓贤》，《清史稿》卷465，第42册，第12757—12758页。

② 《李秉衡》，《清史稿》卷467，第42册，第12765—12766页。

③ 胡寄尘：《清季野史》，岳麓书社1985年版，第51—52页。

④ 《李秉衡》，《清史稿》卷467，第42册，第12766页。

⑤ 《于荫霖》，《清史稿》卷468，第41册，第12523页。

“保绅夙从令，可释，事皆由我。今至此，斧钺由汝，奚问焉?”遂被杀。[①]

董福祥（1840—1908），字星五，甘肃固原人。陕甘回民起事期间起兵甘肃，后向左宗棠投降，所部编为董字三营。光绪二十三年（1897），命领武卫后军，慈禧太后召对，曰：“臣无他能，唯能杀外人耳。”义和团起，“日本书记杉山彬出永定门，福祥兵杀之。于是董军围东交民巷，攻月余不下。”和议成，因清廷虑其激变，故仅加以革职，被“褫职锢于家”。[②]

连文冲，军机章京，他伪造照会，命令军队进攻天津、北京的外国使馆。

萧荣爵，翰林院官员，帮助连文冲制定谕令，命令军队进攻外国使馆。

洪嘉与，内阁主事，建议端王载漪篡位，放火焚烧北京的外国使馆。

黄桂鋆，御史，戊戌政变后曾疏言“皇上得罪祖宗，当废”。义和团起，则建议安抚义和团以“收为干城之用”。[③]

另外还有一批位居翰、詹、科、道衙门，以清议等方式为身处政治前台的守旧派代表人物摇旗呐喊、助威声援的守旧分子，如王龙文、王廷相、徐道焜、何乃营、檀玑、溥良等。还有一批清廷中下层官员，他们通过多种渠道与上层守旧派取得联系，以其守旧的政治见解和主张影响着高层守旧派的抉择，如曾廉、叶德辉、王培佑等人。

以上仅简单介绍了清末守旧派的主要情况，他们只是当时清朝政府内势力庞大、人数众多的守旧派中的一小部分，可谓“冰山一角”。基于资料的缺失，我们只能透过居于守旧金字塔顶层王公大臣们的守旧程度，来管窥当时守旧派的整体面貌和思想状况。

尽管这些守旧派站在时代潮流的对立面联合起来形成了一股强大的守旧排外势力，但其内部并非铁板一块，每个个体的思想立场和政治表现并非完全一致。根据其差异，可将其分为以下几个层次：

1. 享受着世代俸禄、占据着优越地位的满族亲贵和满族王公大臣。这股由满族亲贵和满族王公大臣组成的势力强大的政治势力，坚决维护自己

① 《廷雍》，《清史稿》卷465，第42册，第12756页。

② 《董福祥》，《清史稿》卷455，第41册，第12631—12633页。

③ 李希圣：《庚子国变记》，《义和团》(1)，第11页。

的政治权益和统治地位，不容许任何威胁其地位的政治势力存在。满族王公贵胄与生俱来的养尊处优生活，导致其不学无术、缺乏识见，在晚清变革时代潮流的激荡中很快沦为懵懂无知的一群人，其顽固维护满洲贵族统治地位，提防汉族新兴实力派危及其既得利益，终成为死硬的顽固派，主要有端亲王载漪，其兄弟贝勒载濂、辅国公载澜，庄亲王载勋及刚毅、崇绮等人。

2. 徐桐、赵舒翘等经过科举考试进入仕途逐步取得权势和地位的汉族大臣们，他们有的身居要职，有的在翰、詹、科、道各衙门任职，受理学熏陶，有儒者风范，誓死捍卫儒学地位。他们既善于揣摸满族亲贵心理，又反对改革，甚至仇视要求革新且对其置若罔闻、不予重用的光绪皇帝。他们深知，一旦维新变法成功，自己苦心经营多年的权势地位将为新派人物所取代，故附和亲贵反对变法，鼓动慈禧太后抚团抗洋。

3. 诸多闭目塞听、恪守祖宗成法的中下层守旧官吏。在他们看来，封建统治乃尽善尽美，祖宗成法决不能变更。他们人数众多，善于摇唇鼓舌，往往通过向上层守旧官僚表达自己的立场以示效忠、诚惶诚恐地出谋划策来博取上层守旧派的好感，以谋取政治前途。这类人物主要有曾廉、王龙文等人。

以上三种力量，在民族危亡、政局变幻的清末结合起来，形成一股强大的反变法势力，阻碍和镇压了维新运动，在登上政治前台后又将守旧排外举措悉数施行，终致祸国殃民。他们的政治举措和立场错综复杂，既凸显出其政治文化观念，又难掩封建统治集团内争权夺利政治斗争的硝烟弥漫，使清末政潮迭起、政局恶化。

第三节 守旧派政治活动概说

戊戌政变后，慈禧太后实行了一系列有利于自己集权的人事调整，清朝中央和地方的高层官吏被重新洗牌，戊戌变法时期光绪帝提携的官员被悉数罢斥或迫害，而那些因反对变法、抵制新政被光绪帝罢黜的守旧派官员们则纷纷开复升迁、卷土重来。开明的官僚遭惩处，守旧的官员被提拔。自此，风气为之一变，清朝中央机构内处处充斥着守旧排外大臣，而思想开明诸臣或被贬或备受排挤与打击，即便在位，也噤若寒蝉，再不敢顶风发出变革声音了。

在中央，徐桐在戊戌变法中顽固反对和阻挠变法，深得慈禧太后欢心与信任，故政变之后，朝廷“大事皆决于桐”①。慈禧太后欲将徐桐“引参机务”，徐桐以年老力辞，“乃举启秀自代”②。于是，启秀授礼部尚书，命充军机大臣兼总理各国事务衙门。

刚毅原为刑部尚书，后在光绪帝颁布“诏定国是”的前一天，被慈禧太后加授协办大学士，改任兵部尚书，其在政变后监斩“戊戌六君子”。

而原为刑部左侍郎的赵舒翘在政变后被提拔为刑部尚书，“明年，命入总理各国事务衙门，充军机大臣”③。

“戊戌之变，漪与其兄载濂、其弟辅国公载澜告密于太后，故太后尤德之，使掌虎神营”④。

经过政变后一系列人事变动，守旧派渐居要津，掌握政治、军事大权，伺机而动。

守旧派在初登政治前台、掌握朝政大权之际，趁势发动了对异己势力不遗余力的打击。政治立场加上个人利益的冲突，使他们对异己力量打击的力度丝毫不逊色于历史上任何政治斗争。正如时人所谓“旧党既胜，尚有余恐，乃举新党而殄灭之”⑤。守旧派为了巩固政权，对以康有为为首的新派人物进行无情镇压，“所连坐甚多”，朝廷风气也开始变化，“逢迎干进者，皆以攻康有为为名，稍与龃龉，则目为新党，罪不测”⑥。在接下来守旧派掌握朝政的一年多里，他们严防死守，谨防类似康有为这样的新派势力出现以影响他们苦心经营的统治秩序。他们不仅下令将康有为的书籍严查销毁，而且悬赏严拿康有为、梁启超，规定“无论绅商士民，有能将康有为梁启超严密缉拿到案者定必加以破格之赏，务使逆徒明正典刑以申

---

① 中国历史研究资料丛书：《庚子国变记》，上海书店出版社 1982 年版，第 12 页。

② 《启秀》，《清史稿》卷 465，第 42 册，第 12754 页。

③ 《启秀》，《清史稿》卷 465，第 42 册，第 12752 页。

④ 《戊己间训政诸王大臣论略》，《义和团》（4），第 219 页。

⑤ 《论义和拳与新旧两党之相关》，《义和团》（4），第 180 页。

⑥ 李希圣：《庚子国变记》，《义和团》（1），第 11 页。

国宪。即使实难生获，但能设法致死，确有证据，亦必从优给赏，……宪典虽宽而乱臣贼子必不能贷”[①]。更有甚者，为儆效尤，清廷甚至派人到康有为老家将其祖坟填平。

除打击康有为等人外，守旧派还唆使慈禧太后“穷治维新之人”，此时的清廷，风声鹤唳、守旧派的屠刀似乎随时都会落向任何一个开明官吏或者与之相关联的人之头颅。徐桐等人欲置提倡变法的张荫桓于死地，因“赖英公使解之”[②]，最终张荫桓保住一命与李端棻一道被远戍新疆；徐致靖父子也被禁锢。其时，“举国骚扰，缇骑殆遍”[③]。戊戌政变起，戊戌六君子“不谳即决”。时远在湖北的张之洞欲救其门人杨锐，请求刚毅刀下留人。刚毅谓：“此辈多杀个何惜?”[④] 杨锐遂惨遭杀戮。刚毅又攻击翁同龢，并有“翁门六子”之谣，“冀以尽除异己”[⑤]。戊戌政变后，李鸿章对李提摩太所说的话很能反映当时守旧派执政时沉闷的社会风气及原因。其谓：“掌权的大臣决不知道西国的情形，没人肯看《泰西新史揽要》……京中大僚都称西学为鬼子学，所以人不肯研究。……从西国留学回国的学生，政府不肯优予位置，叫他各尽所长。……现在政权在守旧派中，所以稍明新学的官员，得格外小心，不敢倡言新法。即使有新主张、新政见，也作不成什么事功。”[⑥] 可见，新派人物在守旧派严酷的思想、政治控制中政治权势一落千丈，身家性命也岌岌可危、朝不保夕，朝野上下笼罩着阴森恐怖的暴戾之气。在此高压政策下，新派人物保全性命已属不易，谁还敢出头提出异议?

在继续追捕康、梁维新派的同时，守旧派废黜光绪帝的阴谋甚嚣尘上。尽管光绪帝从来都无实权，但毕竟是名义上的一国之君，治国理政上虽时遭掣肘，但生活上、身份地位上还是君主。戊戌政变后情形则大不相同，他被囚禁于中南海瀛台，如同罪囚般失去了人身自由，甚至很多时候衣、食等基本生活都没法保障，数九寒天、北风呼啸，他在瀛台冻得瑟瑟

① 沈桐生等:《光绪政要》，沈云龙主编:《近代中国史料丛刊》第35辑，台湾文海出版社1969年版，第1486页。

② 费行简:《慈禧传信录》，《戊戌变法》(1)，第466页。

③ 梁启超:《穷捕志士》，《饮冰室合集》专集之一，中华书局1989年版，第89页。

④ 赵凤昌:《戊庚辛纪述》，《戊戌变法》(4)，第319页。

⑤ 张孝若:《南通张季直先生传记》，《戊戌变法》(4)，第248页。

⑥ 王戎笙:《台湾清史研究文摘》，辽宁人民出版社1988年版，第681页。

发抖也无人问津，即便有朝臣或太监同情其境遇，也畏于慈禧太后的权势和淫威而不敢有所表现。守旧势力大都是既得利益者，他们害怕年轻的光绪帝在年老的慈禧太后归天后重掌朝政于己不利，因此想利用慈禧太后来废掉光绪帝以除后患。故张仲炘、黄桂鋆密疏谓"皇上得罪祖宗，当废"①，此种话语不胫而走、四处传播，反映着守旧派的立场，也无疑是守旧派在为废黜光绪帝造势。守旧派作为后党的重要组成部分，与慈禧太后的政治利益休戚相关，这些举措既迎合慈禧太后压制光绪帝独揽大权的政治需要，也契合守旧派实施其守旧思想、排斥异己的政治目标和利益。

为实现废立图谋，掩人耳目，守旧派先是制造舆论，散布光绪帝"病重"的消息，为废黜寻找借口。当时"内外藉藉，谓将有桐宫之举，每肯定日造脉案药方传示各衙门"②。载漪与其兄弟载濂、载澜等助慈禧太后发动政变，得其欢心。且其妻为慈禧太后侄女，时常出入宫中讨好慈禧太后。于是慈禧太后有意让载漪之子溥儁承继大统。崇绮为同治皇后父，久废诸私第，与徐桐甚善，此时乃出，"与徐桐比而言废立"③，"咸思邀定策功"④，"得太后欢，恩眷与桐等"⑤。徐桐、载漪、崇绮等人勾结起来，鼓动慈禧太后册立溥儁为大阿哥，承继同治帝，时为1899年底，史称"己亥建储"。慈禧太后出示诏书之际，群臣"皆失色"，独赵舒翘上前贺曰："赖社稷之灵，天下臣民有主矣，复何疑，臣犹恨其晚也。"⑥ 此时的守旧派，已在朝着废黜光绪帝的方向迈出了非常重要的一步。

大阿哥既立，载漪得势，立为端郡王，权势大增。刚毅与其关系密切，故时论有"刚毅非端邸不能成其志，而端邸亦非刚毅不能济其凶"⑦之说。曾为同治帝师的徐桐则理所当然地照料弘德殿，成为大阿哥师傅，崇绮则为承恩公，"俾署翰林院掌院学士，傅溥儁"⑧。徐桐、崇绮、刚毅、启秀、赵舒翘等仇恨新政之守旧分子环绕在载漪周围，加紧废帝步伐，权

---

① 李希圣：《庚子国变记》，《义和团》（1），第11页。
② 《戊戌变法》（1），第477页。
③ 罗惇曧：《庚子国变记》，上海书店出版社1982年版，第12页。
④ 恽毓鼎：《崇陵传信录》，《戊戌变法》（1），第477页。
⑤ 罗惇曧：《庚子国变记》，第12页。
⑥ 李希圣：《庚子国变记》，《义和团》（1），第37页。
⑦ 《义和团》（4），第199页。
⑧ 《崇绮》，《清史稿》卷468，第42册，第12776页。

势如日中天、炙手可热。

守旧派对异己势力的打击一向毫不留情，在国内政治斗争中如此，对于那些帮助和暗地支持异己势力的外来势力也是如此。凡是与洋人、洋务有联系的事情都有可能成为他们仇视的对象。他们仇视列强，不仅因为列强的侵略，还在于列强以各种方式干涉中国内政和为所欲为的猖獗行径。不仅如此，戊戌变法之后，列强对以光绪帝为首的维新势力暗中帮助、支持和保护，也让守旧派十分恼火。故戊戌政变后，守旧派除残酷打击维新派之外，还“误以为新党皆外人所唆使”，“乃并外人而殄灭之”[①]。罗惇曧《庚子国变记》一文的记载很能反映守旧派仇洋而寻求报复的心理变化过程：

> 慈禧太后以戊戌政变，康有为逃遁，英人庇之，大恨。己亥冬，端王载漪谋废立，先立载漪之子溥儁为大阿哥，天下震动，东南士气激昂，经元善联名上书，至千数人。太后大怒，逮元善，元善走入澳门，屡索不予；载漪使人讽各国公使入贺，各公使不听，有违言，载漪愤甚，日夜谋报复。[②]

关于经元善逃入澳门后清政府向澳门总督索取一事，还有一个细节：经元善乃上海电报局总办。建储之议，天下震动，经元善等人于是联名电奏阻止立储，引起守旧派的仇恨，故下令逮捕经元善。而其已逃入澳门。于是守旧派控制下的朝廷示意李鸿章以“经元善侵吞公款为辞”，让澳督引渡经元善回国[③]。让他们大失所望的是，澳督并不买账，他们终究没能逮到经元善。

另一件事，也让守旧派耿耿于怀。守旧派为废黜光绪帝所散布其病重的消息引发各国公使怀疑，他们再三要求派法国医生为光绪帝治病。然而，医生看完病后，宣布光绪帝“血脉皆治，无病也”[④]。这等于公然戳穿了慈禧太后和守旧派的谎言，更引起了他们对列强的仇恨。再加上列强对康有为等人的庇护、对朝廷废立的不承认等诸多事情，都让载漪、刚毅等

① 《义和团》（4），第180页。

② 罗惇曧：《庚子国变记》，第3页。

③ 《答客问逃官已获事》，《申报》光绪二十六年二月初三日。

④ 李希圣：《庚子国变记》，《义和团》（1），第11页。

人对列强痛恨有加、欲趁机报复。由此，守旧派仇恨情绪不断积聚、滋长、蔓延，最终盲目守旧与排外思想达到顶峰，如同炸药桶般，一触即发。

当此之时，义和团运动从遥远的山东兴起，正契合了守旧派排外的想法，也正好给苦于没有机会教训列强的守旧派提供了一个排外良机。于是，载漪等人千方百计地挑起慈禧太后对列强的反感、煽惑其利用义和团以抗洋。在慈禧太后尚未下定决心之际，载漪使人上书慈禧太后，谓英人将以兵力胁其归政光绪帝，慈禧太后果然中招，震怒不已。载漪、刚毅等人趁机建议："义民可恃，其术甚神，可以报仇雪耻。"① 载濂亦上书谓："时不可失，敢阻挠者请斩之。"② 于是，在载漪、刚毅等人的怂恿下，被怒火冲昏了头脑、丢掉了理智的慈禧太后终于决意与西人开战。

守旧派的排外行为和情绪发展到非理性化的地步便是利用义和团攻打使馆，甚至完全无视国力的差距盲目地准备同时向多国开战。这种极度不理智的行为受到几个洋务派大臣的反对。然而，面对异议，守旧派不仅不理性思考、积极采纳，反而视之为其排外主张的绊脚石，力图大举杀戮。于是，守旧派控制下的清廷开始疯狂残杀异己，白色恐怖氛围笼罩朝野。史载："庚子之变，正士碎首，公卿骈戮，自开国以来所仅见。"③

庚子年（1900）七月间，在守旧派被排外情绪控制失去理性而下令攻打各国使馆的时候，许景澄、袁昶上疏，力言宜剿灭义和团、保护各国使臣。如许景澄极谏，"攻杀外国使臣，必召各国之兵，合而谋我，何以御之？主攻使馆者，将置宗社生灵于何地？"太常寺卿袁昶也认为"杀使臣，悖公法"④。后又与许景澄联名上疏，"劾大学士徐桐、刚毅、启秀、赵舒翘，疆臣毓贤、裕禄，更暗指载漪等袒匪，词甚痛切"⑤，主张"时至今日……非痛剿拳匪，无词以止洋兵；非诛袒护拳匪之大臣，不足以剿拳匪"⑥。此疏激起刚毅、载漪等人大怒，誓"必欲杀之以泄愤"。未几，朝旨即下，

① 李希圣：《庚子国变记》，《义和团》（1），第13页。

② 李希圣：《庚子国变记》，《义和团》（1），第13页。

③ 不才：《清史拾遗》，沈云龙主编：《近代中国史料丛刊》3编第61辑，第23页。

④ 罗惇曧：《庚子国变记》，第5页。

⑤ 罗惇曧：《拳变余闻》，《庚子国变记》，第43页。

⑥ 罗惇曧：《拳变余闻》，《庚子国变记》，第46页。

谓二人“声名恶劣，平日办理洋务，各存私心，每遇召见时，任意妄奏，莠言乱政，且语多离间……实属大不敬”，在莫须有的罪名下，二人被“即行正法，以昭炯戒”①。当年的七月初三日，二人被处斩，由徐桐之子徐承煜监斩。政治斗争你死我活之惨烈在此彰显无遗。

对于徐用仪，徐桐一直“深恶其人”，“必欲杀之而后快”②。而许、袁被戮后，因“端、刚有余怒”，连其家人都不敢前往收尸，“翌日，用仪往视，涕下，收而殡焉。端、刚闻而深恶之。”③ 立山认为义和团拳术不可靠，故不赞同用以攻敌，载漪等人因而对其十分不满。立山家邻近西什库教堂，因使馆久攻不破，载漪等人乃污蔑其暗中资助使臣，于是暗令义和团搜掠其家，“拥立山以去，载漪命付诸狱，数日请旨戮焉。”④ 联元也在廷臣会议上持论“两国失和，不戮使臣”⑤，“倘使臣不保，他日洋兵入城，鸡犬皆尽矣。”⑥ “载漪怒，斥联元方自使馆还，怀贰心，罪当诛。太后大怒，立命斩联元”⑦，后由廷臣延救乃止。但七月十七日，三人仍然被斩于市，“仍以徐承煜监刑”⑧。此乃庚子五大臣被杀事件。

伴随朝廷上层排外之风尚，该时期，民间排外情绪也开始滋长蔓延。义和团认为“铁路电线皆洋人所藉以祸中国”，因而焚毁铁路、拆毁电线的行为随处可见。不可思议的是，这些行为居然得到了当政守旧派官僚的默许和纵容。并且，当义和团遭到聂士成军队镇压后，守旧派甚至纵容义和团将仇外的情绪发泄到聂军及其新式装备和服装上。义和团宣称要杀“一龙二虎三百羊”，将矛头直指光绪帝和李鸿章等与洋务关系比较紧密之大臣，这些人无非就是守旧派处心积虑想除掉之人，只是借义和团民之口说出来而已。可见，义和团运动时期清政府守旧派的守旧、排外，与他们对政治权力的争夺和卫护紧密结合，融为一体，难以分割开来。

由上可见，守旧派对外国侵略者和异己势力的仇恨情绪已经深入骨髓

① 罗惇曧：《拳变余闻》，《庚子国变记》，第47页。
② 不才：《清史拾遗》，第23页。
③ 罗惇曧：《拳变余闻》，《庚子国变记》，第42页。
④ 罗惇曧：《拳变余闻》，《庚子国变记》，第42页。
⑤ 罗惇曧：《拳变余闻》，《庚子国变记》，第42页。
⑥ 罗惇曧：《庚子国变记》，第6页。
⑦ 罗惇曧：《庚子国变记》，第6页。
⑧ 李希圣：《庚子国变记》，《义和团》（1），第22页。

而不能用理性控制了。蛰伏于守旧派心中几十年对于侵略者的仇恨情绪是旧恨，列强干涉守旧派对新派人物的打击、暗中支持新派力量引起的仇恨情绪是新仇，新仇旧恨，将守旧派的排外情绪引向了极端。其排斥异己、巩固权力的非理性化情绪滋长的结果便是与多国同时开战的抉择。在此毫无理性的官僚政权下，国家想要正常发展而不遭受灭顶之灾几乎不可能了。

第四节　守旧派与晚清政局

守旧派在戊戌政变之后登上历史前台和权力顶峰，成功控制了朝政决策大权和清廷的用人行政。他们的盲目排外政策误导了义和团运动，为八国联军侵华制造了借口，给国家和民族带来了深重的灾难。值得深思的是，为什么清末守旧派在洋务运动开办了几十年和维新运动开一时风气之后，仍能掌握朝纲，为所欲为地将他们守旧排外举措付诸实施，将近代守旧排外浪潮推向最高峰呢？掌握了这一点，不仅有利于我们分析晚清政府人事变化对于整个晚清政局的深刻影响，而且还有利于我们把握守旧派的心理及其活动，对于深入分析这个派别的深层思想不无裨益。

一、守旧派得势与晚清政局失衡

清末守旧派之所以能走上政治前台并将其守旧排外的举措悉数付诸实施，与当时政局在内忧外患背景下一步步恶化紧密相关。而晚清政局的恶化，既有外来侵略的影响，也与清朝政府统治阶级内部复杂的政治斗争不无关联。在晚清民族危机分外严重的社会背景下，各政治派别为挽救国家民族危机设计了不同的方案。而在封建专制政体中，任何一种方案能否顺利实施都受制于最高统治者。洋务派官僚开展的洋务运动因一度得到最高统治者慈禧太后的肯定而得以延续，维新派得到光绪帝的青睐而能登上政治舞台，但最终由于光绪帝的无权和维新举措不能为慈禧太后以及顽固守旧派所容忍而败下阵来。在多次政治斗争的较量与交锋之后，形势朝着有利于守旧派的方向转变，为守旧派得势提供了契机。戊戌政变后，守旧派趁机夺取朝廷大权，其守旧排外主张终于得以实施。

具体来说，戊戌政变到义和团运动这段时间，清末守旧派能在政治斗争上掌控朝政并恣意妄为的缘由可以追溯到晚清前期。

鸦片战争后，清政府统治阶级内分化出了不同的阶层和政治派别，而这些派别势力的消长也就成为晚清政局变动的重要因素。前文已有论及，19 世纪中晚期，清朝中央政府统治机构内主要有开明的洋务派、清流派、维新派和守旧的满人集团以及后党和帝党等几个重要政治派别。具体分析这些派别在晚清政府中所扮演的角色和它们之间敏感而纤细的关系有助于我们深入理解清末守旧势力膨胀的历史原因。

慈禧太后是一个善于弄权的阴谋家，清流派一直是其用来平衡政局、制衡洋务派大员的工具。故清流派的力量因慈禧太后操纵政局的需要而消长，一旦达到抑制洋务派的目的，慈禧太后便将自己压制的天平偏向清流派。在光绪朝前期，清流派和洋务派势力基本持平，慈禧太后通过清流派监督和限制洋务派，又成功扳倒了与其联手发动辛酉政变、帮助其实现垂帘听政的同伙——恭亲王奕䜣。而后，其对清流派在中法战争中的作为十分不满，战后处置了清流派，使前清流势力灰飞烟灭。甲午战争中，她又在清流派的舆论导向下，惩处手握重权的军机大臣，以李鸿章为首的洋务派创巨痛深，权势跌入低谷。与此同时，“清流人士则已于战争期间再起”，“甲申政变以前之枢廷旧人，皆卷土重来”①，朝局一变。在封建帝制年代，统治者一个人的意愿便能决定国家的发展方向和朝政格局走向。慈禧太后便是这样充分运用两面手腕，平衡各派利益、调整各派关系，使政权牢牢掌控在自己手中的。

既然如此，长久以来受慈禧太后操纵、相对稳定的政治局面又如何失衡，从而使继承了清流遗风的清末守旧派得以有机会登堂入室渐居要津呢？

前文已提及，对于汉族的防范是守旧的满洲贵族大臣及王公贵胄的一致立场。晚清时期，由于八旗、绿营军的腐败不堪，为镇压太平天国运动，保住大清江山，清政府不得已起用曾国藩等汉族大员。在镇压太平天

---

① 石泉：《甲午战争前后之晚清政局》，第 246 页。

国运动的过程中，汉族官僚开始掌握了地方军权。随后又有洋务运动，洋务派大多为地方督抚，也多是思想较为开明的汉族官僚。于是，汉族官僚无权的局面渐渐改变，他们逐渐掌握军队，拥有地方财政大权，发展成为地方实力派，导致国家权力开始下移。这无疑对中央集权局面造成了巨大威胁，也是清朝两百多年来前所未有的状况。此种状况引起大部分守旧的满族官员深深不安，他们忧虑于汉族官员权势日益膨胀与尾大不掉局面的形成，担心会因此威胁到满洲贵族政权的稳定。在这种对满洲贵族权势患得患失的考量中，清朝统治阶级内分化出了一股顽固卫护满族权势、拒绝变革的守旧满人群体。他们仇视汉人，对汉族的防范达到了处心积虑、无以复加的地步。这是清初以来满人一贯的特权和优越政治地位受到威胁所导致的必然结果。甚至，大部分满人在晚清政局变动中因难以把握近代社会发展方向且对权益患得患失而愈来愈趋向守旧。一方面，他们设法抑制汉族官僚及其适应近代化发展方向的举措，试图将国家权力牢牢控制在自己手中；另一方面，他们担心改革会危及自身既得利益，所以拒绝变革。无疑，维护满洲贵族政权甚至个体本身的权力与既得利益，是他们守旧的主要原因。而又因为守旧，该群体愈来愈难把控政局走向，也越来越难维护自身权益。

清流派大多由科举正途出身的汉族官僚构成，与满人集团原本属于不同利益集团。但清流派内部的派系之争使其中的一部分人与守旧的满人集团结合起来成为可能。清流内部派别之争由来已久，可以溯源到同治年间。这两个派别分别是以讲究性理之学的李鸿藻、徐桐所代表的北方人组成的“北派”和翁同龢、潘祖荫所代表的南方人组成的“南派”。“二十年来，四人在都，均居高位，时相过从，彼此互相讥弹，常为都中士大夫之谈锋。四人皆操守廉洁，负一时之重名，故后进多拜列名下。”① 但相比较之下，翁同龢作为光绪帝师，位居翰林院掌院学士，久值宫禁，深受慈禧太后与光绪帝的器重，光绪帝亲政后其权势日益扩张，到甲午、戊戌前夕可谓如日中天。

甲午战后，清王朝创巨痛深，翁同龢对中外局势也有了新的认识，他

① 《戊戌政变始末》，恽毓鼎撰：《清光绪帝外传》，第91页。

鼓励光绪帝因时制宜、励精图治、奋发图强。维新运动最初兴起得到了翁同龢的大力推动，他一句康有为"才胜臣百倍"的话坚定了光绪帝倚靠康、梁以变法的决心。同时，围绕在翁同龢周围有一批新进官员，如文廷式、张謇等，也极力鼓励光绪帝变革。汪鸣銮、长麟等人暗中支持年轻的光绪帝改变长期受太后控制的无权地位，发动变革以振衰起弱、救亡图存。甲午战败后，光绪帝"日夜忧愤，益明中国致败之故"，认为"若不变法图强，社稷难资保守"①。然而，光绪帝虽名为亲政，却无实权可言，朝政大权仍然操纵在本应在颐和园颐养天年的慈禧太后手中，这种情形引起光绪帝及帝党人士的强烈不满。帝党人士试图帮助光绪皇帝摆脱这种无权状态，脱离慈禧太后的控制；与此同时，光绪皇帝本身也想通过变法来富国强兵、提高自己威信、加强自己统治。更何况，由于长期以来慈禧太后操纵朝政，年轻的光绪皇帝身边遍布慈禧太后羽翼，光绪皇帝深感自己身边无人，极需培养自己的亲信。可以说，康有为等人的出现正好迎合了光绪皇帝的需要，在国家危难之际，他迫切希望借助他们的力量以除旧布新，富国强兵，同时巩固帝位。很快，这批人聚集在光绪帝身边，成为帝党重要成员。

与帝党相对，从原清流派中分化出的守旧分子，以及朝中守旧的满人集团，加上一直深受慈禧太后信任的李鸿章等洋务实力派则组成了后党。后党中李鸿章等洋务派原本居于朝中重要位置，但甲午战败，李鸿章势力受挫，加上朝中各种攻击他的言论如万箭齐发，导致清中央震怒，他于是丧失了几十年所积累的政治权力资源，权势一落千丈。而自甲申政变（光绪十年）后在朝政中居于重要位置的孙毓汶、徐用仪等开明的中枢成员也被排除出局，故以李鸿藻、徐桐等人为首的守旧派渐渐盘踞在中央政权的重要位置。李鸿藻于光绪二十三年（1897）去世，徐桐理所当然成为朝中耆旧。其曾为同治帝师，颇得慈禧太后信任，"孝钦后以耆臣硕望，每见恒改容礼之，大政必询焉，故晚年尤骄横"②。而后党中其他洋务派官僚与徐桐等守旧派在维护封建制度和统治秩序方面立场一致，故当戊戌变法时期维新派试图动摇封建专制政体时，他们联手反对和镇压帝党、维新派人

① 苏继祖：《清廷戊戌朝变记》，《戊戌变法》（1），第330页。

② 罗惇曧：《庚子国变记》，第37页。

物。因此，曾处时代前列的洋务派，在戊戌变法时期成为守旧派的帮凶，是该时期守旧派不可或缺的组成部分，只是他们在思想上比徐桐等顽固守旧派相对要开明而已，但这并不意味着他们能容忍维新派。

光绪二十四年（1898）四月，恭亲王奕䜣去世。这个在朝中颇有声望的满洲王公撒手人寰，使清廷顿时失去了一个能缓和与协调帝后两党关系的重要人物。恭亲王一向德高望重，作为当年与慈禧太后联手发动辛酉政变的同谋者，慈禧太后总还是对其心存几分畏惧。“西后与皇上积不相能”，帝后两党针锋相对，这已是众所周知的事实。而恭亲王皇叔的身份和几十年在晚清政坛积累的威信能在一定程度上调和两宫矛盾，故而在其生前，帝后之间的矛盾尚不至于尖锐而激化。恭亲王生前，“皇上久欲召见康有为，而为恭亲王所抑，不能行其志”，“及四月恭亲王薨”[①]，时局便渐渐发生改变。翁同龢原本也一直致力于调和两宫矛盾，但因帮助皇帝励精图治的变法心切导致其疏于应付慈禧太后，以至于后来自身难保，维护光绪帝更是有心无力了。光绪帝决定接受康有为等人的建议开始变法，而变法对于慈禧太后及其周围守旧派的权势及既得利益构成了极大威胁。故守旧派不断挑拨帝后之间的关系试图让慈禧太后重掌朝政、剔除新政。在守旧派撺掇下，帝后矛盾呈现日益白热化的趋势。最终，慈禧太后发动戊戌政变，幽禁光绪帝于瀛台，镇压新派人物，使朝廷上下无人敢言新政，“都中士大夫有谈及西学新法者，同寮之中均闻而却避。盖恐人指之为康党，以致罹于法网。”[②] 戊戌政变后这种紧张的政治局势和死寂的政治氛围，为守旧派进一步揽权奠定了基础。

综上所述，守旧派之所以能得势并夺取朝政大权，得益于晚清政局一步步滑向有利于守旧派的恶化和失衡。正因洋务运动以来稳定的政治环境一次败于甲午战争，再次毁于戊戌变法，最终，时局切合了守旧势力揽权的需要。正如时人所评论的，“清流毁于甲申，而常熟一流，则毁于甲午。此十年间，朝中识字人相率并尽，留着无几。中更戊戌，诛贬更甚，一任满人颟顸，遂有庚子之役。”[③] 其言虽不无过激，但也在很大程度上反映出

① 梁启超：《戊戌政变记》，《戊戌变法》（1），第251页。

② 《通艺罢学》，《戊戌变法》（3），第449页。

③ 黄濬：《花随人圣盦摭忆》，沈云龙主编：《中国近代史料丛刊》3编第46辑，第63页。

当时朝廷政局的变幻和执政大员越陷越深的守旧和颟顸。总之，开明人物的一次次失势，政局失衡，其直接结果，便是推动守旧派成功登上了统治前台。

二、守旧派得势与晚清政局恶化

守旧派得势之后，迅速掌握朝政大权，成功蛊惑并控制了最高统治者慈禧太后的思想。守旧派掌控下的朝局，很快便糜烂不堪，不可逆转。

首先，守旧派上台伊始，便激发了列强敏感的神经，中外关系之弦被拉紧：在戊戌政变前后，外国驻华公使密切地关注清朝内政，实际上是关注清朝人事变动引发的对外政策动向。当守旧派成功扳倒新派人物掌管朝政大权之后，把外国人赶尽杀绝的谣言便开始盛行，这无疑是根据守旧派一贯的政治立场和对外态度所做的猜测。中国内政的变幻让列强侧目，他们总是设法试探总理衙门的官员，然后加以揣测。而实际上，掌握朝政大权登上统治前台的守旧派官员们并非从一开始就打算与列强决裂，只是随着谣言愈传愈烈，列强也变得越来越警惕。义和团运动时期，更是谣言四起，使身处中国的外国传教士和驻华公使们，更加密切关注清朝局势的发展，并与其国内函电密切，以便制订应对之策，但不可避免地，也传播了通过谣言揣度出的形势。不少谣言使列强如坐针毡，早就蓄谋侵略的列强，更是有了向清政府施压的借口。如民众“哄传西什库教堂大楼被焚”，“各处男女老幼，人人鼓舞欢忻（欣），随声附和，幌动街市”[①]，此情此景，身处中国的传教士和外国公使们怎会无动于衷？庚子年五月，窦纳乐向其本国外部大臣报告的“永清惨案”就有受谣言传闻影响的因素。[②] 这种背景下，各国公使纷纷向本国政府告急。

其次，守旧派登台后不久，便成功煽动起了朝野上下的战斗情绪，使政局急遽恶化。守旧派上台后，纷纷利用拳民有神术的谣言来鼓动国内的抗战情绪，促使最高统治者慈禧太后“早定大计，以应人心”。尽管光绪皇帝提出反对意见：“我国积弱至此，兵不足战，用乱民以侥幸求胜，庸

① 仲芳氏：《庚子记事》，中国社会科学院近代史研究所编：《庚子记事》，第21页。

② 董丛林：《晚清社会传闻研究》，人民出版社2007年版，第301页。

足恃乎？”[①] 但被仇洋情绪冲昏了头脑的守旧大臣们，仍是一意孤行，竭力敦促慈禧太后与列强开战，凡是不赞同他们意见的人，就会沦为被斩杀的对象。如朱祖谋请毋攻使馆，曾廉便谓“祖谋阻大计，可斩也”。还有上书请斩杀李鸿章、张之洞、刘坤一等大臣。[②] 著名的庚子五大臣，就是在此背景下惨遭杀戮的。对外，守旧派不惜在国力羸弱不堪的情况下与多国同时开战，对内，残酷打压开明的、识时务的大臣们。此时，清政府决策早已失去理性，并公然违反万国公法纵容义和团攻打使馆。这无疑使其在外交上更加被动，也为此付出了惨痛代价。守旧派掌控朝政大权后，晚清政局在脱离正常轨道的方向渐行渐远。

再次，守旧派控制下的朝政，谣言四起，给当时社会风气和社会秩序也带来了非常恶劣的影响：如义和团运动兴起后，各种神话谣言便开始肆虐，朝野上下渐渐被迷信氛围笼罩。从民间到宫廷，处处弥漫着拳民神术的影子，甚至在军事上也听从于拳民。刀枪不入的神话、红灯照的神功，越传越神。以后的章节中将专门论述。

守旧派迷信、落后、守旧、排外的举措不仅扰乱了正常的社会秩序，恶化了政局，对于清政府的统治也有很大影响：这不仅使清政府面临巨额赔款、任由列强宰割，而且，清政府居然堂而皇之地以迷信和神话作为国家决策的依据，也让不少官吏开始对其失望，统治根基因而动摇，为其垮台埋下了伏笔。如有学者言：“当清廷提倡（子不语）的怪力乱神时，多数士人便不再以为清廷可救亡和振兴中国；朝廷在社会层面已不一定依靠士人，在思想层面既不能维持中国‘正学’，又不能接受新学，实不能救亡故亦不足恃。”[③]

社会的发展应该是逐步摒弃迷信、崇尚真理与科学，而守旧大臣控制之下的朝政，与近代社会发展方向背道而驰，其所奉迷信与荒诞不羁的神话，演变成为民众遵循的政府权威，使民众在愚昧和迷信风气下越陷越深。政府不出面祛除迷信盲从的魔障，普通官吏和普罗大众的盲从自然在

---

① 恽毓鼎：《清光绪皇帝外传》，北京古籍出版社 1999 年版，第 184 页。

② 李希圣：《庚子国变记》，《义和团》（1），第 17 页。

③ 罗志田：《从异端走入正统的“子不语”：庚子义和团事件表现出的历史转折》，《历史教学》2001 年第 2 期。

所难免。由此可知，守旧派当权的晚清政府，应该要对该时期社会迷信风气的盛行负很大责任。

晚清政局是在列强的侵略和守旧派对进步势力的打击中渐趋恶化的。近代以来，自洋务运动后稍为稳定的政治环境一次毁于甲午战争，再次毁于戊戌政变。戊戌政变之后，清流派中的守旧分子与满人统治集团勾结起来组成的守旧派掌握了朝政，把持政局，压制开明官僚、严酷打击新派官员，晚清守旧与排外的风气由此登峰造极，晚清政局在这种外乱内斗中失去平衡并逐渐恶化。而晚清政局的失衡，又为庚子事变的发生埋下了一枚定时炸弹，进一步将晚清政局炸得支离破碎。因此，如果说，在晚清政局破碎失衡的过程中，列强的侵略是炸药，那么，清朝政府守旧派的上台无疑就是导火线，直接点燃了一触即发的炸药桶。显然，二者都是晚清政局失衡的肇事者。

第三章　清末守旧派的政治观（上）

“政治”一词包含两层含义，“政”指的是领导，“治”指的是治理。“政”是方向和主体，“治”是方法和手段。政治同各种权力主体的利益密切相关。因各种权力主体都要获取和维护自身利益，必然导致社会中各权力主体的利益冲突。历史上，政治一开始就是围绕着国家权力而展开的，表现为人们攫取、维护、建设、执行、制约国家权力的全部活动。那么，清末守旧派的政治观如何？以下两章拟在此方面展开论述。基于资料的限制，该部分涉及的材料多为汉族守旧官员的基本主张，满洲贵族守旧王公的材料则涉及颇少。但笔者以为，这并不影响对守旧派整体政治观的判断。因为，在清末，儒家思想占据统治地位的政治文化背景下，社会成员在总体上都存在着与儒家思想相一致的政治价值观念。即便满洲贵族，历经政权建立后两百多年封建文化的熏陶，也早为封建文化所同化。守旧派作为固守传统的群体，在与西方新思想、新观念作斗争时，自然而然地操起了长期浸染的儒家思想和价值观念作为抵挡西方思想文化渗透和扩张的武器。只是，基于文化水平的限制，封建的王公们大多思想不成体系，也鲜少留下相关文字。

从整体上来看，清末守旧派秉承儒家治国方略，崇尚“王道”政治，从传统儒学“修齐治平”的政治理念出发来设计国家治理方案。他们将治理国家的精力多放在内政建设上，认为西方国家的强国之道不适合中国，大清朝只有依靠传统治国模式才能自强。本章主要从思想理念出发来谈论守旧派的政治思想和主张。

第一节　立国之道

守旧派之守旧，首先就在于其治国理念上的守成，他们要求继续沿袭儒家治国理论来治理国家却不愿因形势变化而变更策略，忽略新的社会局势和世界大势的变化，坚称："行政贵正其本，用人宜清其源，本正源清，而自强之基于是乎在"，"中国之天下，当以中国之法治之。而见异思迁，无当也。"①

一、以儒家思想为立国之本

自西汉董仲舒"罢黜百家、独尊儒术"，西汉之后各封建王朝都奉儒家思想为统治圭臬。封建统治者坚持用讲究君权等级的儒家思想来治国，并以其武装子民头脑，成功使中国封建统治延续了两千余年。为维护封建道统的纯正性，坚斥异己思想流派，是儒家学者和受儒家思想熏陶的封建知识分子和官员的一贯立场。如宋、明时期，程朱理学家不容许佛、道等"异端"思想流派混淆视听，对法家霸道政治和墨家"无父无君"的批判，都是儒家思想史上被浓墨重彩书写过的篇章。晚清西学东渐，与中国传统文化完全不同质的西方思想开始向国内渗透。西方列强的武力扩张及其富国强兵的种种政策和举措，被深受儒学熏陶的大臣们等同为中国古代历史上的法家治国之术即法家"霸道"政治，西方列强所强调的富国强兵理念则被视为法家重利轻义传统的延续。于是，如同其先祖罢黜百家一样，晚清守旧大臣们为了维护儒家思想的统治地位而对法家思想及他们所认为的法家思想之现实代表——西方思想文化予以了猛烈批判和排斥。

在守旧派看来，儒家思想代表着万世不变的永恒真理，值得后人穷其一生地尊奉，正如曾廉所说的："圣人之学穷年而莫殚，累世而莫穷，用之未能尽者也"②。故他们在西学渗透之际极力捍卫儒家思想，坚守儒家

① 《徐桐代奏条陈》，光绪二十二年十二月初五日，《录副奏折》第423卷，第1682号胶卷。

② 曾廉：《蠡庵集》卷七下，宣统三年曾氏会辅堂刊本，第37页。

“王道政治”，对于任何威胁儒家意识形态统治地位的思想批判都竭尽全力，对于法家和其“霸道”政治的批判和鞭笞决不留情。

为使批判达到正本清源的效果，守旧派对法家及其霸道政治进行大规模清算主要以两种方式进行：一种是追溯法家思想源头，对古代以商鞅为代表的法家及其思想进行追根溯源的批判；另一种就是紧密联系社会现实，对于西方列强“霸道政治”进行彻底地抨击和打压，避免跌入西方霸道统治的陷阱，以捍卫儒家思想统治根基。

曾廉《蠡庵集》中有一大段关于“商鞅以强国之术说孝公”的文字。他认为法家刑名政治不利于国家的长远发展，在春秋战国“诸侯放纵，处士横议”，“百家之流跌更而起”的局势下，以商鞅为代表的法家学派对儒家思想的冲击巨大、深刻且影响深远，甚至导致“破除古法，扫荡先王”[①]恶劣后果的出现。曾廉彻底否定了“商鞅变法助成秦国强大”的结论。他认为，商鞅之学非但没有给秦国带来任何益处，反而因秦孝公采用商鞅为代表的法家治国之道，导致秦国最终沦落到亡国的结局。他总结秦国强大的原因，认为根源在于秦孝公的勤政，与商鞅以法家思想治国没有丝毫关系。其谓：“秦之孝公，有志之主也”，“以四塞之地，兢兢业业，修其政教，明其政刑，十年不为声色佃游之乐，虽微商鞅未有不富强也。”“商鞅之学本于刑名，以刻覆为教命，以杀戮为典型。其所谓富强者，惟欲行己之法，变己之政，虽言以耕织为本业，然后家贫子壮则出赘，家富子壮则出分，是使父子各谋其私……导民以利而民惟利是向，去君臣父子之伦，而远孝弟忠信之道，自古未有不亡之国也。”由此，曾廉得出结论，谓秦国之兴功在孝公，秦国之败罪在商鞅：“秦之所以富强者，孝公务本力穑之效，非鞅刻骨流血之功也。而秦之所以见疾于民，如豺虎毒药；一夫作难，而子孙无遗种。则鞅实使之。”

紧接着，曾廉又做了进一步论述和推论，谓归根结底，秦之灭亡也，“实孝公有以致之”，原因是商鞅“强国之术”被采用于国家治理终究是根源于秦孝公的肯定。“天下善取人之容者，则必因其所悦而进之；善取人之信者，则必因其所欲而合之。”正是因为商鞅的“强国之术”符合孝公

① 曾廉：《蠡庵集》卷七下，第35页。

内心的要求与希望，才被采用并实施。“孝公之所悦、所欲如此，亦足以知孝公之本无大略矣”，“而其急于功利，惟恐求化之不速。而不知其兴之速也，其亡亦速也”。故他将国家兴衰原因归结为统治者决策失误，认为秦的灭亡不只是商鞅的问题，作为国家最高统治者秦孝公更应担负起因趋利而最终导致亡国后果出现的责任；而据此类推，后代宋神宗采用王安石以变法，“口谈尧舜，而术重商鞅”，因此，宋神宗也应承担起用人不当、用法不当的责任。无疑，曾廉将统治者的统治理念放到了国家生死存亡的重要位置，以此来警示当时及后世统治者治国理政的关键在于方向的把控。

最后，曾廉通过对法家的批判来巩固和提升儒家治国之道的地位、烘托其重要价值。“今有人欲善为子孙之计，则莫如树德种仁，帝王之道是也”。[①] 而帝王作为当国者“不言修身治国，而言富国强兵，则吾未见兵强而可以决胜者也”。故曾廉认为，国家能否长治久安持续发展，根本在于治国的理念即治国之术是否合适，只有儒家思想才能推动国家的永续发展，否则，“天下之强有如秦者乎？而其亡何速也。”[②]

曾廉对于儒家思想统治地位的维护和法家霸道之术的排斥，反映出守旧士人在政治、文化上的立场和态度。在他们心目中，儒家王道之术收效虽缓却是国家得到治理的长远之计，而法家的霸道之术收效虽快，却不能长久，乃饮鸩止渴之策，后患无穷。因此，他谆谆告诫后人，凡正人君子，切不能因急功近利而丧失立场。

与曾廉观点一致，徐桐也认为，儒家所崇尚“王道”政治与法家“霸道”政治格格不入，二者区别在于“德”与“力”的使用。其谓：“力者，国富兵强之谓。初无心于为仁，而借其名以集其事也；德者，躬行心得之谓。其仁素具于中，而推之以及物也。此天理人欲之分，而王霸之所以异也。”[③] 他认为，帝王治国应是以德服人，即孟子所谓：“以德服人者，中心悦而诚服者也”。故其时常建言君主静心学习《治平宝鉴》《大学衍义》等儒家治国经典。在任同治皇帝师傅时，为让其能快速掌握儒家治国

---

① 该处有关曾廉的言论都出自曾廉：《蠡庵集》卷七下，第35—36页。

② 曾廉：《蠡庵集》卷七下，第34页。

③ 徐桐：《大学衍义体要》卷四，清光绪年刻本，第31页。

之道，徐桐曾经仿照朱熹弟子真德秀《大学衍义》一书体例编成《大学衍义体要》一书进呈。光绪皇帝即位后，他也曾多次建议其勤勉阅读。深受儒家思想熏陶的徐桐此举目的显而易见，无非是敦促君主吸收儒家治国思想精髓并将之运用于治国理政的实践当中。

徐桐充分肯定汉代董仲舒独尊儒术举措，认为此乃功盖千秋、泽被万世的功绩。他认为古代法家扰乱国政，“皆生民之蠹，而正道之贼也”[①]；自从孟子区分王道与霸道的概念后，二者判若黑白，“宜无谬于取舍”。但因这两种治国方法难易程度不同，“王道纯而效迂，霸术骄而效捷”，而“人情厌迂而喜捷，有不觉舍纯而取骄者”，故国家治理者往往舍难从易。殊不知此两种手段所达到的实际效果却大相径庭，“王道万全而无弊，霸术则利甫得而害随之。一诚一伪之应相去天渊”。[②]

将古代历史上其他思想流派进行追根溯源般的彻底清算后，清末守旧派最终将批判的矛头对准了现实中的西方列强，他们十分鄙视西方列强的富强之道和以武力侵犯他国的野蛮行径，将其等同于中国古代法家霸道之术加以摒弃和攻击。他们相信，中国的统治应该“以民心为本，以圣学为宗”，而“西人之所资以富强者，法也、术也、艺也，不足言学也，其自毙可立待也”。[③] 戊戌变法时期康有为所提出的改革思想也被守旧派视为法家思想。徐致祥说：“康有为始售商鞅之术，继蓄范雎之谋，终肆秦桧之恶，丧心昧良，神人共愤。”[④] 因此，在他们看来，自洋务运动开展以后，“号称通达时务者，动挟以西学，以惑世诬民，因缘为奸为利无所不至……一入其言，即殆祸无穷”[⑤]。正如萧一山在《清代通史》中所指出的：“曾廉诸人所以反对康、梁变法的理由，一言以蔽之曰：中国向来重德治人治，系崇王道；西洋则尚富强法治，纯为霸道。王道历久而弥新，霸道则称霸于一时。”[⑥] 无疑，该观点对守旧派反对西方治国之道的根本缘由之分析可谓一针见血、切中要领。

---

① 徐桐：《大学衍义体要》卷四，第 19 页。
② 徐桐：《大学衍义体要》卷四，第 34 页。
③ 徐致祥：《嘉定先生奏议》，第 170—173 页。
④ 徐致祥：《嘉定先生奏议》，第 167 页。
⑤ 徐致祥：《嘉定先生奏议》，第 170—173 页。
⑥ 萧一山：《清代通史》第 4 册，中华书局 1986 年版，第 2156 页。

至于康有为等维新派的思想，更是被守旧派斥为“洪水猛兽”，大加挞伐。康、梁所宣扬的民权、平等思想，在晚清思想界掀起了一股飓风。民权、平等思想与儒家森严的等级秩序存在莫大冲突。而森严的等级制度，是封建专制统治赖以存在的基石，也是以儒家思想为安身立命之所的封建统治者内心深处的精神支柱。因此，任何欲改变此统治根基的言行和思想主张，都不能为儒家学者和深受儒学熏染的大清臣子们所接受，注定将遭到守旧派的批驳。他们将康、梁所倡导的民权、平等思想等同于中国古代思想史上的墨家思想进行驳斥。如叶德辉认为：“康门之伪学”，“欲举一世之人才，消磨其忠义之气，开拓其悖逆之心，团结其死生之志，上无天子，下无纪纲，以行其阳儒阴墨之学，投诚异教，授柄外人。”① 原因在于，“民主，非法也，西法也……君权不尊，民气嚣然，震旦恐从此不靖矣。”“一切平等，无所谓孝弟。无君之人，更不必言孝弟也。”② 与批评法家及其代表人物如出一辙的是，守旧派对康梁思想也进行了追根溯源般的清算。他们认为，墨氏之兼爱之说，乃“二千余年前，中国放斥迸逐之言，不意二千余年后，竟支离蔓延，流毒我四万万黄种”。尽管该说法难免牵强附会之嫌疑，但在当时却流传甚广。归根结底，康、梁的学说之所以遭到守旧派的激烈反对，不仅因为其中带有西方国家“霸道”政治的影子，更重要的是其言论触动了封建君主等级制度的根基。但不论是哪个方面，都难被封建统治者和儒家士大夫接受和容忍。

与之相对，对那些坚决捍卫儒家思想统治地位、排斥其他思想流派的思想、言论和行为，守旧派则褒扬不已。曾廉在其《六怀诗》中提到徐桐排斥康、梁的变法思想及其门人严修的变法主张时有如此诗句：“中间有门人，青天见魍魉，悍然改制度，兴墨此其昉。纷纷尘雾间，屹立老成杖，拒绝严往来，益忤墨家党”③，彰显出对徐桐维护儒学传统坚定立场的高度赞扬。庚子事变后徐桐已死，曾廉悲恸不已，其诗句“天下悉墨流，人亡国谁杖”④，表达出对徐桐“正色立朝”的缅怀和对其死后朝局变动和

① 叶吏部：《〈读西学书法〉书后》，《翼教丛编》，第130页。

② 叶吏部：《〈长兴学记〉驳义》，《翼教丛编》，第111页。

③ 曾廉：《六怀诗》，《蠡庵集》卷四上，第22—23页。

④ 曾廉：《六怀诗》，《蠡庵集》卷四上，第22—23页。

“法家”“墨家”充斥而无人能主持大局的担忧。与之相一致，启秀、于荫霖、徐致祥、赵舒翘等人也多次建议朝廷昌明圣学，厘正文体，目的无非为排斥其他异己思想流派。当是之时，对康、梁新学的批判，成为所有守旧派及受儒家传统熏染的张之洞等洋务派官僚的基本态度。守旧派与洋务派虽有政见分歧，但同属封建统治阶级营垒，阶级本质决定了其维护封建统治的共同立场，捍卫封建等级秩序是其必然选择。张之洞曾谓：“五伦之要，百行之源，相传数千年更无异义，圣人所以为圣人，中国所以为中国，实在于此。”① 作为洋务派的张之洞尚且如此，守旧派在这方面则更是有过之而无不及。

总之，国门洞开后的晚清，当遭遇到与中国传统文化截然不同价值观和思维方式的西方思想文化时，守旧派条件反射般地返身从传统思想文库中去找寻西方“邪说”的影子和渊源，再试图以传统方法进行压制。他们把近代西方思想当成是延续与发展了的古代法家思想、墨家思想加以反对和抵制。然而，不管他们将西方思想看成是法家的延续还是墨家的余波，都难掩其维护儒家道统的真实意图。守旧派将晚清时的国际形势类比为春秋战国之际的诸侯争霸局面，试图于儒家思想文库搜寻救世良方与应对策略。遗憾的是，只知沿袭传统却无法看清时代趋势的守旧派根本提不出新鲜的理论和方法来应对晚清政府的危机和社会的困境。这无疑也说明任何试图关闭思想交流门户、拒绝吸收新思想的行为都不能推动思想的真正发展；守旧派歇斯底里的言行不仅无益于发展儒家文化，也无法应对当时的社会危机。也由此可知，不能开新，则无法真正守旧。拒绝开新、一味守陈的封建守旧思想发展到世纪末的晚清，已经步入了生命的尽头，任何固守传统不思变革的做法终归不能让其再焕异彩。

二、以“圣君”治国

崇尚君权，主张“以圣君治国”，是守旧派王权思想体系下的一个重要思想。这种思想直接来源于传统儒学的君权论。

早在同治年间，徐桐充当同治帝师傅之际，就按照朱熹高足真德秀所

① 《张尚书〈明纲〉》，《翼教丛编》，第45页。

编的《大学衍义》体例编撰了《大学衍义体要》一书上呈同治帝。在光绪二十二年（1896）他再次疏请光绪帝“万几余暇”取《大学衍义》一书“朝夕观省”，“由修齐以进求治平，天德、王道一以贯之”[①]。真德秀《大学衍义》和徐桐《大学衍义体要》都因循帝王为治之道、帝王为学之本以及格物致知、诚意正心、修身、齐家等章节顺序，以古代历史事件为例，论述帝王修身、齐家、治国、平天下的道理，体现出徐桐等守旧派对于当时最高统治者的要求和殷切期望。如徐桐认为：“天下治乱系乎君心，心之非即害于政”[②]，帝王的身心修养与国家的治理有着直接关联。帝王不仅需提高自身修养和素质，还肩负着教育万民、为万民立榜样的责任。君主正而后才能正百僚，百僚正而后才能正万民。君主、百僚和百姓，这三者之间的关系为上行下效，任何环节出现问题，都将给国家带来严重后果。故而帝王的身心修养不仅关乎自身，更关系到国家的发展，它直接决定国家能否得到有效治理。徐致祥说：“维天下之治乱存乎人心，人心之邪正存乎学术，而人主之学术又为天下学术之本。人主学术正于上，而后天下学术正于下……未有人主之学术正，而天下之学术人心不正者。”[③] 君主必须以身作则率先端正学术，严格遵循儒家思想、祖宗成法，勤俭节约、修身齐家，才能算是有为之君，才有统率百僚的资本；有明君为榜样，百僚才会恪尽职守，整纪纲、严赏罚、明政刑，地方才能吏治清明。守旧派所主张的这种上下同心同德的境界，正是他们孜孜以求的强国御侮之道的根本所在。如徐桐所言：“今之亟务，莫亟于御外侮，御外侮莫切于敦大本，敦大本莫要于上下、中外同心一德”[④]。

具体来说，守旧派认为君主应该从以下两个方面来努力提高自己，使自己成为一名合格的君主：

（一）修己

儒家讲究修齐治平，即修身、齐家、治国、平天下，号召知识分子从

① 佚名：《静海徐相国传》。
② 徐桐：《大学衍义体要》卷三，第 46 页。
③ 徐致祥：《嘉定先生奏议》，第 152 页。
④ 《徐桐代奏折》，光绪二十一年三月十七日，《录副奏折》658 卷，第 95 号胶卷。

个人修身做起，最终实现国家治理的宏大政治抱负。守旧派谨遵儒家思想，认为帝国的命运掌握在一个人手里，也即受万民景仰、拥有九五之尊的皇帝，其身份特殊、地位崇高，“以一身综理万几”，是“宗社生民所依赖，安危治乱所由分”的关键人物。众儒生尚且需要加强修身达到治国平天下目的，皇帝作为帝国统治的核心人物，则更应该穷究义理，修身养性，“岂可为学而不求其本哉!”① 故守旧派认为，帝王的修身，相较于常人，具有更加重要的意义，因“人君之学，不过修已治人而已”②。“尧、舜、禹、汤、文、武之为治，莫不自身心始”③。总之，帝王的修身是国家得到有效治理的首要条件，只有穷究圣人身心性命之学，勤为省览，静为体验，才利于自身素质的提高和领悟天下治理的道理，最终才能推进国家发展。

而守旧派认为，修身，首先需掌握身心性命之学。徐桐谓：“考观帝王之治，未有不本诸身而达之天下者”④，“帝王之治本原不外身心学问之功，义理务先讲贯”⑤。故掌握身心性命之学是前提，君主只有善于从圣人典训中解读真知才能有效治理国家。这就需要对承载着儒家思想精髓、圣人之道的《大学》一书认真深入领悟，把握其思想内涵与真谛。《大学》在儒学经典中一直居于重要地位，特别是宋代以后，因程朱理学家的阐扬，得到了更高的评价。“此书所陈，实百圣传心之要典，而非孔氏之私言也。”⑥ “《大学》乃儒者全体大用之学也，原于一人之心，该夫万事之理，而关系乎亿兆人民之生。其本在乎身也，其则在乎家也，其功用极于天下之大也。圣人立之以为教，人君本之以为治，士子业之以为学，而用以辅君。是盖《六经》之总要，万世之大典”⑦。因此，“为人君而不知《大学》，无以清出治之原；为人臣而不知《大学》，无以尽正君之法”⑧，

① 徐桐:《大学衍义体要》卷二，第35页。
② 徐桐:《大学衍义体要》卷二，第30页。
③ 徐桐:《大学衍义体要·序》，第2页。
④ 徐桐:《大学衍义体要·原序》。
⑤ 徐桐:《大学衍义体要·序》，第1页。
⑥ 徐桐:《大学衍义体要·原序》。
⑦ 丘浚:《大学衍义补·序》，明刻本。
⑧ 徐桐:《大学衍义体要·原序》。

“古人为学次第者，独赖此篇之存，而《论》《孟》次之”①。《大学》实乃帝王治术之学的精华之所在，“圣人之道有体有用，本之一身者体也，达之天下者用也。……格物、致知、诚意、正心、修身者，体也；其所谓齐家、治国、平天下者，用也。人主之学必须以此为依据，然后体用之全可以默识矣。”②

修身是帝王应终生执奉而不能有丝毫懈怠的事业，也是一门学问。帝王“为学之本”，“知富贵之不可恃，而将之以忧勤；知骄侈之不可肆，而节之以恭俭；知旨酒厚味为迷心之鸩毒，思所以却之；知淫声美色为伐性之斧斤，思所以远之。此道心之发也。是心为主而无以沮丧，则理义日充，其去尧、舜不远矣。……惟平居庄敬自持，察一念之所从起，知其为声、色、臭、味而发则用力克治，不使之滋长；知其为仁、义、礼、智而发则一意持守，不使之变迁。夫如是则理义常存而物欲退，听之以酬酢万变无往而非中矣。欲学尧舜者其惟用力于此乎。”③ 若其“将为物欲之不暇，又何以宰万物乎”④。而修身的方式看起来简单，坚持做却并不容易，“心定”是一个要素。“先儒谓心者，人之北辰。辰惟居其所，故能为二十八宿之纲”⑤。“人之一心静而后能动，定而后能应”⑥，定心之后才能做到以不变应万变。如果“心无定主”，则“是非邪正得以眩之”⑦。“心犹水，然扰而浊之不见山岳，渊澄弗动毛发浊焉。惟至公可以见天下之私，惟至正可以见天下之邪，惟至静可以见天下之动。”⑧ 故定心静气，不为外界声色货利所诱惑，才能明辨是非，正己而后正天下。无疑，守旧派眼中，帝王修身的内容，就是以儒家纲常名教为基础，“存天理，灭人欲”，远离声色货利，自我克制，时常检查与反省，力求使自身日益完善而达到圣贤之境界，才能成为一代圣君。

“慎独”，是儒家对内心省察道德修养功夫提出的要求，即要求个体即

① 徐桐：《大学衍义体要·序》，第2页。
② 徐桐：《大学衍义体要·序》，第2页。
③ 徐桐：《大学衍义体要》卷二，第11页。
④ 徐桐：《大学衍义体要》卷二，第11页。
⑤ 徐桐：《大学衍义体要》卷二，第11页。
⑥ 徐桐：《大学衍义体要》卷二，第11页。
⑦ 徐桐：《大学衍义体要》卷二，第14页。
⑧ 徐桐：《大学衍义体要》卷二，第14页。

便独处时，也应谨慎不苟，切实遵循伦理道德省察内心，以达到道德的自我完善。其最先出自《中庸》，在宋明理学中得到了强化。守旧派承继此观点，不仅以此要求自身，还希望君主不断自我反省以提升自身修养完善自身，最终实现国家治理，达到修身、齐家、治国、平天下的目的。修身之道，对于自小受儒家思想熏陶的君主来说并不陌生，但能够坚持以儒家修身之道来严格要求自己的帝王，却属凤毛麟角，故督促帝王完善自身以达到国家治理目的就尤为重要。所以，徐桐认为，帝王知道修身还远远不够，更重要的是能躬行实践且持之以恒。“为人君孰不知身之当修，然此心一放，则有暂而不能久，必常思所以致其慎者。今日如是，明日亦如是，以至无往而不如是，夫然后谓之永。不然，朝勤而夕怠，乍作而遽息，果何益哉？后世人主有初而鲜终者，由不知思永之义也。慎则常敬则无忽思，则常存而不放，修身之道备于此矣”①。故修身之道贵在有恒，“德日新则日进一日，尧、舜兢业之事也。志自满则日怠一日，后世人主不克终之事也。治乱之分在此而已”②。

“敬”，是程朱理学的修养方法，持敬是程、朱的涵养功夫。这种涵养功夫为程、朱学者高度重视，并身体力行，对门人反复教导。程、朱所谓“入道莫如敬”，“主敬”为“圣学始终之要”，其与“慎独”的要求一样，注重人们精神的专注而不游移，通过收敛身心、保持至诚的精神状态去进行内心省察，寻求道德的自我完善。这种道德的自我完善实际上如朱熹所谓的“遏人欲于将萌，而不使其潜滋暗长于隐微之中，以至离道之远也。”③ 故修身过程中，人必须时刻心存敬畏，高度集中精神、心无旁骛、谨防为物欲所诱惑。也只有心存敬畏，才能严格恪守修身之道。徐桐等人恪守程朱理学，且以此来严格要求君主，其谓：“戒谨恐惧者，愈严愈敬，以至于无一毫之偏倚而守之常……无一毫差谬而行之每不违。”④ 君主但当“恪守一敬，静时以此涵养，动时以此省察，以此存天理，以此遏人欲”⑤。

① 徐桐：《大学衍义体要》卷一，第2页。
② 徐桐：《大学衍义体要》卷二，第12页。
③ 朱熹：《四书集注·中庸章句》。
④ 徐桐：《大学衍义体要》卷四，第8页。
⑤ 徐桐：《大学衍义体要》卷四，第9页。

如此，君心可正，“人君之心正，而朝廷百官无敢不正者”①，即“所谓人君正心，以正朝廷，正百官，正万民；则阴阳和，风雨时，诸福之物莫不毕至②”。

综上可见，徐桐等饱受儒家思想熏陶的守旧派对于君主“慎独”“敬”修身要求的最终目的无非是为了封建统治的稳定。他们殷殷期盼君主能严格按照“慎独”与“敬”的修身要求完善自身，提高治理国家的能力，从而使封建统治稳定，天下得以安定。

（二）治国

对于帝王的治国方式，守旧派也有严格的要求。他们认为，帝王应当在自身身心修养完备的基础之上，秉承儒家治国之术来治理国家，天下方能大治。这套治国之术即建立在儒家“王道”基础上的治国方略。

首先，守旧派认为，帝王治国应以圣人之道教化万民，这是治理好国家的根本保障，也是对天下万民负责任的表现。“由治己而言则有学，由治人而言则有教。闲邪存诚，克己复礼，此治己之学也，学之功至，则己之善可复矣。道德齐礼，明伦正俗，此治人之教也，教之功至，则人之善可复。若夫以己之性为不善，而不以圣人之道治其身，是自暴者也。以人之性为不善，而不以圣人之道治其民，是暴天下者也。”③ 而守旧派看来，圣人之道，仁义为本，以此可防人心趋利。国家如能上下同心、协同一致，立足于仁义，共同抵制名利之心，则强国之基奠定且稳固。连洋务派领袖人物张之洞也说：“强中御外之策，惟有以忠义号召合天下之心，以朝廷威灵合九州之力，乃天经地义之道，古今中外不易之理。”④ 虽然张之洞与守旧派的立场并不完全一致，但其此话之目的乃反对维新变法，试图与维新派划清界限，无疑也迎合了当时顽固反对变法的守旧派，从某种程度来说，也道出了守旧派的心声。

在守旧派看来，臣民的气节直接关系到国家强大与否，故教化民众，

① 徐桐：《大学衍义体要》卷五，第35页。
② 徐桐：《大学衍义体要》卷四，第9页。
③ 徐桐：《大学衍义体要》卷三，第12页。
④ 《张尚书〈正权〉》，《翼教丛编》，第49—50页。

重在培养其气节。那么，如何培养臣民气节呢？守旧派认为，上行下效，只有通过君主的表率作用和在治理过程中以尧、舜之道教化之、以勤政爱民的方式护养之，才能最终实现。他们坚信："世之隆汙（污），俗之厚薄，务在教化。教化之为，万物皆感，立仪表，正人心，斯治理矣。"① 因此，教化臣民，"务以儒先性命之书，濂、洛、关、闽之学，启迪多士"②。"大要归于植忠义，奖廉耻，明正学，以风厉当世"，"古圣人抚世之治，莫大于道，莫盛于德，莫美于教，莫神于话。道以苞之，德以据之，教以导之，化以成之。厚民之情以敦慈爱，作忠义之气，厉廉耻之节，然后放之幽冥之内，无违悖之行，纳之锋镝之间，无苟全之心，则世又安所得奸乱者哉？"③

其次，守旧派认为，居于万民之上的君主，位虽尊贵，但治国理政之时，应虚怀若谷，从谏如流，切忌专断于一身。否则，臣下进言之道堵塞，奸佞因之助长。如戊戌变法时，守旧派坚决反对新政举措，光绪帝对此十分不满，当时社会由此盛传光绪帝不满守旧派顽固不化、阻挠新政的言论。曾廉为此批驳当时社会流传的此种说法，并谆谆劝诫光绪帝应虚心听从廷臣的反对意见。其谓："阻挠者，盖非盛世之论，古今以来，必奸臣剪排异己，则名之以阻挠。如皇上以阻挠为怒，则必以依违为喜，人孰不愿皇上之喜而愿皇上之怒，则依违者万万，而阻挠者希矣。阻挠者希而忠谠之言绝，忠谠之言绝，则谗谄面谀之人至，此孟子决其国必不治者也。"他进而举例论证曾国藩、胡林翼等中兴诸臣的为政之道，"每下一令，议一事，辄令僚属不厌十反，以为驳辩愈多，久乃无弊"，臣子尚且如此，"况以天下万几，皇上一人临之于上？"故而，作为一国之君的皇帝更应"常令诸臣详审事理，以求至当；不宜独断于圣心，以为言莫不违也"。④ 不难看出，光绪帝因广开言路以寻求自强新政之法、器重维新人物而轻视不断阻挠新政的守旧派、批评守旧派阻挠维新人物上书，被曾廉等守旧派看成是一言堂、独断专行、不听臣下进谏的蛮横专制行为。

---

① 方宗诚：《柏堂师友言行记》，沈云龙主编：《近代史资料丛刊》3编第22辑，台湾文海出版社，第3—4页。

② 佚名：《静海徐相国传》。

③ 方宗诚：《柏堂师友言行记》，第3—4页。

④ 曾廉：《应诏上封事》，《戊戌变法》（2），第491页。

再次，守旧派沿袭传统天道观，认为君主的言行、治国的举措必须符合天道，否则将令上天震怒、遭到惩罚。天道观，即关于世界本原的根本观点，主要论述天及天人关系。“天道”的字面含义是天的运动变化规律。世界必有其规则，是为天道，也即天地、万物的规则和道理。先秦诸子百家皆有自己的天道观。“天象示警”即为天道观的一个方面，在儒家思想中曾被用来规范君主的言行和治国举措，确保君主行为敬德保民以顺应天命。每当灾患来临或奇异现象发生时，深受儒家思想熏陶的官僚士大夫必然会以此理论来告诫君主，敦促君主反省自身行为和审视当时是否有不良举措。为避免上天继续发怒，君主应及时修正不良举措，避免严刑暴政等等。虽然在今天人们一般会将此种观念定性为封建迷信，然而，不可否认的是，在科技落后的中国古代，这种理论曾对君主的勤政爱民起到过积极作用。这种理念如同宗教信仰般镌刻在君主、官吏甚至普通民众心里，主导着无数封建官吏及知识分子的为政之道。历史发展到近代，在面对种种学习西方的理论及做法时，该理论成为守旧派批驳清政府开新举措、阻止学习西方的借口。他们认为，君主治国“修德行政，实千古临御之经；尽人合天，乃百代盛强之本”①。故君主为政应当注重以德政教化万民，君主言行和举措必须符合天道。而以此来审查当时社会，守旧派确信学习西方乃有违天道的行径。他们于是动辄以此理论来限制革新举措的推行。比如洋务运动时期，洋务派开设同文馆，遭到守旧派大肆攻击，依据就是当年旱灾的发生及“屡见阴霾蔽天，御河之水源竭，都中之疫疠行”，“大风昼晦雨时之久”等奇异现象。他们认为这些都“非寻常之灾异也”，而“天象之变，必因时政之失”，故必定是同文馆之设有违天道引来的天象示警。职此之故，他们请旨撤销同文馆，“以弭天变而顺人心，杜乱萌而端风教”②。

天道观念发展到义和团运动时期，其中的迷信说法为守旧派所信奉，也被其利用。号称刀枪不入的义和拳民就被他们认为是上天派来辅助朝廷抵抗侵略者的天兵天将。不管义和团运动时期的清政府守旧派是否真的相信义和团刀枪不入的神话，但他们认为，义和团代表着人心趋战、用武力

① 《洋务运动》（2），第43页。

② 《洋务运动》（2），第43页。

对抗洋人的大势，乃天意使然。打着扶清灭洋旗号的义和团出现，无疑是上天于冥冥之中给他们指出的一条解救国家于列强侵略之危的道路。守旧派深信义和拳的出现乃天意使然，因此，招揽拳民也就成为天经地义、顺应天意的选择。这种思想无论是在当时的民间还是官方都占有一席之地，且抱有这种想法的人并不少见。如当时义和团揭帖上经常可以见到这样的言论："窃有天主教由咸丰年间串结外国洋人，祸乱中华，耗费国帑，折庙宇，毁佛像，沾（占）民坟，万恶痛恨，以及民之树木禾苗，无一岁不遭虫旱之灾。国不泰而民不安，怒恼天庭。今以上天大帝垂恩，诸神下降，赴垣设立坛场，神传教习子弟，扶清灭洋，替天行道，出力于国家而安于社稷，佑民于农夫而护村坊，否极泰来之兆也。"① "增福财神晓谕天主、耶稣两教人士知悉：尔等弃神灭祖，上干神怒，天不降雨。不日天兵天将下凡，与尔两教人大开战争。尔等急早归入义和团，痛改前非，免得临时全家受害。"② 为使人相信义和团的出现乃顺应上天抗洋的本意，守旧派附和民间的种种神话开始制造舆论。如义和团起，刚毅"言天降义和团以灭洋人"③，于是，"士大夫谄谀干进者"④，纷纷以义和团为奇货，"上书言神怪者以百数"。⑤ 由此可见，义和团成为守旧派寻求御外方略慌不择路时的救命稻草，无疑有受天道观念影响的原因。

再有，在守旧派眼里，为国以"诚"也是君主统率文武百官、地方官吏使国家得到治理的重要法门。光绪四年（1878）张佩纶奏陈，国家发生灾变之时，帝王应率先竭诚乞求上苍保佑以化解灾变。他列举清朝历代帝王诚心祭祀的做法以之为君主、百僚借鉴。如康熙年间，"因元旦日食，停止朝贺"，但当年正月（光绪四年），"既望月食，玩艺单进呈如故"；旱灾发生时，"虔求雨泽，理宜斋祓省愆"，"康熙间修葺宫殿，驾往瀛台，因天旱即日还宫修省"。相比之前君主及官吏的诚心，"方今祁雨命下，而西厂看烟火如故"，显然，"此诚未至也"。于是，他建议，自当日开始，

① 陈振江、程歗：《义和团文献辑注与研究》，天津人民出版社1985年版，第26—27页。

② 陈振江、程歗：《义和团文献辑注与研究》，第49页。

③ 左顺生：《庚子拳乱资料》，《近代中国史料丛刊》续编第37辑，台湾文海出版社影印本，第40页。

④ 李希圣：《庚子国变记》，《戊戌变法》（1），第14页。

⑤ 以上均引自李希圣：《庚子国变记》，《义和团》（1），第15页。

“各省秋成未报以前，其有涉逸豫者，虽令典皆罢之，圣德所系，天心所鉴也。”接着其又道：“康熙五十五年，大学士嵩祝奏得雨，谕以雨势未能远及，有何可喜。求雨断不可止，必处处沾足方可停止也”，而“上年九月京师及河南、山西、陕西各省求雨，乃顺天得雨，即已报谢矣。十一月为京师祈雪，乃得雪二寸，年除未报谢即撤坛矣。比日开坛，甫得微霰，旋占疾风，此精神不格之明证也”。他所论及的诚心不仅包括虔诚祈祷上天之心，还包括灾害发生时，帝王应具有“先天下而忧之心”，主动减省自己的日常用度，真正诚心诚意关心民间疾苦和百姓的生存境况。[①] 诚然，张佩纶并非守旧派，但思想比守旧派开明的官员尚且如此，遑论守旧派了。无疑，当时士大夫中普遍盛行的此类观点，是朝臣用来监督帝王治国及吏治是否清明的切入点。

至于为国以诚的标准，守旧派认为是诚心为民，真心体恤、关爱百姓。他们认为，君主实心为民，民众则自然会真心爱戴和拥护君主，此乃国家富强之道。“天生民而立之君，使司牧之勿使失性，是吾为民而立也。君为民而立，则民当劳力以奉君，君当劳心以治民。君以民为心，民以君为体，好恶与同，忧乐与共，斯下慰望而上应天心焉。故圣君以人情为田，惟民依是念，生灵之向背即国势之安危，田里之戚休即当躬之利病。”[②] 在此观念引导下，守旧派积极督促帝王关心民间疾苦，躬行节俭，以为天下之楷模，教化万民而受万民景仰。王龙文指出：“自古求治之主，每以躬行节俭为天下先，而因深求夫心迹诚伪之间。此尤正本澄源之意也。”[③]

另外，守旧派认为帝王为国当倡行节俭，从自身做起，上行下效，才能导引举国节俭之风的形成。同治八年（1869），徐桐曾因武英殿火灾而上疏谏曰：“为人君苟饰宫室，不知百姓空竭，故火从高起……今陇西未靖，民困未苏，黄河漫决，库帑不支，比年以来宫廷之内屡有兴作，灾变未必不由于此。自今以后，皇上正宜刻励修省，躬行节俭，凡一切大小工

① 以上引自朱寿朋《光绪朝东华录》（1），第531页。

② 徐桐：《大学衍义体要》卷九，第28页。

③ 《王龙文对》（殿试），《光绪二十一年乙未登科录》，第29页。

程概行停止，传办诸物并予罢除。”[①] 光绪二十一年（1895），徐桐又在一上书中指出朝廷采买人员任意开支、积弊相仍、奢侈浪费的状况，建议朝廷“裁不急之务，以留备有用之需，似于节用阜财之道不无小补”。其希望在朝廷兴利除弊之际，皇帝能“躬行节俭以化成天下，则浮费不蠲而自蠲”，“任用公廉以率群僚，则欺侵不绝而自绝”。“政府屏拒馈遗，而后可以严察封疆；督抚禁斥苞苴，而后可以澄清吏治。货贿之源塞，廉俭之风行，私利损而公款益裕，则库储以阜，国用以充。理财正辞之道，莫要于此”。[②] 针对慈禧太后的奢靡，守旧派也会旁敲侧击予以规劝，希望停止宫廷采买、讲求节俭自宫廷做起。在他们看来，最高统治者的节俭是强国富国的前提，“君不侈而用不虚靡，一国之财自足供一国之用，有不富强者乎?”[③] 正如王龙文在乙未年（1895）登科殿试中所论到的：“今欲崇本抑末，使士庶无逾制之嫌，闾阎有藏富之实”，必须君主清心寡欲、躬行节俭，“是故求治者惟在黜华崇实，自端其型，斯上行下效，俗易风移，在位者大法小廉，在野者敦本务实，而风俗无不美矣。”[④]

总之，清末守旧派秉承儒家传统治国理念，强调一国之君在国家治理中的主导地位，认为先有君主的善治才会有百姓的安居和国家的稳定与发展。正如王炳燮曾指出的：“世有尧、舜、禹、汤、文、武之君，而犹汲汲于富国强兵之说者乎？世有尧、舜、禹、汤、文、武以为之君，而犹患乎国之不富、兵之不强者乎?”[⑤] 徐致祥也道：“御外侮在固民心，固民心在厚民生，厚民生在疆臣监司府州县，而关键枢纽则在朝廷，根本则尤在君心，在圣学。”[⑥] 因此，帝王无论在自身修养，还是国家治理方面，都应符合儒家的行为规范，从各方面加强修行，以成为贤明的君主。

① 佚名：《静海徐相国传》。

② 《徐桐片》，光绪二十一年闰五月十九日，《录副奏折》第423卷，第1072号胶卷。

③ 《徐桐代奏折》，光绪二十年七月二十九日，《录副奏折》第658卷，第2345号胶卷。

④ 《王龙文对》（殿试），《光绪二十一年乙未登科录》，第29页。

⑤ 王炳燮：《毋自欺室文集》，第164页。

⑥ 徐致祥：《嘉定先生奏议》，第170—173页。

第二节　保国之道："崇正黜邪"的人才观

在守旧派看来，为政之道，首在圣明的君主，其次便是人才。如果说君主是国家治理的核心人物，而人才则直接决定了国家能否在君主的善治下将政令很好推行到底层，这关系到庞大国家机器上每个关键部位能否有效运转，也是国家能否强大的重要因素。基于此，守旧派拥有一套人才的评价标准和培养人才的理论，他们看重人才的选拔方式，要求严把人才关，防止不合格的官员和"异端"渗透进封建官僚体系，希望国家在合格人才的辅佐下得到有效治理和持续稳定发展。

一、人才的重要性及评判标准

人才的优劣直接关系到国家的稳定与发展，任何统治集团都需要吸引优秀的人才为其服务以巩固其统治，否则，其统治就难以长久维持，这是各阶级或阶层领导者的共识。正如光绪帝上谕所说："为政之要，首在得人。圣谟洋洋，实括千古治平之道。夫枢臣者进退，天下之人才者也；督抚者进退，一省之人才者也。天下未有已不廉而能绳人之贪者，未有已不正则能帅人以正者。枢臣、督抚得其人，各尽以人事君之义，则众正盈廷而治效可睹矣。"①

对于人才的重要性，清末守旧派和历代封建统治者一样深有体会。他们认为，国家"得人则治、失人则乱"，"国无强弱，得人则昌"②，治国安民、强国御外无一不需要人才。没有栋梁之材作为统治支撑，任何政治制度方面的改善都是空谈。在这一点上，他们的看法与历代统治阶级一致，也与晚清其他政治力量如洋务派、维新派差别不大。

但是，时代不同，社会发展程度不一，时代使命和要求不同，人才类

① 李秉衡：《奏陈管见折》，《李秉衡集》，第300页。
② 《请简用贤能大臣并陈五事以救时局折》，于荫霖：《悚斋遗书》卷三，1923年北京刻本。

型的需求会相应发生变化，这就决定了统治者的人才取舍标准也会随着时代的变化和社会发展的客观需要而发生改变。在晚清这一中西文化激烈碰撞和交融的新时期，社会发展需要西学人才以支撑。然而，守旧派对西方文化的看法与洋务派、维新派等新兴势力不同，固守中国传统文化的力度与后两者相比也存在巨大差异。这就决定了与新式阶层相比，他们对于西方文化影响下所产生的新式人才的看法侧重点的不同。

"帝制时代的中国，人才就是掌握了儒学经典的理论原理和道德准则的人"，"只要人们弄清楚了这些原理并学以致用，就能自然而然地应付从政生涯中的任何局面"①。而在晚清西方文化奔涌而来、列强疯狂侵略导致中国民族危机日益严重的特定历史背景下，洋务派等开新政治派别急需寻找掌握西方科技及知识的人才。在这个中西方接触伊始、西学人才匮乏的转型时期，由于学习西方的紧迫性，有才无德之人也完全可能被洋务派官僚委以重任。然而，与洋务派不同的是，守旧派仍然遵行着传统的人才评判准则，重视人才的"德"和传统的治国之"才"，轻视人才的西学才能。因此，当洋务运动时期官方开启学习西方举措时，守旧派却耿耿于怀于他们看来并无传统治国之才和德行的人被委以重任，他们认为此举必将后患无穷。因而，奋起卫道、加强对人才选拔渠道的清理和人才运用过程的监管就成了守旧派集中精力要做的事。

洋务运动时期的守旧派排斥洋务派所看好的西学之才，认为提倡西学会引发功利之心；维新运动时期，相对于维新派在分析西方政治制度优越性和中国传统政治制度局限性基础上提出的改良社会制度的要求，守旧派更倾向于探讨传统政治制度未能发挥实效的现实原因。他们认为，国家日益颓弱的原因，乃缺乏真正优秀人才的结果，是大批庸才破坏了传统社会制度，造成国家治理的种种缺陷和失误。因此，归根结底，这不是社会制度的问题，而是人才匮乏的缘故，故而拒绝变更社会制度。如曾廉认为，"治天下而徒言法，固不足以治天下也"，"守令无忧民之诚，法虽良无用也；守令贤矣，而复不得其人以匡襄之，法虽良无所用也。"② 王龙文也

① ［美］柯文著，雷颐、罗俭秋译：《王韬与晚清改革——在传统与现代性之间》，江苏人民出版社2003年版，第102页。

② 曾廉：《蠡庵集》卷十八，第21页。

说："为政不自立，必有法；法不自行，必得人"，"自古迄今，未有无人而法行者，理断然也。"① 可见，相对于国家治理方法改善的探索，守旧派更看重人才的品行与才德。而这个"才"，在守旧派眼中，主要指传统治国才能，而非西学之才。

辜鸿铭以其在张之洞幕府中的所见所闻，深入分析了清流派与李鸿章等洋务派在人才方面认识侧重点的不同。他认为，"当同、光间，清流党之所以不满意李文忠者……一切行政用人，但论功利而不论气节，但论才能而不论人品。此清流党所以愤愤不平，大声疾呼，亟欲改弦更张，以挽回天下之风化也。""当时济济清流，以维持名教为己任"。② 由此可知，与清流派观念相似的守旧派与洋务派的人才标准分歧之根本所在。

总的说来，守旧派人才评判标准完全承续儒家正统人才观而来，并逐渐趋于僵化，对于受西学影响和渗透而涌现的新式人才，他们往往予以摒弃与排斥。他们所赏识的人才是坚守程朱理学以修身养性，严守义利之辨以"黜邪崇正"，重操守而忠于职守的忠君爱国官员与明体达用士子。具体来说，守旧派人才评判的标准主要表现在以下几个方面：

（一）办理洋务必需忠君爱国、不谋私利的人才

近代中国，伴随着西学东渐浪潮奔涌而来的是守旧派抵制西学的反对之声。守旧派的自强举措着眼于内政修明，认为国家外患根源在于内政空虚，一旦内政修明，则国家自强指日可待。因无法阻止洋务派学习西方的举措，守旧派退而求其次，在各种场合都一再强调品行于人才的重要性，指出学习西方如果没有足够品行高洁的人才作为支撑，是不可能战胜列强的，因此，"自强全在得人"③，没有人才，任何学习西方的举措都不可能有效运作。正如李秉衡所说："为政之要，首在得人"，"有治法无治人，虽尽得泰西之法而效之，亦徒便其罔利营私之计耳！"④ 他举例批判人才品行不端的结果，"试观近数十年凡专办交涉之事，侈言洋务之利者，无不

① 王龙文：《平养堂疏稿》，第 36 页。
② 辜鸿铭：《张文襄幕府纪闻》，山西古籍出版社 1995 年版，第 17—18 页。
③ 李秉衡：《奏陈管见折》，《李秉衡集》，第 295 页。
④ 李秉衡：《奏陈管见折》，《李秉衡集》，第 300 页。

家赀千百万，昭昭在人耳目，究之其利在公乎？在私乎？亦可立烛其奸矣。”① 可见，在其眼中，所谓的洋务人才大多因损公肥私而影响了洋务运动成效，故挑选洋务人才必须以人才品行作保障。徐桐早在洋务运动前期就指出：“用人之道，先辨忠奸；欲辨忠奸，必严心迹。苟无忠爱之诚，必不能收干济之效。奸臣狡诈，往往自托于孤忠，其才智又足以紊乱是非，摇惑观听。辨之不早，将受其欺，贻患将来，后悔何及？”“豫储边才，必求忠朴、刚毅，见重于外国者，乃能有济”。因此，在办理对外交涉时，“以秉忠持正、智深勇沉者为上。其居心朴实、才堪器使者次之。若仅以机权灵警之辈，只能通晓各国语言文字者，许为边才，而责以艰难重大之事，未有不负委任者。”② 到戊戌变法时期，徐桐依然认为：“用人之道，先辨忠奸”，“苟无为国之忠，则虽才智过人，亦惟知自私自利，置社稷安危于度外”③。守旧派一再提醒最高统治者注重人才品行，坚信只有品行端正、公忠体国之人才能在办理洋务时“慎持大体”④。

因此，守旧派不断质疑诸多经办洋务的清朝大臣之品行，李鸿章、刘坤一等洋务大员通常都是被抨击的对象。李秉衡曾上疏指出：“近年诸臣中熟悉洋务者莫如大学士臣李鸿章。李鸿章之崇效西法亦专且久矣，所谓富强者安在哉!”⑤ 王廷相也上折奏道：“盛宣怀是非不明”，“在道员任内历办招商电报等局，贪欺众著”，“仅能朘剥绅商以肥己，搜刮官帑以利私”，而“拔其见用之故，不过有练习洋务之长”，“此岂堪大用之器?”其以“品行不端”的盛宣怀经办洋务为例，得出结论：“即以洋务论，何事可以倾险者为之?”以故，“外洋之情颇惮方正，于阴柔鄙琐者心焉。薄之而私援为利，遇有交涉，足以制其利害之柄，使之为彼所用。中国积弱之势实由于此。”因办洋务之人的品行关系到自强运动的大局，故官员任免时，“须审时所宜，以忠君爱国之心切实行之，乃能有济”。⑥ 于荫霖也论道：“今日急务莫大于人才，而真才必根于至性，故以存心忠爱、视国

① 李秉衡：《奏陈管见折》，《李秉衡集》，第300页。
② 《徐桐折》，光绪六年六月初五日，《录副奏折》第671卷，第1639号胶卷。
③ 《徐桐折》，光绪二十四年闰三月二十七日，《录副奏折》第405卷，第27号胶卷。
④ 《徐桐折》，光绪六年六月初五日，《录副奏折》第671卷，第1639号胶卷。
⑤ 李秉衡：《奏陈管见折》，《李秉衡集》，第299页。
⑥ 《王廷相折》，光绪二十二年十月二十九日，《录副奏折》第423卷，第1657号胶卷。

犹家、不顾己私者为第一流。必先有此，方足为国家缓急可恃之材。”[①] 无疑，守旧派将人的品行作为评判人才最重要的标准和依据，如与此标准悖离，即使擅长于洋务之人也不能称之为人才。

（二）强兵御侮必需谋略齐全、爱兵如子的将才

西方列强侵略引发的民族危机，使“师夷长技以制夷”成为时代的必需。而在西方先进军备成为时代流行元素的社会形势之下，守旧派却依然故我地坚称先进武器装备远没得力统兵将领重要。虽然，19 世纪末年的守旧派也重视武备，但在他们眼中，与将领相比，武备仍居于次要地位。领兵打仗，巩固国防，依赖优秀将领折冲樽俎、力挽狂澜，优秀将领能弥补军事武装和力量对比上的严重缺陷。

守旧派执着于将领的重要性，发表了很多关于优秀将领胜于先进军火的言论，认为即使西方火器杀伤力惊人，但用兵之道还在于人，否则，武器再先进也难以发挥实效。如曾廉道，火器“伤人最烈，而御之最难，然亦非用兵之要。何则？凡用兵以得将为先，以能谋为胜”，否则，将领不得力，“则火器适足以资敌而已”。因此，“凡国本不固，无良将而妄兴兵者必败”[②]。“洋枪者，夷人之所长也。今之人喜募夷人，学长技，然寇至则尽弃器而逃”，“洋枪庸独利乎？廉纵观古今，大凡用兵之道，以得将为先。将与兵相习、相亲、相畏，而后可以一战，未闻徒以技也。徒以技，则铭、盛诸军其学夷技久矣，何不遂奏捷也？且东夷之所以胜，果尽恃器乎？抑不尽恃器乎？”[③] 李秉衡说：“将帅得其人，则干城可寄，不患军政之不修”[④]；“练兵必先选将，将领得人，则军事自有起色，故储备将才尤为今日急务。”[⑤] 徐道焜也谓：“练兵非难，得将为难，得一名将，贤于十万师。”[⑥] 可见，守旧派普遍认定将领为练兵之要，军队只有拥有优秀将领，统兵得力，将士同心，谋勇兼具，才能所向披靡，否则，武备再先

① 于荫霖：《悚斋遗书》卷六，第 11 页。
② 曾廉：《蠡庵集》卷十三，第 6—7 页。
③ 曾廉：《蠡庵集》卷十三，第 14 页。
④ 李秉衡：《奏陈管见折》，《李秉衡集》，第 300 页。
⑤ 李秉衡：《奏调总兵张绍模等来东片》，《李秉衡集》，第 204 页。
⑥ 《徐道焜折》，光绪二十四年十月二十六日，《录副奏折》第 423 卷，第 2299 号胶卷。

进，也终将丢兵弃甲，溃败无余。中俄《伊犁条约》签订后，于荫霖在《纠劾大臣负国请振纪纲折》中批评李鸿章“身拥重兵，奉命移驻津门十有余年，天下之饷恣其取求，天下之兵任其驱策。果使竭诚自效，何至统数万炮腾之众不能应敌？平日筹办防务大言罔上，敢于行欺，临事仓皇，一筹莫展，辜恩负国已无可逃”[①]。徐桐也同样痛陈“北洋治军三十年，戎务废弛，屡为参劾”[②]。可见，清末守旧派耿耿于怀于李鸿章等洋务领袖的不作为，深深不满于晚清军务废弛的状况。他们挖掘洋务运动没有带来洋务派曾鼓吹的西方坚船利炮威力的原因，认为归根结底，在于缺乏得力的统兵大员和敢于奋战、不畏生死的将士。故战争胜负的关键，不在于兵器军火之优劣，而在于是否拥有优秀将才。

那么，如何衡量军事将领的优劣呢？对此，守旧派也有一套标准，即将领必须忠心为国，勇谋兼备，竭诚效命，廉洁勤能，不计较个人利害得失。如此，方能于国家防务有益。那些只顾攫取权益、贪生怕死的将士，则有不如无，不仅于国无益，反会贻害无穷。具体说来，守旧派认为，将领是否善于统兵、勤于练兵、真心爱兵，决定军队战斗力的强弱。

首先，将领的谋略和战术最为重要，可弥补战争中武备落后等诸多缺陷。守旧派将谋略和方法视为战争能否取胜的关键。他们认为：“军旅之事，杀敌擒渠必资将略”[③]，“善用兵者，在于识敌之主，识敌之将，扼要以待之，出奇以制之。区区猛悍，日驱血肉之躯以与烈火争命，是计之最下者也。”[④] 制敌之方则应是“悉敌情，明地利，熟军谋，严军令”[⑤]，在此基础上实行拒敌之道。谋略的重要性毋庸置疑，历史上多次战争的胜利都得力于统兵将领的神机妙算与出神入化的指挥才能。然而，在中国古代战争双方军备层次和水平大抵相当的情况下，战争的胜负无疑在于战略战术。而历史发展到近代，大刀、长矛等中国传统的冷兵器与西方坚船利炮等先进武器装备相比早已不属于同一层次了，仅仅依靠谋略而缺乏武备支撑的军队要想克敌制胜难度自然非常之大。当然，笔者无意否认中国传统

---

① 于荫霖：《悚斋遗书》卷1，第14—17页。
② 佚名：《静海徐相国传》。
③ 李秉衡：《奏剿抚回匪全在得人密陈管见折》，《李秉衡集》，第285页。
④ 曾廉：《蠡庵集》卷十三，第6—7页。
⑤ 曾廉：《蠡庵集》卷十三，第14页。

战略战术中的精华与智慧，只是想指出，清末守旧派，在船坚炮利的时代潮流中，因过分强调谋略与战术而忽视新式装备，无疑会导致军队建设的迟缓与滞后。

其次，“练兵千日，用在一时”，守旧派认为军队战斗力的高低取决于平常练兵是否勤勉，而如果缺乏勤能将领的督导，武备再先进也将徒劳。军队平时须抱定必战信念，勤于训练、军纪严明，方能达到万众一心以弱胜强的效果。而这些都需要忠心、勤能的将帅日常勤加引导以激荡起将士抗战之心，并勤于练习技艺，使军纪整肃严明。如若将帅自身都慵懒不堪、不负责任，让军队放任自流，军队战斗力则可想而知。于荫霖认为：“定志不坚，万事决裂，国无仁贤，是曰空虚。故非无兵无饷之患，无人之患。苟得其人，自能节用务实以足财，激发忠义以克敌。”[①] 赵舒翘也说：“自古兵无强弱，全视训练之勤惰为转移；必待饱腾，方施督责。”[②] 徐桐谓：“兵之强弱，全在将之得失。纪律整肃，赏罚严明，又为驭将之本。”[③] 李秉衡言：“兵之强弱，视将为转移，而将之勇怯，又视统将之善于董劝。非智深勇沉，威信足以服众者，弗克胜任。”[④]

守旧派也重视人心、士气的作用，视之为衡量军队战斗力高低的重要标准。军队上下同心、不畏生死、敢于杀敌奋进、一往无前，才会无往不胜、所向披靡、百战不殆。而士气人心的齐整与统一、骁勇善战、视死如归，并非与生俱来，而是统兵将领善于统兵与养兵，时常对士兵“激以忠义”[⑤]，加强对兵士的思想教育，培养其忠君爱国之情。如此，军队战斗力才会提高。

再次，守旧派看来，军队战斗力仅靠平时思想教育也不行，还须将领真心爱兵、身先士卒、以身作则。统兵将领真心对待士兵，真正融入到士兵当中，与士兵同进退，才能赢得兵士爱戴。士兵也才会真心拥护将领，心悦而诚服，战争中才能上下一致，同心协力。如此，军队方能战无不

① 于荫霖：《悚斋日记》，沈云龙主编：《近代中国史料丛刊》3编第23辑，台湾文海出版社影印本，第811页。

② 赵舒翘：《慎斋文集》卷二，第10页。

③ 《徐桐代奏折》，光绪二十六年六月初七日，《录副奏折》第631卷，第2208号胶卷。

④ 李秉衡：《奏保青州副都统讷钦可胜总统之任片》，《李秉衡集》，第160页。

⑤ 《李秉衡集》，第160页。

胜、攻无不克。因此，统兵将领真心爱护士兵、勤于督促和劝导士兵、培养其忠心、训练其兵法，士兵敢于上阵杀敌、爱戴将领、愿意与之同进退，军队战斗力高，这几方面有着必然的因果关系，哪一个环节出了问题，军队整体素质和战斗力都会受影响。故守旧派要求以圣贤之道教育将士的同时，还要求统兵大员廉明干济、大公无私。如李秉衡认为，将领必须“操守廉洁，而又能谋勇兼优方可充统领之任”①。赵舒翘也认为：“将才虽有大小，必以勤廉能吃苦，忠实有血性为主，若不痛除粉饰、敷衍、酬应、徇情之习，纵习外国操法亦属无裨。”②

守旧派痛斥当时清军内部克扣军饷、名不副实、贪渎成风的现象，认为此乃造成军队战斗力低下的直接原因。赵舒翘出任江苏巡抚，视察江苏各营防务时，就指出该省营务积习甚深，推原其故，“多由各该营将弁耽于安逸，不能认真训练，并有贪劣之员，只知空额扣饷，于兵事毫不讲求，以致军威士气日趋疲弱”③。李秉衡对于营伍腐败，士兵备受剥削的情形也进行了深刻揭露与抨击，其谓：

> 绿营既议裁减，则勇营自当精练，而勇营积习相沿，弊端百出，尤甚绿营。其不肖者一得统领，则每月饷项几欲据为己有，于是以数十金给营官，而饷数、勇数不令过问，谓之包饷。其勇数或减至五、六成，或竟不及五成，而此五成勇饷犹措不全发，有一年发八个月、十个月者，名曰八关、十关，谓之压饷。又复巧立名色，浮开冒领，盈千累万全饱私囊。如皮衣、棉衣等项散之勇队，仍按数折饷。朝廷多一分恩典，兵勇转多一分克扣。故久充统领，无不坐拥厚赀至十数万或数十万、百万者。其所用营官、哨弁或位置亲友，或瞻徇请托，率皆贪懦无能，上行下效，勇丁月饷三、四、五两本属不丰，再重重剥削，一勇月不过得制钱一二千文，安望其用命效死耶？故十营无五营之勇，五营不能得一勇之心。若不重整规条，严定赏罚，有营如无营，何以言兵，更何以言强？④

① 李秉衡：《奏陈管见折》，《李秉衡集》，第297页。

② 赵舒翘：《慎斋文集》卷二，第9页。

③ 赵舒翘：《慎斋文集》卷八，第56页。

④ 李秉衡：《奏陈管见折》，《李秉衡集》，第297页。

1895年，山东道监察御史杨福臻在其奏折中提到："各省兵营、勇营，由提、镇以至千、把，不以训练为务。遇该省大吏校阅，但制办号衣、旗帜，以饰外观。有缺额者，临时雇募乞丐，以备点验。至士卒之甘苦，将弁不知也；将弁之勇怯，统帅不知也。"而"各督抚校阅后，所奏大率云技艺娴熟，步伐整齐，一似天下无一省、无一营不为劲旅"，"何以一经征调，临阵即逃，可见校阅之际竟成具文。至于刻待兵勇、克扣军粮，又其惯技。……士卒不能一饱，安望其舍命杀敌哉!"① 以上诸多言论相当深刻地揭露了当时清军克扣军饷、贪渎不堪、腐败丛生的状况。正如刘锡鸿指出的，"练兵之要，练心为上，练胆次之"，将领真心爱兵才能赢得士兵衷心拥护，而当时军队将领"动以吞蚀各粮、侵克饷项为带兵大计，陋习几于无可维挽"，"即此一节，众志已难，尚安望其至诚感孚，作士卒忠义之心而收效于指臂?"② 然而，守旧派虽痛心疾首于军队内的种种腐败现象，但并没有深入反思这种状况出现的原因，他们并不知道，这与他们苦苦捍卫的封建体制有着必然的关联。制度早已落后，却寄希望于人人清廉、个个忠心，无异于缘木求鱼，无功而返。

总之，在清末守旧派看来，统兵将领的品行与军队的战斗力休戚相关。只有操守廉洁、谋勇兼优、身先士卒、关爱士兵，能与士卒同甘共苦打成一片的将领才能深得士心，军队战斗力才会提高。否则，兵士不满将领，不听指挥，缺乏忠义之心，一旦遇敌势必望风而逃，更毋论克敌制胜了。正如曾廉所说："兵多而无用，其弊不但靡饷也。……且兵无将犹无兵也。……练兵可以储才，筹饷可以察吏，才多则威益壮，吏清则事益集。如此而后，可以规复海军，整饬陆队。"③ "练兵以求将为先，有将而后可以言兵，否则练亦虚应故事而已，临战未有不溃者也。故今人纷纷忧其无兵，愚则以为必求之于将也。"④

① 《山东道监察御史杨福臻奏折》，光绪二十一年四月二十六日，《录副奏折》第423卷，第1035号胶卷。

② 刘锡鸿:《刘光禄遗稿》，第154页。

③ 曾廉:《蠡庵集》卷十三，第15页。

④ 曾廉:《蠡庵集》卷十八，第19页。

（三）吏治清明必需清廉能干的官吏

吏治的整顿，必需公正廉明、勤政爱民的官员。尤其是封疆大吏，对于其所辖区域内吏治有很大表率作用。李秉衡说：“讲求吏治，固在得贤牧令，尤须得贤道府。道府果贤，则所属州县必皆争自濯磨，即品类不齐，亦可因以转移。”① “为大吏者，必须廉正忠诚，整躬率属，方足以维持全局。若以巧滑者久居高位，使之平章庶政，进退百僚，恐浮伪日滋，于吏大有关系”②。“大吏得其人，则俊乂同升，不患吏治之不举”③。而州县之官“必守正端，常存爱民之心者，方克胜任”④。不仅日常的国家治理，大刀阔斧的吏治整肃时，也需清正廉明、忠直无私的官吏不畏权贵、秉公执法。虽然清末守旧派应因排外举措为庚子事变的发生负责，但平心而论，他们也不可谓不是“公忠体国”之臣，他们中很多人都公正廉洁，不为私利所惑，不畏权贵，关爱民生。如赵舒翘任职刑部，“京曹本清苦，刑部时事尤繁重，俸入又最廉。赵聪强绝人，耐艰苦，恒布衣疏食，徒步入署，为常人所不能堪。”⑤ 赵舒翘“刚烈过人”，办理胡体安一案尤为突出：

> 胡体安狱起，李鹤年为汴府。初以王树汶代体安死，暨树汶临刑呼冤，则又援强盗不分首从立斩律。当树汶大辟，卒置体安不问。汴京官联衔参奏，文勤（潘祖荫）力主提案至京，委赵主其事。谳垂定矣，文勤忽入李鹤年客某言，欲寝其事弗究，而仍依汴中原谳定案。赵持稿，上堂力争，声色俱厉。文勤不能堪，然心亦知赵所持正，顾未欲于众司官前显示拙状，方犹豫，赵遽拂衣出，归家缮呈，乞开缺回籍修墓。⑥

该案最终在赵舒翘的坚持和潘祖荫的帮助下，得以公正处理。这段文

① 李秉衡：《奏明保山西候补知府锡良片》，《李秉衡集》，第 251 页。
② 李秉衡：《奏劾漕运总督松椿等片》，《李秉衡集》，第 222 页。
③ 李秉衡：《奏陈管见折》，《李秉衡集》，第 300 页。
④ 李秉衡：《奏劾知县郭秉均等六员折》，《李秉衡集》，第 183 页。
⑤ 徐珂：《清稗类钞》第 3 册，中华书局 1984 年版，第 1441 页。
⑥ 徐珂：《清稗类钞》第 3 册，第 1441—1442 页。

字虽然出自《清稗类钞》，但也有其他佐证材料。《清史稿》对此也有记述，只是文字较为简略。“谳河南王树汶狱，承旨研办，获平反，巡抚李鹤年以下谴谪有差。”[①] 守旧派其他成员也多秉公持正，不畏权贵，实心为民。李秉衡的清廉自不必说。王廷相乃李秉衡忠实的追随者，对李秉衡敬爱有加。在清政府迫于德国压力罢黜李秉衡的时候，其曾为之力争，后李秉衡再起于朝，廷相“慕其名，往访，遂订交”。“朝命秉衡诣奉天按事，奏廷相自随”。既至，纠不职者数人，皆廷相微服所诇知者。[②] 义和团起，“秉衡出御联军，廷相从”。“及败，寻秉衡不遇”，乃“赴河死”。[③] 从中可见二者交往之密切与关系之友好，从王廷相对李秉衡的追随中可判断出其对李秉衡的敬仰和思想上的共鸣。王廷相“敢言事”，在山西学政任内，口外七厅受灾严重，而“有司匿不闻”，其于是“上流民残弊状”，使该地“获赈如腹地”。光绪二十三年为御史，因国用支绌，有官吏拟加赋，廷相“力申李鸿藻议，为民请命，事遂寝”。[④] 由此判断，王廷相无疑也算得上是中国传统的清官；徐桐“遇贪渎诸贵臣行而避道”[⑤]，“立朝刚正，派查钦案无所顾忌”[⑥]；启秀“端谨有风操”，敢于直言，善于调查案件真相使沉冤得雪[⑦]；刚毅，“品行端谨，令人钦佩”[⑧]，其在山西、江苏、广东巡抚任内加强吏治整顿，“企图做个清官”[⑨]，曾“承审浙江余杭县民妇葛华氏案，获平反”；在江苏，“苏患水浸，先后浚蕴藻河、吴淞江，以工代赈，民德之。”[⑩] 不难看出，深受儒家思想熏陶的守旧派平日里将对于封建官吏的要求也深深根植于自己内心，内化为对自身的要求。他们寄希望于所有官吏都能公忠体国、敢于任事、勤政廉明，这样吏治才会有起色，国家才能得到有效治理。

李秉衡说：“人臣所以见用，不外德与才两端，而周于德者未必有济

① 《赵舒翘》，《清史稿》卷465，第42册，第12752页。
② 《李秉衡》，《清史稿》卷467，第42册，第12766页。
③ 《王廷相》，《清史稿》卷467，第42册，第12767页。
④ 《王廷相》，《清史稿》卷467，第42册，第12767页。
⑤ 佚名：《静海徐相国传》。
⑥ 佚名：《静海徐相国传》。
⑦ 《启秀》，《清史稿》卷465，第42册，第12753页。
⑧ 《景善日记》，《义和团》（2），第61页。
⑨ 林树惠译：《中国的维新运动》，《戊戌变法》（3），第558页。
⑩ 《刚毅》，《清史稿》卷465，第42册，第12751页。

变之方；优于才者或不免逾闲之弊。盖明体尤期达用，而实政必本实心也。”① 于荫霖也认为：“今日急务，莫大于人才，而真才必根于至性。故以存心忠爱、视国犹家、不顾己私者，为第一流。”② 人才需要“德备才全，器识宏远”，以“德”为体，以才为用，“使之皆尽所长，而政无不理”③。而“国家之治乱，系乎人心；而风俗之转移，关乎教化。士大夫不知崇礼仪，重廉耻，则习尚波靡，驯至无礼之学，而祸乱以兴”④。因此，“崇礼仪”与“重廉耻”是首要选择。总之，守旧派眼中，真正的人才应该是：“识高、学正、明体、达用”⑤ 的德才兼备之才，无德或缺德之人，即便才华卓著，也终将是国家的蠹虫、资敌的工具。

总的说来，守旧派完全承续了儒家正统的人才观，深陷于传统的选材用人标准不能自拔。相对于改革派来说，守旧派更强调人才的品德，要求以此为基础鉴别人才，认为没有合格人才的支撑，再完美的法律也将于事无补；再先进的武器，军队战斗力也得不到提高。办理洋务，则“虽尽得泰西之法而效之，亦徒便其罔利营私之计耳”!⑥ 品德高尚、公正廉明，敢于任事、大公无私，此乃守旧派眼中的人才标兵。

二、成就人才的方法

守旧派认为，培养符合封建统治需要的合格人才，需“崇正黜邪”，即用封建正统的儒家思想学说来熏陶士人、陶铸其心灵、规范其言行。传统社会，“学而优则仕”，士子的品质，与仕途的干净、整肃有着天然的因果关系。因而，守旧派在论述人才问题时通常都需涉及士大夫这一概念，他们对士大夫的要求往往也就是对人才的要求。具体来说，在守旧派看来，成就人才需要从以下几方面踏实下功夫：

首先，用“正学”来武装士子头脑。“正学”是指中国封建社会作为统治思想的儒家学说。清初，程朱理学被作为官方哲学加以提倡。赵舒翘

① 李秉衡：《奏保举人才折》，《李秉衡集》，第 289 页。
② 于荫霖：《悚斋遗书·奏议》卷 6，第 11 页。
③ 《李秉衡集》，第 289 页。
④ 李秉衡：《奏山长孙保田请奖片》，《李秉衡集》，第 241 页。
⑤ 曾廉：《蠡庵集》卷十八，宣统三年曾氏会辅堂刊本，第 8 页。
⑥ 李秉衡：《奏陈管见折》，《李秉衡集》，第 300 页。

在《读问学录序》中指出："衰周而后数千百年，圣道晦盲否塞其间，虽有豪杰之士嘉言懿行，亦足以扶翼名教，求其践迹入室，粹然精纯者，则未之前闻。自有宋诸大儒起，圣道始如，由昏而之晓，而剖析精微。维持世教于不弊者，则朱子之功为多。""迨我圣祖仁皇帝升配朱子于十哲之列，然后圣道大明。五尺童子持笔为文，亦知崇正学、辟异端，伊谁之力欤？"[①] 可见，赵舒翘等人眼中，"正学"既是指孔孟儒家学说，也是指程朱理学。

在守旧派看来，只有维护程朱理学和封建道统，对之深信不疑，内化于心，才能不为异说所惑。而对于封建道统的维护则表现在日常生活的方方面面。如学习、生活中都需坚定本心，时刻以程朱理学"克己、慎独"为依据，严格要求自身。赵舒翘说："为学以戒惧、慎独为本"[②]，"慎独者，凛然受命于天，惟恐已之违命也。"[③] "人之有得于学者，天必试以艰难拂郁，俾其识定而力艰，观察集内，主敬存诚之说深入理道。盖必先自克其私，兢兢戒慎，不欺于幽独，方能不狗（徇）乎人，久且见信于人。"[④] 不仅如此，守旧派还认为，行军打仗也需积累圣道，"折冲御侮之事，非具仁智于平素者，莫克当其任。盖古之名将，能成功名者，充之皆名儒。学问圣人，谓我战则克，盖有本矣。后世以挞伐重寄专归之骁健一流，治日少而乱日多，职是之故耳。"[⑤]

守旧派坚信，只有士大夫所学之"正"才会导引出社会人心之纯正。"风俗之美由于士习之端，士习之端由于所学之正。正学者，盖谓成己成物、合外内之道，非谓作诗作文、取科第之资也。"[⑥] 光绪二十二年（1896）十月，王廷相在奏折中谈到洋务运动所办新式教育之局限，认为其最大的缺陷就是思想把关不严。而究其原因，则是新式教育对孔孟之道的灌输重视不够。其谓："近来洋务风气渐开，士人多留意格致之术，惟学制未明，但能得偏才，不能得通学"；"体制既有未协，极其所能，不过

① 赵舒翘：《慎斋别集》卷一，第17—18页。
② 赵舒翘：《慎斋别集》卷三，第9页。
③ 赵舒翘：《慎斋别集》卷三，第15页。
④ 赵舒翘：《慎斋别集》卷一，第15—16页。
⑤ 赵舒翘：《慎斋别集》卷一，第16页。
⑥ 赵舒翘：《慎斋文集》卷八，第5页。

造成曲艺之士，不足以资大用。若别建学堂，专课西法，势必置圣经贤传于不讲，一意以权利为事。敦品笃古者将鄙夷不肯从事，而所得皆近利之人。”对此种人心重利趋向，他认为解决办法就是提倡圣道，“《大学》之教，凡修身之道、经世之法，无所不备，博艺适时皆学术中所有事”。“经术者，综治法而兼赅礼教者，范人心而不过。治中国之道，断宜以人性所习之伦纪、人心所慑之名分治之，补弊扶衰佐以富强之术，乃为本末交尽。若舍此而务彼，析理不明，将惑于蔑上之说，长其专利之见，为害甚大。”[①] 总之，士子只有先具备儒学根底，学习西学、时务，才能有牢固的思想根基和忠义之心，才不易为异端邪说所惑导致误入歧途。

赵舒翘也认为：“天下皆患无才德矣，而抑知才以学而广，德以学而成乎！学之如何，惟有读书耳。然泛读无关明体达用之书，虽多读亦无裨。且其诐淫邪遁之处，一入胸中，生心害事，流弊更不胜言。既知读有用之书矣，而浅尝辄止，不切己体察而力行之，安常处顺，尚可敷饰于外。设遇险阻艰难，风摇波撼，或纷华靡丽，艳目骇心，而才不足以敌，德不足以胜，往往失其故步，仍与不读书之人同。……惟有终身读书，求此身不入下流而已矣。”[②] 故他认为应“择所学也”，因无用之书扰乱心境，“稗官小说损日耗精，怪乱之处尤荡心旌，毒拟何等！妖色曼声，绝而去之，肃清书城。”[③] 面对当时部分士大夫“争言西法”的社会风尚，他感慨万分，认为新式交通工具的畅行，正是中国圣道传播于西方的大好时机，故国人迷恋西学更加显得不合时宜。其谓：“讵知《中庸》三十一章叙舟车所至于洋溢中国施及蛮貊之下，即隐指今日轮机舟车。而岂天殆将以圣道彻海外，无识者反欲以洋学变中国？悲夫！”[④] 他认为西方功利之说的传入，在社会思想领域造成的危害不言而喻。“喜事者则争尚新奇，肆言功利行政之效，已难免上益下损，况利未见而害先行乎？”[⑤] 因此，只有读有用之书且时时“切己体察”，才能做到“明义理”，“舍此而学，非入放荡无忌，即流于矜夸嗜利。夫操放荡无忌、矜夸嗜利之术，一身一家且不

① 《录副奏折》第423卷，第1660号胶卷。

② 赵舒翘：《慎斋别集》卷一，第19页。

③ 赵舒翘：《慎斋别集》卷一，第4页。

④ 赵舒翘：《慎斋别集》卷一，第22—23页。

⑤ 赵舒翘：《慎斋别集》卷一，第25页。

治，安望其有济于国与民哉!"[①] 故而一旦"正学不明"，则会"异说蜂起"[②]，大局将从此糜烂不堪而再难收拾。

徐桐也指出：读书的目的乃"所期明体适用"，而"近代学者，徒事空言"，空虚而无知，要改变这种局面，只有"日用从事，一遵胡安定经义治事，以为之则，庶少壮岁月，不贻枉废之叹。"[③] 他同时告诫地方学臣，"务以儒先性命之书，濂、洛、关、闽之学启迪多士"，士子"笃学潜修、躬行不怠"，则"超向端，则邪说无自而入；志趣定，则异端无得而干"[④]。

不难看出，在守旧派眼中，士大夫的"德高"与"识正"都根源于日常所学之正，也是时刻省察勉励身心，检讨自己言行的结果。赵舒翘总结其一生治学之道，衷心颂扬程朱理学引导他"苦心志道，身体力行"，从此改变了他的学术人生："予早岁值乱离险阻惊心，喜阅因果报应之说。弱冠稍知进学，又泛滥于词章。迨后通籍，入于荣辱得失之场，每遇纷扰忧患，虽力加克治，心终不能自持。始觉学无得力，深恐坠于下流。嗣取《朱子全书》读之，此中渐有明机。因遍参之儒先各语录，求其见道分明，论事确实，出于躬行，心得不谬乎。"[⑤]

其次，将所学躬行于实践是坚定所学和提高自身修养的途径，也是为学的方法、成才的途径。程朱理学要求勤加修省、检讨自身是否被声色货利诱惑，时时警惕，严防死守，不能稍事松懈，以存天理灭人欲。而修身养性、克己存诚实际就是程朱理学所要求的躬行实践。守旧派把程朱理学奉为修身养性之圭臬，认为克己与省身能帮助士子修成正果、成为社会所需之人才。"论修齐之理，虽庶人亦同天子之责"[⑥]，要想成为于国有用之人才，必先修身。于荫霖谓："精神疲颓，皆由敬心不立，为欲所害，非克自振拔，作脱胎换骨功夫，万难济事。暗然为己之学，盖实见得天命民彝，件件切己，子臣弟友，事事未能。故戒惧谨独，密益求密；析理辨义，精益求精；克己省愆，严益加严；身体力行，笃益求笃，诚恳迫切。

① 赵舒翘：《慎斋别集》卷一，第22—23页。
② 王步瀛：《慎斋文集跋》。
③ 徐桐：《课子随笔续编》，光绪戊子孟冬重刊本，第13页。
④ 佚名：《静海徐相国传》。
⑤ 赵舒翘：《慎斋别集》卷一，第14—15页。
⑥ 赵舒翘：《慎斋别集》卷三，第10页。

为善不足之心，夜以继日，务外为人之见，不惟不肯，亦且不暇，故遁世不见不知而不悔。学者心髓中苟无此一段真实，为己定志，久而不变，决不足以入德正非，仅要谢绝声华也。"[①] 赵舒翘也谓："真知力行是实际，主敬存诚是本原。"[②] 主敬存诚即要求以敬畏之心虔诚修身养性，杜绝私欲，坚以持内。"敬则中虚，而外邪不得入；诚则中实，而妄念不得参。人心譬若一巨室主人，无所不有。敬则其守门之严密者，诚则掌出入之笃实者。无此二者，则人人得阑入而摄取，其出纳亦模糊而不知去向矣。"[③] "居敬以立其本，要在内无妄思、外无妄动；穷理以致其知，要在审求其是；反躬以践其实，要在伪必力克，善必强为。"[④] 故敬以养心，时刻检省，才能祛除私欲，不惑于邪说。

"养心"也是程朱理学修身的方式。赵舒翘认为："能养心方能养气，能养气方能养性"[⑤]，养心需要淡泊名利，祛除心中杂念。"私欲害人甚于寇贼，故必勇往力行，克而去之也。""若克己则奋然决去之辞，而非抑遏不行之谓，如去恶木，不但剪其枝条，而必掘其本根。"[⑥] 因此，人需时常反省自身，杜绝私欲，祛除欲根，坚定内心信念，做到不为物欲所转移。

养心还需先定心。"寂然不动是心之体，若心中憧憧往来，朋从尔思，则是体未立。"[⑦] "心不可散，散则生病；身不可逸，逸则生病。然则忧劳何必怼，暇豫何必羡，惟在随时随地以义理养心，淡泊明志耳！"[⑧] 定心则需待之以敬，才能抵制邪说的诱惑和本心的散乱。"非行以澹泊，难息万物之纷；惟敬以握其枢，而私心既去矜心自不能生……惟敬以弥其隙，而惰气日除，躁气自不得入"。[⑨]

赵舒翘"每日心内憧忧，搜求病根，不离色欲、货财、名位、子孙、死生五者。若无道以除之，潜滋暗长，终恐溃裂"。为时刻提醒自己，他

① 于荫霖：《悚斋日记》，第810—811页。

② 赵舒翘：《慎斋别集》卷一，第6页。

③ 赵舒翘：《慎斋别集》卷三，第2页。

④ 赵舒翘：《慎斋别集》卷三，第13页。

⑤ 赵舒翘：《慎斋别集》卷三，第12页。

⑥ 徐桐：《大学衍义体要》卷四，第6页。

⑦ 赵舒翘：《慎斋别集》卷三，第14页。

⑧ 赵舒翘：《慎斋别集》卷三，第11页。

⑨ 《宗室锡嘏卷》，《光绪二十一年乙未会试录》。注：该卷徐桐批中为第一，故可反映徐桐之思想。

“作五箴诵于口，书于座”，“聊作寡欲之助”①。并因“困于欲久矣，而蒙昧于学，克己无方”，而“今反覆而得易，简之道焉”，乃作《易简箴》勉励自己，曰：“葆我精气为万世基，存我心理邀彼苍知。此外忽有忽无、忽去忽来，皆以浮云视之，而无摇惑与夺，移乾坤易简在是，愿终身守之而勿疑。”② 可见他秉承程朱理学，以克己修身为本，时时告诫自己应视名利为浮云。徐桐也说：“近代学者，废弃实事，崇长虚华，人伦庶物，未尝经心，是以高者空言无用，卑者沦胥以亡。”而改变这种状况的办法唯有“专务本实，一遵《大学》条目以为法程”，“宜忧患存心，无忘修身之实”③。在此，修身成为守旧派成就人才的重要手段。他们坚信，只有通过严格修身的道德践履功夫，方可凸显学习成效，也才能成就真正的人才。

由此可见，守旧派所提出的这种成就人才的方法和途径实质上是维护程朱理学道统不为异说所惑，穷求义理到反省于心的为学过程。他们否定流于空疏的陆王心学，批判空谈性理，提倡谨遵程朱理学修身践履。无疑，清末守旧派试图通过固守程朱理学，捍卫其已日渐飘零的精神家园，培养其认可的人才来传承封建圣学。然而，时代已经变更，守旧派所框定的人才早已不符合时代之需，该时期社会更注重人才的实际能力、时务能力、知识视野等，这就注定了守旧派成就人才方法的局限性。即便他们希望成真，所成就的也不过是一些不能适应时代所需的迂腐之才。

另外，守旧派还认为，人才的培养，不仅是自身努力的结果，还需要统治者善于明辨人才之邪正，有知人之明。否则，即便是真正的人才也会被埋没，而奸险宵小之徒将趁机得势。“天下不能有阳而无阴，人即不能有正而无邪，是在人主之精察而明辨耳。”④ 人才的个体差异和特点不同，需要用人者深入了解，做到明辨邪正，准确识别与任用人才。“特险邪之人往往善逢人主之欲。有不知其奸而误为其罔，有明知其奸而甘受其罔，且有因奸生谗而卒不能不受其罔者。谀佞百端则以为笃于爱己，骤敛无已

① 赵舒翘：《慎斋别集》卷一，第1页。

② 赵舒翘：《慎斋别集》卷一，第2页。

③ 徐桐：《课子随笔续编》，第12页。

④ 徐桐：《大学衍义体要》卷七，第82页。

则以为忠于谋国，惟其私欲沉痼，非是人莫惬其隐，故险邪得以阴行其术”。[①]“凡短于知人者，多蔽于私好恶，好华恶朴、好巧恶拙、好柔恶刚、好谀恶直，其举措安得不谬?”[②] 因此，人君及各级官吏都需祛除私欲、私心，做到平和而公正地识人，才能很好地用人、用对人。“守正而拂己之欲者必君子，献媚而顺己之欲者必小人，难进而易退者必君子，易进而难退者必小人。以此观之，殆十不失一。然一有私心，即不能辨。”[③] 故“惟严于自治者。寡欲以清心，贱货而贵德，体乾之健，秉离之明。必使奸谗无可乘之隙，便佞无幸进之门，将见众正盈廷去邪勿疑之风可复睹矣”[④]。

除此之外，统治者还需做到知人善用，避彼所短，用彼之长，使人才适得其用，适得其所。否则，即便非常之人才，如不能用其所能，才华仍有被埋没的可能。“国家设官分职，立贤无方，人各怀靖献之忱，使之皆尽所长，而政无不理。如六计以廉为本，洁清者见举，则墨吏望而解绶矣。万事以诚为基，悃幅者登庸，则巧患闻而敛迹矣。柔脆不足以任重，则贞固干事者有必庸，迂拘不足以图功，则识略过人者所必录。又况强邻逼处，外侮迭乘，戎政待修，则将才宜备，明耻乃可教战，阘茸者应与芟除，有勇尤贵知方，忠奋者自宜简拔。盖非有纬武经文之略，难与奠安内攘外之基。”[⑤] 以上谆谆劝诫的话语中，守旧派渴望人才得到合理任用、国家得到有效治理的殷殷期盼之情显露无遗。

总之，守旧派的人才观是传统的、落后的，而其中又不乏合理之处。他们认为成就人才需要自身和国家的双重努力：从自身来说，崇正学、避邪说，并持之以恒，不为物欲所诱惑，穷尽义理并躬行实践，省身自察，不断提高自身克己修身的功夫，则正学昌明，人心坚定而不易为异端所惑。此类人才进入仕途无疑能忠君爱国、勤政爱民、公忠体国、敢于任事。除此之外，人才的培养，还需有知人之能、用人之权的用人者善于提拔而予以任事，使人才各尽所能，各尽所长。善于识别人才、用其长而避其短，这不仅是对君主的要求，而且是各级官吏应该具备的素质，也是广

① 徐桐：《大学衍义体要》卷七，第82—83页。
② 徐桐：《大学衍义体要》卷五，第55页。
③ 徐桐：《大学衍义体要》卷五，第55页。
④ 徐桐：《大学衍义体要》卷七，第82—83页。
⑤ 李秉衡：《奏保举人才折》，《李秉衡集》，第289页。

大官僚后备队伍——士子们所应该掌握的基本能力。

三、人才品质的制度保障：八股制艺

自隋唐开始的科举制度发展到明清时已渐趋僵化，严重制约了士子思想、禁锢了士子头脑，抑制了他们的创造力。在此制度下，士子们终日梦想通过科举这块敲门砖出人头地、光宗耀祖，进入仕途、实现自己的人生价值和社会价值。而科举考试内容无非为《四书》《五经》，孔孟之道，因此，中国旧式士大夫的价值取向，就演化为“始乎诵经，终乎读礼；始乎为士，终乎为圣人”。与此相对应，其思维方式、群体心理也逐渐蜕变为牵文拘义，循规蹈矩，重守成而轻创新，无疑难以适应近代社会所需。故在西方思想文化奔涌而来的晚清时期，中国传统文化遭受到了前所未有的冲击，以八股制艺为内容的科举考试成为严重制约人才发展的瓶颈。但即便如此，在快速发展的时代面前，依然有成千上万的士子们在“朝为田舍郎，暮登天子堂”的梦想里踯躅而行，绝大部分社会精英依然在漫漫科举路上皓首穷经，有人因金榜题名而神清气爽，有人因名落孙山而黯然伤神。他们鄙弃西方科技，视之为“奇技淫巧”，无视西方科技的迅猛发展，只顾埋首圣贤书，哪管窗外家国事。

面对西方坚船利炮和先进科技，一部分先进中国人开始质疑科举制度这种中国传统取士方法。与之相对，守旧派却试图挽救科举制度日薄西山的历史命运。他们对于八股制艺极度赞扬和维护，认为是保证人才质量的关键所在。具体来说，他们维护科举制度而成就人才的思想可从以下几方面展开：

首先，守旧派认为，科举制度集中国历代取士方法之大成，不容变更。他们认为，“取士之法，器识为先。器识之端，择术为要。择术未当，则趋向必乖”①。而科举制度正是有效测试士子器识的方法。徐桐说：“其为体制，原于汉儒之传注，宋儒之语录”，“折中荟萃，举列代取士之法而损益之。”② 赵舒翘也为八股制度辩护，以其“此得中道，自前明以来相沿

① 启秀：《会试录后序》，《光绪二十一年乙未会试录》。

② 徐桐：《会试录前序》，《光绪二十一年乙未科会试录》。

不改，岂无故哉”[1]！在守旧派眼中，科举考试是有效测试士子器识和颐养士子良好品行的手段，不存在任何缺陷，且优越性非常明显，因其吸取前人取士方法的精髓，经历代取士制度大浪淘沙般的淘洗，是古人智慧的结晶、经验的荟萃，故后人只需继承，无须变革，更不能变更。所以，当戊戌变法时议废除八股取士之制，改试时务、策论，刚毅激烈反对，认为“此乃祖制，不可轻废”[2]。徐桐也说：“八股代圣贤立言，朝考覆试，为祖宗成法，变更则正士寒心，来试者皆宵人，若康、梁之属矣！”[3]

其次，守旧派认为，八股制艺能有效敦促士子成为国家栋梁之材。徐桐认为，“制义之设，代圣贤立言”，可促进士子对于儒家经义、圣道深入体会，增长其学术素养和文字根底，对于助人成才大有裨益。“其上者研究义理，可以发挥程、朱之精蕴，次亦博综经史，网络百氏，故观其阐发书旨，有以知其学养之浅深；观其驰骋文字，有以察其根底之厚薄”。[4] 并且，八股取士制度能将真正潜心于正学且学养深厚的士子选拔出来，“制艺代圣贤立言，尤宜根诸学养。惟能潜心经籍，使心与理融，而后可以扶精微而阐蕴奥。斯其言为有得之言，而其文亦为见道之文。其体甚尊，洵非小道也。”[5] 故守旧派坚信，真正的人才，定会在八股这一入仕门径中脱颖而出、显露才华。曾廉说：“我朝沿明制，以制艺取士，天下之人才由此出焉。盖以读书、作人、为文止是一道，必其人博通而正大，笃实而宏远，而后其文字自有儒者气象。……文字之作，固足以观人之胸怀、学问、行事、才猷、德器，此朝廷之所以取士，而士宜抚己自思者也。”[6]

针对诸多批评八股制艺的言论，守旧派予以激烈反驳。赵舒翘说：“近来异说争鸣，恒以八股为诟病，殊不知策论、词赋皆可剽窃而成，时务专主谋利，尤坏心术。惟制义代圣贤立言，趋向既端，心志自正，而于足食足兵之王道，保庶保富之全谟无一不囊括其中。”[7] 孔孟之道乃八股制艺之根本，守旧派拼命捍卫八股制艺，目的无非维护孔孟之道的一统天

① 赵舒翘：《慎斋文集》卷八，第63—64页。

② 梁启超：《戊戌政变纪事本末》，《戊戌变法》(1)，第316页。

③ 费行简：《慈禧传信录》，《戊戌变法》(1)，第468页。

④ 徐桐：《会试录前序》，《光绪二十一年乙未科会试录》。

⑤ 启秀：《会试录后序》，《光绪二十一年乙未科会试录》。

⑥ 曾廉：《蠡庵集》卷十八，第8页。

⑦ 赵舒翘：《慎斋文集》卷八，第63—64页。

下。故针对攻击科举士子不能适应时代所需、企图背离孔孟之道选拔人才的言论，曾廉批驳道："治天下而可以一日舍圣人之道乎哉？近之议科举者，饰宋人习非所用，用非所学之说，先史而后经，先艺而后道……以余论之，科举之士不足为时用者，乃上之人不能用经术，非士之习经术而不足用于天下也。"①

针对八股制艺不符合时代需要而埋没人才的论断，守旧派也进行了批驳，他们认为八股功用巨大，不仅不会埋没人才，而且还能保证士子趋向端正纯良。在他们心中，八股制艺就像一把巨大的筛子，将不符合封建统治要求的士子淘汰出局，留下有利于封建统治秩序与国家自强的精英。他们认为，真金不怕火炼，完全不必担心非常之才会为八股制艺埋没，而历代优秀人才正是在科举取士时显露才华的，历史证明，科举考试不仅没埋没人才，反而培养选拔了大量优秀人才，成就了诸多名臣硕儒。如曾廉指出："我朝沿明制，以制义取士，天下之人才由此出焉。"② 赵舒翘谓："我朝名臣大儒，由八股出身者，更仆难数，尝谓八股如钥匙，然必深明其义，方能触类旁通。"③ 戊戌政变时，慈禧太后召见何乃莹询问朝野内外关于废除八股的议论，何回答："二百余年开科取士，并不乏人才，且天下士子，相习日久，不宜变更，人多惜之。"④ 唐景崇指出，非常之才，"其智力之所及，功令不足以限之，而亦能循功令以自见者也。取之以经义，则彼将以经义进矣；取之以诗赋、策论，则彼将以诗赋、策论进矣。间有不能以文字自见者，朝廷固有他途以收之，而于法之变不变无与也。"⑤

再次，守旧派认为，晚清"异说"猖獗背景下，更需八股制艺严把士子思想关，以保证国脉之纯正。针对晚清西学传入、儒家思想统治地位岌岌可危的状况，守旧派要求加强八股制艺，维护儒家道统以抵制西学"异端"对士子思想的侵害。在他们看来，八股制艺出身之人趋向端正，不易为"异端邪说"所诱惑，故在西学"猖獗"的社会环境下，要保证士子品

---

① 曾廉：《蠡庵集》卷八，第40页。

② 曾廉：《蠡庵集》卷十八，第8页。

③ 赵舒翘：《慎斋文集》卷八，第63—64页。

④ 苏继祖：《清廷戊戌朝变记》，《戊戌变法》(1)，第350页。

⑤ 唐景崇：《会试录后序》，《光绪二十一年乙未科会试录》。（注：在此引用唐的话是因为在乙未会试中，唐比徐桐等人要开明，但其维护科举制度的立场却与徐桐等人一样，故征引其语。）

质纯良，必须将八股制艺这一关作为入仕的基本门径。徐桐谓："晚近以来，实学不讲，往往饾饤剽窃，以求速化，而记丑嗜琐之徒又或惊奇诡异，杂糅诸子，组织词赋，望之若甚浩博，而实按之经义之所在则茫乎"；而"异教旁流，离经畔道，后生小子震耀于新奇之论，沉溺于功利之谈，虑或横决猖狂，而尽易其所守"。① 因此，"非以《四书》《六经》之道，儒先性命之书，俾天下人人出于其途，童而习之，终身由之，恐不足以大其防闲，而维往圣危微之绪。"② 在守旧派思想中，通过科举正途考试踏上仕途的人，就好比拿到了隔离西学毒害的盾牌一样能抵挡住异端的诱惑。正如于荫霖所说："凡讲西学而能不流为奇亵者，皆制艺进身。盖制艺用心细而研理深，故能有是非之辨，与夫专从洋文入手者不同。"而"若废制艺取士，人将并弃四子书而不读，其害有甚于洪水猛兽者"。故他认为制艺作为检测人才的有效方法，"断不可废"。③

正是在此观念支配下，守旧派主张录取士子时严格按照儒家圣道标准来衡量和取舍。康有为在戊戌变法之前曾上疏陈大计，请徐桐代奏，但结果却是"三诣徐桐之门，不见"，并被徐桐"斥为狂生"④。在光绪二十一年（1895）科举会试中充当正主考官的徐桐于阅卷之际，对于考试士子"文义之谶诡，词语之驳杂者，概置弗录"，"而后去其窳陋，拔其英华，义理务以澄澈为宗，辞气务以渊茂为贵，无陈无剽，质有其文。由是命之声律，以觇其涵养；试之经策，以验其博通。"⑤ 该年科举考试会试，还有一小插曲，兹录于下：

> 科场会试四总裁，按中额多寡平均其数，各定取舍，畸零则定为公额。数百年相沿，遂成故事。乙未会试，徐桐为正总裁，启秀、李文田、唐景崇副之。文田讲西北舆地学，刺取自注《西游记》语发策，科场莫知所出，唯梁启超条对甚详。文田得梁启超卷，不知谁可，欲拔之而额已满。乃邀景崇共诣桐，求以公额处之。桐阅经艺，

① 徐桐：《会试录前序》，《光绪二十一年乙未科会试录》。
② 徐桐：《会试录前序》，《光绪二十一年乙未科会试录》。
③ 于荫霖：《悚斋遗书奏议》卷九，第21—22页。
④ 汤志钧：《戊戌变法人物传稿》下编，中华书局1982年版，第533页。
⑤ 徐桐：《会试录前序》，《光绪二十一年乙未科会试录》。

谨守御纂，凡牵引古义者，皆摈黜不录。启超二场书经艺发明孔多异说，桐恶之，遂靳公额不予。文田不敢争。景崇因自请撤去一卷，以启超补之。议已成矣。五鼓漏尽，桐致书景崇，言："顷所见粤东卷文字甚背绳尺，必非佳士，不可取；且文田袒护同乡，不避嫌。"词甚厉。景崇以书示文田，文田默然。遂取启超卷，批其尾云："还君明珠双泪垂，恨不相逢未嫁时。"①

由上可知徐桐维护儒家圣道的决心。他不容许对科举取士方法进行丝毫变通，任何违背圣道的思想和言行都被其视为狂妄不实。即使思想相对于徐桐较为开明的李文田、唐景崇两人，在维护科举制度的立场上也完全一致。针对"以文章取士为诟病"②、"经义之作使人拘泥于绳尺而不得尽其所长"③ 而欲变易的言论，李文田在《光绪二十一年乙未科会试录后序》中强调："试士而取其通，此百王不易之成法，而又何流弊之可议?"④ 唐景崇也说："经义取士之制，所以范一世之人心，而使之皆归于正也"，而欲变易该制度则"未尝深窥夫立法之本意矣"。"盖天下非无才之患，而惟人心不正、是非颠倒之深足患"。"苟诱以功利之说，导以角力争能之力，虽一时可以收富强之效，而世变将有不可问者，以人心不正之故也"⑤。他认为，"惟经义取士之制，使人习于圣贤之言，明于是非之理，贤智者得以正其本源，而愚不肖者亦不至迷于趋同。偶有背理徇私者，则天下皆深恶痛绝之。此正气之所以常存，非夫一切苟且之法所可同日而语也。"⑥ 较为开明的李文田、唐景崇尚且如此捍卫科举取士制度，思想守旧的徐桐等守旧派就更不用说了。而且，在当年的科举会试中，徐桐为正考官，李、唐二人的言论自然会受徐桐影响，此序言中他们与科举有关的言论实际上也就代表了徐桐、启秀的观点。在维护八股制艺这点上，他们完全站到了同一条战线上。赵舒翘也指出："欲免异途之訾议，必由儒士能敬身殖学始。当兹锁院宏开为尔多士进身之初基……立德、保身，凡读书人皆当悉

① 荣孟源，章伯锋主编：《近代稗海》第1辑，四川人民出版社1985年版，第232页。
② 李文田：《会试录后序》，《光绪二十一年乙未科会试录》。
③ 唐景崇：《会试录后序》，《光绪二十一年乙未科会试录》。
④ 李文田：《会试录后序》，《光绪二十一年乙未科会试录》。
⑤ 唐景崇：《会试录后序》，《光绪二十一年乙未科会试录》。
⑥ 唐景崇：《会试录后序》，《光绪二十一年乙未会试录》。

心求者也。"①

最后，守旧派分析了科举考试中士子答卷剽窃雷同状况频发的原因，对士子的学术不端行为进行了批判。他们认为，科举制度本身并无缺陷，而具体运营过程中却弊端频现，追根溯源，都因为考官和士子心术不正。"国家以《四书》文取士，原本儒先传注，阐发圣贤精义，二百年来，得人为胜。近来文风日陋，各省士子往往剿袭雷同，毫无根柢。此非时文之弊，乃典试诸臣不能厘正文体之弊。乃论者不揣其本，辄以所学非所用归咎于立法之未善。殊不知试场献艺，不过为士子进身之阶。苟其人怀奇抱伟，虽沿用唐、宋旧制，试以诗、赋，亦未尝不可以得人。设论说徒工，心术不正，虽日策以时务，亦适足长嚣竞之风"②。王龙文强调说："科举之法，或以时文，或以策论，总须主试者学有本原，博通今古，方能得人。若主司无学无品，则时文固为浅夫之便，策论更滋世道之忧。而逆党必欲改试策论，兼以西学命题。彼其说亦谓广求通才以济世用，实则意存横议，乘时变以蛊邪说，流弊所及必祸国家。"③ 启秀也说："自承学之歧不复，一衷诸正，而讬术日杂，流弊日滋，甚有专趋时尚，剿说雷同者，律以先民矩矱，既背且驰，亦安望其有当圣贤之精义乎?"④ 曾廉也认为，士子躁进，"动其利禄之心"，使得科举考试"名实大悖"，则为"近世人才所由衰"之原因。故其得出结论："夫天下侥幸之途不绝，斯功名之路不开；功名之路不开，斯生民之祸将烈。何则？无学而躁进，进亦何为，有不蠹国病民者乎？由是而天下莫知所准，谬种流传，庸劣相继，至于纲纪废尽，积重难返，虽有仁贤无以善其后矣。祸安得不烈欤?"⑤

在剖析士子学术不端的严重性后，守旧派号召士子正视科举考试，告诫士子不应将其视为利禄之道，否则，"士不持正又奚益焉?"⑥ "制义要以识高、学正、明体、达用而深造自得为善。善必以圣贤之训返而体之于身，以忠恕之道推而同之于世，以世务之蕃变上而揆之往古，以载籍之昭

① 赵舒翘：《慎斋文集》卷八，第63—64页。

② 叶德辉：《觉迷要录》，沈云龙主编：《近代中国史料丛刊》3编第33辑，台湾文海出版社1985年影印本，第56页。又见朱寿朋：《光绪朝东华录》，第4220页。

③ 王龙文：《平养堂疏稿》，第32页。

④ 启秀：《会试录后序》，《光绪二十一年乙未科会试录》。

⑤ 曾廉：《蠡庵集》卷十八，第8页。

⑥ 曾廉：《蠡庵集》卷十八，第8页。

垂下而验诸当今。事必可通，理必可据，恪守成宪而有独得之妙，壹意孤行而无为己之私。存之为道德此也，发之为事业此也，吐之为文章此也。"①

在守旧派看来，读书、做人、为文一脉相承，士子的品行、道德、文章、学问都可在科举考试中真实反映出来，故而科举乃选取人才的有效门径。既然如此，参加科举考试的士子就应摆正心态，祛除功利之心，否则，于己于国都毫无益处。可见，守旧派仍然将避免科举弊端的希望寄托在士子自身思想道德的完善上，要求他们放弃功利之心真诚对待科举入仕。不难判断，守旧派的想法非常美好，但该想法本身就是一个无法自圆其说的悖论。科举原本就是通往利禄的阶梯，守旧派却寄希望于士子在这条残酷、狭窄而漫长的道路上自觉摒弃利禄之心保持思想之纯洁，无异于痴人说梦。守旧派以儒家圣人之道要求士子，但士子能否按照他们的想法生存和发展，本身就是问题。特别是在晚清社会转型，西方商品经济和多元化思想洪流的冲击下，片面要求个人自律无疑难以实现。守旧派无视八股制艺这一人才选拔制度的千疮百孔与弊窦丛生，一味强调延续传统取士制度，终究难达其想要的效果。正如吴汝纶所指出的："近来执政诸公，无御侮之才，惟以汲引廉洁自好之士为务，意谓拔本塞源，端在于兹，不知法令繁碎，束缚人才，贤者无可表见，又况强邻环伺，自非高视远览，驰域外之观，岂易坐谈弘济？咫尺之士，焉能为有无轻重哉？"②

总之，在守旧派看来，"天下之治乱系乎人心，而人才之邪正系乎制义"③。八股制艺是士子入仕的敲门砖，是士子实现愿望和梦想的金钥匙，严格把控好八股制艺这个关，乃国家培植合格人才的根本之所在。"国之需才，尤鱼之需水也。故不防水何以蓄鱼，不养才何以谋国，不去其欲速见小之心何以养才。而欲去其欲速见小之心，则必自正制义始矣。制义正而后心术端，心术端而后人才兴，人才兴而后进不负朝廷求贤之意，退亦可终老敝庐而有所以穷。"④ 在人才培养过程中，守旧派试图通过科举考试

① 曾廉：《蠡庵集》卷十八，第8页。

② 吴汝纶：《与桐城令龙赞卿》。转引自石泉《甲午战争前后之晚清政局》，第250页。

③ 曾廉：《蠡庵集》卷十八，第8页。

④ 曾廉：《蠡庵集》卷十八，第8页。

这一晋身之阶来限制士子们对于书籍的涉猎，将他们的思想和精力牢牢禁锢于儒家典籍之中，去重复中国人耗费千年艰难竭蹶的漫漫寒窗苦读路。在晚清时代变化、社会转型的背景下，这种做法无疑不切实际。大浪淘沙，千帆竞过，在新式人才需求旺盛的晚清转型时期，他们的人才培养理论明显已经过时，必然为其他理论所取代。

第三节　强国之道：守旧派吏治观概说

封建社会，吏治问题直接关系到民众的生活、社会的稳定、天下的太平，是国家能否得到有效治理的重要依据。清末守旧派从团结民心、巩固封建国家的统治等方面着眼来关注吏治，将吏治问题摆到关系国计民生的重要位置来考察。

一、对吏治重要性的认识

吏治关系到百姓的生活、地方的安宁和国家的治理，是历代封建统治者都十分重视的议题，清末守旧派在这个问题上更是不敢有丝毫懈怠。在晚清，内忧外患、国运多舛，为解决日益突出的赔款、军费和洋务经费支绌问题，清政府采取捐纳等形式吸收非科举正途之人入仕以增加财政收入，直接导致官场杂乱和吏治腐败。守旧派非常不满这种状况，要求加以整顿，他们笃信，国家的强大，首先必须吏治清明，“内政既修，外患自靖”①。正如曾廉所说，国家富强之道就是“人心、学术、吏治、兵政一以贯之……近添一洋务，窃谓亦只是一以贯之，而均以吏治为纲”②。

守旧派认为，吏治整肃是人心固结的重要条件，民心与国力关系重大，是衡量国家和民族实力的重要指标。地方官“身任地方，窃食天禄，于亿兆性命所关”③。而贫苦百姓居于社会底层，吏治清明与否与他们的生

① 《徐道焜折》，《录副奏折》第423卷，第2299号胶卷。

② 曾廉：《蠡庵集》卷十八，第20页。

③ 赵舒翘：《慎斋文集》卷八，第36页。

存和生活息息相关。只有清正廉明、勤政爱民的地方官才会给当地百姓带来安定的社会秩序和良好的生活环境。地方官关心民生疾苦、心系百姓，才会得到百姓爱戴；地方政治清明，才有社会秩序稳定、民心固结、国家安宁。刚毅指出："御外必先治内，选吏始可安民。牧令为亲民之官，苟未讲求治道，遽与事权，则必致绥辑失宜，人心不固。居今日而求自强之术，在于先固结民心，欲固结民心，必先清吏治。"① 徐桐也认为，地方官吏奢侈贪渎，吏治不修，政务废弛，百姓必深受其害，长此以往，终将"民怨之积，不可复舒"，百姓奋起反抗也将成必然。而追根溯源，此非百姓之错，乃官吏作恶的结果，因"自古以来，民不爱生，其始皆由于牧民者之不爱其生也"②。

在守旧派看来，清廉的地方官乃地方之福、国家之幸。吏治清明是地方稳定、乱源遏止的基础，国家稳定建立在吏治清明的基础上。底层老百姓所渴求的安定平稳生活，有赖中央和地方官的倾心付出。一旦国家政治腐败，地方官吏贪渎无能、巧取豪夺，百姓生存状况自然惨不忍睹。百姓生存困难，衣食无着，必然产生众多流民，终将威胁到正常的社会秩序和国家的稳定。曾廉谓："国家当积弱之余，不大为整顿则必不可以为治，何者？吏之侵民也而大臣不知，大臣之纵也而主上不知，是上下相蒙，弊以为治也，国欲不亡其可得乎？"③ 国有良吏、地方清明，则富强在望。故曾廉谓："今日求富国亦莫如讲吏治。地方官能治国如家，则百姓皆子也。岂有父母而不为其子谋衣食者乎？……今之大吏尤须为百姓酌盈虚，为天下较损益，去害兴利，奖廉惩贪，戒奢崇俭。民富而国不富，未之有也。"④ 李秉衡也说："天下之治乱，视乎百姓之安危；百姓之安危，视乎守令之贤否。监司又守令之所效法，均不容有贪墨便辟者滥厕其间。"⑤ 徐桐殷殷期盼，地方官"专心地方，勤求民隐，事无壅积，心无疑忌，此官之幸，实地方之幸，士民之幸"⑥。守旧派这些话语，无疑出于维护封建统

① 刚毅等撰：《晋政辑要》卷二，《光绪十一年巡抚刚奏设课吏馆案》。
② 徐桐：《课子随笔续编》，第 43 页。
③ 曾廉：《蠡庵集》卷七下，第 28 页。
④ 曾廉：《蠡庵集》卷十八，第 17—18 页。
⑤ 李秉衡：《奏甄别不职各员折》，《李秉衡集》，第 166 页。
⑥ 徐桐：《课子随笔续编》，第 41 页。

治秩序的终极目标，但不可否定他们在真切关心民生疾苦，真心希望吏治清明，百姓生活安定，民众安居乐业。

赵舒翘关注民生细节，对地方诉讼案件特别关心，认为："吏治民生关系至重，稍一压阁贻误良多"[①]，故地方官吏尽早结束诉讼案件就是勤政爱民的表现，"于审办之件能速结一日即有一日之利益，能少传一人即保一人之身家，能减责一板即免一板之痛楚"[②]。简单朴实的文字凸显出其从百姓利益出发要求地方官吏勤政爱民的拳拳父母官之心。毓贤认为："吏治之清明关系民生之休戚。牧令贤，则一方受其福；牧令不肖，则四境罹其殃。"[③] 曾廉说："夫小民之命悬于小吏"[④]，"贪吏者，乱之源也"。[⑤] 地方吏治关乎百姓生存，吏治如果渎乱，则百姓生活不得安宁，冤案日出，则盗匪乘机而起，肆虐地方，百姓的正常生产和生活就得不到基本保障，由是游民纷出，地方治理可想而知。因此，他认为："今天下莫急于修吏治，修吏治莫先于举直错枉，必使贤吏有恃而可为，墨吏无计而可脱，则人皆确然知所趋向，而不至走入歧途"。[⑥] 综上可知，贤臣良吏一直是守旧派心中治理地方的合适人选，他们将地方治理的希望寄托在良吏身上，"当今之世，欲令宇宙丰享，上下均足，莫如择吏。"[⑦]

总的说来，内政治理，守旧派首推吏治，认为官吏公然违法、碌碌无为、尸位素餐等行为，都会危害国家统治和社会治理。"各牧令庸庸备位，虽不至公然骫法，而求其练习吏事，振作有为者，实难其选。甚至分内应办之事，亦皆茫然不知，漠然不问，而假手丁役，因缘为奸。将利何以兴，弊何以剔也？"[⑧] 此种观念不独守旧派有，各界皆然，正如时人谓："立国之道，莫重于养民。而养民之道，莫先于吏治。吏而贤也，无临民之事，无厉民之政，民得安居乐业而国自治矣。吏而不肖，无一事不扰民，无一政不厉民，且以苛敛为勤能，以陋规为应得，小民无辜，不堪其

① 赵舒翘：《慎斋文集》卷八，第54页。
② 赵舒翘：《慎斋文集》卷八，第67页。
③ 《毓贤折》，光绪二十五年五月十三日，《录副奏折》第406卷，第1097号胶卷。
④ 曾廉：《蠡庵集》卷七下，第28—29页。
⑤ 曾廉：《蠡庵集》卷十三，第5页。
⑥ 曾廉：《蠡庵集》卷十八，第17页。
⑦ 曾廉：《蠡庵集》卷十三，第5页。
⑧ 《光绪十一年巡抚刚奏设课吏馆案》，刚毅等撰：《晋政辑要》卷二，附录。

累，则流亡者多而贫乏者众矣。”[①]《康诰》曰：“如保赤子心，诚求之君之于民也。”由此可知，守旧派强调吏治于民心及国家统治的重要性，归根结底是为了维护和加强封建统治，重视吏治无疑是其保民进而捍卫封建统治的手段。正如时人所谓：“自来得国者，未有不先得乎民者也。其所以能先得乎民者，救民于水火，登民于衽席，便民无一夫之失所，而民心自归往矣。”“民承君之惠，而得保其身家，君自得民之心，而永固其社稷。否则，民心涣散，虽有土地，谁与守之？虽有干戈，谁与执之？是以有国者，当以保民为第一义。”[②]

二、对吏治腐败现状的揭露

吏治腐败是晚清社会的一大顽症。内忧外患不断的晚清政府自顾不暇，根本无心整顿吏治，吏治整肃的相关举措大多流于形式或有名无实。因此，吏治疏于整顿乃晚清社会的常态。守旧派将国家自强的希望寄托于内政的修明上，认为国家强大必先修明内政，吏治败坏必定导致国家沦亡。吏治问题时时萦绕在守旧派心头让其困扰不已，因关注较多，他们对于吏治的批判和揭露也就显得格外严厉和深刻。具体说来，守旧派对于晚清吏治现状的批判主要着眼于以下几方面：

首先，政府官员政务疏殆、行事因循。徐桐等人指出：“中国之弊，患在因循。部臣拘守绳尺，于外省情形诸多隔膜；疆臣只顾私局，一意弥缝，内外相蒙”[③]。“以京官言之，部院各衙门司员不可谓不众矣，然办公者书吏也。司员办公矣，非掌印主稿则无公可办。而此数人者，办公之时，常不敌其奔走应酬之时，则所办非公。上而至堂官，宜可执本衙门之政矣。然任事者不过一二人，其余则随同画诺而已。又其甚者，堂官至署司员抱牍进，高尺许，持牍尾受署堂官署之，唯谨叩，以牍中之事不知也，名曰黑稿。堂官之于本衙门也，或三日一至，或五日一至，有其事既以发行矣，司员始以牍进，堂官亦署之唯谨，牍中之事目不及叩也，名曰

① 《恭读二月初四日上谕谨注》，《申报》光绪二十五年二月廿二日。

② 《论保民》，《申报》光绪二十五年七月廿四日。

③ 《麟述、徐桐代奏折》，光绪二十年九月初七日。《录副奏折》第658卷，第1623号胶卷。

补行。”[①]“翰詹衙门为储材之地，降至今日，其谨愿者则饱食终日，无所用心而已；其聪隽者则群居终日，言不及义好行小惠而已。其于国是之得失，民生之利病，漠然无所动于其中，而憨然无所通于其故也。然序资平进，内可至卿贰，外可至监司，而所求非所用，所用非有习，欲不俯首帖耳听命于胥吏幕友岂可得哉？名为储才，实则弃材”，“以有用之材置之无用之地矣。”[②] 可见，京官不办实事、尸位素餐等现象不胜枚举，不一而足。

而地方官，“自督抚而司道、而府、而州县，亦不可谓不众矣，而亲民者惟州县。州县之不能尽心民事者其故有二，而贪酷之干六法者不与焉。一则钤制太多，一则更调太数。地方之利病有当兴革者，州县不能以迳行也，必上之府、而道、而司、而督抚，既报可而后施行，否则有所格而中阻。不中阻矣，而文书往返，时日稽延，往往缓不及事。如请办赈也，则民已馁死；请会缉也，则盗已远飏（扬）。钤制之弊可胜言哉。究其所以钤制者，非尽长官也，幕友视例，胥吏视利，或可或格，长官第为所颠倒而已。……地方之利病，非可以旦夕尽也。乃今之州县署事，则一岁一更，实缺亦无三年不调。有周历数十州县而不能周知一州县者。民之视官也如寓公，官之视地方也如传舍，又安望其尽心民事耶？”[③]

徐致祥指出：“国家设官分职，原以为民。州县乃亲民之官，督抚有察吏之责。今之州县，刑名则诿之幕友，丁漕则诿之胥吏，养尊处优，颐指气使，但筹出息之多寡，不问闾阎之苦乐；惟体上司之爱憎，不察地方之利病。悃愊者难于见长，巧滑者工于营窟，四限届参则百计以谋调，一年署满则多方以营留，上司或爱其馈遗，或碍于情面，瞻顾曲徇，而属员之居官贤否不敢详究……仕途太滥，人多品杂。”[④]

李秉衡任职山东时曾严厉批判山东吏治，谓：“吏治之坏，积习相沿已非一日。为牧令者，知有上司，不知有百姓，但以趋奉迎合为能，而舆情之休戚向背，概直不问。为上司者，亦喜其趋承应奉，而乐为援引。是

① 《徐桐代奏折》，光绪二十一年三月十七日，《录副奏折》第658卷，第95号胶卷。
② 《徐桐代奏折》，光绪二十一年三月十七日，《录副奏折》第658卷，第95号胶卷。
③ 《徐桐代奏折》，光绪二十一年三月十七日，《录副奏折》第658卷，第95号胶卷。
④ 徐致祥：《嘉定先生奏议》，第117—119页。

非不明，则赏罚失当。处积重难返之势，非痛加惩创，将有江河日下，莫可挽回之忧。”① 此类官吏统辖的地方，政务疏殆，民生困苦，百姓苦不堪言。

综上诉述，守旧派对于晚清政务疏殆、吏治不清现象，有着深入认识和透彻了解，他们为改变这种状况的急切心情也跃然于纸上。

其次，当时官场纪纲败坏、招权纳贿、贪渎不法行为层出不穷。守旧派对此十分痛恨，多次参劾不法地方官吏。赵舒翘说：“当今官场，成就人材也甚难，败坏人材也甚易。盖应酬汩没，众口纷摇，非素具根柢，鲜有不移其志者。”② “治民以州县得人为急，而近今仕途多杂，习气固深，求其廉勤自爱者，殊不易觏”③。腐败的官场如同大染缸，清廉的官吏难以不受干扰存活其中，故贪渎之员越来越多。“官场人怀苟且，事出范围”，“仕风骄荡”，“宦途太杂，劾不胜劾”，“习蔽甚深，实非包涵可挽”④。毓贤任职山东时痛斥道：“东省吏治之不修非一日矣，若不予以严惩，无以挽回积习。”于是，他多次参劾地方官吏，“以儆其余”⑤。他曾参劾代理山东某地方官“钻营取巧，有玷官箴，任意妄为，怨声盈路”，“匿灾不报，罔恤民艰，催比钱粮，民受追呼之苦，遂致州人不服”；⑥ 他还斥责山东曹州镇总兵崔连桂，“吞蚀河工巨款，劣绩多端，在河南办理郑工引河，吞蚀工款甚巨。总办河工，把持全局，夤缘贿赂，百弊丛生。……领款则工于作伪，用款则巧于弥缝，……至任用私人滥行支销更无论矣，以致沿河数百万生民皆岌岌可危。……虽寸磔之而不足谢百万生灵也。”⑦ 总之，守旧派认为，官吏贪渎不法行为终归缘于一个“利”字。“今天下之颓全在士大夫以利相耀，因而无论流品惟利是雄。此人心风俗之大蠹也。”⑧

晚清如火如荼进行的洋务运动，在守旧派看来就是学习西方列强的趋利之举，令其非常不满。更让其痛恨的是，其中又存在众多贪渎不法、引

① 李秉衡：《奏甄别不职各员折》，《李秉衡集》，第166页。
② 赵舒翘：《慎斋文集》卷六，第7页。
③ 赵舒翘：《慎斋文集》卷一，第29页。
④ 赵舒翘：《慎斋文集》卷一，第28页。
⑤ 《毓贤折》，《录副奏折》第406卷，第856号胶卷。
⑥ 《徐桐代奏折》，光绪二十一年三月十七日，《录副奏折》第658卷，第95号胶卷。
⑦ 《毓贤折》，光绪二十五年四月二十三日，《录副奏折》第406卷，第857号胶卷。
⑧ 曾廉：《蠡庵集》卷十八，第6页。

荐私人、以公肥私的现象，这就使骨子里本来就对洋务心存反感甚至厌恶的守旧派更加气愤。他们密切关注洋务派的一举一动。于是，洋务派在内政治理方面的失误和疏忽，通常就成了守旧派集中攻击的焦点。

早在光绪朝前期，洗马廖寿恒参劾大学士李鸿章“侈泰因循，左右无一正人”，于是，“朝廷台谏，封奏联翩，多所采纳”[①]。此后，李鸿章也一直是守旧派攻击的目标。特别是甲午海战期间，李鸿章妥协软弱的外交政策更是让守旧派恼火。为打击李鸿章，守旧派将批判的矛头对准了淮军腐败的营伍建设及淮军将士如叶志超、卫汝贵等人贪生怕死、挥霍放纵、目无法纪等行为，认为是导致清政府甲午海战失败的直接原因，李鸿章也难逃其咎，成为众矢之的。当时守旧派诸如此类的批判言论甚嚣尘上，不胜枚举。

李秉衡甚至对李鸿章的洋务成绩也嗤之以鼻，予以否认。他说：“李鸿章之崇效西法，亦专且久矣，所谓富强者安在哉！夫富强之术自不外筹饷以练兵，而饷别无可筹也，亦曰节靡费而已矣，杜中饱而已矣。而欲节靡费而杜中饱，亦曰绝瞻徇而已矣。”[②]“试观近数十年凡专办洋务交涉之事，侈言洋务之利者，无不家赀千百万，昭昭在人耳目，究之其利在公乎？在私乎？亦可立烛其奸矣。”[③]言下之意，李鸿章等洋务派借兴办洋务之机，大肆聚敛钱财，洋务派大员们私人腰包鼓鼓、个个富足，国家富强却迟迟不见成效。

与李鸿章一样，刘坤一面临的朝廷内外批评也不少。光绪八年(1882)，邓承修奏陈关税侵蚀之弊时就指责刘坤一“署理海关才数月耳，已溢银十五万两”，“其实缺之胥吏仆役又当倍”，“是可知柯玉栋一闽海关书吏耳，不数年而家赀巨万。捐纳知府书吏如此，则正任可知。至津海关密迩京畿，其在人耳目如馈遗过客，供应上官，岁须数万金，皆取偿于此，则饱入私囊重载而归者可知。……凡有关税者无不侵蚀。综而计之，不下数百万。今部臣昼维夜算，欲额外求一钱办公而不可得，而坐视此数十百万之民脂民膏，悉付之狼吞虎噬而不问”。“不独如此，因其货利以接

① 徐珂：《清稗类钞》，第4册，第1515页。

② 李秉衡：《奏陈管见折》，《李秉衡集》，第299页。

③ 李秉衡：《奏陈管见折》，《李秉衡集》，第300页。

纳长官，弥缝要路，既以差而得富，复以富而市官，贿赂日彰，官邪益著。吏治何由不坏，财用何由不竭？”[①]

在守旧派看来，洋务派大臣们除了自己贪渎，还委任非人，与之同流合污、沆瀣一气，导致官场黑幕重重、污浊不堪。1898年徐桐揭露刘坤一“年已衰颓，轻听轻信，其信任上海道蔡钧尤无知人之明。南洋重寄窃恐弗胜”[②]。1899年，毓贤以其耳闻目睹之经历参奏刘坤一“庸懦昏聩，骫法徇私”，倚任门丁为“腹心耳目”，“招权纳贿，声震江南，两门丁并有朦捐职官情事。又信听其侄，两人在署把持公事”，而“幕友招摇撞骗，狼狈为奸”，“复有带队数人尤亲信不疑，所有官弁之升迁补署，皆若人主之是”，“吏治不修，营伍不肃”，“公牍则假手于人，行政则事权旁落”。刘坤一主持南洋海军，地处江宁，乃南北要冲，正是洋务、练兵的先锋重地。因此，该处“道员之差，比他省较多，亦比他省较优”，“各省之劣员及革而开复之员，皆纷至沓来，趋之若骛，钻官行贿者则得美差，谨饬者则投闲置散，至府、厅、州、县，则终年罕谒见之期”。而其带队之官兵又“终日在花天酒地，置兵事于不问，其营伍之废弛，殊堪痛恨”[③]。

李秉衡1895年底奉命调查盛宣怀被参一案后认为：“盛宣怀实为国家之蠹，且平日居官亦多攀援依附。原参谓其招权纳贿，任意妄为，臣实不能曲为之讳应”。[④]

守旧派对李鸿章、刘坤一等洋务派官员的总体看法趋向一致。他们连篇累牍地揭发和弹劾洋务派，认为洋务运动办理不力、徒耗资本的直接原因，就是举办者的贪渎和任用私人。官吏贪渎使洋务开办多年、耗资甚多却毫无实效，任用私人导致官府衙门中私人充斥、招权纳贿、结党营私。徐桐代翰林院编修冯煦所上奏折，矛头直指李鸿章、刘坤一等人在保举人才问题上存在的卮漏，揭露直省各督抚保举人才不出三种途径，“一援引私人，一阿权要，一开复废员”，“以近事证之，李鸿章之保陆维祺则援引

① 邓承修：《语冰阁奏议》，沈云龙主编：《近代史资料丛刊》第12辑，台湾文海出版社1967年版，第6页。

② 《徐桐折》，光绪二十四年十一月初五日，《录副奏折》第423卷，第2309号胶卷。

③ 《毓贤折》，光绪二十五年三月二十一日，《录副奏折》第406卷，第580号胶卷。

④ 《录副奏折》第406卷，第580号胶卷。

私人也，刘坤一之保李经楚则阿附权要也，沈秉成之保萧允文则开复废员也。”①

分析守旧派不断批判洋务派的原因，不难发现，一方面，守旧派与洋务派在国家建设方略上关注点不同，思考问题角度有异，治国理政方式有别，故而看不惯洋务派的举措及行为，不遗余力地攻击洋务派；而另一方面，不可否认，洋务派办洋务过程中诸多不法行为也确实有目共睹、路人皆知。这些贪渎与腐败行为正是信守传统、注重政治教化的守旧派最不能容忍的。正如时人指出的：“张之洞以文士出绾疆符，经营武昌十余年，所办铁政纱厂，亏折不可以亿计。上壤承平规制，而下广事诛求，鄂民无不切齿；法、日以次拘（构）兵，两宫以鸿章夙望，边事悉以委之。甲午之役，用叶志超、丁汝昌、龚照玙诸人，辱国丧师，为诸夷笑。由是谈洋务者，渐为世所诟病。”②

守旧派与洋务派官员同属于封建统治阵营，有着共同的立场，即维护清王朝封建君主专制统治，使国家强大，内能维护统治，外能抵御外侮。然而，二者国家治理理念的差别，导致朝廷内新旧派别之争分外激烈。守旧派更注重内政的修明、吏治的整肃，洋务派更注重学习西方先进科技赶超西方以强国御侮。在守旧派眼里，国家自强先得修明内政，否则，腐败的内政终将抵消学习西方的成绩，国家强大的梦想也将化为泡影。正如李秉衡所说的：“凡筹饷、练兵诸大政，蠲除痼习，以实心实力行之，不必侈言变法，而自强之基不外是矣。”③ 而在洋务派眼里，不学习西方以强兵富国，国家治理便无从谈起。因两派人物对自强方式侧重点的不同，守旧派很容易将视线锁定于洋务派内政的作为和其为官、用人行政及日常表现等方面的缺漏，洋务派大员通常成为被攻击的靶子也就不足为怪了。无疑，思想，理念，框定了守旧派的眼界和视野；观念，视角，决定了守旧派的为政态度。

---

① 《徐桐代奏折》，光绪二十一年三月十七日，《录副奏折》第658卷，第95号胶卷。

② 胡思敬：《戊戌履霜录》，《戊戌变法》（1），第399页。

③ 李秉衡：《奏陈管见折》，《李秉衡集》，第300页。

三、吏治腐败原因与澄清吏治方略

澄清吏治，首先需要摸清吏治败坏的原因。守旧派认为晚清吏治败坏根源于选官择吏途径的驳杂不纯正，特别是晚清捐纳与保举之风的盛行，直接导致当时官场污浊不堪、人员冗杂混乱。

晚清，开办洋务耗费颇巨，加上清政府需支付巨额赔款，中央财政竭蹶不堪、捉襟见肘，“承咸同兵争后，国库如洗”①。为应对财政危机，清政府以饮鸩止渴的方式将筹款视线转向捐纳和保举这些选拔官员的渠道。“捐纳者但取其资，不能复问其人，保举者半由奔竞而来，劳贯称是者百不一二”②，职是之故，晚清吏治败坏、官僚队伍冗杂不堪现象十分突出，严重影响了官僚队伍的素质和整体质量。对于这一现象，无论是当时的官方文献，还是稗官野史中都记载颇多。

清代捐纳，在顺治年间开其端，成于康熙年间，“惟实行尚属慎重，非若后世之滥耳”③。虽然有清一代，历朝都有停止捐纳的谕令，但整个清王朝存续期间，捐纳都没能停止，“是此制实与清代相始终也”④。清代捐纳类型多样，包括捐纳实缺、虚衔、封典、出身等。据记载，1840 年清政府 4—7 品的地方官（包括道台、府、州、县的地方长官）中有 29% 乃捐纳出身，到 1871 年买官比例甚至增至 51%，1895 年仍高达 49%⑤。

光绪朝原是禁止捐纳实缺的，但中法战争后，海防开始吃紧，军费紧张，清政府欲添购军火以应急需，“乃从李鸿章之议，于北洋开军器捐输”⑥；中日战事起，两江总督刘坤一办理江南防务，曾奏请在外捐纳实官，名曰江南防务事例⑦，于是，“自江宁筹饷例行，各省单独奏请，捐纳实官之风，乃踵之而起”⑧。至此，清代捐纳实官已达极盛。

---

① 许大龄：《清代捐纳制度》，沈云龙主编：《近代中国史料丛刊续编》第 40 辑，台湾文海出版社影印本，第 63 页。

② 徐致祥：《嘉定先生奏议》，第 117—119 页。

③ 许大龄：《清代捐纳制度》，第 23 页。

④ 许大龄：《清代捐纳制度 · 序》。

⑤ ［美］柯文著，雷颐、罗俭秋译：《王韬与晚清改革——在传统与现代性之间》，第 135 页。

⑥ 许大龄：《清代捐纳制度》，第 23 页。

⑦ 许大龄：《清代捐纳制度》，第 68 页。

⑧ 许大龄：《清代捐纳制度》，第 69 页。

有学者对科举正途出身和捐纳出身之官僚进行比较，论述虽然经由科举正途出身之人中涌现了不少败类，但捐纳出身之人中更是蠹虫繁多，推缘其故，在于，“正途之员来自田间，多由寒酸”，而捐纳者多为家道殷富之流，“来自田里者百无一二，要皆官员子弟、戚友、胥吏，依附草木，久居衙署”，“万一得缺，必贪得无厌，唯利是视”。① 更何况，通过捐纳进入仕途之人，必定要抓紧搜刮以加倍补偿捐纳之资。此等人员跻身仕途，势必导致吏治腐败、官场黑暗。而随着晚清捐纳之风兴盛，借捐纳以晋升者愈来愈众。有人描述晚清捐纳泛滥的现象：“咸同以降，捐例大开，纳粟得官，遂相传为世业。其稍有赀财或力能假货者，祖孙父子兄弟莫不以捐官为捷径。藉得温饱，或且致富。光宣两朝，若辈尤伙，即以江苏候补道言之，多至三百余员，终日优游，无所事事，妄自尊大，有如夜郎，于是人皆谓之高等游民。”② “捐纳一途，至同光之计，流品益杂，朝入缗钱，暮膺章服，舆台厮养无择业，小康子弟，不事读书，择积资捐职，以为将来啖饭地，故又美其名曰‘讨饭碗’。至若富商巨室拥有多金者，襁褓中乳臭物，莫不红翠翎，捐候选道加二品顶戴并花翎也。”③

守旧派不仅对捐纳之泛滥痛恨不已，对日益严重的保举之风也无比忧心。保举频繁现象在晚清非常突出。《清稗类钞》记载：“光宣间，保举泛滥，仕途杂，朝输金帛，暮晋升阶，各省大员子弟，每有年未及岁，而祖若父即为之预捐升阶，丐人保举以为日后登进之地者。”④ 光绪三年(1877) 御史彭世昌也曾指陈当时保举、捐纳泛滥谓：“近日各部候补司官，多者数百，少亦不下百数十员。加以保举、捐输插补插选，以致正途到部者，求补一缺动需一二十年，吏部虽有选班，亦非一二十年不能轮到。壮年通籍，则白首为郎，暮齿分曹，则半途求去，人才抑塞，欲进无由。”⑤

综观光绪朝仕途繁杂的这种状况，徐桐等人认为，“保举之滥莫甚于今日”，特别是随着洋务运动的开展，保举洋务人才之例一开，“既优之以

① 许大龄：《清代捐纳制度》，第147—148页。
② 徐珂：《清稗类钞》第4册，第1673页。
③ 徐珂：《清稗类钞》第2册，第539页。
④ 徐珂：《清稗类钞》第3册，第1410页。
⑤ 朱寿朋：《光绪朝东华录》(1)，总507页。

薪水，又假之以名器”，“参赞有保也，随员有保也，翻译有保也，文报并不出洋而亦有保也”。[①] 而保举过程中难免存在因一己之私而滥保私人的情况。正如当时翰林院编修冯煦指出的，各省督抚保举人才不出三种途径，“一援引私人，一阿权要，一开复废员”[②]，此种情形的结果无非就是：“上以诚求，下以私应，何人才之足云耶?”[③]

随着晚清捐纳、保举之风的泛滥，吏治腐败问题成为制约晚清内政清明与国家内政建设的痼疾，严重败坏了官吏思想，也使仕途庞杂，冗员众多，办事效率低下，贪渎之风日浓，无疑也是晚清自强运动举步维艰、成效甚微的重要原因。于是，澄清吏治的呼声在清政府官僚队伍内部日益高涨。特别是对于注重内政建设的守旧派来说，如何澄清吏治，消除捐纳、保举的负面影响更是他们关注的焦点。

守旧派认为，仕途冗杂，使科举正途出身之官吏难以分任实缺，有的甚至几十年悬置，原因在于流品繁杂、仕途日宽、官吏日多。徐桐认为：“官多之弊，弊在捐输者十之三、弊在保举者十之七，且捐且保则尤捷且巧。”[④] 而且，清政府捐纳目的乃为解决财政竭蹶问题。捐纳固然能得到一定收入，但因捐输之途入仕的官吏通常都贪婪无比，往往在其任职后大肆搜刮钱财，他们通过搜括与剥夺民众的实际所得远比捐纳资费要多，对于朝廷来说，这无疑得不偿失，且有害于吏治的清明与社会治理的稳定。正如徐道焜指出的：捐纳是“国家以输银多寡予官大小，则督抚委缺、州县判案，将视行贿之厚薄以为迁就，上下交征，殊失体制。且捐例所入每年不过百余万，此项人员四出侵吞，不啻十倍于捐入之数，而吏治人心风俗之坏，又无一不由此基之。此例无甚补于国计，坐使二十二行省永无补缺之，数万闲员造言生事为世大蠹”[⑤]。故守旧派认为：“捐输至今日已成弩末，闻岁入不过二百万，徒有鬻爵之名，初无裕饷之实”。他们强烈要求停止实缺的捐纳，“凡内而郎员主，外而道府州县，一律永停，所捐者只

① 《徐桐代奏折》，光绪二十一年三月十七日，《录副奏折》第658卷，第95号胶卷。
② 《徐桐代奏折》，光绪二十一年三月十七日，《录副奏折》第658卷，第95号胶卷。
③ 《徐桐代奏折》，光绪二十一年三月十七日，《录副奏折》第658卷，第95号胶卷。
④ 《徐桐代奏折》，光绪二十一年三月十七日，《录副奏折》第658卷，第95号胶卷。
⑤ 《御史徐道焜折》，光绪二十四年十月二十六日，《录副奏折》第423卷，第2299号胶卷。

杂职虚衔及封典翎枝”，各项捐纳实衔事例既停，则“名器自重”[①]。

虽然守旧派要求永远停止捐纳实缺，但为维持官场的稳定，其主张区别对待已通过捐纳入仕的官员，加以考核，由各省督抚“胪实绩加密考，于年终汇题以凭黜陟”[②]，以此来清除捐输之弊。捐纳流弊深重，扰害民生，危害吏治，守旧派停止捐纳的主张无疑符合社会问题的解决方向，因为即便当时清王朝面临日益严重的财政危机，也不是继续展开捐纳的借口。如果一个政府需要通过卖官鬻爵来获取资金维持正常运转，很明显其已病入膏肓，统治危机之严重性，已远非钱财能解决，更没法通过卖官鬻爵达到目的。可见，停止捐纳、开源节流、励精图治才是当时清政权继续维持的不二选择，否则，吏治只会愈来愈坏，局面也将愈来愈难控制。守旧派对此认识颇深，极力要求改变这种状况。但由于晚清政治积重难返，始终没能消除捐纳之弊。

针对保举所引起的吏治问题，徐桐等人认为应该采取以下解决方式："内而卿贰，外而督抚、学政"，所保举人员，无论已经入仕还是尚未入仕，都要报告朝廷，"已仕者详其政绩，未仕者详其行义，并量其材之所胜，能任某官、能治某事，皆须确切陈明，不得空言褒美"。所保之人，"或发各部学习，或发各省差委，但所保之人不得及发保之者之部与省，杜植党树私人之渐。所保者既进用矣，则以保者之功罪为保之者之功罪，优进贤之赏，重谬举之罚，虽所保未必皆材，或亦有拔十得五者耶！"[③] 在晚清，人才匮乏现象分外严重，特别是学习西方求强求富和开展中外交涉过程中，人才短缺问题已严重制约了国家发展，而新式学校培养的人才数量有限，缓不济急，人才缺口很大。因此，保举未经科举正途出身而又善于洋务的人才就成为时代之急需。守旧派允许各省督抚保举人才，并试图通过适当措施来限制保举非人、植党营私现象的发生以提高保举人才质量，符合当时实际需要。且守旧派主张将被保举人员的功过与保举者的政绩直接挂钩，也能在一定程度上促使保举者对保举行为负责，促使其深思与慎重，使真正有能力的人才脱颖而出、发挥实用。但是，19 世纪末年，

① 《徐桐代奏折》，光绪二十一年三月十七日，《录副奏折》第 658 卷，第 95 号胶卷。

② 《徐桐代奏折》，光绪二十一年三月十七日，《录副奏折》第 658 卷，第 95 号胶卷。

③ 《徐桐代奏折》，光绪二十一年三月十七日，《录副奏折》第 658 卷，第 95 号胶卷。

清廷人事任免大权基本上操纵于守旧派官员手中，他们过分强调人才的“识高、学正、明体、达用”，轻视人才的西学技能与才识，对适应时代所需的真正人才大多视而不见，从而导致人才浪费。

并且，守旧派认为，保举人才，当“试之以事，勿信之以言；当取厚重少文之士，勿取纷更喜事之人”[①]。空言无益，保举人才应考察人才的真才实学尤其是实际操作能力，以避免引进长于言而短于行、长于高谈阔论而无实际能力之人。守旧派从用人的实际需要出发讨论人才的保举方式，无疑具有一定积极意义和合理性。但需要指出的是，守旧派积极维护和捍卫的科举制度和传统人才选拔模式培养出来的人才中不少人虽“厚重少文”，也不“纷更喜事”，却同样不能干实事，同样无益国家建设。野史所载李秉衡选才一事例很能说明问题：

> 山东候补道李某某善事上，能揣摩色笑。李秉衡抚山左，每见僚属，辙如泥塑，素恶人之喋喋。而某知其隐，噤龂无一语，颇蒙奖许。时人赠以诗曰：“石不能言最可人”。[②]

虽该则材料对于李秉衡选才不能识人之状况不无讽刺，也不一定真实，但仍可从某个侧面反映出深受儒家思想熏陶和科举制影响的封建守旧派选才标准之局限。特别是在晚清社会转型的特定环境下，国际政治局势已经发生前所未有的改变，如果依然固守传统的人才标准来衡量和选取人才，则很明显已陷入歧途，难以适应时代所需了。

对于政务人员不办实事、不行实政而导致政务疏殆的情况，徐桐建议朝廷“饬下各部院衙门司员轮日到署，学习者实心学习，主稿者实心主稿，不得再假手书吏。堂官以上矣，参密务者不必责以部务，专部务者不必畀以兼差，则责成较专，心志较一矣”[③]。此种针对政务疏殆的对策，虽有一定合理性，却不能从根本上解决问题。因为，没有专门的制度作为保障，没有一个衡量官员实绩的标准，这些空头命令对于尸位素餐的官员来说毫无作用。守旧派幻想通过个体的自觉来治理国家的想法可能对于传统

① 《徐桐代奏折》，光绪二十一年三月十七日，《录副奏折》第658卷，第95号胶卷。

② 徐珂：《清稗类钞》第4册，第1627页。

③ 《徐桐代奏折》，光绪二十一年三月十七日，《录副奏折》第658卷，第95号胶卷。

清廉、竭诚为公的封建士大夫有一定效果，但在晚清腐败成风、人心趋利的社会状况下无疑寸步难行。

针对政务人员上下钤制的状况，守旧派提出："凡地方之利病，悉以州县主之，但令关白不必事事为之钤制，以兴革之当否为州县之优劣，幕友、胥吏不得从而颠倒之，则钤制少而人思自效矣。"① 传统社会，州县地方治理出现问题难免影响其上级督抚衙门的政绩，故上级官吏为求自保往往会严格限制其下属的行为。而晚清官僚体系积弊累累，积重难返。守旧派要求州县地方官直接对自己的行为负责，减少上级部门对下级的牵制与约束，各自兴利除弊、各负其责，有利于鼓励各地方官开拓创新、大胆变革。但是，守旧派作为当时朝廷当政的政治派别，注定了这种措施难有成效。因为守旧派本身不会允许开新的地方官独当一面，大刀阔斧改革以除积弊。在国门洞开的晚清，学习西方以自强成为无法避免的趋势，而地方官的开新举措却只能框定于传统治国方案中修修补补。不难判断，守旧派这种设想实际上成为一种无法自圆其说的悖论，他们自身的守旧特性决定了这在当时不过是难以实现的空想。

刚毅认为，改善吏治的一个办法就是经常提醒激励官吏使其明白治国兴邦的方法和道理。同时，"有举劾之责"的地方官吏应该对其僚属和下级官吏"素行之邪正，才识之短长"了如指掌，"详求治要，留意人材"，"随时随事亲与讨论、劝惩"，这样才会对地方官吏起到及时的惩戒和激励作用，否则，"朝撤一吏而后来之庸劣依然，暮劾一官而继至之阘茸更甚"。② 为改善吏治，早在19世纪80年代刚毅出任山西巡抚之时，就根据他在广东、云南藩司任内的课吏经验设立课吏馆对官吏进行训导和监督：

> 合在省之知府以下、知县以上各员，以十余人为一班，分班按日轮见，周而复始，不准间断。先与发明治本，讲习律例，举有关治理诸书示以取则。次与详究吏治之得失利弊、民间疾苦，以增其阅历。试以案牍，限以课程，稽以簿籍，以别其优劣、等差。以目前在省人数计之，六日即可一周。每遇到班，即将此六日内所读之例，所习之

① 《徐桐代奏折》，光绪二十一年三月十七日，《录副奏折》第658卷，第95号胶卷。

② 《光绪十一年巡抚刚毅奏设课吏馆案》，刚毅等撰：《晋政辑要》卷二，附录。

事，由臣亲为考察，奖勤劝惰，崇实去华，使各该员讲习既深，学识自能坚定，庶刑钱簿领不至假手幕僚，为丁胥所愚蔽，则将来量才委任，共勉循良，庶有以固民心而臻上理。倘将来果有奋勉上进，驯至成才，或习染过深、难期改悟者，即由臣择尤分别举劾，用昭激劝。①

据此不难看出，刚毅讲求吏治的认真。此种课吏方法如果能认真贯彻执行，应该能在一定程度上起到勉励官吏勤政、爱民的作用。这种课吏馆相当于一种常设的思想教育机构和德行观察与监督机构，担负着教育、督促与监督的职能。无疑，这种机构的设立对于各级官吏能够起到一定督促作用，对于晚清官场腐败风气的收敛和洗涤封建官僚系统内长年积存的污垢不无益处。光绪二十六年（1900）初，云南巡抚丁振铎奏请仿照刚毅成法课吏，以期于吏治有利②。虽然丁振铎此举难掩巴结仕途正扶摇直上、如日中天的刚毅之意，但对吏治败坏的当时社会来说，提倡刚毅此种举措也确有必要。然而，当时晚清政府危机重重，为应付外来侵略和学习西方以自强早已精疲力竭，根本无暇整饬吏治，官场昏暗的状况一直延续到其垮台也没能解决，这无疑也是清政府轰然崩塌的重要原因。

需要指出的是，刚毅课吏馆的设置乃基于“为政之道，首在得人”的人才观。过分倚靠人才本身的自觉和寄希望于其对国家民族的无限忠诚，难免会导致对监督系统建立的忽略。课吏的主持者——督抚本身的素质也直接决定了其所课之吏的实际质量。正所谓“天下未有己不廉而能绳人之贪者，未有己不正则能帅人以正者”③，地方督抚个人在地方吏治中扮演了太重要的角色，一旦其本身就是腐败吏治的制造者和纵容者，国家吏治将何去何从？何况“枢臣者进退，天下之人才者也；督抚者进退，一省之人才者也”④。一个人的精力原本就非常有限，再加上当时交通和通讯都很落后，督抚管辖范围又十分宽广，对于各地方官真实情况很难做到清楚透彻的了解。那么，一个对自己下属知之甚少的督抚又如何去准确评价和监督其下属地方官呢？

---

① 《光绪十一年巡抚刚毅奏设课吏馆案》，刚毅等撰：《晋政辑要》卷二，附录。

② 《光绪朝朱批奏折》第1辑，第323页。

③ 李秉衡：《奏陈管见折》，《李秉衡集》，第300页。

④ 李秉衡：《奏陈管见折》，《李秉衡集》，第300页。

总的说来，守旧派对当时清政府吏治败坏状况了解透彻，也深入分析了造成该局面的原因，同时立足自身经验提出了自己的主张、改进意见和整顿方略。尽管这种整饬吏治的要求是为了巩固封建统治和维持封建统治秩序，凸显出其封建统治阶级的立场，但不可否认，对吏治的关心客观上体现了守旧派对民瘼的关心和民生的关注。他们对于吏治问题的看法符合民众的利益和社会发展要求，具有合理性、进步性。然而，结合守旧派自身认识的局限和其对人才的要求来看，其课吏方法终究难有实效。

无疑，守旧派的政治思想承继了传统儒家思想和治国理论，彰显出他们视野中的强国御侮之道。守旧派对圣君贤相的培养、渴望和养民、恤民之方，整肃吏治、端正人才以及保护利权、强国御侮等方面的看法，无一不凸显出他们希望国家强大以安内攘外的迫切心情。他们首先将自强的希望寄托于内政的修明之上，认为内政清明则外患自然消弭，外患产生乃国势衰颓的必然结果，故要改变国家备受侵略的局面，必须加强内政的整顿。在晚清社会形势与传统社会已有很大不同的时代背景下，他们仍将视线投向古老中国思想文库中去寻求解决新问题的方法，将多国鼎立的世界格局比拟为春秋战国之际的诸侯争霸，将科学技术迅猛发展的西方列强类比为古代历史上中原以外区域落后的少数民族，可见他们思想之滞后于现实。他们对落后思想和制度的维护，表现出其观念的顽固和对世界形势的无知。他们的人才观和吏治观，是儒家治国思想在晚清的延续和体现，是他们对国家治理所持的一种理想信念，折射出他们对封建官吏及其后备队伍真诚而殷切的期望。但是，这种过于理想化的想法在现实当中特别是社会转型、内忧外患的晚清社会，只是一种美好的希望，难以落实。然而，守旧派的思想和行为也有其合理之处，他们对于洋务运动中存在的诸多弊端剖析得十分透彻，对于晚清吏治问题的揭露也十分深刻，这对于日趋浮躁的晚清社会乃至后世都不失为一种警醒。

第四章 清末守旧派的政治观（下）

内政、外交紧密联系。内政，乃国家的内部事务。外交活动以内政为基础，是内政的延伸和扩展。在晚清内政尚不能完全自主的情形下，外交更是处处掣肘于列强。本章主要从守旧派内政、外交的方略出发来展现其政治观。

第一节 治国之道：修明内政

在民族危机日益严重、社会已经发生重大变化的晚清，守旧派依然试图从传统经验中寻找解决现实社会危机的办法。他们认为效法祖制、整肃纲纪、加强思想教化以修明内政，在此基础之上再实行强硬的外交政策，才是实现社会安定、国家富强、摆脱外患的良药。

戊戌变法期间，“在廷诸臣，惟知墨守旧经，凡有顾问之言，所答皆非所问。诸臣不自责其无识，每以恭守祖法，抗忤上意。”[①] 当议废八股取士之制，改试时务策论之时，刚毅谓“此乃祖制，不可轻废”[②]。徐桐也谓八股“为祖宗成法，变更则正士寒心”[③]。连一向开明的荣禄等人也非常不满于新法更张祖制，如荣禄、王文韶、赵舒翘等人议及新法时说：“富强之道，不过开矿、通商、练兵、制械，其他大经大法，自有祖宗遗制，岂容轻改。”[④] 启秀也说：“政治以人材为先，新学非圣无法，士习已浇，安

① 苏继祖：《清廷戊戌朝变记》，《戊戌变法》（1），第340页。
② 梁启超：《戊戌政变纪事本末》，《戊戌变法》（1），第316页。
③ 费行简：《慈禧传信录》，《戊戌变法》（1），第468页。
④ 费行简：《慈禧传信录》，《戊戌变法》（1），第468页。

从图治。"[①] 总的来说，守旧派坚信治国理政需谨遵"祖宗成法"，不能轻言变更，否则必然导致社会人心堕落，于国家治理不利。他们本着"祖宗成法"，试图在传统思想视野中于国家内政修修补补，以期解决国家面临的新危机和新形势。

对于"祖宗成法"，曾廉谓："天下者，祖宗之天下也。皇上为祖宗持守宗庙，有万世不变之法，有随时修改之政，然其所以修改者，皇上度亦无以出列圣范围也。故必当以祖宗为心，兢业罔坠。"不难看出，在曾廉思想中，后代帝王的治国之道就应该是对前代帝王治国方略的继承、增补与发扬，绝不能违背，否则，便是无视前代帝王和前代政令的权威，违背祖制，实属大不敬。故对于光绪帝推行的新政，曾廉深感不安，谓："皇上既自以为新，则必祖宗为旧，皇上自以为开创，则尤未知何以处祖宗也。"故其认为光绪帝的革新之举必然导致"皇上敬祖宗之意不无少弛，而骄矜之念，遂自此而渐萌也"[②]。

既不能与祖制相背离，那么，应如何效法祖宗成法以有效治理国家、解决当时各种严峻的社会问题呢？守旧派认为应从内政着手，因为万事万物之败落始于内部，内因起着决定性作用。曾廉说："天下之危恒不在外而在内也"，"夫夷狄痈疽也，中国元气也。痈疽之生也，医以药劫之未尝不可治，然而元气虚竭则未有不亡者也。"故曰："物必先腐也，而后虫生之；国必先危也，而后敌乘之。"因此，加强国家统治无疑需从内政入手，"下无礼，上无学，贼民兴，丧无日矣"，"礼义廉耻是谓四维，四维不张，国乃灭之。"故"虽强敌不足患，政事之不修乃可患也"[③]。而修明政事旨在整顿内政，使社会安定、生活丰足，如此则人心稳定，国家昌盛。大致说来，守旧派修明内政的主张主要有整肃纪纲、开源、节流、恤民等几个方面。

一、整肃纪纲

守旧派认为，"国家之有纪纲，所以一天下之耳目，定天下之心志也。

① 费行简：《慈禧传信录》，《戊戌变法》（1），第468页。

② 曾廉：《应诏上封事》，《戊戌变法》（2），第491页。

③ 曾廉：《蠡庵集》卷七下，第29—30页。

纪纲一弛，万端皆颓，是宜有以肃立”[①]。因此，通过整肃纪纲达到国家上下整肃、人心一统之目的便是治理国家最重要的内容之一。而纪纲的整肃主要从以下几个方面进行：

首先，要“息邪说”。这主要是要求进行意识形态的控制，即守旧派常说的“息邪说而靖人心”[②]。前文已经提及，当以康有为、梁启超为首的维新派发动维新变法带来社会风气变化的时候，守旧派敏锐地感觉到康、梁所宣扬的新学、提倡的新法不利于封建社会秩序的延续。他们认为康、梁“学术乖谬，大悖圣教”[③]，造成了“大道晦盲，人心否塞”[④]的局面，其所倡导的民主、平等离经叛道，非圣无法，包藏祸心。因此，他们断定，“邪说暴行之际，自当以名教纲常为己任，以端学术而正人心”。[⑤]“世道人心之患，莫患于是非顺逆之不明，是以古圣贤有伪辩之诛，有横议之戒，为其惑世诬民也。”[⑥]基于此，戊戌政变后守旧派首先要做的就是惩治康、梁维新派以儆效尤。他们将康、梁所提倡之新思想与清政权的维持与稳定联系起来，认为康、梁改革本质上乃出于对清政府的叛逆，其意图乱国、叛国，实乃乱臣贼子、逆党、叛民。康、梁因此背上了叛逆罪名，附和他们的大臣们也被视为是非顺逆不明之人。“康有为密布邪党，阴拘（构）逆谋……并有只保中国不保大清之说，遂有攻君主为民主之计，……种种逆迹，殊堪发指，凡我中外臣民，知其狂悖者固多，而受其欺愚者千百中不无一二，不但不察是非，兼亦不明顺逆”[⑦]。守旧派对参与变法的新党分子的逐杀和惩处不遗余力，正反映了守旧派对改革新局面、新风气的强烈不满与畏惧。

鉴于“莠言乱政，最为生民之害”，守旧派主张对戊戌变法的倡导者康有为的书籍严查销毁，以防止其“沉渣泛起”，扰乱视听。甚至在戊戌政变后很长一段时间，清政府依然不断发布抓捕康、梁的布告，抨击康、

---

① 《徐道焜折》，光绪二十四年十月二十六日，《光绪朝军机处录副奏折》第423卷，第2299号胶卷。

② 朱寿朋：《光绪朝东华录》（4），第4221页。

③ 朱寿朋：《光绪朝东华录》（4），第4208页。

④ 《光绪政要》卷26，第1508页。

⑤ 朱寿朋：《光绪朝东华录》（4），第4219页。

⑥ 朱寿朋：《光绪朝东华录》（4），第4454页。

⑦ 朱寿朋：《光绪朝东华录》（4），第4454页。

梁“邪说”，警告国人不要受其煽惑，试图以此来消除革新思想的“不良”影响。光绪二十六年（1900）正月，清廷发布谕令，悬赏康、梁，“该逆犯等开设报馆，发卖报章，必在华界，但使购阅无人，该逆等自无所施其伎俩。并着各该督抚逐处严查，如有购阅前项报章者，一体严拿惩办。此外，如尚有该逆等从前所著各逆书，并著严查销毁，以伸国法而靖人心。”①

堵塞言路是守旧派加强思想言论控制的重要方法。他们推翻了戊戌变法时期光绪帝发布的准许士人上书言事的政令，称：“疏章竞进，辄多摭拾浮词，雷同附和，甚至语涉荒谬，殊多庞杂，嗣后凡有言责之员，自当各抒谠论，以达民隐而宣国是。其余不应奏事人员，概不准擅递封章，以符定制。”②

对新派人物进行镇压、对新思想进行封锁、对新言论进行打击，这些只是守旧派“息邪说”的基本做法，治标不治本。他们认为，要达到治本目的，需正本清源，从根本做起，申明祖制，倡导圣学。“今纪纲败坏，礼仪扫地，廉耻消亡，四维不张，势岌岌矣”，而拨乱反正之举则在于昌明“圣学”，“非讲明正学，无以遏异教之猖狂，非屏斥邪说，无以救人心之陷溺”③。守旧派认为昌明圣学需自上而下地推行才能达到上行下效的效果，否则，上梁不正下梁歪，光绪帝尚且为“异说”所惑，何况其他人。因此，挽救之道是“正圣学为天下倡耳”，如此，则“皇上正，而天下莫不正矣”，“正心以正朝廷，正朝廷以正百官，正百官以正万民”④。徐桐认为：“世运之纯驳系乎人心，人心之邪正根乎学术，未有教化不先而能蔚起人才，赞成郅治者也”。而“晚近之学术，多歧杂揉，诸子剽窃，百家炫博，矜奇习非胜是。又其甚者，狃时尚变诈之谈，溺外人新奇之论，离经叛道，见异思迁。流弊所及，敢于蔑视《六经》，非毁先儒，斥正学为迂谈，薄名教为多事，心术既坏，行检随之，世运所以波靡，人材所以驳杂，职此之由。今欲痛除斯弊，非讲明正学，无以遏异教之猖狂；非屏斥

① 《清德宗景皇帝实录》（7），卷458，第4198页。

② 朱寿朋：《光绪朝东华录》（4），第4204页。

③ 佚名：《静海徐相国传》。

④ 徐致祥：《嘉定先生奏议》，第152—155页。

邪说，无以救人心之陷溺”①。

因守旧派认为“纲常名教乃国基所与立，而人心所系属也”，故“安内攘外，莫要于靖奸顽；扶正抑邪，莫先于崇教化。教化不先，而欲使逆党消踪，诡谋敛迹，不可得也”②。于是，倡明圣学、大力宣扬纲常名教从而加强对朝野上下的思想控制以“息邪说而正人心”，就成了守旧派的郅治保邦之道。他们搬出历代圣谕，要求极力宣讲以教化民众。徐桐认为："圣祖仁皇帝深仁厚泽，普被寰区，特颁《圣谕十六条》晓谕八旗及直省民兵人等，自纲常名教之大，以至耕桑作息之间，本末兼尽。世宗宪皇帝衍为《圣谕广训》约共万言。圣教所被，遐迩均沾，涵育日久，民心固结。”而近来虽“叠奉列圣饬谕京外地方官实力宣讲”，却“皆视为具文”，“作辍频仍，愚民良莠不齐，何由生其革薄从忠之心？”③ 于是，他建议朝廷“饬谕各省督抚以下有地方之责者，懔遵列圣叠次谕旨，实力宣讲《圣谕广训》。凡京外已有之书院、新设之学堂，皆以宣讲《圣谕广训》为课程，并责成各郡县教官躬莅其事，实力劝导，更推广于乡村市镇，耆孺皆知，俾海内士民莫不知纲常名教之重”。④ 力图使“凡我臣民勿得轻听流言，妄为揣测，倘再拘煽邪说，群相附和去顺效逆邦有常刑……乱臣贼子必不能贷”⑤。

通过严格科举选人渠道对士子思想品行把关，是守旧派预防诸如康、梁此类人再现的手段。科举士子是封建统治的后备力量，于国家治理和稳定的重要性非同一般。因此，守旧派在“国家制治保邦，纲常名教，亘古为昭”⑥ 观念的基础上，强调对士子加强儒家纲常名教的灌输，谨防再有诸如康有为此类“非圣无法”“叛逆之徒”进入封建官僚系统扰乱风气、变乱朝纲。对于开明人士所提出变更旧的取士方法的主张，守旧派完全否定，认为“为维持风会、培植人才起见”，当务之急“亟宜切实申明旧制”，并“实力奉行，以端士习”⑦，“嗣后典试诸臣，及应试士子，务当

① 佚名：《静海徐相国传》。
② 《徐桐折》，光绪二十五年八月二十四日，《录副奏折》第552卷，第2080号胶卷。
③ 《徐桐折》，光绪二十五年八月二十四日，《录副奏折》第552卷，第2080号胶卷。
④ 《徐桐折》，光绪二十五年八月二十四日，《录副奏折》第552卷，第2080号胶卷。
⑤ 《光绪政要》卷25，第1486页。
⑥ 朱寿朋：《光绪朝东华录》（4），第4224页。
⑦ 朱寿朋：《光绪朝东华录》（4），第4255页。

屏斥浮华，力崇正学，毋负朝廷作育人才之至意”。①

“君子不党”是中国封建社会长期奉行的道德行为准则，戊戌变法的进行，使社会风气悄然发生了改变。为挽救民族危亡和国势衰颓的局面，戊戌变法期间各种学会和团体纷纷出现，官僚、士子议政议事，活跃一时。此种局面，激起了守旧派的强烈不满，批判之余，纷纷要求朝廷取缔各地新设的学会和团体。早在保国会成立之初，守旧派就开始惶惶不安于各种团体的建立，认为保国会“包藏祸心，乘机煽惑，纠合下第举子，逞其簧鼓之言，巧立名目以图耸听……胥动浮言，大为可忧”②。如各省都如此，则封建制度“权操于上”的局面将被改变，成为：“皇上无权，督抚无权，各地方又无权，而惟是不得通籍之举子，转因而有权，充其欺罔之心更可无所不为，尚复成何事体耶?”③ 戊戌政变后守旧派逐步掌控朝纲，便立马着手在此方面加强整顿。他们认为：“莠言乱政，最为生民之害”④，而“大逆不道之徒”，则“聚党密谋，辨言乱政”⑤。“近来风气，往往私立会名，官宦乡绅，罔顾名教，甘心附和，名为劝人向善，实则结党营私，有害于世道人心实非浅鲜”。于是令各省督抚，严密查禁会党及其房屋，对于入会人员，按律治罪，“庶使贼党寒心，而愚民知所儆惧”。⑥ 戊戌变法的活跃地区——湖南，因此受到守旧派的重点关注和整肃清洗，“湖南省城新设南学会、保卫局等名目，迹近植党”，纷纷被裁撤，“会中所有的学约、界说、札记、答问等书，一律销毁，以绝根株”⑦。

另外，“禁止莠言，以肃纲纪”，成为守旧派大力查禁各地报刊、杂志的依据。《时务报》初创之际，徐桐等人就站出来激烈地反对与批判。他们认为，时务报馆“集赀聚众，雄辩高谈，印刷成书邮送各直省。其居心至险，其立论至杂，其惑人又至深。始则横览中外，辨别是非，浸假而议及时政矣，浸假而毁及大臣矣，浸假而谤及朝廷矣。夫訾毁大臣，已启犯上之渐；讪谤朝廷，更无忠爱之心。此端一开，风化既伤，人心亦为摇

① 朱寿朋：《光绪朝东华录》（4），第4220页。
② 黄桂鋆：《禁止莠言折》，《戊戌变法》（2），第465页。
③ 黄桂鋆：《禁止莠言折》，《戊戌变法》（2），第465页。
④ 朱寿朋：《光绪朝东华录》（4），第4221页。
⑤ 朱寿朋：《光绪朝东华录》（4），第4219页。
⑥ 朱寿朋：《光绪朝东华录》（4），第4221页。
⑦ 朱寿朋：《光绪朝东华录》（4），第4216页。

动。职阅报中论说，造言生事，语本无稽。设便所言属实，其贻外国之笑者，患犹小；其增群黎之忧者，患至大。所谓处士横议即此辈是也。拟请谕令该省督抚，将时务报馆封禁，庶士论以一而民心以定矣”①。戊戌政变后，徐桐等守旧派终于可以将其主张贯彻落实了。于是，开风气、通国情的《时务报》被斥为“无裨治体，徒惑人心”，所有诸如此类“无裨时政而有碍治体者”，均被裁撤。② 时务报被禁后，清政府又令：“近闻天津、上海、汉口各处，仍复报馆林立，肆口逞说，妄造谣言，惑世诬民，罔知顾忌，亟应设法禁止。……其中主笔之人，率皆斯文败类，不顾廉耻，即饬地方官严行访拿，从重惩治，以息邪说而靖人心。”③ 自此，国内媒体噤若寒蝉，对朝政大事讳莫如深，对西方体制三缄其口。连发刊于上海租界、一向保持客观报道姿态的《申报》也附和清政府守旧派的举措而对维新派肆意攻击，抨击康有为等人大逆不道、犯上作乱。总主笔黄协埙为苏舆的《翼教丛编》作序，刊登于《申报》上，认为康、梁等人倡导的民权、平等说导致“典章废、制度湮、纲常隳、名教坏，谬谬扰扰，几不复知尊君亲上之大经”④。由此可见，清政府守旧派对于朝野思想控制之严，不仅其直接控制范围内的报刊被整顿或禁止，租界内的言论也为其所左右，朝野守旧风气开始有蔓延的趋势。《申报》对康、梁的批判与对慈禧太后发动政变的赞同，引发当时社会诸多人士不满，故当时盛传《申报》被清朝顽固派贿赂。

总之，守旧派在戊戌政变之后的所作所为，将维新派在几千年封建专制壁垒上历经艰苦凿开的丝丝缝隙重新黏合了起来，民权、平等的曙光也被封建专制的大幕重新遮盖。由于守旧势力的打击，新派人物损失惨重，西方新思想的传入在守旧派的严厉控制之下也是步履维艰，社会风气转向压抑、沉闷。守旧派对康、梁新派人物的打击和镇压，对报刊、言论的禁锢和封锁，都是为维护封建君主专制统治秩序服务的。在他们眼里，是非顺逆的标准就是封建纲常名教，任何违背纲常名教的思想、言行都属叛逆

① 《徐桐代奏片》，光绪二十二年十二月初五日，《录副奏折》第423卷，第1682号胶卷。
② 朱寿朋：《光绪朝东华录》（4），第4204页。
③ 朱寿朋：《光绪朝东华录》（4），第4221页。
④ 《石印翼教丛编序》，《申报》光绪二十四年十月二十九日。

无疑。他们的治国之道，正如王廷相所说的：“治中国之道，断宜以人性所习之伦纪、人心所慑之名分治之，补弊扶衰，佐以富强之术，乃为本末交尽。若舍此而务彼，析理不明，将惑于蔑上之说，长其专利之见，为害甚大，不可不辨也。”①

其次，赏罚严明。守旧派认为，朝廷只有赏罚严明，才能做到令行禁止，使政令得到有效执行，朝廷才能因此树立威信而上下同心。如刚毅认为：“赏无所从，罚无所用，则善恶等而贤愚混，赏罚乱而纪纲离”②。“赏罚为恩威之府。恩由威著，罚以赏明，恩胜威则无恩，威胜恩则致怨，必当宽以济猛，猛以济宽。诚能罚不贷贵，赏不遗贱，秉心如秤，无倚无偏，弱者能强，勇者能果，懦者奋，贪者廉，怠心退而畏上之心自生矣”③。

基于此，守旧派对于当时朝廷赏罚不明的现状非常不满，如于荫霖认为：“今罚亦太宽”，“贪冒成风，奔竞角捷，以外洋为护符，以新法为利薮，玩上剥民罔知羞愧也，徒不复知有王法”。“朝鲜一役，败军溃将诛不胜诛，朝廷仅惩一卫汝贵，如叶志超、龚照玙至今犹稽显戮，退败者无诛，逃遁者皆无罚，群皆吞饷饱囊而归，致令今之为将士者，人人以坐拥厚赀为本分，以不能打仗为当然，后有战争何堪设想！”④ 基于赏罚不明的状况和其可能引起的严重后果，守旧派主张尽快整顿以严明刑罚，“其有声名恶劣、植党营私者，一经参劾，从重惩斥，遇有战事临阵退缩者，悉以军法从事”，如此，“则法严令行官方澄叙矣”⑤。

再次，整顿奢侈之风。“为政之道，首戒浮华”⑥，在守旧派看来，奢侈之风的蔓延乃吏治人心之大害，非常不利于国家政治清明。特别是官吏的奢侈，必然导致人心趋利，丧失忠义之心，败坏仕途。他们的观点正如当时论者所谓：“君俭则无好大喜功之举，而府库自盈；臣俭则无枉法贪贿之事，而清廉自著；民俭则无荡检踰闲之习，而衣食可谋，室家可保。”⑦ 为此，徐桐等人多次规劝朝廷最高统治者黜奢崇俭，推动官场良好

① 《王廷相折》，光绪二十二年十月二十九日，《录副奏折》第423卷，第1660号胶卷。

② 刚毅：《晋政辑要》，光绪庚辰刻本，第6页。

③ 刚毅：《晋政辑要》，第8页。

④ 于荫霖：《请简用贤能大臣并陈五事以救时局折》，《悚斋遗书·奏议》卷3，第1—10页。

⑤ 《御史徐道焜折》，光绪二十四年十月二十六日，《录副奏折》第423卷，第2299号胶卷。

⑥ 《光绪朝朱批奏折》第1辑，第323页。

⑦ 《论国势贫弱皆由俗尚之奢》，《申报》光绪二十五年五月初六日。

风气的树立，促进社会风气的改善。李秉衡上疏朝廷说："禁侈糜，崇俭约，罢土木之工，省传办之费"，"躬行节俭以为天下先。"①针对官吏的奢侈之风，徐道焜则将矛头直指官僚体系："奢侈之风由于官职之太多，既官其身即官其家，子弟舆马，妻妾绮罗，故自大僚以至吏役，嫁娶丧葬宾燕之靡，展转效尤，莫可穷极。夫奢则易贫，患贫则必贪。苟至于贪，则官吏士庶惟利是趋之心皆足上干天和、下酿兵祸，其患甚大，非细故也。"②守旧派认为禁止官吏的奢侈之风有利于社会风气的清明，若能采取有力措施，黜奢崇俭，澄清仕途，裁汰冗员，倡导质朴之风，则"天下行之数年，流风庶可革"③。

总之，"明赏罚、禁奢侈，则忠朴之俗成。法度森严，人心镇定，而纪纲肃矣。国以民为本，民气充则国脉长，譬如人身元气完足、腠理周密，虽有风邪无自入焉。是不可以不固也。"④

复次，清除基督教的影响。对于基督教传播给中国民众带来的影响，王炳燮的剖析入木三分，足以代表晚清守旧派对于基督教的看法。王炳燮乃同光之际突出的反基督教人士，曾入李鸿章幕府，当过天津县知事，其撰写《正教》四篇，收入其《毋自欺室文集》，表明其黜基督教、崇孔孟之道的立场。他认为基督教在国内的传播，"令吾中国之民，去其父子、君臣、夫妇、长幼、朋友之道，以习外国之教"。⑤"国家治安天下，以固人心为本"，而基督教吸收中国民众入教乃"阴结中国之人心"，最终将导致中国民众"但知有教主不知有国法"，因而"动摇邦本"⑥。他认为，基督教对于中国邦本的动摇不仅表现在人心受其笼络，"善良之民受其屈抑无所控诉"，更重要的是给人心风俗带来了巨大危害："今天主教既已诱我人民，蔑弃伦常，趋于禽兽之路，而其所著书恣肆无忌，非毁孔、孟夫？……彼教日盛，则从孔、孟者必至日衰。孟子云：'杨墨之道不息，孔子之道不

① 李秉衡：《奏陈管见折》，《李秉衡集》，第299页。

② 《御史徐道焜折》，光绪二十四年十月二十六日，《录副奏折》第423卷，第2299号胶卷。

③ 《录副奏折》第423卷，第2299号胶卷。

④ 《录副奏折》第423卷，第2299号胶卷。

⑤ 王炳燮：《毋自欺室文集》，沈云龙主编：《近代中国史料丛刊》第24辑，台湾文海出版社1968年版，第107—108页。

⑥ 王炳燮：《毋自欺室文集》，第250页。

著'。今天主教邪说诬民，充塞仁义，岂直杨墨之比哉?"①

那么，如何消除西方宗教对中国民众的影响？王炳燮认为："风俗之善败，本于人心；人心之贞邪，由于教化。"只有"本朱子《小学》之意，定其教法设为规条，俾为师者知所以教，而弟子知所以学"，以教育民众，"虽庶人子弟皆令先入小学，而教之以洒扫、应对、进退之节，礼、乐、射、御、书、数之文，所以戢其倨侮嚣陵之气，导其孝弟忠信之心，自其幼稚即已习为恭敬辞让，是以人心一归于正"。如此，"期以数年人心风俗有不蒸蒸丕变一出于正且厚者"，"则固未之有"，"此诚今日端本之要务也"②。他认为在不违背保护各国传教条约的前提下，抵制基督教传播的最好办法就是"仿古社学之制，于城乡遍设学塾"，"申明圣学""宣讲《圣谕》"③。他的这种观点在当时清政府官员中很有市场，如宝廷也认为，各地入教之民受基督教之诱惑，"推其原皆由教化不行，不明正道，故见异思迁"，"经果能正邪慝何有哉?"④ 尽管王炳燮此番言论发表在光绪朝前期，但到了戊戌变法及义和团运动时期，徐桐等守旧派在西方传教问题上的看法依然与王炳燮观点相同。忧心于民教斗争已成为当时日益严重的社会问题，影响国家安危和社会风气，徐桐谓："从教之民不知朝廷之尊，欺压良善，横行乡里，偶有议彼教之非者，从彼教之莠民即胁至教堂重加凌辱。经送官府究治，不肖官吏不敢抗违，即以枷责示众，道路以目，民怨沸腾。"而尤可虑者，"犯法之民，始以从教为护身符，继以教堂为逋逃薮"，而地方官吏"止图教案之易结，不顾民心之日愤"，"迨至民心日愤，教案遂日多，衅端猝起，收拾綦难。加以奸民习见，官吏勾结奸夷，昌开矿务盗卖内地矿产，私立公司，挟夷网利"。诸如此类的种种行为，导致"尊君亲上之心荡然无存，直不知纲常名教为何事矣"的局面。"夫纲常名教，乃国基所与立，而人心所系属也"，故徐桐认为应正本清源，责成各地方官实力推广教化，宣讲朝廷圣训："当兹异教肆行之日，但使讲彼教者不及讲吾教之众，信彼教者不及信吾教之深，默化潜移之效，日计不足

① 王炳燮：《毋自欺室文集》，第254页。

② 王炳燮：《毋自欺室文集》，第257—258页。

③ 王炳燮：《毋自欺室文集》，第257—258页。

④ 《宝廷奏稿》，沈云龙主编：《近代中国史料丛刊》第43辑，台湾文海出版社1969年版，第273页。

月计有余，庶几反侧自安，而邪慝不作”。[①]

为使圣学易于被民众接受，守旧派认为应注意宣传的方式、方法。首先必须是通俗易懂，切忌晦涩难解。在他们眼里，“能解之或肯信之”，民众入教的一个重要原因便是“邪说浅近易解”，而“圣经高深难通”，则境况岌岌可危。因此，如能将孔、孟之道宣讲得通俗易懂，“以浅近传高深，使民尽解，亦何乐而必从邪教哉?”[②] 其次，宣传的频率也需加强。在晚清基督教对中国传统文化造成冲击的情形下，守旧士绅都认为应该号令各地方官切实加强圣道宣讲，频繁召集群众训课，宣讲圣谕及《论语》《孝经》，“庶小民耳濡目染，皆知正道，不为邪说所惑”[③]。由此可见，为与基督教争夺受众，守旧派对受众接受方式的思考和与基督教相抗衡的对策，都凸显出其维护传统的良苦用心。毫无疑问，为维护传统，守旧派也在寻找变通的方式以应对时局的变化。在晚清这个骤然变化且迅速转型的历史时期，守旧派，无疑在用自己的方式卫护传统、抗拒外来文化的侵袭。

最后，禁止陋俗。关于守旧派对于陋俗、陋规的看法，笔者仅接触到其对赌博和械斗看法的几则材料，虽资料有限，但也可从中窥见刚毅等守旧派的态度。如其认为，赌博“有伤政体”，赌徒“明目张胆，毫无顾忌，为害不堪设想”，而“招商驰禁，为害甚烈”，须饬地方官实力访查，认真拿获，严行禁止。晚清财政竭蹶，有人提出以驰禁的方法收受报效经费以利于朝廷筹饷。对于此种言论，刚毅等守旧派嗤之以鼻，坚持认为国家虽财政支绌，但筹饷之途不外乎“杜中饱、节靡费”两端，“凡稍亏政体者，概不肖为”，因而“驰禁承饷”之说“万不可行”。[④] 可见，刚毅强调吏治民心对于净化社会风气的重要性，极力主张禁止赌博等危害社会风气的陋俗，绝不能因国家财政竭蹶、府库支绌而放松。国力的强大不仅与经济、政治、军事等因素有关，人心风俗也事关全局。守旧派注重社会风气的培育，并没有因经济拮据就舍本逐末、以饮鸩止渴的方式盲目求财，他们的这种坚持，堪属难能可贵。至于如何消除此种陋习，光绪十年（1884）徐

① 《徐桐折》，光绪二十五年八月二十四日，《录副奏折》第552卷，第2080号胶卷。

② 《宝廷奏稿》，第274页。

③ 《宝廷奏稿》，第274页。

④ 《刚毅折》，光绪二十五年八月，《录副奏折》第551卷，第1497号胶卷。

桐在奉天办案时就曾提到:“讼赌则风俗人心之大害。官斯土者,宜思默化之方,此非威令所能制也”[①]。徐桐此语,反映出他们主张承继儒家王道政治,以化民成俗的方式于潜移默化中将陋规陋俗消灭于无形,而不是采取强制的手段蛮横地推行其政策,无疑也具有一定合理性。[②]

1899 年奉命下江南筹办军饷的过程中,刚毅对南方各地民情风俗也十分留意。对于粤东的械斗之风,他并没有将责任一味地推到匪徒头上,而是进行了辩证分析,认为械斗成风原因在于两方面,“一由于民情强悍,一由于吏治因循”,从而致使“抢劫迭出”。而“虽云赌为盗源,亦由捕务废弛。果有良有司,一意爱民,随时化导,则斗风自止。如有得力将弁认真缉捕,则盗风自息”[③]。从中可见刚毅对于社会风俗民情的关注和地方治理的强调。

二、开源

针对当时清政府财政支绌的状况,守旧派深入挖掘原因,并提出应对之策。如徐桐认为国家财政足用之法“不外开源节流二者”,“今之言开源者加盐课也、覈厘金也、广捐输也,劝报效也,贷富民也、借洋债也、开煤矿铁矿也。”[④] 他条分缕析指陈诸开源措施的局限性,谓:“洋债则今日所借之数,皆后日所偿之数,又输息焉,非源也;盐课、厘金得人而理,亦足取济一时,不得人则乾没者多,取赢者少,且可一而不可再,可暂获而不可久恃也”。[⑤] 况且,“国家取民,本有定制,至厘金兴而百物涌贵,民生之病亟矣。……今日民不聊生,即使有余,尚当缓之,以弥内患,以图再举。岂可竭泽而渔,徒失民心而无济于事?”[⑥] “捐输之所得已微,报效更难”,很容易导致“流品杂而士心亦失矣”;“富民之贷,在上则为假借,在下则为搜刮。搜刮一分,民受一分之害;搜刮十分,民受十分之

① 徐桐:《使沈纪程偶吟》,第 20 页。

② 注:虽然这话发自光绪前期,但很多时候一个人的思想一经定型便很难改变。而守旧派思想的改变多表现在对待西方的看法上,内政方面观念鲜少变化。义和团运动时期的徐桐相对于在光绪十年已是老年人的徐桐来说,改变不大,故此处征引该则资料。

③ 《刚毅折》,光绪二十五年八月,《录副奏折》第 551 卷,第 1497 号胶卷。

④ 《徐桐代奏折》,光绪二十一年三月十七日,《录副奏折》第 658 卷,第 95 号胶卷。

⑤ 《徐桐代奏折》,光绪二十一年三月十七日,《录副奏折》第 658 卷,第 95 号胶卷。

⑥ 《徐桐代奏折》,光绪二十年七月二十九日,《录副奏折》第 658 卷,第 2345 号胶卷。

害，则元气剥而民心亦失矣”。徐桐认为采取这类举措得不偿失，“徒损国体”[①]，无裨于军储。因此，在他看来，这些开源举措都不足以依恃。

至于修路、开矿，守旧派则持保守观望的态度。揆诸史实可知，他们并没一味反对，而是主张根据实际情况合理开展，不赞同盲目跟风。如赵舒翘认为：“凡兴办一事，必先权其害之重轻，而不可徒计其利。尤必确按其实之得失，而不可徒徇其名”。“今之言铁路者，语虽千百，大抵不出商务兴旺、调兵便易两层。顾何以津芦一路极属繁辏，尚无余利归公？津榆一路仍属冷路，养路费且不足。至于征调之时，我能往，寇亦能往。且一里失轨，千军皆止，后日之利，尚未可知，而靡公家之帑项，夺小民之生计，则害在目前”。而那些兴办矿务者，“大抵以天地自然之富取不尽用不竭为词。殊不知此亦有天道，非人心所能属厌……盖微利尽取，水土无演，不惟求之不义，亦求之弗得也。”他接着指出，云南铜矿在以前二十五斤坯质能炼净铜十七斤，而“今只得七斤，至各省试办旋开旋废，徒贻购运机器之费者更无论矣”[②]。由上可见，虽然赵舒翘认为开办铁路、矿务得少失多，但他们并不反对铁路、矿务的兴办，而是主张根据各地客观情况因地制宜缓图出路，不赞同操之过急，反对延揽外国矿师开矿以免利权流失，也反对盲目开采竭泽而渔以违天道。他指出：“机巧之风气既开，自有之利权应保，惟有先成干路，南北气通，各处支路，听主持干路者联络绅商，节节办理。矿务则惟有因民所利而利之”。[③]“一法令民集股自办，地方官为之斟酌，禀请维持保护，总局但持严办之权。如能照此办理，则握要以图，公事不烦，利可渐兴。若必由局招徕商股，延请矿师，则奸黠之徒勾引外族，明华暗洋，纷纷递禀，到处开掘”，则“弊不胜言”。[④]

针对开矿没有实效的情状，徐桐也认为不可急于操办：“煤铁近可开之源矣，然必筹费于数年之前，始能收获于数年之后，非可以咄咄办也。”[⑤] 李秉衡也曾于1896年批判山东矿务久无实效而徒靡经费，“不独于

---

① 《徐桐代奏折》，光绪二十一年三月十七日，《录副奏折》第658卷，第95号胶卷。
② 《赵舒翘片》，光绪二十四年八月二十七日，《录副奏折》第423卷，第2261号胶卷。
③ 《赵舒翘折》，光绪二十四年八月二十七日，《录副奏折》第423卷，第2261号胶卷。
④ 《赵舒翘折》，光绪二十四年八月二十七日，《录副奏折》第423卷，第2261号胶卷。
⑤ 《徐桐代奏折》，光绪二十一年三月十七日，《录副奏折》第658卷，第95号胶卷。

国计丝毫无益”，且虚耗资本，因此奏请暂允封禁。[①] 由此可知，守旧派对于铁路、矿务的看法虽然有着滞后于时代的特点，但不可否认其诸多看法乃根源于客观实际，并非无稽之谈。他们一针见血地指出了洋务派兴办洋务过程中靡费甚多而获利甚少的客观事实，反对一窝蜂地争相效仿，主张因地制宜地选择符合当时当地实际情况的开源方式。在开新则被视为先进、保守和审慎则为落后的社会舆论中，守旧派此番看法明显居于下风，但如客观、理性分析其话语，无疑可见其合理性，有些言论至今依然没有过时。另外，对于外来人员的防范心理使他们不放心关乎国计民生的建设项目交由外人打理，害怕因此导致利权丧失和矿务开挖不合理的结局。这种看法虽有非我族类其心必异的观念在作祟，但在列强环伺、各国争相觊觎的历史时期，守旧派这种想法无疑情有可原，也无可厚非。

三、节流

守旧派对晚清政府屡次赔款、国家财政支绌的状况满怀忧虑。徐桐说：“偿款过巨，伤耗过多，即竭力设法图维，止能筹挹注之资，为弥补息款之用”，而“况财源既竭，已无可开”，如若“再议及加赋、开矿诸举，窃恐重累民生，无裨国计”，“为今之计，惟有就现有之款力加整顿，剔除中饱，节省靡费，尽以归公而已。”[②] 刚毅认为理财之道在于节用，“咸丰初年并无厘金洋税，天下岁入之款不过四千万金，未见财不敷用也。现今既有厘金，又有洋税，每年增入三千万之多，而转行支绌者，何哉？皆由滥支滥应故也。”因此，只有“慎度支、裁冗费，舍此不务而专以琐碎扰民，是理财乖方矣”[③]！于荫霖在戊戌变法前夕曾十分赞同《程子遗书》的观点，谓：“无可骤兴之利，只有破除情面节流之一法，此语甚实。”[④]

守旧派认为，节流须“自朝廷始”。李秉衡多次进谏最高统治者应躬行节俭于天下先，“禁奢侈，崇俭约，罢土木之工，省传办之费”。并且，“严

① 李秉衡：《奏沥陈矿务厉害宝情形折》，《李秉衡集》，第 338 页。

② 《徐桐片》，光绪二十一年闰五月十九日，《录副奏折》第 423 卷，第 1072 号胶卷。

③ 《刚毅片》，光绪二十四年三月初二日，《录副奏折》第 423 卷，第 1785 号胶卷。

④ 《戊戌变法》(1)，第 543 页。

饬各省督抚臣悉心运筹，省去不急之费，裁并局务即以汰除冗员，……果能中外一心，力求撙节，不必言兴利之策，而度支当可渐裕矣。”①

如何真正达到节流的效果？守旧派认为必须选贤任能，官员自觉地以对国家和民生负责的态度来办事，方能解决问题。徐桐寄希望于皇帝能谆谆告诫大小臣僚专心体国，其尝谓：“伏望严谕中外臣工共矢公忠，力扶艰危，勿以保荐汲引为树私植党之谋，勿以徇隐欺蒙为示恩见好之地，奖善勿滥，惩恶勿宽”，乃“天下幸甚”。② 而“各省督抚果能屏除贪墨，简择贤能，于所属地方实力清查，剔私还公，必可兴自然之利，益塞无底之漏卮，庶几补救于万一”。如“李秉衡初到山东，裁节靡费已有二十万两之数，以数计之，约可省六十万两。使他省皆能如此，何患公款之难裕哉”③。从守旧派基于民生实际思考国家发展方略的探索中可知，他们的诸多看法明显滞后于时代，他们大多将兴利除弊的希望寄托于地方官员的修身养性、竭尽其能、克己奉公上。虽然当时并非没有清廉无私的官员，后世也未必会绝迹，但没有相关制度作支撑、仅靠单纯而美好的希望来维持国家治理，在各种现实利益的诱惑、人心趋利的现实社会中明显举步维艰。愿望虽然美好，却不可能从根本上杜绝晚清官吏结党营私、贪渎频发的现象。

另外，在当时举国财政拮据的情形下，为应付外侮，守旧派欲通过杜中饱、节靡费来解决军饷需求和国家财政的困难，但其做法无疑有竭泽而渔之嫌。光绪二十五年（1899）刚毅南下金陵筹饷，深入了解当时贪渎丛生的弊政，指出：“厘金弊窦多端……其弊尤莫重于中饱。外省目厘金为优差，办捐之员无不捆载而归，有捐升过班者，有拥资归作富家翁者”。于是，他认为解决官吏贪污的办法就是每年向该地增收银两，通过增加征收的办法从地方官吏腰包中掏钱，美其名曰：“非能额外苛取商民也，不过分委员之贪囊而已。”很明显，其欲“日兢兢以不病民生，不失政体为主计”④ 的筹饷措施，不可能从根本上解决问题。更何况，权操于己的地

① 李秉衡：《奏陈管见折》，《李秉衡集》，第299页。

② 《徐桐片》，光绪二十五年八月二十四日，《录副奏折》第552卷，第2083号胶卷。

③ 《徐桐片》，光绪二十一年闰五月十九日，《录副奏折》第423卷，第1072号胶卷。

④ 以上均引自朱寿朋：《光绪朝东华录》（4），第4401—4402页。

方贪官污吏们决不会主动放弃贪渎之利，朝廷额外的征收最终只能是被千方百计转移到了普通民众头上。正如时论所谓："现际民穷财尽之时，国用之所入，即民财之所出，在朝廷用意深厚，不欲竭民之财，惟提盈余以杜中饱。夫中饱诚可杜，然目前之和盘托出者，事后难必不移东补西。试问不取之民，官吏其将谁取乎？即使侍躬廉洁，不思自饱私囊，而上之有使费也，下之有开销也，不但不能滴滴归公，且断不敷其用度，恐有欲廉而不得者。故名为杜中饱，而中饱之弊终不能杜。中饱之弊不杜，则所筹之饷，名虽取之官吏，其实仍取之于民，奈若何？"① 由此可见，不思从制度上进行改善，只求固守传统，通过官吏自身的洁己奉公、大公无私来解决国家的问题，终究是空谈。守旧派的所谓节流措施也最终演变成为贪官污吏剥夺贫民、搜刮百姓的手段。

从根本上来说，承继传统治国理政思想、奉行传统义利观、反对趋利行为的守旧派，比较注重节流，于开源则持相对保守的看法，可谓保守有余而开创不足。早在洋务运动时期，吴廷栋就指出："天下万事，孰不从利根上发出病痛，究竟只落得大不利耳"。他认为国家应坚守的立场是"理财须节流，不得开源。凡有言为皇上开生财之源者，多是剥丧之气耳"②。到了义和团运动时期，国家财政严重竭蹶的状况使守旧派不得不面对客观现实，在开源方面稍做变通，相对于洋务运动时期的守旧派来说，似乎少了一点迂腐，多了一丝灵活。然而，他们骨子里，对于开源举措依旧存在抗拒心理，仍然奉行"生财之道在于节用、爱民，掘地求金亘古未有"的金科玉律。总之，清末守旧派未能正确面对当时的开源措施，也没能给开源举措以准确定位，而是顽固坚守着几千年一成不变的老套节流方法不予变通。

四、恤民

守旧派主张关注民生，改革弊政，减轻百姓负担。尽管其改革方案陈旧落后，但也难掩对百姓发自内心的体恤与关注。光绪二十五年（1899）

① 《书户部请饬筹饷折后》，《申报》光绪二十六年正月二十八日。
② 方宗诚：《柏堂师友言行记》卷2，台湾文海出版社影印本，第3页。

刚毅南下筹饷，在清查两淮盐务时提出，两淮盐务有垣商、租局、公收之商、灶户、煎丁等，淮盐早已疲敝非从前盛时可比，煎丁十分贫困，“大都鹑衣鹄面之流，受雇煎炼，日得几何。商人即不克扣，恐灶户尚不免有折给工资情事，况桶价既经减发，必益思取偿于煎丁，递相折扣，以致所得甚微，不谋一饱”。“灶户被扣，不难仗举贡生监之势力，出头呈控，煎丁讦讼无路，呼吁无门，言念及此，尤堪悯恻”。而商人家道殷实，灶户也有恒产可依，“独此藉力谋生之贫民，而忍令其长抱向隅乎？”刚毅亲自考察当地情形，酌定煎丁工价，不准官吏克扣煎丁，严禁商人克扣，“致有递相简折情弊，乃应详报盐政衙门立案”，以稍减穷丁之困苦。[①] 早在光绪二年（1876），刚毅任山西巡抚之时，由于大灾造成晋地元气大伤，清廷户部咨文令山西各州县将民欠之钱粮限时造册登记刊发。刚毅深知民间疾苦，上疏朝廷告及民众贫苦无助之状况，认为“无力完纳之家追比较难”，延缓在所难免，如若造册过早，延缓交纳之户名单可能没在所造之册中，导致“群相哗然”。[②] 尽管他此举乃出于维护封建统治秩序的考虑，但也不难显露出其对民瘼的深切关怀，水能载舟也能覆舟的朴素而传统的民生思想在此展露无遗。这则材料虽反映的是光绪朝前期的刚毅，但关注民间疾苦、体贴民瘼往往是根植于人们心灵和思想深处难以突然改变的情怀，也很少会随时间的推移而改变。结合以上两则材料，更可看出刚毅这种关心民生疾苦的恤民思想并没有随时间推移和地位变更而消逝。这种恤民思想在徐桐、启秀、赵舒翘、李秉衡、毓贤等守旧派身上同样非常鲜明。如就厘金的收取问题，御史徐道焜对民众困难深入考察后说：“今日民之怨官莫切于厘金。……商民到卡，任其勒索，而又百里之内关卡林立，纳厘之卡征之，验票之卡亦征之，层剥叠削，号呼无门。……厘卡委员胜于优缺州县，解一年之差囊加捐大花样者指不胜屈，民之无辜，嗟罹此毒。”于是，他请旨谕各地方督抚严定章程，“将验票之卡悉数裁撤，拯民水火莫此为急。”[③] 而于荫霖、李秉衡在任职之地裁撤弊政、整顿吏治、办理赈务，取得不少成绩，正是将恤民理念落到了实处。

---

① 朱寿朋：《光绪朝东华录》（4），第4419页。

② 葛士濬：《皇朝经世文续编》，光绪辛丑年上海久敬斋铸印，第869页。

③ 《御史徐道焜折》，光绪二十四年十月二十六日，《录副奏折》第423卷，第2299号胶卷。

综上所述，清朝末年，清政府守旧派解决社会危机的思路和理念并未能突破传统的框架，他们反对新政，试图在祖宗成法范围内对传统政治进行修修补补以期达到强国目的。不可否认，在封建承平年代，这种做法能让百姓休养生息，维持社会的平稳发展。然而，在民族危机空前严重、各种社会问题层出不穷的晚清社会转型时期，明显不能从根本上解决日益严重的社会问题。守旧派种种不懂变通的方式和做法终将导致其在大浪淘沙的时代进程中成为千帆侧畔的沉舟，被时代抛弃。

第二节　卫国之道：外交主张

守旧派传统的治国理念不仅贯穿于内政措施中，还固执地延伸到对外的主张与政策内，主导和牵引着他们对列强的认识和对世界的看法。

一、守旧派视野中的列强

鸦片战争，列强用坚船利炮轰开了清朝闭关锁国的大门，并强迫清政府割地、赔款。守旧派的排外情绪被列强的侵略行径激发，他们断然认定列强的侵略意图不会就此停止，要求加强防范，反对对列强抱有任何幻想。其强硬的对外态度此时开始形成。

首先，对于伴随西方侵略而来的传教，守旧派认为这是列强侵略中国的手段，不仅表现在对国家主权的侵略意图，还表现在试图同化中国民众，达到更深层次思想文化控制的目的。

守旧派认为，允许列强在中国传教，结果必然是人心的“以夷变夏”和民情风俗的变而从夷，而传教也因此成为列强在中国培养内奸的手段，传教士就是列强安插在中国的细作。故他们对于列强借宗教侵略中国的行为尤为痛恨，其观点可用王炳燮的言论来概括。王炳燮对待列强传教的看法与清末守旧派相似，其言论堪称守旧派反对列强传教的典型。他认为，清政府与列强签订的通商条约附带允许列强传教的条例，“此大误也”。因为传教乃列强阴谋的贯彻。既然通商是其目的，则“传教之事与通商何涉？彼负其桀很（狠）之性，不能奉吾中国之正教，以革其鄙俚僻陋之邪教，则亦已矣，又何敢令吾中国之民去其父子、君臣、夫妇、长幼、朋友之道，以习外国之教哉”！而愚民受其诱惑，最终入教之人“日积月累而愈众”，结果必然是“教主一呼，群愚响应”，教民终成为列强侵略中国的工具。① 王龙文、彭清藜等守旧派也十分赞同这种观点，认为：“中国之民心固结为西人最惧，彼之所谓教民即汉奸也。若无教民内应，敌人断不敢冒然北犯，此时歼除汉奸为第一要著。……各省教堂残忍之事众所共知，若各国向我求和，须约明嗣后只准通商、不准传教，庶彼族无所施其伎俩，内地良民不至群化为叛民矣。”② 在守旧派看来，传教无疑是列强侵略中国的手段，且这种方式比武力侵略带来的影响更深远、危害更严重，要彻底清除列强在中国的影响，就必须杜绝教会势力在国内的渗透。故他们试图采取措施将传教士赶出中国。

于是，徐桐、崇绮在义和团运动如火如荼之际上了一奏折，欲杀尽国内洋人。奏折中他们对列强武力侵略中国并以传教为名行侵略中国之实的切齿之恨跃然于纸上，兹录于下：

> 臣徐桐、臣崇绮跪奏，外洋已干众怒，亟宜顺民心以锄非种……外洋各国凭陵我国家，贼害我百姓，种种恶状，悉数难终。凡属大清臣民，无分贵贱，伏聆圣训，罔弗志切同仇，共思报恨而雪齿。惟各国凶狡巧诈，出于性成，此次首开衅端，夺我大沽炮台，无非为遂其瓜分之计。现在既经决裂，大举入寇，自在意中。
>
> 臣等反覆思维，我兵虽尽属精强，数终有限，不若因民之弗忍，人使皆兵。谨拟请旨，通饬各直省督抚，飞札各府州县，自此次决裂之后，无论何省何地，见有洋人在境，径听百姓歼除，以伸积愤。则上报君国，下保身家，不至再为洋人鱼肉。凡我百姓，数十年来既被外洋之毒，复受教民之欺，并为偏袒之大小官吏所强压，愁苦抑郁，申诉无门，一旦奉此纶音，自必踊跃奋兴，感恩图报，真有沛然莫之能御者。其滨海各地方，如洋人大股麕至，除由官军剿办外，本地百姓皆得扶义而起，设伏出奇，节节拒战，则洋人不敢舍船登岸，而以

① 王炳燮：《毋自欺室文集》卷2，第107—108页。

② 《徐桐代奏折》，光绪二十六年六月初七日，《录副奏折》第631卷，第1970号胶卷。

逸待劳之势成矣。至中国莠民，信从邪教，倚为护符，任意反噬，委系叛徒，一经拿获，解送到官，立即讯明，就地正法。良民不得擅杀，致滋流弊。如此认真办理，则中国之地，异类可尽，民气可舒，而廓清可望也。①

徐桐、崇绮该奏折可代表该时期守旧派的整体思想，也能凸显他们不顾后果盲目开战的原因。首先，从以上文字，可以看出徐桐等人对于列强的侵略本性有一定程度的认识。尽管受到视野和见识的局限，他们看不到列强侵略乃出于资本积累的需要，也看不出帝国主义的侵略本质。但是，他们从列强对中国的多次侵略中意识到“各国凶狡巧诈，出于性成”，无非“遂其瓜分之计”。其次，对于民教之争，他们看得较为真切，认识到教会是列强侵略中国的工具，而教民“信从邪教，倚为护符，任意反噬”，借助教会之威压制普通百姓，已经成为列强侵略中国的帮凶。该奏折言辞过激，可判断长久以来列强直接和间接侵略播下的仇恨早已在守旧派心中酝酿、发酵和膨胀。当守旧派压抑良久的愤怒情绪终于找到突破口，便像火山一样蓬勃喷发，来势凶猛、势不可挡、难以遏止。很快，守旧派便对教会和教民“大开杀戒”，任何试图阻止他们这种过激行为的人，如同阻止磅礴奔涌的火山一般，终将悲壮地葬身于高涨而沸腾的民族仇恨岩浆之中。为阻止守旧派与列强开战而丧生的袁昶、徐用仪、许景澄等几位朝廷大臣的悲惨结局就是如此。毓贤在劝导教民离教之时，对那些坚决不从的教民也残忍地实行了就地大屠杀。毓贤这一行为与整个守旧派对于教民的态度和政策如出一辙。杀教民、杀洋人以泄恨，是守旧派仇洋心理发展到极致的表现。

其次，守旧派十分敏锐地觉察到列强处心积虑侵略中国领土和主权的狼子野心。1894 年中日甲午战争爆发，针对一些国家主动请缨欲帮助清政府抗击日本的要求，徐桐等人就断定其绝非出于真心，而是另有图谋，故主张谢绝以除后患。“以倭患之微，而必待他国之驱除，既不免示人以弱。以饷源之绌，更添意外之兵费……设不胜而索兵费，何以应之？且恐倭夷有所藉口或联合俄、法环而攻我，更有防不胜防之患。”因此，他们认为

① 《义和团档案史料》上册，中华书局 1979 年版，第 196 页。

应“于西人助战之请婉言相谢，以犒夷之资为养兵之用”。[①] 光绪二十三年（1897），德国借口传教士被杀而出兵侵占胶州湾，有人谓德国占领胶州湾、澳门，乃源于扩展通商口岸的目的，并非真想侵略中国领土，徐桐对此反驳道：“此次德人占领胶澳，各情实中外通商以来所未有之变”，“然谓德人并不侵占土地，则非也。”[②]“德人借衅生端，占踞胶澳，夺我炮台，扰我内地。近复追扑退兵，开枪轰击。种种陵侮，实出情理之外。窥彼用意，初非专为教案而来也。……如此大举，事机叵测。”[③]“又闻倭人举国震动，日开议院谋启兵端，俄国置身局外，不肯为我调处，时局艰危，万分可虑，若不稍为筹备，臣恐旬月之间所失不止山东沿海数州县，而发难亦不止德意志一国也。”[④] 可见，此时的徐桐对列强的侵略意图非常清楚，也清醒地意识到列强并不会纯粹因为友好而对中国施加帮助，这似乎比一味依赖俄国而欲行妥协的外交观要高明得多。至少，在列强纷纷觊觎中国的国际形势下，看清各国的侵略意图，丢掉对各国的依赖和幻想，这方面，守旧派确有过人之处。他们对列强侵略意图之所以看得如此深入与透彻，无疑与他们对列强的切齿之恨有关。在这种对外仇恨心理的支配下，他们时刻在防范列强的觊觎，不相信其会有任何友善的行为和举措。

再次，守旧派在列强与中国国力对比的认识上倾向于盲目乐观，并未意识到中西方之间的巨大差距。在守旧派看来，列强实力并非如其外表显露出的那么强大，实际上各国国力空虚，且单纯依靠对外商务来维持国家的发展，故十分依赖中国这个大市场。既然如此，中国对付列强的方法就只需控制住商务这一列强赖以生存的经济命脉就可以了。因此，光绪二十年（1894）徐桐代人上奏折称：“西洋各国，名为富强，则根本空虚，专恃商业以相支柱。原其致贫之故，皆为机器所累。铁路工费浩繁，难成易败，尤为彼国中一大漏卮。此万万不宜学步者也。”[⑤] 戊戌变法时期，御史徐道焜主张对列强开战，其原因是：“各国以中国商务为养命之源，战则

① 《徐桐代奏折》，光绪二十年九月二十一日，《录副奏折》第658卷，第662号胶卷。

② 《徐桐折》，光绪二十四年三月二十九日，《录副奏折》第404卷，第3390号胶卷。

③ 《徐桐折》，光绪二十三年十一月二十一日，《录副奏折》第665卷，第173号胶卷。

④ 《徐桐折》，光绪二十三年十一月二十一日，《录副奏折》第665卷，第173号胶卷。

⑤ 《徐桐代奏折》，光绪二十年九月二十一日，《录副奏折》第658卷，第662号胶卷。这是徐桐替翰林院侍读编修代递的奏折，从中可看出他这翰林院掌院学士的观点。因为如果奏折与其观点相龃龉，其肯定不会替其属下代递。

商务皆废、命源顿绝。况彼外强中干，大率国债累累，日不自支，即使言战，未必不败”①。1900年义和团运动时期，王龙文、彭清藜也在奏折中指出：“外国商务之精华大半在中国掌握之中，一旦停止贸易，彼必深畏。即浙之宁波府一邦而论，与彼教往者为数不止数千万。若先断其银根之来源，绝其饮食之生路，彼已不战而自遁矣。”② 后王龙文又上奏折阐述其观点，谓：“环球之土，惟中国最为肥饶。而各夷率以商贾立国，今海禁既弛久矣，中国固不能闭关自守，而各夷之不能不与中国通商者，其情尤切”，于是，他请求朝廷谕令各省“毋得与各夷交易互市，以断其生业”，如此，则“数月弥年，即各夷穷蹙可立而待”③。而徐桐则对对敌战争信心百倍，谓：“夷且请降，不可许，纳贡、献地、称臣，偿兵费数万万，疏十事上之，尽如约，乃受。”④

很明显，守旧派针对列强对商务的依赖提出了应对之策。然而，他们对列强的强国原因却缺乏根本认识，过分高估列强对中国市场的依赖。这种认识的偏差导致他们在中国与列强实力对比判断上出现重大失误，盲目乐观的情绪开始支配他们的头脑，致使他们最终采取不惜与多国一齐开战的盲目而愚昧的策略。守旧派的闭目塞听与夜郎自大，凸显出他们对于西方社会的深深隔膜和懵懂无知。无疑，与现实社会的疏离，或者说对于国内外局势的茫然，是清末守旧派重大而致命的失误，直接牵引出他们误国误己行为的发生。

二、备兵以立国威

守旧派十分重视武备在国家建设中的重要作用，认为兵强则国威立，兵弱则国危亡，军队之强弱与国力关系重大。近代以来，清王朝一直受列强欺侮与侵略却无可奈何，让守旧派十分愤懑。他们从直觉上意识到列强的侵略意图，觉察到列强无时无刻不在的威胁和欲壑难填的贪念，认为必须采取强硬的外交政策与之针锋相对，软弱和妥协只会勾起列强进一步的

① 《徐道焜折》，光绪二十四年十月二十六日，《录副奏折》第423卷，第2299号胶卷。

② 《徐桐代奏折》，光绪二十六年六月初七日，《录副奏折》第631卷，第1970号胶卷。

③ 王龙文：《平养堂疏稿》，第25页。

④ 李希圣：《庚子国变记》，《义和团》（1），第17页。

侵略欲望。而拥有良好战斗力的军队是国家实行强硬对外政策的前提。因此，练兵乃当务之急，不可须臾缓歇。

早在同治初年，徐桐就“念外人麕集京师，和议难恃”，认为“宜壹意修攘图自强”[①]，自此，他一直没敢放松对列强侵略的警惕。光绪二十三年（1897）德国侵占胶州湾以后，徐桐剖析当时形势的严峻，认为虽然欧洲距离中国很远，轮船非两月不能到，而德国与法国乃世仇，一旦德国远涉重洋以重兵出击中国，势必担心法国偷袭其后，因此判断德国不会大规模出兵来攻击中国，这点于中国有利。但中国也不能因此放松警惕、轻视民族危机的严重性。因为虽德国所来“兵数不多”，却“实亦窥测中国已熟，不必全力大举而可制我有余矣”。[②] 因此，备兵而加强国防迫在眉睫。“外夷之欺侮至矣，我终不能据理力争命将相持者，以中国之武备未修，防务太弛，无兵无饷，无船无械，不敢言战耳。……今虽不能遽言战，然亦不可不豫为筹防，无论事机决裂，非有备万难图存。”故“须宿有重兵，凡事尚易措手”[③]。

针对晚清“武备寖衰久矣”的军事现状，刚毅早就“耳闻目睹，寝不安席”，积极寻求治兵之策。其“日夕忧勤，读兵书求韬略，凡有益于战守者，必撮其要”，于光绪朝前期任职于广东道署之际就撰成了《见闻辑要》一书。他认为，武功与文治是治理国家不可偏废的两个方面，“世运有治而有乱，人情有让则有争，是故兵可百年不用，不可一日不备。人将欲为一代有用之材，兵法不可不讲，兵书不可不读。”[④] 该书在 19 世纪 80 年代初就已编成，不难反映出刚毅对于国家武备的重视由来已久。

曾廉认为国家时时都须重视军事建设，否则国威不立。“国家有治兵之政，无销兵之政，且盛世犹不可销兵，况衰乱乎？”在他看来，一个国家即使处于全盛之时，“非特其恩足以柔之也，亦威足以为之畏也。”[⑤] 一旦军事松懈，则“敢有不庭，征讨立至”。国家衰弱，则更应重视军事建设，否则，处于万事颓废之时，“诸强臣之属，始则少为不逊，以尝试朝

① 《徐桐》，《清史稿》卷 465，第 42 册，第 12749 页。又见金梁：《光宣列传》。

② 《徐桐折》，光绪二十三年十一月二十一日，《录副奏折》第 665 卷，第 173 号胶卷。

③ 《徐桐折》，光绪二十三年十一月二十一日，《录副奏折》第 665 卷，第 173 号胶卷。

④ 刚毅：《见闻辑要》，光绪庚辰孟冬本，第 3—5 页。

⑤ 曾廉：《蠡庵集》卷八，第 21 页。

廷，既而知其财竭力匮而苦厌兵，于是益务为叫嚣以求不次之恩命，否则藉同致乱，蔓延不可制矣。”① 显然，曾廉的备兵思想乃源于中国古代防备属国叛乱经验教训之总结。但在世界意识尚未形成的清末守旧派眼里，当时的世界形势与中国古代诸侯争霸的局面并无区别。守旧派强调以武力强国，无疑具有合理性。

徐桐对中日甲午战争之后，“叠奉谕旨饬各疆吏整顿武备，共图自强”，但“迄今三年”，国家防务依然“弱不能支”的情形很是恼怒和痛恨。② 虽然甲午之后国家需赔偿巨款，入不敷出，“府库告罄”、财政支绌，但他认为练兵之举不能一再拖延。“今日情势岌岌可危，此时纵不动兵，异日必有用兵之候”③，“今日虽和，难必他日之无事，一倭虽和，难必他国之无事，愈不容不亟图自强矣”④。而“临时招募，仓卒成军，万难得力”⑤。因此，解决此种练兵为当务之急而又财政竭蹶的状况，“止有激励忠义，倡办民团，阳以弹压土匪为名，阴以辅兵力之不逮”⑥。

徐桐等人十分敬重和景仰当年曾国藩等中兴将才的治军才能和在国家危难之际创募乡勇、教练成军、驰骋战场，终创“中兴”之局的功绩。他们对曾国藩等人所开创的团练这种练兵方式大为赞赏、极力提倡。认为此朝夕训练的做法，能激发士兵的尊亲大义和警惕之心，使之时时如临大敌。国家的防务能力由此得以提高。徐桐认为，乡团“所用皆书生，所募皆农夫”，“将领无军营之习气，士卒无制兵之巧滑”⑦。同时，乡团平时种田，闲时练兵，寓兵于农，耗费较军队少。而就地练兵，乡勇的乡情对于军队战斗力的提高和地方的治安都大有裨益。加强防务，“果使朝廷之上雷厉风行，则人心一振，士气自新，外夷闻之亦或易于就范。否则，敌焰愈张，人心愈涣，国威日削，大局将危，实有不堪设想。”⑧ 刚毅替人代递奏折也说：“以民团为民兵”，乃“目前切要之图，诚不容缓”。“惟办之

① 曾廉：《蠡庵集》卷八，第21页。
② 《徐桐折》，光绪二十三年十一月二十一日，《录副奏折》第665卷，第173号胶卷。
③ 《徐桐代奏折》，光绪二十四年正月二十一日，《录副奏折》第665卷，第245号胶卷。
④ 《徐桐代奏折》，光绪二十一年三月十七日，《录副奏折》第658卷，第95号胶卷。
⑤ 《徐桐折》，光绪二十三年十二月十一日，《录副奏折》第665卷，第209号胶卷。
⑥ 《徐桐折》，光绪二十三年十二月十一日，《录副奏折》第665卷，第209号胶卷。
⑦ 《徐桐折》，光绪二十三年十二月十一日，《录副奏折》第665卷，第209号胶卷。
⑧ 《徐桐折》，光绪二十三年十一月二十一日，《录副奏折》第665卷，第173号胶卷。

于官，呼应虽灵，民心每多不固。官督民办，又恐不肖绅委藉端骚扰，殆累闾阎”。且很多省分招兵过程中，混入不少市井恶少，这样的军队“虚靡款项，与民痛痒毫不相关，地方苦之”①。所以他认为最好的增强国家防务和保护地方的办法就是在兴办团练过程中“以尊亲大义破除官民隔阂积习，相见以心”②。

备兵不仅仅在于练兵，还包括坚定士兵应战的勇气和必胜的信念。于荫霖认为：“今日急务在设防，尤在立防之本，本何在？在以必成之心为持久之计。”③“刻下虽坚定办防，议者犹未免有备必不用之言。此议最足害事。将无必战之志，兵无必斗之心，教练必不精，帑饷必虚靡。平时徒极铺张，临事仍无把握。从前海防多议论少成功即坐病在此。”因此，“用兵之道，首在坚辰断，然后将才练而边事安”④，“但当一意进征，以持久为心，而不以胜败变计，所谓坚辰断者”⑤。总之，守旧派认为，君臣上下都需抱定必战信念，军队战斗力才可能提高，“惟皇太后常存忧虞惕畏之心，惟诸臣常抱卧薪尝胆之恐”，“今日备明日战，我固当为必战之谋，即尝有备尝无战，我亦不可有不战之恃”，“如是，则兵帅常挟战心，而事可修、气可奋”。⑥

清末守旧派虽然认识到加强军队建设的重要性，但他们在军队建设上依然盲目遵从传统的战略战术，且过于依赖，对于新式武器的重要性，则相对较为忽视。尽管此时他们不再无视西方先进火器的威力，但相对来说，他们更倾向和侧重于依赖优秀的将领、传统的战术，从而在一定程度上削弱了对新式武备的重视。

如曾廉认为，“拒敌之道曰：开地营、策土墙，所以避炮弹也；曰明侦探，广包抄，所以张军势也。其器械则惟在其所习之精，虽刀、矛、鸟枪亦能用之。至劈山炮、抬抢，则夷人之所畏，以其能出入群矛而伤人多也。凡此者，廉尝亲至军中问而知之，非书生之浮论也。其不战而溃，或

① 《刚毅代奏折》，光绪二十四年七月二十七日，《录副奏折》第675卷，第817号胶卷。
② 《刚毅代奏折》，光绪二十四年七月二十七日，《录副奏折》第675卷，第817号胶卷。
③ 于荫霖：《悚斋遗书·奏议》卷一，1923年北京刻本，第12页。
④ 曾廉：《蠡庵集》卷十二，第26页。
⑤ 曾廉：《蠡庵集》卷十二，第28页。
⑥ 于荫霖：《悚斋遗书·奏议》卷一，第12页。

猝战而败，皆将之失，非器之过也。”[①] 可见，尽管曾廉自认为此乃通过调查得来而非书生纸上谈兵的结论，但在坚船利炮武装起来的侵略者面前，这些话语的迂腐与不切实际暴露无遗。守旧派与社会的隔离也从中可见一斑。

另据记载，刚毅曾经说：“有藤牌地营，则枪炮不足畏，能徒手相搏，则洋人股直硬，申屈弗灵，必非我敌。”[②] 尽管刚毅识见不高，但笔者认为，综合刚毅等守旧派的言行可知，这则材料所述的刚毅对于西方人身体特征的这种错误看法不可能发生在清末。如在戊戌变法之前，刚毅曾邀请英国传教士李提摩太到其家中会晤，李也曾回忆其第一次见刚毅是在19世纪80年代刚毅任职山西之时[③]。可见，即便刚毅对西方的认识非常肤浅谫陋，但到了戊戌变法时期，也不至于仍有对西方人身体结构的错误认识。而毋庸置疑，此时守旧派也早已意识到了西洋军火的优越性。如李秉衡在光绪二十年（1894年）《奏提正款购买外洋枪炮片》一疏中就提到“非急购西洋新式快炮快枪无以制敌”[④]，而徐桐也有相关言论承认西洋军火的先进性，建议朝廷加紧制造。由此可见，从整体上而言，当时守旧派对西方军火器械的认识已经达到一定高度，不再如国门初开之际那般懵懂无知了。因此，此则有关刚毅的材料，可说明两个问题：第一，材料对刚毅等守旧派思想和认识的落后性，存在故意夸大的倾向。很有可能刚毅之前确实说过此话，但世易时移，到了戊戌变法时期，这种观点早已改变。但其对立派别为抨击其思想之守旧，故意翻其老底，以夸大其守旧和懵懂无知的程度；第二，刚毅“藤牌地营”之说还有另外一层含义，即他非常强调传统兵法战术的重要性：

强调传统兵法的言论在当时颇有市场。戊戌政变后，《申报》曾经刊登一则论说，谓“滕牌可御火器”，与刚毅的观点十分相近。在此时守旧派已统领朝纲之际，该文很有可能是为声援刚毅等守旧派而刊登，但不管怎样，文中观点不全属无稽之谈。其文谓：“今之变兵制、练洋操者，莫

① 曾廉：《蠡庵集》卷十三，第14页。

② 费行简：《慈禧传信录》，《戊戌变法》（1），第468页。

③ 林树惠译：《中国的维新运动》，《戊戌变法》（3），第557—558页。

④ 李秉衡：《奏提正款购买外洋枪炮片》，《李秉衡集》，第150页。

不曰：聘请洋匠、仿造火器，为当今之急务矣。夫火器，西人之长技也。师其长技无论其不能及，即或及矣，而以刚制刚，以利制利，此必败之道也。……避其所长、攻其所短，无不如意。如今之西人利在海战，我宜拒之于陆；利在火器，我宜急求御火之法。御火之法，则以藤牌为最善。”接着作者以康熙年间清朝与沙俄的战争为例，论述当时清军以藤牌官兵战胜沙俄先进火器的情形，其言谓：“圣祖之意亦以罗刹善用西瓜枪炮、鸟枪等火器为害甚烈，故重用藤牌以避其锐”，而最终“成此长驾远驭之规也”。虽然“今泰西火器”以及种种新制之枪炮，与昔日之沙俄不同，威力更大，但不可否认，“陆路接战之时，重用藤牌，操练娴熟，尚可冀其得力。”原因在于其能躲避西方新式军火的锋芒，具体表现在：“火器远固可及，近反无用。而藤牌随滚随进，则因其进速而不易于近敌也，此其可避者一。火器高则可中，低又无用，而藤牌能跪能伏，则因其势低而可暂挫其锋也，此其可避者二。又药弹之出多系径直，而宋张威藤牌散星阵，聚守散杀，变化莫测，可使其枪法眩乱，而我有薄入之势也，此其可避者三。《裴氏广州记》称藤性软滑，无物可比。滑则火弹虽猛，必不能炸，几更酌加几层薄绵，则尤御之多术矣，此其可避者四。及至薄近敌军，短兵乱斫，虽有利器则已魄动神丧，委而去之，反为我用矣，此其可避者五。有此五善，尚可疑其迂阔而谓必不可用乎？”作者进一步论述，拥有先进武器而战败的事例屡见不鲜，“如南宋之季，金人以之守汴，史所载火器之利殆与今不相上下，而率至于亡。明季，汤若望在李建泰山军中多有制法兰西枪炮者，而亦无救于事。观于此事，益可见火器之不可恃”。故其得出结论：“若能师圣祖之遗制，求祖制之善术，避其所长，彼其不能，护其所短，我乃可以呈其所长。从古名将战无不胜、攻无不克，皆用此道以成大功。然则泰西火器虽甚精良，我奚惧哉？”①

不难判断，这段文字是对刚毅“有藤牌地营，则枪炮不足畏”观点的附和和深入阐述。也由此可见，刚毅等守旧派笃信传统战略战术能有效应对西方先进武器。但这并不意味着他们否认西式火器的威力，只是相对于新式武器，其更相信传统战略战术的威力与灵活性。

① 《记客述藤牌可御火器说》，《申报》光绪二十四年九月十六日。

综上所述，清末守旧派认为在当时西方列强争相觊觎的社会现状下，必须加强国家军事建设，摆脱绿营旧习，改变军队和防务建设中积弊因循的局面，强兵以立国威。这些观点都反映出守旧派对时局的关注和国家前途命运的关心，也无疑具有合理性。然而，他们的强兵策略依然停留在传统军事思想水平上，相对忽略西方新式军备和军事思想，这必然会影响军队建设的质量。

三、强硬的对外主张

对外态度强硬是清末守旧派的一个典型表现。面对外国侵略，他们反应强烈，主张毫不妥协的应战。在对外交涉中，他们主张坚决维护国家主权和利益。而长久以来积累的对列强侵略的仇恨和对当局软弱外交政策的不满，在他们掌握了国家政权之后终于找到了一个发泄口。他们对近代以来洋务派的妥协对外政策进行抨击和反正，不幸地走向了一个极端，终以悲剧落幕。

守旧派走向政治前台伊始，便试图扭转晚清政府软弱、被动而妥协的外交状况，向强硬外交迈进。

首先，守旧派猛烈批判李鸿章等人的妥协外交。徐桐谓："译署人才"，"率皆曲徇洋情，罔顾国体，一味迁就苟安，任洋人之肆意要求而莫能置辩"，在妥协氛围包围和推动下，总理衙门"求一折冲樽俎之才渺不可得"。[①] 可见，徐桐等人对洋务派操控多年的外交格局非常不满。徐道焜尖锐地指出，朝廷一味妥协求和所导致的严重后果是逐步受制于列强，其谓："惜乎中日之役和议之太速也！徒以我惩于前覆不轻言战，彼遂得任意恫吓得寸进尺，胶澳、旅顺、威海诸险要均以一纸攘取，不烦一兵。"[②] 在其眼中，此种妥协外交导致列强侵略益发猖獗。义和团运动起，守旧派利用其以主战，而李鸿章等人匆忙谏阻，叮嘱朝廷切勿轻易开衅于外人。在此情形下，翰林院编修王会厘附和徐桐等守旧派的主战主张，批驳李鸿章的妥协外交道："近三十年来，大学士李鸿章专务和戎，凡英人取印度、

① 《徐桐折》，光绪二十四年十一月初五日，《录副奏折》第423卷，第2309号胶卷。

② 《御史徐道焜折》，光绪二十四年十月二十六日，《录副奏折》第423卷，第2299号胶卷。

缅甸、威海，法人取越南、广州湾，倭人取台湾，德人取胶州，俄人取珲春界、旅顺、金州，皆李鸿章甘心卖国阴授以柄，致外洋要挟中国几难图存。今既恭申天讨，而李鸿章总制两粤，闻有抗旨不赴召之电，又有请勿开衅之电，悖谬畏葸，老而益甚，不知主辱臣死之义，惟请苟安求和，听则可保全禄位，不听则可诿卸责任，一至交兵又多方牵制阻挠，必欲一蹶不振以实其言。此皆李鸿章惯技。若再以此法试办，大局何堪设想。”[①] 因此，对李鸿章等人不愿与列强决裂心存不满的王会厘建议清政府将李鸿章“就地正法”，以儆效尤。王会厘的话语无疑正反映了守旧派的心声。

其次，守旧派认为朝政应该本诸朝廷而不能受制于列强，国家的主权不能为列强所左右。他们对于德国逼迫清政府处罚办理山东教案的李秉衡一事很不满。李秉衡清廉刚正，勤政爱民，使地方吏治整肃，深得绅民爱戴，乃守旧派心中的良吏。因其持平办理教案，德国对此十分不满而向清政府试压，清政府被迫惩罚李秉衡。李秉衡被惩，守旧派愤懑异常，纷纷攻击清政府内政受制于列强的局面。他们认为朝廷政治受制于列强、是非不明的状况必须改变。徐致祥评论李秉衡“抚东三载，清操亮节，义胆忠肝，吏治肃清，武备修整，盗贼敛迹，闾阎乂安，种种实政不独脍炙人口抑且简在帝心，今乃以敌人一言而去实可寒心”。[②] 徐道焜认为：“忠耿如李秉衡、勇敢如甘军，言废则废，言调则调，用人行军几有不能自主之势”，长此以往后果将“不堪设想”[③]。徐桐也认为，李秉衡“为德人所忌，约以不得大用”，此乃德人在“妄干天朝予夺之权”[④]。国家处于此种“彼所恶之疆臣欲去则去之”[⑤] 的是非不明状态，“以洋人之喜恶为中国之黜陟，势必至刚正者屏斥殆尽，庸懦者敷衍塞责，奸猾者曲意取悦于洋人，以为挟重固位之资，而国家复何所倚守？”[⑥] 于荫霖也怨恨于国家大政受列强操控的局面，认为如此，“尚可为国乎？”[⑦] “天下之人但见黜李秉衡，而平日受厚恩，掌大权，一再割地并不能止祸者，未责一人，未镌一

① 《翰林院编修王会厘折》，光绪二十六年六月十三日，《录副奏折》第631卷，2118号胶卷。

② 徐致祥：《嘉定先生奏议》，第149—150页。

③ 《御史徐道焜折》，光绪二十四年十月二十六日，《录副奏折》第423卷，第2299号胶卷。

④ 《徐桐折》，光绪二十四年十一月初五日，《录副奏折》第423卷，第2309号胶卷。

⑤ 徐致祥：《嘉定先生奏议》，第150页。

⑥ 徐致祥：《嘉定先生奏议》，第149—150页。

⑦ 《于荫霖》，《清史稿》卷448，第41册，第12523页。

级。皆以李秉衡为戒，谁复肯抗敌国以报国家?"[①] 守旧派极力要求改变此种状况，表现出他们对于国家主权的维护，对列强干涉内政的愤怒和清政府长期以来外交软弱无能的痛恨。

再次，持平办理民教之争是守旧派的坚决要求。由于基督教入侵、平民入教引发的民教争斗在晚清日趋严重。守旧派颇为客观地分析了民教争斗之缘由，认为教民恃教为护符欺压普通民众，地方官因害怕列强往往敷衍了事，从而导致民教争斗愈演愈烈。毓贤谓："民教不和，由来已久。……在二十年前，平民贱视教民，往往有之，并未虐待教民也。迨后，彼强我弱，教民欺压平民者，在所多有。迩来，彼教日渐鸮张，一经投教，即倚为护符，横行乡里，鱼肉良民，甚至挟制官长，动辄欺人……每因教民虐待太甚，乡民积怨不平，因而酿成巨案。该国主教只听教民一面之词，并不问开衅之由，小则勒索赔偿，大则多端要挟，必使我委屈迁就而后已。……此奴才服官东省二十余年，耳闻目睹，知之甚确者。"[②] 因此，"民教不和，由地方官不能持平办理，诚探源之论"[③]。徐桐批评地方官吏在办理民教斗争时，不仅对于传教士和教民"不敢抗违"，更甚者是非不分，转而处置平民，甚至"以枷责示众"[④]，从而造成民怨沸腾的局面。因此，持平办理民教斗争成为守旧派的共识。他们希望能通过持平办理民教之争，疏导民教争端，还平民一个稳定的生活、耕作环境。

守旧派对于受教会压迫的民众深切同情，对于逐渐蔓延到内地的基督教及其传教士深恶痛绝，一定程度上表现出其爱国之情。他们对于民众的处境有着深入的了解，不满于传教士对平民的欺压和地方官不能持平办理教案、对民生不负责任的种种行为，认为持平办理民教之争才是争取民心、稳定国家的最好选择。反之，则会丧失民心，把更多的民众逼到入教寻求保护的地步。而且，他们认为持平办理教案、拒绝列强对国家内政的干涉，乃一个主权国家之必需。

最后，面对列强的步步进逼，守旧派主张不失时机向列强开战。他们

① 于荫霖：《请简用贤能大臣并陈五事以救时局折》，《悚斋遗书・奏议》卷三，第1—10页。

② 《义和团档案史料》上册，中华书局1979年版，第24页。

③ 《义和团档案史料》上册，第123页。

④ 《徐桐片》，光绪二十五年八月二十四日，《录副奏折》第552卷，第2080号胶卷。

认为，中国有人心可恃，不必畏惧外敌。固结的人心是对外开战的坚强后盾。刚毅说："中国地大物博，人知忠义，民心固结是我之所长者也"①，有此固结之人心，外患自能迎刃而解。戊戌政变后，徐道焜上《敬陈时务折》，认为在国家外患分外严重，令人"莫不动色悸心，莫知所措"的情形下，"不战而割地输帑，勉可图存，犹可言也；不战而忍辱蒙耻，无救于亡，不可言也"。故其认为国家应在"立国势，肃纪纲，固民气"的基础之上对外"主战"。② 而对于李鸿章等人向朝廷提出的"勿轻启衅端"建议，他十分反感，甚至要求斩李鸿章以立朝廷"决意主战"之心。故当义和团运动兴起，守旧派纷言人心可贵，试图引之以抗洋，"中国二十余行省，四百余兆人"，"诚能亿众同心"，"何敌不克?"③

当然，需要强调的是，守旧派也并非从一开始就主张对外开战的。毕竟，洋务运动已在中国开展了几十年，维新运动也是余音绕梁，清政府守旧派的思想也已与先前有了很大不同，能在一定程度接受西方思想与文化，对外举措也倾向于内敛平稳，一开始并无与列强决裂之意。戊戌政变后清政府守旧派控制下的清廷，面对列强环伺瓜分豆剖的局势和日益紧张的民教关系，基本立场都是"慎重办理，相机因应"，"固不得事事忍让，无所底止，尤不得稍涉孟浪，衅自我开"。④ 尽管列强在紧紧相逼，守旧派仍试图竭力维持和局。那么，守旧派最终又如何选择了与列强决裂呢？这经历了一个转变过程：

戊戌政变后，外国人庇护康、梁逃往海外，慈禧太后和守旧派对此十分不满。慈禧太后开始听从守旧派的意见尝试对列强强硬，强硬举动的一个重要成果就是成功拒绝了意大利索取三门湾的要求。光绪二十五年（1899），意大利向清政府索要三门湾遭拒，从而被迫放弃此要求，改为在该地筑造铁路至杭州。对于该事件，当时《申报》如此报道："意大利国索取浙江之三门湾，驱其兵舰多艘，游弋海洋，以肆其要求恫吓之志。朝廷执政诸臣公，以迩来泰西各国日事要挟，侵我疆圉，若再泄泄沓沓，唯

① 《刚毅折》，光绪二十四年三月初二日，《录副奏折》第423卷，第1785号胶卷。

② 《御史徐道焜折》，光绪二十四年十月二十六日，《录副奏折》第423卷，第2299号胶卷。

③ 《徐桐代奏片》，光绪二十六年六月初七日，《录副奏折》第631卷，第2502号胶卷。

④ 《大清德宗景皇帝实录》（6），卷440，中华书局1987年版，第4026页。

诺成风，恐各国鲸吞蚕食之心更靡有已，于是峻词拒绝，饬海疆各大吏戒备惟严。迄今事将三月，意人虽未尝撤帅西去，而亦未尝以一矢相加。”①《申报》认为，清政府对意大利进行的合理有据抵制取得了胜利，“是以相持不下至数月之久，文牍往来多方辩驳，总署会议舌弊唇焦”。② 时人议论，如若清政府当时软弱妥协，“虑其决裂而遽允之，则将来效尤者必纷至沓来，中国幅员虽广，何堪为砧上之肉？”③ 无疑，清政府这种强硬态度赢得了不少肯定和赞许。意大利最后改要索为筑路的结局，使把持朝政的清政府守旧派更加坚定了强硬外交的决心和信念。该年 11 月，清政府谕令军机大臣等谓：“现在时势艰难，各国虎视眈眈，争先入我堂奥。以目下中国财力兵力而论，断断无衅自我开之理。惟是事变之来实逼处此，万一强敌凭陵，协我以万不能允之事，惟有理直气壮，同仇敌忾，胜负情形非可逆料。各省督抚每遇中外交涉事件，往往预存一和字于胸，遂至临时毫无准备。此等锢习，实为辜恩负国之尤，特严行申斥。嗣后遇万不得已之事，非战不能结局者，如业经过宣战，万无即行议和之理。各省督抚必须同心协力、不分畛域，督饬将士，杀敌致果。和之一字，不但不可出诸口，并且不可存诸心。以中国地大物博、幅员数万里、人丁数万万，苟能各矢忠君爱国之忱，又何强敌之惧，正不必化干戈为玉帛，专恃折冲樽俎也。”④ 由此可见，此时守旧派主导下的清政府已经开始转变对外态度，这与李鸿章的外交态度相比已有很大不同。初掌清政府朝政的守旧派，开始从强硬外交中感受到了挺起腰杆对外的硬气，这是晚清以来前所未有的体验，无疑成为他们以后强硬外交态度的支点。

进而，因为废光绪帝、立大阿哥事件受挫，守旧派对列强干预中国内政和侵略中国的仇恨进一步加深。因各国公使拒绝入宫庆贺清廷立储之大事，公然表示不承认大阿哥，守旧派与慈禧太后对列强的不满情绪日渐膨胀。随着德国占领胶州湾，觊觎山东，民教矛盾激化，义和团由山东开始蔓延至直隶等地甚至席卷中国北方，给守旧派提供了向列强开战的契机。

---

① 《论意人由三门湾筑铁路至杭州》，《申报》光绪二十五年五月十七日。
② 《论意人要索事》，《申报》光绪二十五年八月初五日。
③ 《论意人要索事》，《申报》光绪二十五年八月初五日。
④ 朱寿朋：《光绪朝东华录》（4），第 4443 页。

守旧派排外极端化的表现便是欲纵容义和团攻打各国使馆、焚毁铁路拆毁电线，并最终作出与多国同时开战的决定。庚子五大臣被杀，无疑是守旧派这种排外情绪走向极端的反映。在守旧派眼中，爱国就一定是与苦苦相逼的列强拼死一战，从而维护国家民族的尊严。任何阻碍与列强开战、试图与列强周旋的意图都被他们看作对列强的妥协。因此，被此种观念和激愤情绪冲昏了头脑的守旧派，将不赞成他们开战主张的大臣视为眼中钉必欲去之而后快。如“朱祖谋请勿攻使馆，言甚痛切”，曾廉“闻之”则谓：“祖谋可斩也”；御史蒋式芬，“请戮李鸿章、张之洞、刘坤一，以其贰于夷，不奉朝命也”。① 至此，守旧派之强硬外交已经走向了盲目、极端而缺乏理智，外交态度也已从沉稳内敛转为了急躁、冒进、不顾后果。

总之，清末守旧派将国家发展的希望寄托在传统治国方法上，反对康、梁等人的维新变法，试图加强思想控制，谨防变革思想再起。他们意欲通过整肃纲纪，修明内政，在传统治国方法上修修补补以期摆脱严重外患、保持封建思想的一统天下。同时，他们认为只有在内政修明的基础上，实行强硬的外交政策，才能杜绝列强的觊觎之心，摆脱被动挨打的局面。他们这些理念和举措都未能超越传统治国方法的范畴和藩篱，在坚船利炮武装起来的列强纷纷觊觎中国的近代社会，逐渐呈现出江郎才尽般的无奈和夜郎自大般的无知。

四、坚决维护国家主权和利益

守旧派主张维护国家主权和利益，实行强硬的对外政策，必要情况下不惜用战争来摆脱被列强环伺、紧紧相逼的困境。对于已丧失的国家权益，他们试图采取有效策略来减少损失，这在一定程度上体现了他们的爱国情感和对敌抗争的坚定信念。

首先，面对列强的侵略，守旧派主张奋起反抗，反对妥协求和。甲午战争爆发之前，徐桐等人就要求清廷坚定抗战信念，杜绝游移不定、犹豫迟疑的心态。“东事既起，臣工言兵者众矣。顾言兵不可专于兵也。必群臣无观望之情，皇上无游移之见，而后可言兵也。”“举棋不定，圣人之所

① 罗惇曧：《庚子国变记》，第10页。

谓无恒也，羞必不能免矣”。“暂为委曲，徐图自强”的说法，被徐桐等人认为是荒谬之论、敷衍之言。他振振有词地说：“中国之持此为说三十余年矣，创非不巨也，痛非不深也。而痛定不复思痛，靡靡已成风气。财赋未广也，人才愈拙也，兵则勇营不用而日趋窳败，海军则不如数年之前矣，问所谓强者何在乎？若再信此浮游之说，弃我可乘之时，俄则于我边界筑路矣、兴屯垦矣，立孔子之庙矣。……则人心之可恃者渐不可恃，兵力之犹未疲者俾之尽疲。一旦环起，而欲求回应之术，虽有善者，未如之何也。”① 从中可见，其对清政府历经几十年经营，国力和政局非但没好转反而越发窳败的痛心之情和恨铁不成钢的无奈。客观地说，在当时那种政局一再恶化，列强步步进逼，而清政府一再战败、妥协求和的形势下，饱含忧国之心的徐桐等守旧派，选择奋起一战的心态是可以理解的。这是一种无奈之中的艰难抉择，也是一种长期积聚、备受压抑的民族耻辱感的强烈迸发。只是，在作战的时机、方法、策略等方面尚未筹划好的时候便盲目选择开战，反映出守旧派出于激愤的头脑发热和不顾后果的冲动无知。国家的决策没经深思熟虑和全盘统筹便盲目推行，无疑会给国家和民族带来灾难。

甲午之战，清军失利，朝廷内部求和妥协之声不时泛起。对于“倭人要挟之意，偿军费而外割地为先”的侵略，徐桐等人认为：“兵败求成亏损固不能免，然即以偿费论，国家岂能竭有限之脂膏填无穷之谿壑，为数过巨，断不能迁就曲从。”至于割地之举，他们认为更不可行，“倭人垂涎者，台湾也”，台湾“何罪、何辜而沦为异域”？况且，如果割地，将辜负民众拳拳的爱国之心。“自构兵以来，望风溃逃者，李鸿章二十余年所培养之淮军也；竖旗就缚者，李鸿章十年来所整理之海军也。”与李鸿章军队贪生怕死、妥协投降行为极大不同的是民众的奋勇抗战。“百姓忠义之心则固自在矣。海城以拒倭而被害者二万余人，柳庄以杀寇而被屠者二千余人”，“夫百姓亦真恶生而乐死哉？彼诚自以成，我乃大清之赤子，与倭贼不共戴天者也”。“今若割地，则必并其民而割之，是遇难之民因李鸿章之淮军、海军而死，而未死之民又使李鸿章委而弃之也。”② 而“百姓食毛

① 《徐桐代奏片》，光绪二十年七月二十九日，《录副奏折》第658卷，第2345号胶卷。

② 《徐桐代奏片》，光绪二十一年二月初七日，《录副奏折》第658卷，第2444号胶卷。

践土，各有天良，原为朝廷赤子，耻作异域之编氓，乃不能保护之使归彼族，此真堪恸哭者矣”①。不仅如此，徐桐还深切忧怀被割让地区百姓的生存境遇，认为“交地之后，倭人勒以易服截发而不从，势必使数万生灵尽遭惨戮”。而且，一旦清廷割地求和，这种“不惜沿海之版图”的行为势必导致民心丧失，“彼得土地，而我失民心，大变必因之以起”。②

守旧派认为近代以来清廷对于列强妥协求和、隐忍不发的态度直接导致了列强对于中国侵略的步步进逼，列强正是因为看透清政府不敢彻底开战才一再威胁清廷。积习相沿，以至于清廷用人行政等方面都遭到列强的干涉和控制。因此，对于妥协求和的主张，徐桐等人坚决反对。

光绪二十三年（1897）德国侵占胶州湾，觊觎旅顺、大连，这让守旧派更加不能容忍。他们认为，当时光绪帝畏于甲午战败的教训不敢轻于言战，从而使列强觊觎之心和瓜分之意更加猖獗与肆虐。徐桐针对德国侵占胶、澳的行为，认为“德介日尔曼之中，与法世仇，虽兵精械利，甲于欧洲，然距中国太远，轮船非两月不能到，且彼以重兵远涉，亦虑法袭其后”③。该观点透露出徐桐对于当时德国的处境和发动侵略中国战争的可能性有着较为深入的认识。对于列强的步步进逼，徐桐等人如坐针毡，对于朝廷放纵德国的侵略引来他国群起效尤的状况则更是寝食难安。对于这一点，当时很多朝廷大员也深有同感，如刘坤一在光绪二十五年（1899）曾就光绪二十三年（1897）朝廷在对德问题上的妥协求全发表评论说：“朝廷养晦求全，无非虑开兵端耳。不思德距我远，与倭人不同，决无重兵来华，且有法国深仇，以伺其后，亦不敢以全力向我。彼所恃者铁甲，若沿海滋扰，则有碍各国通商，中对顾忌。倘离船登岸，则数千之众，我足以恃之。当时如果坚持，德必不敢启衅，恐喝不遂，卒就调停。”因此，对于德国在日照、阑山的肆虐行为，刘坤一认为：“如复忍让，德则得步进步，必至荐食山东，各国群起效尤，择肥而噬，中国何以自立？百姓何以自存？”故他主张破釜沉舟，与之决一死战，如能击败德国，“规复胶境”，

① 《御史高熙喆片》，光绪二十六年二月二十七日，《录副奏折》第631卷，第1960号胶卷。

② 《徐桐代奏片》，光绪二十一年二月初七日，《录副奏折》第658卷，第2444号胶卷。

③ 《徐桐折》，光绪二十三年十一月二十一日，《录副奏折》第665卷，第173号胶卷。

则“中国气势一振，可期转圜，不至江河日下”[1]。可见，此时徐桐等守旧派在对德问题上的观点与刘坤一相差无几。

义和团运动后期，联军入侵，局势大变，清廷试图与列强议和，遵从列强要求惩罚肇祸诸臣，作出了处死毓贤的决定。曾廉对于清廷此时欲与列强议和的举动深感不满，他欲救毓贤而上书说：“自古败军之际，未有不谋恢复，而迁延就敌，可以讫事也。”而毓贤之杀害西人乃秉尊朝廷宣战谕旨，其本身并无过错，“假若疆臣皆若毓贤之先发制人，西人能横行哉？故今之必欲杀之者，以毓贤独遵朝命，翼圣教而顺民心。不杀之，恐天下之人犹有欲为毓贤之续，则奸人无术以箝制天下也。朝廷杀毓贤为西人报仇，以为天下忠臣之戒，是将使人皆抗旨而从夷也。如此则中国虽有天下，谁与治之？此天下人心生死之机，国之所以兴亡，其为祸又不止于枉杀忠臣而已也。况传闻奸人之计，盖姑以毓贤尝试朝廷。窃恐杀机一开，将变而寖大，朝廷虽欲后悔，不可得也。”[2] 王龙文也说：“向使直省督抚齐心一力，同驱并举，将内地夷虏应时剿灭，岂尚有今日之祸耶？乃朝廷反诛杀敌之人，以快夷虏之欲；信谗慝之口，以戮折冲之臣。臣未见其便。”[3]

曾廉、王龙文的言辞不仅仅表现出他们欲拯救同伴于水火之中的良苦用心，而且体现了他们不愿意看到朝廷行政大权操纵于列强之手、最终沦为洋人朝廷的忠肝义胆，和对那些害怕列强、欲投降于列强的贪生怕死之徒的蔑视。他们希望能够多涌现出一些诸如毓贤那样对敌强硬的官吏，清政府才不至于沦为列强的傀儡，才有振作起来将列强驱赶出境的希望。无疑，守旧派真心期望朝廷能上下同心、顽强对敌，改变一蹶不振的衰靡局势。

另外，守旧派认为，战争还可以起到振奋人心、加强民族凝聚力的作用，特别是长期以来人心处于消沉和压抑的状态之下，战争无疑可以团结和鼓舞人心。他们认为，“现在人心之嗜利无耻，愈趋愈下，不乘其未甚

① 《刘坤一遗集·书牍》卷13，第2248页。

② 《曾廉折》，光绪二十六年十一月初七日，《录副奏折》第632卷，第729号胶卷。

③ 王龙文：《论救毓贤折》，《平养堂疏稿》，1920年刻本，第27页。

而振之，欲使之滔天而障之归壑乎?”[1] “朝廷一意主战，天下义愤已为之一振”[2]，“筹饷练兵力图进取，内以伸薄海忠义之气，外以戢四夷窥伺之心，国威之振在此一举。”[3]

因此，守旧派高言论战的出发点并不止于欲与列强开战，而是具有更为深刻的意蕴。他们在对列强长期侵略的仇恨情绪和强烈爱国情感的支配下，试图改变近代受西方“霸道”政治影响下人心趋利的社会风尚，欲通过战争来警醒和团结民心，扭转近代以来一直受列强欺侮的被动挨打局面和朝廷的软弱外交。无疑，他们言战，是对近代以来清廷屈辱外交状态的一种不满，是对洋务运动以来中国人心日趋于利的社会风尚的一种反抗，他们想借助战争将日趋涣散的人心团结起来，共同对抗侵略者。从中，我们不难看出守旧派对国事的深切忧怀之心。

其次，对于列强的侵略，守旧派试图采取“以夷制夷”的策略。他们这种“以夷制夷”不是倒向某一个国家依靠其帮助、获得庇护，而是试图利用列强之间的矛盾和利益冲突来减少国家损失。如甲午战后，针对清廷欲与日本签订和约，启秀“请缓发约书商明各国以杜后患”。他认为“洋人最重商务”，而日本的要求，使其他西方国家在中国的利益受到威胁，“致于彼中商务有碍”。因此，当先探明各国意图，弄清楚是否有对日本不满之国而“能相助者否”，[4] 如此，既可得到列强尽可能多的间接支援从而减少国家因和约签订所受的损失，又不会因为倚靠任何一国而丧失自己的立场和权益避免将来受制于人。这种策略与张之洞等某些洋务派“以夷制夷”的外交策略相似，对于处于孤立无援状态的清廷来说不无裨益。可惜，启秀该折被留中不发。但可以判断的是，甲午战后三国干涉还辽的结局与启秀该思路是一脉相承的。同样，徐桐对于当时俄、德两国侵略的日益肆虐，也认为须加强防患，而防患之方不仅在于加强国家警备，还包括此“以夷制夷”策略。他认为朝廷的退让和妥协只会使列强得寸进尺，争相效尤，后果不堪设想。光绪二十四年（1898）初，其谓：“数月以来，

① 《徐桐代奏片》，光绪二十年七月二十九日，《录副奏折》第658卷，第2345号胶卷。
② 《徐道焜折》，光绪二十四年十月二十六日，《录副奏折》第423卷，第2299号胶卷。
③ 《徐桐代奏片》，光绪二十年九月二十一日，《录副奏折》第658卷，第662号胶卷。
④ 《启秀事略》，藏于北京图书馆古籍部，第7—8页。

德、俄两国日益恣横，强据北洋海口，要挟情形层见叠出。英、法各国群起效尤，或相争竞，皆为我切肤之患。”而“俄人并无端可藉，而亦索我旅大矣，将来俄人西伯利亚铁路造成，祸有不堪设想者”。因此，为减少损失，应“待外国之道，但可令有均沾之利益，不可使有独占之利权”。[①]可见，徐桐等人已十分敏锐地感觉到了列强之间的矛盾。其试图利用列强之间的矛盾和利益冲突来减少国家损失的做法，在当时清王朝国力羸弱不堪的局势下不失为一种对策，无疑也是可行的。

再次，对于列强已经在中国取得的权益，守旧派主张在遵守和约的情况下采取措施尽可能挽回损失或减轻受侵略的程度。如对于进口货物，守旧派提议在国内抽厘，以广利源。早在光绪二十一年（1895），徐桐就认为，中国进口税较欧洲各国来说大为轻减，因“行之多年骤难改革”，而“洋税虽未能加增，宜于其货物进口由华商转贩分销各路之处再与抽厘一次”。他继而指出，由外流入的这些货物，“无非烟土毛呢以及玩好珍奇等类，本非小民日用之所必需，即使补抽后货价增昂亦复于民无损。”[②] 徐桐的观点不失为开取利源的好举措，这对于力量尚弱的国内民族工业来说无疑是一种保护，可以说是与工商业发达的列强进行商业竞争的一种有效自我保护手段，同时也是一种与列强争利而不违反与列强所签条约的措施。而事实上，这种措施也收到了实效，“广东补抽局岁收十余万金，已有明证”[③]。

针对西方列强侵略引起的钱荒问题，守旧派主张铸造银圆以解决当前困境。他们认为，“钱荒之害，薄海受困。以民闲丁漕厘税交官之数，朝夕养生之物，动需用钱。而钱愈贵则谷愈贱，至罄仓之所入，并不足以换交官之钱，养生无资，则惟思乱耳！夫钱荒由于私销，私销流入外洋，彼谓中国为用钱之国，铜尽则无可铸，钱尽则无可用。悉买而空之，乱将自生，其计可谓毒哉。故铸银圆一策所以保民即所以制敌。……公私通行无阻无碍，则钱之为用甚少，而外洋无所施其伎俩也。”[④]

① 《徐桐折》，光绪二十四年三月二十九日，《录副奏折》第404卷，第3390号胶卷。

② 《徐桐折》，光绪二十一年闰五月十九日，《录副奏折》第423卷，第1072号胶卷。

③ 《徐桐折》，光绪二十一年闰五月十九日，《录副奏折》第423卷，第1072号胶卷。

④ 《徐道焜折》，光绪二十四年十月二十六日，《录副奏折》第423卷，第2299号胶卷。

守旧派试图改变中国倚赖列强武备和器械的局面，主张发展制造业与列强商品倾销相抗衡，改变中国在商务贸易上的入超状况。光绪二十四年（1898）御史徐道焜指出，“船械购自外洋，漏卮甚巨，不独日用洋货耗民生计也”。“应请饬下各督抚设法招商，推广制造。苟能使入口货日少，出口货日多，则当将驾欧美，何事不可为乎？”[①] 由此可见，守旧派主张加强中国制造业，从而在一定程度上阻止西方商品输入和对中国市场的占据，以与西方商品倾销相抗衡。这种做法无疑有一定可行性，不失为与西方列强进行商业竞争和发展国民经济的有效举措。更何况，在当时，清政府向国外购买机器的过程当中经常出现诸多的疏忽和漏卮，导致国家不仅在经济上损失惨重，而且耗费巨资购买的进口机器质量也不过关，问题频仍。熟谙外情的薛福成曾针对此论道：“自办理海防以来，一切军器各省委员赴上海等处购买，洋行既居奇抬价，或华人居中说合，剥蚀愈多。有以贱价收积年存货，而诡为新制者；有贱价贩自外洋，而浮冒报销者。若不豫杜弊端，漏卮何所底止。”[②] 刘锡鸿也曾批判道：“近来仕途太杂，吏习日非，办事委员不思立功，但求获利，采买西洋军火器械，有浮报价银两三倍者，并有浮报至四五倍者，私囊过饱，则公帑多亏。”[③] 透过诸多弊窦，不难看出，守旧派要求发展机器制造业的观点无疑具有合理性。从中也可得知，在购买外洋船械枪炮还是大力发展制造业问题上，清政府守旧派所持的立场和主张，即他们大多强调加强发展制造业而不倾向于向西方购买。这既是基于保护本国市场、改变银钱外流状况的考虑，也是对本国工业发展提出的要求。但事与愿违，当时中国制造工业十分落后、技术和人才严重匮乏，在没掌握核心技术的情况下，生产出的船械产品大多质量不高，想要短时期内改变商务入超的状况几乎不可能。而守旧派学习西方的保守态度无疑是阻碍清政府制造技术迅速发展的重要因素，也是制造船械方案成效不大的重要原因。不难发现，归根结底，正是守旧派的守旧和其富国强兵举措的局限性阻碍了其富国强兵目标的实现。

① 《徐道焜折》，光绪二十四年十月二十六日，《录副奏折》第423卷，第2299号胶卷。

② 薛福成：《出使英法义比四国日记》，《洋务运动》（8），第290页。

③ 《刘光禄遗稿》，沈云龙主编：《近代史资料丛刊》3编第45辑，台湾文海出版社1966年版，第58页。

总之，守旧派十分痛恨列强对中国的侵略，不满清政府所采取的妥协求和政策，主张整顿内政、肃清纲纪、稳定国基、整肃军队、加强武备以立国威。在对外交往中，他们要求维护国家主权和利益，不惧外敌，一定程度上表现出了坚定的爱国立场和情愫。然而，其举措的陈旧与学习西方态度的保守，注定了其国家发展目标难以实现。

第五章　清末守旧派的文化观

有学者认为："传统就像一柄'双刃剑'，它既可以为接纳西学走向近代化辟路开山，又可以用来作为抵挡西学、抗拒近代化的坚实壁垒。"① 近代中国，社会转型，传统文化中的变革因子促使洋务派等因时变通顺应时代要求向西方学习，而传统中的落后与保守因子却催生出了一个落后的政治文化派别，即守旧派，来阻挡近代社会变革。清末守旧派秉承儒家传统思想，顽固坚守着儒家思想中落后与保守的一面，使之如毒瘤般溃败糜烂。他们要求卫护传统，反对变更祖制，拒绝学习西方进行政治变革，执拗地走向了近代守旧思想史上最高峰。文化思想最能反映个体或群体思想体系的深层内容。本章拟从夷夏观、义利观、伦常观等方面对清末守旧派的文化思想进行探析，以深入透视守旧派守旧排外行为的深层文化动因。需要说明的是，因受文化水平限制，满洲贵族守旧大臣们除少许奏折外，鲜少遗留相关文集或文字，其思想较为零散、不成体系。故本章主要以深受程朱理学影响、通过科举考试进入仕途的汉族守旧派为研究对象，兼及满洲贵族守旧大臣。

第一节　"严夷夏之大防"的"夷夏观"

"夷夏观"是清末守旧派固守中国传统文化、反对学习西方的一个非常重要的理论依据。"夷夏之辨"，是中国传统政治文化的重要内容，其乃建立在"人禽之辨"的基础上、以华夏文化为中心、贬斥周边国家和地区

① 李细珠：《晚清保守思想的原型——倭仁研究》，社会科学文献出版社 2000 年版，第 209 页。

落后的“夷狄”文化，试图通过中原文化由内向外渗透从而达到以“夏”变“夷”目的的一种政治文化观念。这种观念在中国古代历史上主要体现于“天子有道，守在四夷”，通过德政教化边疆，对统一多民族国家的形成和发展起到过积极作用。然而，发展到近代，它成为国家走向近代化潮流中的暗礁险滩，阻碍着中国人学习西方融入世界的步伐。

一、“人禽之辨”

“人禽之辨”是“夷夏之辨”的基础理论。儒家思想认为，天地万物皆有一定运行准则，此乃天道使然，非人力所能改变。而人区别于禽兽，乃因其具有人的伦常观念、价值观念和道德规范，此即人之为人的标准，与自然界天地万物的运行规则一样，是不可改变的法则。清末守旧派奉之为圭臬，以此来判别人与禽兽及没有教化的“人”（他们认为化外之民无异于禽兽，不可以“人”视之）。他们说：“古人谓规矩准绳衡为王则者，以其方圆、平直、轻重皆天然一定之法故也。”[①]“盈乎天地之间者，莫非物，而人亦物也，事亦物也，有此物则其此理，是所谓则也”。[②]“则”为准则，也即天理，天地万物莫不遵照一定准则运行，人概莫能外，此乃不可违背的天理。而人之所以成为人，就因其能遵照人的准则，一旦违背，则将沦为禽兽无疑。具体而言，在守旧派看来，人之异于禽兽应该做到以下两个方面：

第一，人需严名教之大防。

奉守程朱理学的朱一新强调，人之所以能区别于禽兽，就因为其具备能约束人欲的纲常伦理和道德观念。天地万物气质各不相同、区别不一，其中起决定作用的是“理”，即准则、规律。其谓：“阴阳者，气也；道者，兼理与气之名也。舍阴阳无以见道，舍气无以见理，而理实宰乎气。人得是理以生，愚者可以与知能，智者可以赞化育。气有昏明厚薄之不同，斯理之随气以赋者，亦因之为差等。苟无是理以宰是气，则人、物之生浑然一致，而人之性真同于犬牛之性矣。人之所以异于禽兽者，以其有

① 徐桐：《大学衍义体要》卷三，第2页。

② 徐桐：《大学衍义体要》卷三，第2页。

此五常之全理。”[①] 在他看来，主宰人之为人的“理”也即人之为人的规范，就是儒家的人伦道德秩序。故“有物必有则，有气质必有义理，有父子必有慈爱，有君臣必有等威，放诸东海而准，放诸西海而准”[②]。程朱理学被清统治者奉为正统，成为官方统治思想。清末守旧派受此影响甚深，其思想基本承袭之而来，甚少变更。朱一新的观点就是典型，在当时有深厚的社会基础，信奉者众多。其中，守旧派尤为坚守固执。

如王龙文认为：“天之性发为仁、义、理、智，其德四而守之以信。人之伦著于君臣、父子、夫妇、昆弟、朋友，其典五，而行之以诚，是之谓教”。而人伦之理乃世间之“道”，“道存乎其间，如饥者之必食，寒者之必衣，由身而家，由家而达之天下，不可须臾离。历千百世而不变，要之皆折衷（中）于孔子，舍此则夷道，则不足以莅中国。”[③] 该道流传久远教化万民而成就中国之本，凸显出中华文明的优雅与出众，其出类拔萃，与“夷道”界线分明。人若不遵此道则将沦为物类，将没有人之灵魂、思想、规范，徒有人之外壳而已。故人之为物与人之为人二者之间的辩证关系就是：“目之视、耳之听，物也；视之明、听之聪，乃则也。君臣、父子、夫妇、长幼，物也；而君子仁、臣子敬、子之孝、父之慈、夫妇之别、长幼之序，乃则也。则者准则之谓，一定而不可易也。”[④] 人之所以能异于禽兽，而“天之生人所异于禽兽，为其能亲亲长长，日优游于三纲五常之内，使君臣、父子、兄弟之亲绵延而不绝耳。故夫外伦纪，灭人道，无以自别于禽兽者，皆为天所绝，天之所绝，圣人所深拒也”[⑤]。故：“绝父子兄弟之恩，而欲超乎天理民彝之外，更求所谓廉节者，天下宁有是事乎？”[⑥] 总之，人伦秩序乃人立足社会之根本。

曾廉也认为：“明是非、行礼义、顺天地之正者，所以为人也。”[⑦] “中

---

① 《翼教丛编》，第12页。

② 《翼教丛编》，第13页。

③ 王龙文：《平养文待》卷二，第1页。

④ 徐桐：《大学衍义体要》卷三，第2页。

⑤ 王珏：《素庵文稿》卷上，第36页。注：王珏乃王龙文之子，生于光绪二十二年（1896年），年仅二十四岁就已去世，其夷夏观深深打上了其父的思想烙印。王珏该文稿由王龙文整理，与《平养堂疏稿》、《平养文待》一起刻录成书。因此，此处和下文中引用其语，不难反映王龙文等清末守旧派的观点。

⑥ 王珏：《素庵文稿》卷上，第37页。

⑦ 曾廉：《蠡庵集》卷八，第32页。

国圣人之邦，人伦明于上，小民亲于下，礼义行乎天下，饮食有其礼，衣服有其章……岂以无人伦、无礼义之人而可以习中国之风气哉？无礼义则常争，无等杀则无别，而复贻之华美以诱其口体心思，则何以不为汉唐禽也。”① 可见，曾廉对儒家伦理纲常的维护，体现在“人禽之辨”上就是遵行儒家的礼义人伦。

不难看出，在守旧派的观念之中，人之为人而区别于禽兽的标准就是“三纲五常”“四维八德”；而中国之所以成为中国的立国之基也在于此，非此不足以行人道、立国基。他们一再强调这种以封建等级制度为基础的人之为人的准则，标榜忠孝节义的纲常伦纪和人伦道德秩序，坚称人之所以能区别于其他生物而成其为人，需遵守的就是君臣、父子、夫妇、上下、长幼等伦常秩序。总之，在守旧派眼中，儒家的伦常秩序是规范人的准则，也是人区别于动物而具有不同秉气的特定内涵，更是面对不同文化时应坚持和捍卫的立场，不能有丝毫妥协和退让。

王龙文进一步论述了人所应严格奉守的伦常纲纪之具体内容。他认为最基本的就是严男女之防。按照他的观点，中国之所以能超然于野蛮落后的夷狄之区，展现中华文明的优越性，成就泱泱大国之风范，就是因为其乃礼仪之邦，文化浸染、道德化育润物细无声，使身处其中的人能严格遵从礼仪、奉守秩序、依照规范、世代相传。“礼义之施”构筑了由家至国稳固太平的根基，而礼仪之中最基本的“盖莫有先于男女者矣”。“圣人南面而听天下，必自人道始。而人道之大，莫先于男女。”② “夷狄者，人而禽兽也，其与中国之辨，自男女之别始。”③ “人纪不立，天地闭焉”。而人纪之立自男女之防始，故纲常伦理也须自男女之别始：“有天地然后有万物，有万物然后有男女，有男女然后有夫妇，有夫妇然后有父子，有父子然后有君臣，有君臣然后有上下，有上下然后礼义有所错。然则礼义之施，盖莫有先于男女者矣。男女之别混，则人之所以为人者已先自比于夷狄，驱而出于禽兽之路，拔本塞源，孰甚于斯！天地之性人为贵，今若此尚忍言哉？”“人道之赖以造端，孰有先于男女者。男女之防溃，则国非其

① 曾廉：《蠡庵集》卷八，第23页。
② 王龙文：《平养文待》卷一，第5页。
③ 王龙文：《平养文待》卷一，第5页。

国，夷狄之道也。”[①] 因此，在他们看来，男女之别是君臣、父子上下等级制度构筑的基础，是人之为人的基本要求，男女之别混，则“混人于禽兽、混中国于夷狄”，伦常纲纪将由此沦丧。[②] 而西方人却恰恰缺失了这一根本之防，淆乱了这一关键之别，此即西方人沦为“夷狄”的根源之所在。今国人受西方影响，导致男女之防溃决，纪纲败坏，让人痛心。故要想回归原本纯正的社会风气，就需正本清源，严男女之防。

守旧派认为，在日常生活中，儒家这种规范人之言行和决定人之性质的伦常秩序，乃通过“礼”来维持和规范。朱一新说：“人欲肆而天理灭，则其违禽兽不远矣，非礼无以防之也。”[③] 赵舒翘的思想与此同，其也谓：“道不尽于礼也，而行于天下。使人别于禽兽、君子异于野人者，则惟礼是赖。”[④] 由此可见，在中国传统社会，“礼”主要为封建统治提供依据与规范，其最重要的作用就是严格封建的等级秩序，规范人的言行，将人的言行思想严格束缚在此范围内不能逾越。“礼”浸润在日常生活之中，从社会的最小单位家庭开始，逐渐上升到封建国家的上层统治。在这种统治模式下，君要臣死，臣不得不死，父要子亡，子不得不亡。这种严格上下尊卑之分的等级关系，规定君臣、父子、夫妇、长幼、朋友必须严格遵从，绝对不能逾越，否则便是大逆不道。“论尊卑之分，虽宰辅难逾臣道之防”[⑤]，“未有为卑幼而可以得罪家长也，未有为臣下而可以得罪国君者也”[⑥]。可见，守旧派所强调的以“礼”为核心的封建伦理纲常，是维持人性避免沦于禽兽的不二法门。“礼”为人之为人提供规范性、制度性保障，一旦人的言行背离“礼”的要求，则无异于禽兽、不堪与人为伍。因而在守旧派眼中，礼是封建等级制度延续的依据，任何违背“礼”的言行和思想，都会被斥为异端邪说而加以罢斥。这种以“礼”为中心的封建“三纲五常”观念，成功规范了一代又一代中国人，使其在这种束缚人心的礼教中忽略了自身作为独立个体存在的意义和价值。而清末守旧派承袭着几千

---

① 王珏：《素庵文稿》卷上，第7页。

② 王龙文：《平养文待》卷一，第7页。

③ 《朱侍御答康有为第五书》，《翼教丛编》，第14页。

④ 赵舒翘：《慎斋别集》卷一，第18页。

⑤ 赵舒翘：《慎斋别集》卷三，第10页。

⑥ 曾廉：《蠡庵集》卷八，第28页。

年的儒家传统，企图继续用“三纲五常”这一标准来打造儒家思想傀儡，以承续其万年根基、绵延至久远。

儒家思想强调封建伦常观念，鄙弃杨、墨等其他思想流派，斥之为“异类”，而这种“人禽之辨”观念则充当了抵制其他思想流派的武器。清末守旧派继承这种“人禽之辨”的观念，拒斥诸如杨、墨与封建等级秩序格格不入的“异端”。如徐桐谨遵朱熹高足真德秀的思想，认为“杨氏为我疑于义，墨氏兼爱疑于仁”，故杨墨之道是“无父也”，“无父无君，是禽兽也”①。他认为，杨、墨之道与孔子之道背道而驰，其不遵从上下尊卑等级秩序，便是“无父无君”的“禽兽”。而春秋战国之际，“杨朱、墨狄之言盈天下”②，严重混乱了当时思想界，导致社会风气不纯，人伦秩序淆乱。因此，“杨、墨之道不息，孔子之道不著，是邪说诬民、充塞仁义也。仁义充塞则率兽食人，人将相食，吾为此惧，闲先圣之道，距杨墨放淫辞邪说者不得作。作于其心害于其事，作于其事害于其政，圣人复起不易吾言矣。”③

曾廉也认为杨、墨之道违背了儒家的伦常观念，造成是非黑白颠倒、人道沦丧。他说：“圣人知天下不可以无彝伦，故以忠孝节义为立国之纲。自庶物冯（凭）生，俶诞繁兴，反举是四者相为谤议，谓可嗤笑而天地闲矣。然吾观异说之士，若杨、墨、释、老，皆不能自圆其说，往往扬眉翻目，颠倒一切，究之口以为不然，而其心不觉其厌然自服也。……且非孝而不能不父其父，非忠而不能不敬其所事也。然则天岂可违哉？圣人之教亦出于天之自然而已。故彼之所至，贱而亦未尝不以为至贵也”。④ 守旧派攻击杨、墨，很明显，目的在于以古讽今，对准的靶子其实是乘着西学东渐浪潮而来的西方近代民权、平等思想这些当世的“异端”。

叶德辉则追述了中国传统学术受诸多“邪说”影响的历史，将杨、墨等“异端”进行了追根溯源的批判，认为其导致了学术的溃裂。同时，他将近代西方思想学说等同于中国古代历史上的“异端邪说”，认为其导致

① 徐桐：《大学衍义体要》卷四，第17页。
② 徐桐：《大学衍义体要》卷四，第17页。
③ 徐桐：《大学衍义体要》卷四，第17页。
④ 曾廉：《续蠡庵集》卷五，第6—7页。

近代社会廉耻沦亡。他说："今日学术溃裂甚矣。战国之世，患在杨、墨，孟子辟之；八代以降，患在佛、老，韩子、诸子辟之。今日之世，患在摩西，无人辟之，且从而扬之，以至异说横流，谬论蜂午，衣冠世族，廉耻道亡。"① 戊戌变法时期，叶德辉针对康有为、徐致靖等人所提出的"性者，受天命之自然至顺也，不独人有之，禽兽有之草木亦有之……人与禽兽相等，同是视听运动，无人禽之别也"② 的论断，大声驳斥道："作者居光天之下，而无父无君，与周、孔为仇敌，苟非秉禽兽之性，何以狂悖如此。"③ 叶德辉还指出："作者欲平人禽之等，而以虎狼鹰鹯之不食其类，谓之合于仁。此千古讲学之奇谈也。夫虎狼鹰鹯之不食其类，残暴之性相敌耳，如以为仁，则枭鸟何以食母？破獍何以食父？岂天之生虎狼鹰鹯，不如其生枭獍哉？且凤凰，仁禽也，与飞鸟为类；麒麟，仁兽也，与走兽为类。孟子之言，不闻引与圣人为类也。作者禽兽之性，不惜以其身同鸟兽之群，而附和之者，乃欲以其学祸天下万世也。"④ 叶德辉等人认为人与禽兽的区别就在于人的行为符合封建伦常秩序，而禽兽则不然。故是否遵从封建纲常伦纪成为他们判断是否为人的标准。康、徐等人遭到当时守旧派激烈的批判，根本原因在于其思想中出现了与儒家传统伦常观念相左的思想因子，即守旧派所认为的"无父无君"和"与周、孔为仇敌"的内容。守旧派用孔孟之道、封建纲常伦纪为标尺来衡量各思想流派，凡是违背此标准的思想和言行都将成为其批判的对象。到了清朝末年，清政府守旧派的人禽之辨观念仍是如此，他们完全照搬孔孟思想且有强化之趋势，将圣人的言论内化为至理名言、永恒真理和人生信条。而康、梁所引进的民权、平等观念显然严重违背了儒家封建等级秩序，被视为大逆不道，不管以何种形式表现出来，都会遭到传统势力的批判。不难看出，通过镇压维新派上台的清政府守旧派，持续不断对康、梁维新思想进行批判、清算和防患，归根结底，就是要维护封建的纲常伦理和等级秩序。

总之，徐桐、赵舒翘、曾廉、王龙文等守旧派用来区分人与禽兽的标

① 《叶吏部与戴宣翘校官书》，《翼教丛编》，第 173 页。
② 《叶吏部〈长兴学记〉驳义》，《翼教丛编》，第 98—99 页。
③ 《叶吏部〈长兴学记〉驳义》，《翼教丛编》，第 100—101 页。
④ 《叶吏部〈长兴学记〉驳义》，《翼教丛编》，第 101 页。

尺都是封建的伦理纲常、儒家的礼义道德，“若为人而不能全乎为人之理，是失其所以为为人之则而非人也。”[①] 人之所以异于禽兽就是由于其能奉守此准则，否则，就与禽兽无异，不配与人为伍。凡是与封建伦常纲纪相违背的观点、行为，都会成为守旧派攻击的对象，防范的重点。而此时，“人禽之辨”便直接充当了攻击对手的利器。

第二，人不得有功利之心。

祛除功利之心，不为物欲所诱惑，重义轻利，也是儒家区别人与禽兽的准绳。于荫霖认为：“天地之气，正气也。人受天地之气以生，本无不正，只为物欲锢蔽，遂失其正。果能心无愧怍，心正而气亦正，则此气即与天地之正气滚成一团，更非二物。天地之气即皆人之气，所以能塞乎天地之间”。[②] 在此，物欲被视为影响人之正气的邪气，不利于正气的存续，人一旦为物欲所染，则正气削减，最终会有沦为禽兽的危险。“凡物欲习染，血气用事处，皆与禽兽相似”。[③] 而消除人欲根的办法就是经常反省，时时约束，将欲根消弭于萌芽之时。但需说明的是，于荫霖等守旧派所说的消灭欲根并不等于人不能有所欲，其只是强调欲望的实现须建立在取之有道的基础上。即“求之有道，得之有命，此除利根之法也。无别无义，禽兽之道”[④]。为获取自己所需而不择手段的行为绝非正大光明，故与禽兽无异。“凡不可令人见，不可告人知者，皆禽兽也”，“公私义利，是非邪正之分，皆是也”。[⑤] 总之，在守旧派看来，重义轻利，公私分明，是非严明，乃人异于禽兽的重要条件。

守旧派猛烈批判西学，认为其导致了中国“重义轻利”传统的丧失，造成了功名、利禄之心的猖獗。他们坚信学习西方会使人机巧之心日生，从而日趋于功利，沉迷于权利争夺，丧失忠义之心。于是，人伦道德秩序因此紊乱，名教之防因而溃决。正如叶德辉谓：“康门之伪学，而欲举一世之人才，消磨其忠义之气，开拓其悖逆之心，团结其死生之志，上无天子，下无纪纲，以行其阳儒阴墨之学，投诚异教，授柄外人。……康、梁

① 徐桐：《大学衍义体要》卷三，第 2 页。
② 于荫霖：《悚斋日记》，第 1096 页。
③ 于荫霖：《悚斋日记》，第 816 页。
④ 于荫霖：《悚斋日记》，第 960 页。
⑤ 于荫霖：《悚斋日记》，第 1001 页。

之死党高据要津，主持风会，驱以利禄之路，弛其名教之防，而人心之败坏，逐岌岌若有不可终日者。”① 叶德辉的思想正反映了戊戌变法时期守旧派的思想，而同样也是承续戊戌变法时期守旧派而来的清末守旧派思想的真实表达。从此方面来说，守旧派的思想似乎并没有与时俱进，无疑是停滞不前。当时，朝野上下都充斥着对维新派的攻击，连远离守旧派控制的上海租界也不例外。从当时《申报》的评论就可以看出当时朝野守旧派对康、梁维新派的攻击力度之大。其谓康、梁非圣无法，悖逆不堪、莠言乱政、蛊惑人心，“几不知君臣父子之大伦，圣经贤传之大义”②。由此可见，守旧派反对西方功利导向，其落脚点终归还是纲常名教。他们反对康、梁新学弛纵了人们利禄之心的原因，归根结底，仍然是要维护封建的伦常秩序和道德体系。无疑，维护封建的纲纪伦常、道德秩序是守旧派持之以恒孜孜不倦追求的终极目标。

二、“夷夏之辨”的坚持

“夷夏观”，以文化的优劣为标准来划分“夷”与“夏”。“夷”指九州六服之外的地区，“夏”则是被广大“夷狄之区”所包围的中心地带。“华夷之界，中外之大防”，中外、夷夏之界，至明且严。《春秋公羊传》指出：“《春秋》内中国而外诸夏，内诸夏而外夷狄”；《旧唐书》也明确提出：“禹画九州，周分六服，断长补短，止方七千，国赋之所均，王教之所备，此谓华夏者也。以圆盖方舆之广，广谷大川之多，民生其间，胡可胜道，此所谓番国也。”③ 很明显，此类说法涉及的是一种地域上的华夏中心论。

这种地域上的华夏文化中心论与“夷夏观”的区分标准紧密联系。在中国古代，中原文化是一种强辐射能的文化，以中原为中心，从内向外辐射，其所辐射到的区域逐渐为夏文化所同化最终成为“夏”的一员。而由于文化势能的有限性，地处中原以外，远离中原文化、没经中原文化熏陶的地区，往往被视为夷狄之区。正如同梁启超所指出的：“孔子之道，秦

① 《叶吏部〈读西学书法〉书后》，《翼教丛编》，第 130 页。
② 《书翼教丛编湘省学约后》，《申报》光绪二十五年五月初四日。
③ 《旧唐书》卷 197。

以前所传闻世也。齐鲁儒者，讲诵六艺，成为风气，外此则寥寥数子而也，所谓内其国也；自汉至今所闻世也，中国一统，同种族者，皆宗法焉，所谓内诸夏也”。[①]“夷狄”之邦远离中土，受中原儒家政治教化熏陶甚少，因而“夷狄之人，贪而好利，被发左衽，人面兽心”，“苟利所在，不知礼义。自君王以下咸食畜肉，衣其皮革，被旃裘。壮者食肥美，老者饮食其余。”[②] 远离中土、异于中原儒家传统文明的地区和群落，因生活习性、价值观念均不符合儒家规范，往往被视为徒有人之外表的禽兽。而“邪不干正，而左道惑众者必诛；夷不乱华，而昌越关津者必禁”，华、夷之间界限严明。这种华、夷之间严明的界限通过华夏文化中心观得以体现。古人并无现在的“世界”概念，在其华夏文化中心观支配下，傲视其他民族、地区的文化优越感油然而生。

排斥“夷狄之道”乃“夷夏之辨”的必然要求。“夷夏之辨”一个最重要的作用就是严格“夷”与“夏”的区别，以此来拒斥外来文化对华夏文明的侵害，保持华夏文明的纯洁性。在中国古代，“夷夏之辨”能够团结华夏民族来共同对抗异己文明——主要是周边少数民族落后文化的强力入侵，对于统一多民族国家的形成起到过一定的历史作用；然而，到了近代，国门洞开的中国所面对的不再是古代落后的周边少数民族，而是科技文化远比中国先进的西方列强。此时，依然套用传统“夷夏观”去理解近代中西方关系，则明显不合时宜、落后于时代潮流。而19世纪末年清政府守旧派却依然在借“人禽之辨”卫护封建传统伦理思想，坚持“夷夏之辨”，反对学习西方文化，抵制西方文化对中国传统文化的渗透，以防患“以夷变夏”的“悲惨”结局出现。具体说来，他们对于“夷夏之辨”的坚持主要有以下几方面内容：

第一，坚信中国为天下之中心。

按照古人观念，中国为天下之中心。这个中心，不仅指地理位置，更是指政治文化中心，标志着文明发展程度之高，仁定四海，八方来朝，万众瞩目。在此观念中，中华文明先进而优越，与之相对，中原以外边缘地带则为“夷、狄、蛮、貊”所生活的没有开化的野蛮落后之区。因此，明

① 梁启超：《复友人论保教书》，《饮冰室合集》，文集之3，第11页。

② 《史记》卷110。

末清初西方新的地理观、关于世界的概念和相关知识传入国内伊始就遭到国人的激烈指责。如明末徐昌治在其《圣朝破邪集》中列举了诸多反对天主教和西方的言论，认为，“狡夷”自称来自“大西洋”，“普天之下、薄海内外，惟皇上为覆载照临之主，是以国号为大明，何彼夷亦称大西?”很明显，其反对的原因，乃此种新的地理知识与中国传统伦常观念、等级制度相悖。“临诸侯曰天王，君天下曰天子”，而“彼夷诡称天主”，那么，对于中国的君主来说无疑“若将驾轶其上者”。因此，他认为西人“不思古帝王之大经大法所在，而不知彼之妖妄怪诞”，“是举尧舜以来中国相传纲维流纪之最大者而欲变乱之”①。因西方人远离中原地区，故被认为是没有经受礼教熏陶，从而会如此狂妄不羁，甚至大言不惭、犯上作乱。

清末守旧派依然沉浸于传统的思维方式，并以此来抵制外来文明的渗透。时代变迁，相对于明末清初的士大夫，他们已在一定程度上接受了西方新的地理知识，如地球是圆球形的。但是，他们往往想当然地按照中国居于天下之中央这种传统观念来附会新知，以抵制西方文化渗透。针对“若把地球来参详，中国并不在中央”，“地球本是浑圆物，谁居中央谁四旁”等挑战传统地理观和夷夏观的话语，他们奋起批驳。如叶德辉认为，“地球圆物，不能指一地以为中，但合东西南北考之，南北极不相通，则论中外，当视东西矣。亚洲居地球之东南，中国适居东南之中，无中外独无东西乎？四时之序先春夏，五行之位首东南，此中西人士所共明，非中国以人为外也。五色黄属土，土居中央，西人辨中人为黄种。是天地开辟之初，隐与中人以中位。”② 他极力维护这种中国居于地球中心的文化观念，认为只有先有这一“中心”，才会有周边国家的存在，也才会有中外之防与夷夏之别。在其思想中，西方列强与古代中国历史上的周边少数民族和国家一样，是属于没有教化的、野蛮与落后的“夷狄”之区。叶德辉又认为，“‘夷狄’者，以其异于尧、舜、禹、汤、文、武、周公之教也；今世之所谓‘夷狄’者，则有黑、白、红、棕之别而种类异也。”③ 为了抵制西方新地理观对传统夷夏观的冲击，守旧派将阴阳五行观念也搬了出

① 徐昌治:《圣朝破邪集》卷一，第 8 页。

② 《叶吏部与南学会皮鹿门孝廉书》,《翼教丛编》，第 167 页。

③ 《叶吏部与南学会皮鹿门孝廉书》,《翼教丛编》，第 167 页。

来，不无牵强，反映出其传统观念的根深蒂固。同时也说明，面对西方新学冲击，缺乏新思想、新理念指导的守旧派只能返身于传统陈旧的思想文库中寻找所谓理论支撑，显示出黔驴技穷般的无奈。

第二，反对学习西方，避免“以夷变夏”。

西方价值观念、思维方式与中国传统文化体系截然不同，守旧派自从模糊地感觉到这一点之后，便极力反对学习西方，认为学习西方会导致纲常紊乱、社会风气沦丧，甚至有国家沦亡的危险。他们忧心忡忡于学习西方所带来伦常观念流失的后果，担心是“夏”变于“夷”的开端。叶德辉谓：“我之所恃以常存不敝者，惟此德配天地之圣人，立纲常之极，严尊卑之辨，植礼义之防，俾君子修之吉，小人悖之凶，影响之捷，比比然矣，岂或爽哉！不谓妄以道病者，转乘其间，逞其私臆，而欲于道，扬之使高，凿之使深，蔽我圣学，乱我朝常，谬托尊圣之名，阴以畔人道之极，不知用夏以变夷，直欲尽我变于夷。”[①] 在他看来，礼义伦常乃立国之基，西方思想观念渗透无疑会动摇其根基，侵蚀其肌体。因此，必须力挽狂澜、坚壁清野，将邪说驱逐出中华国门之外以纯民风、固国基。显然，守旧派为杜绝不利于封建统治的西方因子渗透，用一刀切的方式反对学习西方举措，其因噎废食的做法，反映出面对西方异质文化渗透时的惊慌失措。

曾廉认为，“自强者，强在自，舍自不可以为强也。舍自而言强，于是乎变夷之议兴”。他批判大清朝自开展洋务运动以来，舍自而言强，一味追求学习西方，忘记了自身特质的保留，导致国家不但没能在自强运动中强大，反而更加羸弱不堪。“变夷之议，始于言技，继之言政，益之以言教”，最终导致“君臣、父子、夫妇之纲荡然尽”。“君臣、父子、夫妇之纲废，于是天下之人视其亲长亦不啻水中之萍，泛泛然相植而已”。故当庚子年“天子蒙尘”，天下之民，甚至不少食大清俸禄的官吏们没有奋起护驾，而是“观望徘徊，莫若不知兵革”。更有甚者，“反相与訾议朝廷之是非以为愉快”。深究这种“兵败而天下不愤，国破而天下不忧”局面的成因，无疑是盲目学习西方而丢弃了自身最根本的精神和操守所致。在

① 《屠梅君侍御致时务报馆辨〈辟韩〉书》，《翼教丛编》，第65页。

他看来，国人学习西方，不仅在思想上已经沦为西方的奴仆，在人格上，也偏离了国民的意识，“相率而入于夷矣”。事物发展变化源于内因的作用，“自古及今，未有外而足以乱内者也，亦未有国弱而遽亡者也”，“惟悍然忘君臣父子之义”，才导致事物本身慢慢发生质变。“于是乎忧先起于萧墙而不知救，乃反欲借仇雠以胁成其私”，最终“道德为迂，功利为智，儒术为贱，方技为雄，不惟其人惟其利，富以相耀，贵以相援”，从而“华夏帝王之天下丧也”。曾廉此言发自庚子事变之后，很显然，此时他反省庚子事变中国遭受灭顶之灾、国家疲弱不堪的原因，认为正是洋务运动以来学习西方所造成的忠君观念的丧失和传统伦常观流失的结果。他同时影射庚子事变八国联军侵华期间，刘坤一等江南督抚不听从朝廷旨意，私自进行东南互保，认为此乃无视君臣之义的行为，与“主辱臣死”的传统纲常伦理观念背道而驰。而这一切，全是自洋务运动以来国人逐渐为西方异端思想所同化结出的恶果。刘坤一等人的行为，正好说明其已为“夷”所化而毫不自知。他还斥责李鸿章等人自开办洋务运动以来，与外国接触愈多而愈借敌以自重，从而愈发轻慢朝廷，导致国家权力散落于洋务派手中，国家愈来愈弱。因此，国人学习西方，将传统的伦理道德抛之于脑后，弃义从利，导致社会风尚崩坏，长此以往，必将家破国亡。

曾廉对于当时趋向于学习西方的社会风气十分不满，他将西方列强与中国古代历史上依靠武力侵犯中原的周边少数民族相类比，认为周边少数民族的传统尚且与中原地区格格不入、难以融合，更何况与中国人心风俗、文化传统相差甚远的西方国家。“今皆冥然不知治乱之数而贸然处之者也，大旨以为师人之长技，望人之余光，有成规之可按，而不知风气不同，人心亦异，胡越犹不可合，况又远于胡越百倍者乎？”①

客观地说，曾廉反对学习西方的原因很多，其中也不无合理之处，如他看到中西方历史文化传统的差异，认为引进西方文化需考虑中国国情；又如他看到一些洋务大臣因受利益驱使而背信弃义。但是，如果以天朝上国的姿态审视西方，夜郎自大、颟顸无知、拒不接受新知，非常武断地判定西洋文明大大落后于中国，鄙弃西洋文明，认为避免世俗人心变易于

① 曾廉：《蠡庵续集》卷七，第2—3页。

“洪水猛兽”的方法就是阻止学习西方，则无疑非常滑稽可笑。基于学习西方将导致的严重“后果”，曾廉等人欲力挽颓风，“掬土以止洪流”，奋然守道，誓“身一日不死，必不与邪人一日俱生”,[①]“扶民彝”而“峻人心之防”，阻挡世俗人心之变易于“人心置之洪水猛兽之时”[②]，以“维正气于不坠”[③]。

第三，希望通过中华文明的输出最终实现“以夏变夷”。

针对19世纪末年交通日益便捷的情况，赵舒翘欣喜于《中庸》中所叙的“舟车所至于洋溢中国施及蛮貊”之情形已悄然来临。他认为在此“天殆将以圣道彻海外”的大好时机，士人们却纷纷“争言西法”，乃“无识者反欲以洋学变中国”的行为，无疑非常不合时宜和缺乏识见。[④]赵舒翘的想法与叶德辉、李元度与王闿运等人试图“以夏变夷”的观点十分相似，不难判断，此守旧观念在当时具有深厚的社会基础：

李元度在《答友人论异教书》中指出“人之道以伦常为本”，而西洋各“际天并海之夷”自古不与中国相通，“又相去七万里”，不近圣人之居，故不通人道，未能受到中国圣教的熏陶。改变这种局面的办法就是依靠近代飞速发展的交通工具和日益频繁的国际交往。“今此通商诸国，天假其智慧，创火轮舟车以速其至，此圣教将行于泰西之大机括也”。“天诱其衷，以互市故朋游于中土，而渐近吾礼义之俗。彼自知前者之蔑弃伦纪，不复可以为人，有不幡然大变其故俗者耶?”[⑤]该文中李元度以《中庸》的观点为依据，与赵舒翘相同，可见他们都深受《中庸》影响。李元度承继《中庸》一书观点，认为圣人有教无类，必将圣人之道“施及蛮貊”，至于“舟车所至，人力所通，天之所覆，地之所载，日月所照，霜露所坠”之地。于是，“尧舜孔孟之教，尝遍行于天地所覆载之区”，“圣教远被绝域”，“必自今日始”。“尧舜孔孟之教，盖渐推渐远，初无一息之停也。今泰西诸国，适以互市来，其必将用夏变夷而不至变于夷也。”[⑥]

---

① 曾廉:《蠡庵集》卷十三，第19—20页。

② 王龙文:《平养文待·序》，第7页。

③ 王龙文:《平养文待·序》，第9页。

④ 赵舒翘:《慎斋别集》卷一，第22—23页。

⑤ 李元度:《天岳山馆文钞》卷36，沈云龙主编:《近代中国史料丛刊》第41辑，台湾文海出版社影印本1969年，第2117页。

⑥ 李元度:《天岳山馆文钞》卷36，第2117页。

王闿运在郭嵩焘奉命出使西洋之时，曾谆谆告诫其将圣道远播至西洋。他认为西洋各国，“唯是海岛荒远，自禹、墨至后，更无一经术文儒照耀其地。其国俗，学者专己我慢，沾沾自喜，有精果之心而并力于富强之事”。“诚得通人开其蔽误，告以圣道，然后教之以入世之大法，与之论切己之先务，因其技巧，以课农桑，则炮无所施，船无所往，崇本抑末，商贾不行，老死不相往来，而天下太平。此诚不虚此一使，比之苏武牧羊，介子刺主，可谓狂狷无所裁者矣”。①

虽然以上言论大都发于晚清中晚期，并不能算作是清朝末年。然而，当时整个中国思想界的基本趋向以及“以夏变夷”观念的深厚，绝非几年时间就可消弭的。如戊戌变法时期，守旧派对于康、梁新学的反对，基本仍沿用“以夏变夷”的陈旧论调，通过《翼教丛编》便可管窥蠡测。如叶德辉高度赞扬中国圣教伦理，谓：“孔教为天理人心之至公，将来必大行于东西文明之国，而其精意所构，则有以辉光而日新。伦理为中西所同，血气尊亲，施及蛮貊，好生恶杀，人心之本然。”② 从中不难看出他对于中国礼义伦常终将大行于西方的信心，也不难窥见通过镇压维新派而登上政治前台的清末守旧派“以夏变夷”思想。而从赵舒翘、李元度等人都对《中庸》的征引可以看出，《四书》《五经》对他们的影响深入骨髓，也殃及时人。这种深深刻在头脑中的思想烙印很难在一代人身上消弭。由此也可判断，这种通过西方先进交通工具输送华夏文明，改变“夷狄”“犬羊之国”，从而实现“以夏变夷”的想法在清末社会颇有市场。这从一个侧面反映出浸淫于儒家思想世界的守旧派在面对西方文化入侵和渗透时开始的绝地反击。这种反击，不是被动地排斥和抵挡，更像是一种主动出击。

总之，甲午战后，国家民族危机已经分外严重，落后就要挨打的真理已被多次证明。在学习西方势在必行之际，清末守旧派依然坚守古老中国的圣人之道，并幻想将之传播到西方，以改变西洋“蛮貊夷狄”“缺乏教化”的现状，可见其思想的落后与不合时宜。文明的发展一定是互相借鉴，包容并蓄，互通互融，才能推陈出新，生生不息，绵延不绝。盲目的坚守与排斥，注定会顽固与迂腐并存，停滞与不前同在。

---

① 王闿运：《湘绮楼笺启》卷2，岳麓书社1996年版，第868页。

② 《叶焕彬吏部〈明教〉》，《翼教丛编》，第66页。

三、“夷夏之辨”的内涵与本质

清末守旧派秉承儒家“夷夏观”，强调封建纲常伦理的重要性，以此为据抵制西方文化。他们激烈排斥与封建伦理纲常有悖的西方思想文化，试图将其阻挡于国门之外，以延续封建统治的一统天下。因此，守旧派“夷夏之辨”的本质，就是对封建伦理纲常的维护。

（一）“夷夏之辨”的本质，就是要维护封建伦理纲常

西方近代文化是与传统儒家文化完全不同的文化系统，具有不同的价值观念和思维习惯，它所强调的民权、平等观念与儒家森严的等级制度背道而驰。在守旧派思想中，纲常名教是立国的根本，名教沦亡则立国之基动摇而民族将沦为夷狄之流。因此，加强纲常名教是抵制西方思想侵害、避免国人沦为夷狄的坚实盾牌。为防民族文化沦亡，必须坚决抵制西方文化、捍卫伦常名教。王龙文指出：“圣人者，大分名教所由出也，自古有学而舍大分名教者乎？有言学而敢非圣人者乎？”圣人之学，“本乎君臣、父子、夫妇、昆弟、朋友之大，而分定焉；极乎礼乐、征伐、纲纪、刑赏、农赋之著，而教存焉。圣人之不舍大分名教而言学也如此。学也者，学以定大分也，学以卫名教也，学以至于圣人也”。[①] 圣人备受尊崇，名教影响深远，成功规范国民使社会秩序井然，成功教化民众使中华文明源远流长。圣人之学，就是一种规范，一个典则，不可置疑，更不可侵犯，乃万古不变的永恒真理，没有其他学说能与之比肩而立、相提并论。后世之人所应当做的就是极力维护圣人之教，使之不受其他思想毒害。而一旦有人习“邪说异端”，悖于圣人之道，则危害亦将随之而来，最终导致华夏文化的沦亡。曾廉谓：“后世之学，有自戾乎圣人者矣，一事行而害先焉，一言出而毒流焉，奋道德、名、法、杨、墨之长，以乘吾之衰而逞其蠹，终不能与圣人相较，是何也？学不能外大分名教也，学不能非圣人也。外大分名教、非圣人者，非学，非其学而学焉者，皆圣人之罪人。呜呼！圣人不世出，恃有大分名教。大分名教不自立，恃有学，学而至于非圣人

① 王龙文：《平养文待》卷一，第1—2页。

学，而至于外大分名教，即学之名且亡矣，又何怪沦胥为夷以自窜于禽兽耶，何也？天纲绝，天纬倾，人纪灭。子焉而不祗其父，臣焉而疾视其君，上下惊疑，内外猜阻，其势殆不可以终日。”总之，“溃大分、毁名教、非圣人，而可以为学，则乾坤几乎息矣！”① 故在守旧派看来，圣教不可违，圣人不可忤，凡是有悖封建伦常之道的人和事，都属夷狄之流。西方思想有悖于儒家伦理纲常和封建等级秩序，与圣人之道相去甚远，西方思想特别是民权、平等观念的传入必然会导致中国传统伦常道德秩序的紊乱，给社会带来巨大危害。

湘潭罗正钧高度赞扬王龙文在义和团运动时期维护纲常名教的态度，谓其当时“独立不惧，屹然以植世教立民彝为己任”，其悲痛于清末“君臣之义绝则乾坤之道毁，而大乱以兴、邪说横行”的局面，哀叹：“岂非天良灭绝胥人为禽之世乎？”② 胡思敬也盛赞王龙文在义和团运动、八国侵华之后维护徐桐、崇绮、李秉衡等人的立场，谓其乃是“秉春秋大义，坚守夷狄之防”之举，而甲午、庚子两次“夷祸”之后，“群小杂进，邪说大张”，导致世教逐渐泯灭，殊堪痛恨。③ 不难看出，守旧派“夷夏之辨”的根本内容就是维护封建的纲常名教、天理人伦。

综上可知，清末守旧派的“夷夏之辨”与他们所持守的伦理纲常紧密联系、不可分割。“夷夏之辨”是他们维护封建伦理道德的理论依据，而封建的伦常名教乃阻止“夏”沦为“夷狄”的坚固堡垒。

（二）“夷夏观”实质上是一种文化的自我认同意识

守旧派以华夏文化为中心，坚信中国传统的纲常伦理完美无缺，政教文明远在西方之上，视西方文化为野蛮与落后。基于此，西方人因“异于禽兽几希”而被赋予了“犬羊之性”。不可否认，不管是中国古代历史上那些被称为“蛮”“夷”“戎”“狄”的中原以外周边少数民族，还是入侵近代中国的西方列强，都有自己的制度或文化，只是由于其与儒家文化的相异性而被传统儒家思想者排斥。尤其是近代西方国家，其文化的先进性

① 王龙文：《平养文待》卷一，第1—2页。
② 王龙文：《平养文待·序》，第8页。
③ 王龙文：《平养文待·序》，第4页。

已远非中国古代周边国家和地区能比肩。诚如曾纪泽所言，西洋诸国，“彼诸邦者，咸自命为礼仪教化之国。平心而论，亦诚与岛夷、社番、苗猺獠猓，情势判然，又安可因其礼仪教化之不同，而遽援尊周攘夷之陈言以鄙之耶?”① 时势已经变化，近代中国所面临的世界环境和局势已与古代完全不同，如果依旧用一成不变的眼光看待历史和现实，则必然导致判断的严重失误。守旧派这种以华夏文化为中心、排斥其他文明的观念，已经非常滞后于时代且不利于文化的发展与繁荣了，而他们那种动辄将异质文化冠以野蛮和落后的态度，也极大地阻碍了文化的交流和互动。尽管在古代历史上，“夷夏之辨”观念曾对于推动民族文化发展起到过进步作用，然而，到了近代，却兀自成为了国人学习西方的巨大阻力。无疑，这种片面褒扬华夏文化而贬斥其他文化的文化自大意识，发展到了近代，只是徒增了盲目的民族自信心和虚骄的天朝上国意识而已。

（三）守旧派的“夷夏之辨”为特定的历史背景服务，不同时期的“夷夏之辨”具有不同的历史内容

洋务运动时期，守旧派重点反对西方基督教无父无君的局面和西学重利轻义导致人心趋利的社会风尚，冲突的出现与洋务运动时期西方基督教和技艺开始大规模传入的特殊背景分不开。戊戌变法时期，王先谦等守旧派严防死守，警惕西学对儒家纲常伦理的威胁，认为须有的放矢地就西学之弊采取抵制措施，“必核乎君为臣纲之实，则民主万不可设，民权万不可重……不然者……不十年而二十三行省变为盗贼渊薮矣”。“不知君臣之学，必核乎父为子纲之实，则西律万不可泥。不然者，父殴子，坐狱三月；子殴父，坐狱三月，轻重罕别，伦理灭绝，不十年而四万万之种，夷于禽兽矣，是曰不知父子之学。西人定制，妇女成人，有自主之权，即有过失，丈夫不得过而问，是夫不得为妻纲也，不十年而阴阳倒置，夫妇道苦矣，是曰不知夫妇之学。”② 三纲五常是守旧派所信守的伦理规范，其反对西方民权、平等学说的言论，乃针对当时民权、平等思想对传统社会冲击做出的回应，也服务于当时守旧派抵制西方政治制度、避免中国被西方

① 《曾纪泽遗集》，文集卷五，岳麓书社1983年版，第194页。

② 《王干臣吏部〈实学平议〉》，《翼教丛编》，第52—53页。

文化熏染而最终沦为“夷狄”的政治要求。

戊戌政变到义和团运动时期，清末守旧派掌握朝政的这段历史，是对戊戌变法的反动。守旧派强调以封建“正学”抵制康、梁所倡导的新学，拒斥康、梁所宣扬的平等、民权思想。因此，该时期，守旧派的“夷夏之辨”，主要针对康、梁所倡导的“邪说”。他们认为，“戊戌之变，异学邪说横流，稽天首难者不惮犯旷古所不韪，尽举周公、仲尼、三纲五常之教、数千年帝王神圣自立之中国摧而坠之。夷狄猛兽之阱，势力薰赫，锐不可遏，其余摧而煽之者，下乃公卿辅相，横议亡等，流而不返。此变乱之创局，自生民以来其祸亦有烈于此者乎？”① 于是，倡明正学，强化纲常伦理，反对康、梁所倡导的无父无君之西学就成为守旧派维护封建统治的必然要求，也必然在该时期守旧派“夷夏之辨”当中反映出来。

到了清末民初，时代的主旋律是民权平等意识的进一步张扬。于是，该时期守旧派的“夷夏之辨”又肩负了更多的时代内容。王龙文的话语就充分体现了这一点。其对女学进行严厉斥责，认为破坏了中国传统男女之大防，使人日渐趋近于禽兽，导致封建王朝的崩溃。他认为，古代所重视的女教为“妇德、妇言、妇容、妇功”四者，“德谓贞顺，言谓词令，容谓婉娩，功谓丝枲”，而“今其言曰女权不可压于丈夫，婚姻不可藉乎媒妁，以是为德可乎？”“所习皆歌曲之辞，所业半胡夷之语，以是为言未见其宜”；“居则窄裳短袂登演于场，行则携手联步招摇于市，以是为容，即在男子犹嫌佻达”；“心不愿服劳奉事于姑章，身不屑习勤力作于织纴，以是为功，何啻农舍耒耜辍耕太息以俟财时也。”② 针对当时妇女意识提高的社会趋势和妇女解放运动的蓬勃浪潮，王龙文痛心疾首地指责道：“循是学也，循是教也，将天理既灭，人道几乎息矣。吾诚不意中国帝王神明之胄，教化陵迟而夫妻道苦，国无嫁婚之制，家无奔娶之殊，蔑礼绝义、渎姓乱宗一至于此，君子居贤德善俗，既痛念教之所由弊方且振救之不暇，忍复相助为虐，日趋夷道，以自窳于禽兽乎？”③

由此可见，一个时代有一个时代的历史主题和任务。站在时代趋势背

① 王龙文：《平养文待》卷五，第4页。

② 王龙文：《平养文待》卷一，第3页。

③ 王龙文：《平养文待》卷一，第5页。

面逆时代潮流而动的守旧派，反对的内容和对象也会随时代主题和任务的变更而变化。尽管守旧派思想改变并不多，但沧桑巨变的时代，迫使守旧派针对变化了的时代而采取相应对策。如在民权、平等、妇女自主意识提升的清末民初，守旧派对于传统伦常思想的维护被赋予了新的时代内涵，即对妇女自主意识的压制和对新型妇女观的排斥。而之前的洋务运动时期、戊戌变法时期、义和团运动时期的守旧派却很少有此类言论，这并不意味着他们当时会赞同这些思想和主张，只因当时思想界尚没有出现后来的思想和学说而已。一旦时代发展，违背传统伦常观念的新时代内容出现，守旧派必定对新思想包围轰炸、群起而攻之，企图消灭而后已。归根结底，此乃守旧派所坚守的传统文化与西方文化的不同质使然。

因此，虽然"夷夏之辨"在不同的历史时期侧重于不同的内容，但本质上，都是为了维护封建伦理纲常、社会秩序和政治制度。故抵制西洋文明、防止其对中国传统文明进行侵害和渗透，成为以传统思想武装起来的封建守旧派必然选择。

（四）守旧派的"夷夏观"强调"夷""夏"之间可相互转化，具有开放性与封闭性双重特性

如前所论及，中国传统"夷夏观"以文化分野，"诸夏而夷狄则夷狄之，夷狄而诸夏则诸夏之"。可知，"夷夏观"具有一定开放性。"夷狄"由于吸收夏文化而为夏所同化最终"以夏变夷"。此时，"夷"成为夏的一部分；同样，夏由于沾染了"夷狄"的习气，会被认为是沦落成为"夷狄"。因此，"夏"也有变而为"夷"的可能。王龙文承继儒家"诸侯用夷礼则夷之，夷而进于中国则中国之"[①]之思想，对"夷"与"夏"之间的转化关系进行了深入阐述。他认为，战国之时，秦国乃"周之旧都，彼其先固中国神明之胄"，原本属"夏"，但"自殽之战始"，便沦为了夷狄。原因是，殽之战，"徒乱人子女之教无男女之别"，于是《春秋》深绝之，将其"外秦于狄"；[②]同样的道理，"吴承秦伯虞仲之化，又有季札之贤，鲁成之世已能会盟于中国"，文明的发展程度决定其原本属于"夏"

① 王龙文：《平养文待》卷一，第5页。
② 王龙文：《平养文待》卷一，第5页。

之范畴，但“及其入楚也，《春秋》深绝之而外吴于狄”。原因在于，其在入楚之际，“君舍于君室，大夫舍于大夫室，盖妻楚王之母也”。楚国属于夷狄，而“楚越僭号于其国而称王，其见于《春秋》者楚则始夷狄之”。如此，则吴与楚属于同类，故而也被《春秋》外而为夷狄。[①] 很明显，这种“夷夏之辨”乃源于文野上的划分，一旦人或者某民族的行为被认为是灭弃伦常，那么，即使其在所处地理位置为核心地带，也会被看作是“夷狄”，从而被排斥出“夏”的范畴。王龙文强调，“夏”可以变于“夷”且稍有不慎就会变而为“夷”，故为保持文化的纯洁性，应时时警惕。在其思想里，中华民族有着几千年悠久的历史和辉煌灿烂的文化，但在西方文化铺天盖地席卷而来的近代社会，如果不坚定立场，维持正道，黜“邪”崇“正”，则会堕落沉沦，面临为西学所化最终“以夷变夏”的结局。

不难看出，“夷”与“夏”之间存在着一种文化的交流与输送关系。因为文化的交流不可能只是单方面的，这就决定了守旧派强调要避免的“以夷变夏”在现实中存在着发生的可能性，而他们所希望的“以夏变夷”局面同样也有实现的机会。虽然在主观上守旧派拒绝学习西方避免“以夷变夏”，但文化的渗透往往不以人的主观意志为转移，守旧派苦心孤诣处处防范却并未达到其想要的效果。中国传统文化在近代西方文化猛烈冲击下开始的近代化转型，无疑乃守旧派时刻警惕的“以夷变夏”结果。无疑，传统“夷夏观”在某些时候是一个开放、动态的体系，可以“以夷变夏”，也可以“以夏变夷”，只是前者与守旧派的主观意愿相背离而已。显然，这种开放性有时会是一种有悖于人主观意识的客观存在。

需要指出的是，“夷夏之辨”强调主观意识，注重严“夷”“夏”之大防。在国力强大的时候其往往会以开放的胸襟和气度去包容外来文化，体现开放和自信的一面；而当国力衰弱的时候，其主张严“夷”“夏”之大防，拒绝外来文化的渗透，其封闭性因而凸显，其民族自大意识难以掩盖其骨子里的自卑倾向。所以，“夷夏之辨”具有开放性与封闭性双重特性。

---

① 王龙文：《平养文待》卷一，第5页。

中国古代社会国力强盛、文化繁荣之时，封建文化能够以优势文化的开放心态包容和接纳另外一种文化，推进文化的发展，此时，“夷夏之辨”开放性占主导地位；相反，国力虚弱的时候，封闭性则登堂入室占据“夷夏之辨”主导地位。如近代中国国力衰弱、外来侵略威胁到本民族的生存，西方文化对传统文化形成巨大冲击力。为抵制外来文化入侵、保持民族文化的纯粹性，守旧派奋起排斥西方的“蛮夷”文化，极力反对向其学习，认为如果不严“夷”“夏”之防，则“夏”会有变而为“夷”的危险。他们时时防范“夏”变为“夷狄”局面的出现，“夷夏之辨”封闭性无疑因之而凸显。但不可否认，此时“夷夏之辨”依然存在开放性，只是开放性居于次要地位而已。即便国力低弱，但坚持中国文化中心论的人们却依然蔑视通过武力入侵的民族，认为其缺乏儒学熏陶、没有教化，试图以文化的同化作用来影响它，达到“以夏变夷”目的。清末守旧派正是试图通过日益发达的交通和日益频繁的国际交往将中华文化输送出去以影响西方国家和地区，最终达到同化西方文化的目的。无疑，守旧派“夷夏之辨”的开放性与封闭性并存不悖。

总之，中国古代文化辉煌灿烂，是一种强势而具有巨大辐射能的文化，它一直以其开阔的胸襟与宽容的心态吸收和接纳外来民族文化以丰富和发展自身。而当封建社会衰蔽之时，古老而笨重的传统文化步履蹒跚，此时，害怕强势文化的入侵也就成为一种潜在的心理趋向，阻碍着不同文化之间的交流。到了晚清，文化的危机感驱使着文化的主体——处于该社会中的人，试图挽回文化衰蔽的趋势而坚守其本土文化的主体地位。故而，被守旧与排外思想主导的守旧派这一政治文化主体，作为传统文化的卫道士，并不懂得如何才能真正地保持和发扬传统文化，他们毅然决然地扛起了“夷夏之辨”的大旗，主导严“夷”“夏”之大防的社会价值趋向，极力捍卫封建传统文化花果飘零的精神家园，试图与西方文化做最后的搏斗。最终，这种狂妄的民族文化自大意识和盲目排斥外来文化的心态走向极端，被近代化大潮的惊涛骇浪击得支离破碎，终成侧畔沉舟，再难激起波澜。

第二节　“纲常不植，正气不伸”
——封建正统思想支配下的伦理思想

清末守旧派认为纲常伦理事关重大，是封建国家社会秩序正常维持、绵延不断的基础。“纲常不植”，则“正气不伸”，纲常伦纪沦丧，将危害社会人心，动摇封建国家统治根基，导致国将不国。

一、以“善”为本的人性论

对于人性的认识，守旧派没有脱离传统的孔孟之道，他们遵从孟子性善论的观点，对于性恶论持反对和怀疑态度。

徐桐认为：“天生人而赋以性，人有性而具夫伦，性本无不善，而尽性者为能全其天，全其天性人心之善也。伦本无不正，而尽伦者为能全其人，全其天理人伦之正也。”① 可见，徐桐认为，人之性善，与生俱来，正如纲常伦理为天理一样，不容置疑。他继承程朱理学的观点，对于荀子的性恶论持相反态度。荀子认为好“义”与好“利”这两个相对的内容同时存在于人性之中，“虽尧、舜不能去民之欲、利，然而能使其欲、利不克其好义也；虽桀、纣不能去民之好义，然而能使其好义不胜于欲、利也。”② 徐桐则极不赞同，认为荀子所谓“义之与利，人所两有”的观点，“是未知人之本性也，性之所有惟义而已”。“自其物我角立，而利心生焉”。“夫桀、纣不能去民之义心者，以其秉彝之善，虽暴君不能夺也；若曰尧、舜不能去民之利心，则所谓黎民于变者果何事耶？圣人之化所以与天地同流者，正以使民迁善远罪而不知也。若民有利心而不能去，则非所谓迁善而不知矣。”③ 不难判断，徐桐的性善论乃建立在圣人能教民迁善远恶的前提和基础之上，如缺少这一前提条件，那么其论断也就不能成立。因此，从根本上来说，其观点并不能论证人性之善恶。

---

① 徐桐：《大学衍义体要》卷三，第49页。
② 徐桐：《大学衍义体要》卷八，第10页。
③ 徐桐：《大学衍义体要》卷八，第10页。

朱一新认为《论语》所谓“性相近，习相远”与《孟子》之性善论一致，人性本善是性相近的基础；而“习也，非性也”，故人之恻隐之心、辞让之心等，“四端贵乎扩充，夜气在乎存养”。“惟性善故相近，惟性善故可学，若人性本恶，则不待习而已远，纵欲学而不能，又何相近之有?”[①]“圣人不授权于气质，而必以善归诸性，故质有善有恶，情有善有恶，欲有善有恶，惟性有善而无恶。”[②] 由此可见，潜心于理学的朱一新否认人性为恶，坚持人性为善，与徐桐一样，也根源于孔子“性相近，习相远”等既定的结论。

赵舒翘也认为：“善在先天，恶属后起，即如创制一物，必先有真者而后伪者出焉。人谓恶由天性，殆未之思也。”[③] 可知，赵舒翘的性善论，乃从推论而来，缺乏相关理论依据和论证。

对于如何维持人性之善，守旧派有自己的看法。徐桐认为人之本性为善，如果人失去其本性，则无异于禽兽。为保持人善的本性，则应加以教化，不使其沦落为利欲之工具，因此“天生民而立君，使司牧之勿使失性”而已。而如何司牧之呢？朱一新谓：“夫性何以节？恃有礼而已。礼也者，理之不可易者也，本于太一，淆于万殊，皆所以范其血气心知，以渐复乎天命之本然，而初非有所矫揉造作。义以为质，礼以文之，是故措诸天下而咸宜，俟诸百世而不惑。”[④] “是以先王之制礼也，有顺而致焉，有逆而致焉。其顺而致也，以人性之本善，恻隐羞恶，是非辞让，理固具于生初，知皆扩而充之，可以赞天地之化育也；其逆而制也，以理寓乎气，性发为情，气有昏明厚薄之不同，其发之也亦异，苟失其养，则旦昼牿亡，人欲肆而天理灭，则其违禽兽不远矣，非礼无以防之也。”[⑤] 因此，在守旧派思想中，虽然人本性为善，但由于利欲之心随时可能起而危害、侵袭人的本性，故为防止利欲之诱惑，须时时以礼来克制和消除，帮助人们维持本性不丧失。

清政府的官方哲学——程朱理学，发展到晚清时期，基本处于守成状

① 《朱侍御答康有为第五书》，《翼教丛编》，第 13 页。
② 《朱侍御答康有为第五书》，《翼教丛编》，第 14 页。
③ 赵舒翘：《慎斋别集》卷三，第 7 页。
④ 《朱侍御答康有为第五书》，《翼教丛编》，第 13 页。
⑤ 《朱侍御答康有为第五书》，《翼教丛编》，第 14 页。

态，强调奉守前人的理论，以坚守为主，鲜少变更。清末守旧派同样以坚守圣人之道作为安身立命的根本，他们的思维模式也已定型，正如曾廉所谓："圣人之学，穷年而莫殚，累世而莫究，用之未能有尽者也。"① 在此思维模式支配下，守旧派对圣人言论绝对信奉与遵从、不容丝毫质疑与批判。具体到论证人性善恶之时，他们也是照搬照抄圣人话语，偶尔加入自己的体验予以阐释，将圣人的话语奉为论辩的前提基础、绝对真理、至理名言。至于圣人因何持此观点，其观点是否存在纰漏，他们并不深究，当然，也无从知晓。可见，承继了程朱理学的守旧派坚守圣人之道，将圣人的言论作为万世不变的真理加以引用、坚持，在论证人性善恶这点上明显出现了以己证己的悖论。

二、"贵名节、黜势力"的义利观

与前述一致，守旧派的义利观也遵从儒家道统而来，强调应继承儒家尚义轻利传统，认为国君为国、治民皆应以仁义为本，贵义黜利乃基本准则。"义胜利者为治世，利克义者为乱世"，② 他们对洋务运动以后朝野上下重利轻义的机巧之风十分担忧，认为其造成了人心风俗的堕落，给国家和民族的凝聚力带来了危害，于是强烈要求整肃纲纪，重义轻利，恢复传统社会纯良之风气。在他们看来，为国不可以言利，统治者应该用忠义激励和鼓舞人心，推动人心风俗的纯净，国家强盛之基由此奠立。徐桐在其呈交给光绪皇帝的《大学衍义体要》一书中以《孟子》中孟子与梁惠王之谈话为例，说明为国需尚义轻利的观点：

孟子见梁惠王。王曰："叟不远千里来亦将有以利君国乎？"孟子对曰："王何必言利，亦有仁义而已矣。王曰何以利吾国，大夫曰何以利吾家，士庶人曰何以利吾身，上下交征利而国危矣。"③

此乃《孟子》中梁惠王向孟子征询为国之道的故事。徐桐认为，孟子基于春秋战国之际圣道不明、人心陷溺的社会状况，"将以攻其邪心"，试

---

① 曾廉：《蠡庵集》卷七下，第37页。

② 徐桐：《大学衍义体要》卷八，第10页。注：该处是徐桐引用的荀子的观点，但徐桐在论述中赞同该观点，认为其所论"美矣"。

③ 徐桐：《大学衍义体要》卷八，第9页。

图针对梁惠王言利的观念对症下药以纠正其利心，并谆谆启迪其为国应不言利。他直告梁惠王曰“为国不可言利”，劝诫其导民于义、化民成俗乃统治者的责任，“圣人之立教也，贱货而尊让，远利而尚廉，天子不问有无，诸侯不言多少，惧贿之生人心而开祸端，伤风教而乱邦家也。”① 儒家尚义轻利的传统在其话语中表露无遗。

儒家这种重义轻利传统影响了中国思想界几千年。自汉代董仲舒明确倡导“正其谊不谋其利，明其道不计其功”以来，这种处世原则一直为儒家学者所遵从。而在近代，面对西方商业社会的功利主义和先进科技武力强国的倾向，守旧派坚定地站在儒家重义轻利思想的一边，主张严义利之辨，反对为利益所驱使而丧失道义。随着西方列强的侵略和西方思想观念对中国传统的冲击，耻于言利的观点已明显呈现出衰颓之势，也不利于国家的富强。洋务运动的兴起，迎合时代潮流，在一定程度上推动了重义轻利观念和状况的改变。洋务运动无疑是趋利的，而趋利一直都是儒家思想视为不可言而耻言的做法，故与封建守旧派长期以来所奉行的“安内攘外必先富强，强莫大于修德，富莫善于节用”② 的思想存在巨大冲突。于是，洋务运动尚未开始，守旧派就开启了对这种与崇义传统相背离的重功崇利行为的猛烈批判。如倭仁认为：“欲求制胜必求之忠信之人，欲谋自强必谋之礼义之士”③，人心趋利万万不可取。

倭仁等人这种重义轻利的价值观一直左右着近代守旧派的言行和思想。洋务运动以降，以此重义轻利思想为依据来反对和批判洋务运动趋利之风者络绎不绝。朱一新曾指控自洋务运动以来出现的社会机巧之风，给国家带来了巨大危害，使人心一步一步趋于背离传统、追逐私利，甚至出现要求改变传统社会政治制度的言行。其谓：“百工制器是艺也，非理也。人心日伪，机巧日出，风气既开，有莫之为而为者，夫何忧其艺之不精？今以艺之未极而精，而欲变吾制度以徇之，且变吾义理以徇之，何异救刖而牵其足，拯溺而入于渊，是亦不可以已乎。人心陷溺于功利，行法者借吾法以逞其私，而立一法适增一弊，故治国之道必以正人心、厚风俗为

① 徐桐：《大学衍义体要》卷八，第13页。

② 方宗诚编：《开县李尚书（宗义）政书》，第354页。

③ 《洋务运动》（2），第34页。

先，法制之明备抑其次也。况法制本自明备，初无俟借资于异俗，讵可以末流之失归咎其初祖，而遂以功利之说导之哉？世之揣影听声，愚而可悯者，既不足以语此。”① 他认为这种趋利之风气给社会带来了很大负面影响，使人心进一步趋向于浮躁与机巧。“夫今之学者义利之不明，廉隅之不立，身心之不治，时务之不知。聪颖者以放言高论为事，谓宋、明无读书之人；卑陋者以趋时速化为工，谓富强有立致之术。人心日伪，士习日嚣，是则可忧耳。”② 其字里行间凸显出对传统流失的痛心与忧愁。叶德辉也谓康、梁之学说，“欲举一世之人才，消磨其忠义之气，开拓其悖逆之心，固结其死生之志，上无天子，下无纪纲”，并且给学堂诸生带来了很坏的影响，“驱以利禄之路，弛其名教之防，而人心之败坏，逐（遂）岌岌若有不可终日者。”③ 守旧派所发出的诸如此类的言论比比皆是，不胜枚举。

清末守旧派继承其前辈守旧派的思想而来，同样持守传统义利观，认为利欲之心贻害无穷，晚清商务兴起所带来的人心趋利风气更是让人痛恨，故他们试图引导时人自觉抵制物欲侵害，阻止社会风气的衰颓。他们认为，洋务运动的开展所带来的这种人心日益趋于机巧的社会风气，导致了人心日益浮躁，趋利而轻义。人心趋利，则易为异端所惑，背弃纲常伦理，而立国之基则将因之而动摇，这在前一节中已经有所论述。在他们看来，趋利之弊端甚多，其中最恶劣的就是造成伦常纲纪的败坏。“国家之有纪纲，所以一天下之耳目，定天下之心志也，纪纲一弛万端皆颓。”④ 人心趋利，“苟至于贪，则官吏士庶惟利是趋之心皆足上干天和、下酿兵端。其患莫大，非细故也。”⑤ 无疑，守旧派看来，人心趋于利，将给社会带来诸多连锁反应和导致多种社会问题。

守旧派对当时社会人心趋于利的现状和造成这种状况的原因进行了分析和批判，并提出了相应对策，以使社会民心恢复纯净。曾廉将西方商品经济所带来的尚利之风气等同于中国古代历史上的异端邪说，其谓：“自

① 《朱侍御答康有为第四书》，《翼教丛编》，第 11 页。
② 《朱侍御答康有为第三书》，《翼教丛编》，第 8 页。
③ 《叶吏部〈读西学书法〉书后》，《翼教丛编》，第 130 页。
④ 《御史徐道焜折》，光绪二十四年十月二十六日，《录副奏折》第 423 卷，第 2299 号胶卷。
⑤ 《御史徐道焜折》，光绪二十四年十月二十六日，《录副奏折》第 423 卷，第 2299 号胶卷。

古及今，天下之祸莫大于邪说，然古之邪说讲虚寂，假神怪以欺世，犹难与桀谓语也。今之邪说则挟利禄以动人而靡然，倾天下以从之矣。”① 可见，他对于尚利风尚给社会带来的负面影响心有余悸。故其指出：“国家之制在重本而抑末，贵名节而绌势力，而后天下可治”，“末胜于本，则人皆思惰，势、利胜于名节，则人皆思佚”。②

自洋务运动开展以后，许多官吏趋利之心日起，贪图富贵名利，忘记为官之责，视百姓为利源，盘剥百姓无道，曾廉对此非常不满。其谓：“今天下无学久矣，盖百年以来，习为破碎，自名为实事求是，其始入于吏胥，继且入于工匠，而人之所得于天，虚灵不昧者，皆以利欲窒之寖，而忘其君父矣。”③ 因此，他得出结论：“今天下之颓，全在士大夫以利相耀，因而无论流品，惟利是雄，此人心风俗之大蠹也。”④ 其将此种人心趋利的原因归结为海禁大开后朝廷所实施的重商举措，认为朝廷重商，使人心日益浮躁、趋于名利，人人为私，忠义丧失，直接导致社会风俗的窳败与衰颓，殊堪痛恨。故他指出：“僭侈足坏风俗，故汉世重农抑末非无谓也。嗟乎！自海禁既开，而非昔日矣。蚍蜉之衣裳，以商务为经国之术，于是驵侩优于缙绅，金玉贵于载籍，流风所扇，而所谓士大夫者，亦以仕途为阛阓之场。平时早无名臣之望，及晚而文章事业俱无所就，惟子孙之计不忘于心，故入于夷狄不顾也，入于盗贼不顾也。孳孳不怠，究其所遭者，徒为子孙作孽之资，而不自知其居何等也。”⑤ 同时，他对于理应潜心于学问、埋首于书斋、安心于修身齐家治国平天下的士大夫的从商之举也十分反感，说：“余谓士夫而工管商之术，张垄断之望，谓之市侩可也……朝廷海禁大开，重使职、持约章、崇商务，莘莘胄子无所事事，黠者浮海干进，钝者卷伏田野不遑，市肆宏丽，天下重困矣。”⑥ 不难看出，曾廉很不适应近代士大夫社会角色的转换。他十分鄙视传统士大夫在近代社会的新角色，依然沉浸在士为四民之首、“学而优则仕”，“穷则独善其

① 曾廉：《蠡庵集》卷十三，第19页。
② 曾廉：《蠡庵集》卷十三，第6页。
③ 曾廉：《蠡庵集》卷十三，第20页。
④ 曾廉：《蠡庵集》卷十八，第6页。
⑤ 曾廉：《蠡庵续集》卷五，第26—27页。
⑥ 曾廉：《蠡庵续集》卷七，第27页。

身，达则兼济天下”的传统当中不能自拔，认为士大夫此番社会角色的转换乃有失身份、自降身价的丑陋行径。无疑，面对商品经济冲击下新的社会分工和人才需求，曾廉还没来得及转换观念和接受转型社会的急剧变化。也由此可知，在奔涌而来的近代化大潮中，守旧派并没有练就乘风破浪的本领。

曾廉谆谆告诫士人“不可徇私利”，并多次引用先儒话语进行论证，“孔子曰：小人喻于利；孟子曰：鸡鸣而起，孳孳为利者，蹠之徒也；董子曰：皇皇焉，谋财利者，庶人之行也。士方贫贱，宜亦齐于庶人，然岂有士而不志于天下者乎？奈何躬为小人且循蹠之迹也。贫贱时襟怀猥鄙，则其达也可知？故儒者清白宜自少时始，此古人观人于微之法也。……惟望诸君非视勿履而已！”[①] 可见，趋利在曾廉看来乃小人行径，不能入流，士人要保持自身“清白”，必须远利。甚至到了清朝末年，曾廉对于新式书院所开的西方新课程仍十分反感，强调要宣扬孔孟之道，祛除利禄之心。他说：“教民以教士为要，教士以兴学为要，兴学以明伦为要”，而新式书院，虽形式上类似于古代书院，但“其习日靡者，非古今人不相及也。其所以教之者文艺之末、利禄之路，大非先王明伦之意，于是天下之士尚浮华而鲜实行”。[②] 可见其思想之迂腐。

徐桐也说：“正义必不谋利”，“夫利者，人心之蟊贼，不可有也。圣贤之教学者，必使尽去此心，而后可与为善。其化民也，必使尽革此心而后可与为治。”[③] 义与利的性质截然不同，在儒家思想中处于对立关系。徐桐认为，义与利的影响也有重大不同：“盖以仁义为本是导民于理也，以利为尚是导民于欲也。理明则尊卑上下之分定，三代盛时所以长治久安而无后患也，为国者舍是其将焉求？”[④] “义必公诸民而利则私于上，欲可易盈也”，“利权既专，人必习于争利而国脉蹙”。因此，“事不可以私济”，虽当“国用支绌之时”，务必要“抑其欲”，“利必同民而不专利，则所以固国本而培国脉”。[⑤] 毫无疑问，在徐桐眼里，人心不趋利乃国家强盛的基

① 曾廉：《蠡庵集》卷十八，第6页。
② 曾廉：《蠡庵集》卷十八，第1—2页。
③ 徐桐：《大学衍义体要》卷八，第10页。
④ 徐桐：《大学衍义体要》卷八，第9页。
⑤ 徐桐：《大学衍义体要》卷八，第15页。

础，否则国脉国基就会动摇。

赵舒翘谓“义利之辨皎然不苟”[①]，故做人首先得端正心态，祛除私心，“心在利旁则为私，在人中间则为公，解此则公私判然矣。”[②] 他指出，当时社会风气日趋低下和中国日益受制于西洋的原因是利禄之心驱使的结果。“现在盗贼饵人，外族制人，亦无非利之一字蛊人心术，故弃金重炊二事虽古人小节，而贱货轻利之风已足廉顽立儒。若处士不讲气节，不励廉隅，则视诵读为牟利之具，藉仕宦入罔利之途，学愈博害愈大矣。”[③] 故必须注重维持孔孟之道，摒弃浮华，而“时务专主谋利，尤坏心术”[④]，故“世教衰微，为善多阻，全赖学道者勉力维持”[⑤]。

于荫霖认为：“物欲最害心，然徇人而不觉”[⑥]，“人非拔去欲根，决不能挺起志气，淬励艰难”[⑦]。他鼓励官吏们克除物欲、趋利之心，黜利存义，祛除人心之利根，激起忠义之气。如此，才能真正做到大公无私、不计个人利害、实心为民。

王龙文也说：“夫立人之朝而知死其位、竭其力，利不苟就害不苟去者，圣人之徒也。若漠视君上，牟利一己，觍颜事仇以祸宗国，可胜诛乎？其得罪圣门也大矣。……承学治国，闻者当先务经世，而以节义为归；节义之学，断以夫学之言。是法其曰：志士仁人无求生以害仁，有杀身以成仁。斯语也，足以告万世矣。”[⑧]

综上可知，晚清守旧派，不管是洋务运动时期的守旧派，还是戊戌变法时期、义和团运动时期的守旧派，他们都在畏惧和担忧西方思想导致中国重义轻利传统的流失以及由此造成的纲常伦纪沦丧。他们惶恐于西学东渐背景下封建等级秩序及其思想基础的坍塌，心情急切地在排斥西方思想文化和政治制度的阵营中立马挥戈。

守旧派认为人心趋利，负面影响颇多，社会上诸多不法行为都由其衍

① 赵舒翘：《慎斋年谱》，第 9 页。
② 赵舒翘：《慎斋别集》卷三，第 2 页。
③ 赵舒翘：《慎斋文集》卷八，第 62—63 页。
④ 赵舒翘：《慎斋文集》卷八，第 63 页。
⑤ 赵舒翘：《慎斋文集》卷八，第 62 页。
⑥ 于荫霖：《悚斋日记》，第 817 页。
⑦ 于荫霖：《悚斋日记》，第 898 页。
⑧ 王珏：《素庵文稿》卷上，1920 年刻本，第 24 页。

生而来。但很明显，守旧派并没有注意到，利欲之心的膨胀并不单是西方商品社会所独有，在提倡尚义轻利的中国传统社会中也是屡见不鲜、比比皆是。毫无疑问，守旧派将人心向利的社会趋势一味怪罪于西方文化，不知不觉走入了片面与偏激的死胡同。而守旧派试图在商品经济大潮淘洗下的近代社会依然保持传统自给自足农耕经济下的思想观念，以此来充当挽救世道人心的思想武器，无疑不合时宜，也于事无补。不过，虽然守旧派想法中存在太多不切实际的内容，虽然他们对社会风气和社会发展关注与担忧的方式不对、效果也不好，但不可否认，他们正以无比虔诚的姿态捍卫日益飘零的传统精神家园。

守旧派主观上秉承传统儒家耻于言利的思想，并欲将之奉行到底。但客观上，中国近代备受列强欺凌和严重落后于西方的特定社会环境，已不能容许这种思想继续居于思想界统治地位了。于是，为适应时代的需要，清末守旧派在某些方面做出了让步和妥协。在国家言利的方面，他们观念比前期守旧派已有了一定发展。当时清政府财政竭蹶，府库空虚，民穷财尽，经济千疮百孔，民不聊生，而赔款负担沉重，灾害频发，军费开支巨大，要解决这种财政日不敷出的紧迫现状，单纯靠传统节流措施明显不能奏效，最快捷有效的方法莫过于广开利源。虽然此时守旧派对开源举措仍存诸多顾忌，他们口头上仅承认节流举措的重要性与迫切性。然而，在现实生活当中，他们已经顺应时势将开源措施搬上了议事日程并予以推行和实施。如修路、开矿方面，虽然他们认为存在弊端，但也并不完全反对，只是提倡应根据实际情况来决定是否开展，最重要的是保住国家利权避免被列强掠夺，这在前面章节中已有所论述。需要特别指出的是，口里高喊不言利的清末守旧派在这个时候已经能比较主动、自觉地意识到要与列强争夺国家权益了，这是守旧派的重大进步，也是他们在思想上跨出适应时代要求步伐的表现。

相比较于倭仁等洋务运动时的守旧派，清末守旧派不再一味拘守耻于言利的观点，而且对于国家之“利”表现出一定程度的兴趣，这主要表现在对于国家权益的收回上。如洋务运动开办之初，朝廷定税则，倭仁“谓烟酒琐碎之物，朝廷何屑科税，遂定烟酒食物不税之例”①。而在1895年“兴利裁费”奏折中，徐桐就建议朝廷以“补抽洋货以广利源”“清查海关以增加公项”“整顿招商局以收利权”“稽覆电报局以清官款”“酌收纱布捐以增公帑”② 等方式，来收回中央政府之利权。光绪己亥年（1899），其言“轮船电报创立三四十年，获利不赀，而上不在国，下不在商，所称挽回利权者安在”③，要求将各地官商酌定余利归公。徐桐此策固然与当时国家财政竭蹶、困窘不堪的现实状况相呼应，但也不难反映出清末守旧派在国家不可言利观念上已有很大松动和变通。

总之，清末守旧派坚持传统的义利观，反对人心趋利，要求继续以孔孟之道熏陶和教育民众，以延续重义轻利的传统。但在晚请社会转型、清王朝面临西方列强侵略与威胁的时代背景下，一味拒绝言利显然不符合历史发展的客观要求。而且，列强的觊觎使国家利权严重受损，如仍耻于言利，后果将不堪设想。因此，守旧派不得不变通其“义利观”以适应时代之所需，尽管他们变通的幅度很小，但不可否认，他们也在朝着近代社会努力迈进。由此可见，守旧派也并非人们原以为的那般冥顽不化、不思变革也根本不变革的群体。

三、对封建礼制的维护

守旧派维护封建礼教，态度十分坚决，不容许任何违背礼教行为的发生。

首先，守旧派认为，人的行为必须符合自己的身份。如曾廉说：“君子何忧、何惧，而患斯文坠地也哉。”④ 他认为，在“礼”的规定之下，人的言行必须符合自己的社会地位，绝对“不可无体统”。他曾十分愤怒于生徒与平民争斗之事，认为：“今日诸生徒，即异日巨儒名将相”，地位尊贵，而“近日颇闻士人或与佃民争竞，愚实耻之。推原其故，多由士流不存身分，或袒服出市，或联肩塞途，甚且身蹈非礼，为人不为，以堂堂之

① 天台野叟：《大清见闻录》中卷，中州古籍出版社2000年版，第550页。

② 《徐桐折》，光绪二十一年闰五月十九日，《录副奏折》第423卷，第1072号胶卷。

③ 盛宣怀：《愚斋存稿》（1），台北文海出版社1975年版，第32页。

④ 曾廉：《蠡庵续集》卷五，第29页。

躯自作寒伧体态，虎豹之鞟犹犬羊之鞟，固宜其有豫且之辱而为渔人所窘也。故《论语》曰：君子正其衣冠，尊其瞻视，此非徒为观美。盖敬则日强，君子之所以自立也；恭则不侮，君子之所以自尊也。故轨辙所至，人多亲而礼之。岂有温文尔雅而为人忤者乎？”① 曾廉此语乃针对士子一系列非礼行为而发，他谆谆告诫士子若想获得别人尊重首先就得自尊，而自尊最基本的要求就是绝对不能做有违自己身份的事情。

守旧派眼中，衣着服饰乃身份地位的标志和象征，不可随意穿着、更换和僭越。王龙文说：“治天下者莫大乎礼，礼莫明于章服。章服之设所以辨上下、定民志、别等威也。是故开创之君昭度制仪不相沿袭，继世而后守文而已，未闻有所变更也。”② 在中国封建等级制度下，人有三六九等，而服饰、行为都需符合自身身份。不同阶级、阶层、身份、地位之人服饰都有严格规定，凡着装超越自己身份地位就会被认为是僭越，而低于自己身份地位则是有失体统、罔顾尊严。因此，对于戊戌变法时期变更服饰的言论，守旧派坚决反对，认为这会造成礼制败坏，国家大乱，是变“夏”于“夷狄”之行为。如王龙文谓，章服是国家礼制之所在，“夫以中国之人袭羯虏之服，是犹舍龙虎之饰衣犬羊之皮”③。王龙文试图通过服饰来标志人之身份地位、尊贵贱卑，其思想中等级意识的浓厚可见一斑。在其眼中，西方人低人一等，中国人袭取西方服饰则无疑是自降身价、自甘堕落、自取其辱。不仅如此，其还将服饰与国家民族的命运紧密联系在一起，认为服饰的变更是对传统礼制的重大破坏，将导致亡国之祸。其举例说赵武灵王胡服骑射，改换服饰，“不数十年国内大乱，身随以灭。雀鷇之祸至今，口实覆辙具在。”④ 他认为：“圣朝龙兴，重熙累洽，天下臣民服神畏教几三百年矣。而进言者以是为说，是尽驱服神畏教之伦相率而入于蔑礼绝义之俗，且使重熙累洽之天下沦胥而为被发左衽也。”⑤ 在这种思想观念的支配下，守旧派对于更换服饰的主张反对尤力。封建礼制的运行，建立在封建等级秩序的稳定之上，王龙文等人反对改换服饰的原因，

① 曾廉：《蠡庵集》卷十八，第 5 页。
② 王龙文：《平养堂疏稿》，第 5 页。
③ 王龙文：《平养堂疏稿》，第 7—9 页。
④ 王龙文：《平养堂疏稿》，第 7—9 页。
⑤ 王龙文：《平养堂疏稿》，第 7—9 页。

归根结底，是为了维护封建章服制度背后的封建礼制。

其次，守旧派排斥西方新型的人际关系与生活方式，认为其与中国传统“礼制”相背离。中国近代，随着基督教在中国的渗透与扩张，民教矛盾不断升级且呈现白热化趋势。民教矛盾的原因，除现实的利益冲突外，还有广大士绅阶层基于不同文化背景对基督教与生俱来的抵触与排斥。这是因为，基督教所代表的西方文化与中国传统文化具有完全不同的价值体系，它的传入，将西方新式的人际关系和伦理关系带进了中国。而这一切在守旧的中国士绅阶层看来却是有碍封建纲常伦纪和礼教、与中国传统森严的等级制度和人伦秩序相违背的。如基督教所带来的男女平等和西方新型人际交往方式，与中国男女有别、男女授受不亲的传统就格格不入、水火不容，这种交往方式的传播和推广，对于封建礼教支配下的男权社会秩序无疑是严重威胁。守旧派对此惊恐万分，他们极力避免西方思想对中国传统伦理体系的渗透，试图维持传统的人际关系秩序。所以曾廉谓：“夫男女杂会昼夜无分，此即不为逆谋，亦复成何风俗”[①]。“自文伾兴而惇京起，惇京起而贼民众矣”。于是，“礼始终坏，男女之防而必欲弃，而君臣去而父子，舍帝王而言洪荒，舍礼教而言獉狉”。[②] 显然，其试图在西方思想冲击下中国传统礼教开始崩溃的时代浪潮中力挽狂澜。

再次，对于中国传统的礼仪制度，守旧派高度赞美、坚决卫护，不容许有丝毫的变更。王龙文认为，“中国为礼乐文物之区，等威仪节，斟酌至当，自朝廷以至乡党，奉行不弊，即与各国聘覲交接，历久相安。而康逆等厌其繁缛，视若桎梏，意欲舍此他求。自逃化外，去上下之分，罢男女之别，应请无容置议。”[③] 在他眼中，礼仪是传统中国文明发展的标志，一旦废除，则会对上下尊卑分明的礼教造成严重危害。赵舒翘也认为，只有深入领悟和重视传统之“礼”，才能匡扶正道、治理国家、规范世道人心。故其谓：“朱子晚年注意《礼书》，临终尤惓惓于《礼经通解》底本，属黄直卿补葺成书。岂非以礼为敦行实践之则，而为人人所急当考究者乎？……且深悉乎典章仪度之本末，一旦立朝亦可襄国家文物明备之盛。

① 曾廉：《蠡庵集》卷十八，第20页。

② 曾廉：《蠡庵续集》卷六，第3—4页。

③ 王龙文：《平养堂疏稿》，第32页。

其有裨于世道人心甚大，岂徒矜淹博考据者所可同日语哉?”①

守旧派维护中国传统礼制的努力，不仅表现在日常生活当中，还贯彻在国家的对外交往之中。他们基于中国传统礼仪制度、华夷之辨和古代宗番观念，顽固捍卫传统礼仪，以居高临下的姿态俯瞰和审视西方，将西方国家等同于中国古代历史上的藩属国，用中国传统的礼制来要求这些国家。只是，他们万万没料到，西方国家在政治、经济、军事等方面都比陈腐不堪的清政府要进步得多。

对外关系中是否承续传统礼仪是当时清政府关注的焦点，它困扰了清朝好几代皇帝，从近代前期一直延续到晚清，朝廷官员曾对此争论不休。但在虚骄的大国意识主导下，晚清政府自诩为泱泱大国，迟迟不愿走出主动与西方接轨的第一步。

早在乾隆时期马噶尔尼使团来华时，在朝觐乾隆皇帝的礼仪问题上，中英之间就存在很大分歧。清王朝要求英方按照大清藩属国来使的规格觐见中国皇帝，行三跪九叩之礼，遭到英国来使严词拒绝。诸如此类礼仪方面的分歧和争论一直延续到马噶尔尼返英前也没有得到完满解决；嘉庆年间，这种外交礼仪之争不仅没有解决，反而闹得更僵。清政府君臣幻想英国能遵从大清礼仪，以表示其对天朝上国的敬畏和向化之心。但最终，“清朝群臣共同编织和向往的，外夷觐见天下共主盛典之梦彻底破灭”②；而因外国公使拒绝向中国皇帝行三跪九叩之礼，只愿鞠躬颔首，与中国传统礼制不合，咸丰皇帝也不愿意接见外国公使。国势衰颓时期的咸丰，并未能顺应时势转换思想，他顽固地认为，天朝大国乃礼仪之邦，西方人是野蛮与不开化的民族。基于此，对于外国公使的驻京要求，咸丰帝“宁愿中国受些经济的损失，供给来京的外国公使一切开销，继续维持封建宗藩关系下外国公使进京的旧局面”③。尽管此时的清王朝国力衰弱，屡屡战败、割地赔款，早已尊严殆尽。然而，其依然固守原有礼仪，这种状况一直延续到光绪朝前期也没多大改变。礼仪秩序此时似乎成为最后一根救命

① 赵舒翘：《慎斋别集》卷一，第19页。

② 王开玺：《隔膜冲突与趋同：清代外交礼仪之争透析》，北京师范大学出版社1999年版，第168页。

③ 王开玺：《隔膜冲突与趋同：清代外交礼仪之争透析》，第243页。

稻草，清朝达官贵人以至皇亲贵胄们在固执地用这种方式维系着泱泱大国的假象。而虚骄的后面，是满目疮痍，和与大国声名完全不一致的国力。

光绪二十四年（1898），德国使臣觐见光绪帝。翁同龢认为“此次该使并无格外请索，似不必加礼”。但思想趋新的光绪帝对翁同龢等人的这种想法极“不谓然”，又谓“此等小节何妨先允，若待请而允便后着矣。”光绪帝“并有尽用西礼之语”。“又云德亲王进见，在园不便，恐其请见慈圣，懿旨著在宫内。又云著在毓庆宫，开前星门，于东配殿赐食，准其乘轿入东华们。臣对优待极矣，然有窒碍。”翁同龢不赞同该接见方式，其陈述了五点理由：“毓庆宫前殿曰惇本殿，东间供孝静皇后御容，万不能辟中间为过路；配殿极隘，无容席也；参随无别处可见；前星门近百年未启，框木沉陷；乘轿入门非礼”。按清制，文武大臣入宫朝见时必须在东、西华门外下马、下轿，步行入宫，只有经过特许的国家元老大臣或勋臣方可乘轿入宫。可见，翁同龢持反对意见的缘由基本都出于该礼节有悖于传统社会臣僚、藩属朝觐皇帝的礼节。光绪帝对他们这种迂腐之见很是不满，“盛怒，责刚毅，谓尔总不以为然，试问尔条陈者能行乎否乎？”[①] 当时光绪帝欲在接见德国亲王时改变中国礼制的诸多优待，遭到大多数军机大臣的反对，而从光绪帝对于刚毅等人的愤怒语气中可以判断出，比起翁同龢等人，刚毅对于传统礼制的维护绝对有过之而无不及。又“德王觐见慈圣欲得赐座也，庆邸持不可”，翁同龢等“见起复力言之”，于是，慈禧太后谕令“若必欲坐，只得不见”。[②] 由当时清朝中央政府官员对于传统礼仪制度维护之坚决，可见守旧派身后官僚体系中深厚的传统意识和牢固的守旧思想基础。从清末守旧派对于传统礼仪制度维护的不切实际可知，虚骄的大国意识在影响着他们对西方国家的看法和自己在对外交往中的姿态。然而，时代已经悄然变更，无视大势的一味固执只会增加国家融入世界的障碍和难度。

① 陈义杰整理：《翁同龢日记》第6册，第3109页。

② 以上均见陈义杰整理：《翁同龢日记》第6册，第3118页。

第三节　“诚则无累”的人生观

清末守旧派人生观十分复杂。他们内心讲究真性随缘、不愿为物欲累其本真，甚至渴望归隐，但他们又无法摆脱浸润于脑海深处的儒家入世思想的控制。最终，在内心意愿与现实需要之间，他们选择了后者，以“在其位、谋其政”的思想来指导自己的人生，讲究以诚为先，顺其自然。弄清楚守旧派内心深处的真实状态与他们对人生的看法，与其现实的行为相比较，对于进一步分析其言行不无裨益，故本节拟对守旧派的人生观进行探析。因人生观具有稳定性，本节所涉及的守旧派人生观资料并不仅限于清末，而是囊括了其人生的前期阶段。

赵舒翘对于官场的身不由己深有体会，他看透了仕途的波谲云诡、风云变幻，感觉命运往往变幻莫测，不由自己掌握，故对自己的前途和未来十分迷惘，时常深感无奈和痛苦。于是，归隐田园，过自由自在、无拘无束的生活，成为他内心深处不时跳跃奔涌的念头。隐隐的归意时时萦绕在他心头，挥之不去。然而，理想与现实之间总有差距，仕途的平稳与升迁使他对君主的知遇之恩又怀有深深的感激之情，一旦归隐，则无疑会愧对君主、愧对自己多年的努力，愧对修身齐家治国平天下的政治抱负。于是，他矛盾而彷徨，犹豫而纠结。在痛苦的抉择中，他最终选择了身居其位、忠于其职、尽职尽责，怀着一颗归隐之心在仕途中尽心诚意地做着分内之事。仕途的无奈和退隐的归意，在他诸多的信笺、随笔中都可窥其端倪。如其谓：“处贫贱易，处富贵难；处下士易，处高官难；处常职易，处盛名难。予值此俗弊时危之际，三难兼备，则又难乎其难，安得不朝竞夕惕以求免于过乎？”① 身居高位，必然要面对许多常人不能遇到的问题，仕途的惊险也往往让其深感无奈甚至心悸。对此，他的做法是：“事上不即不离，待人让名让利，遇事则委曲求全，必期于民有济而仍衡之以义，世途太险，直道久淹，被黜乃意中事，斯须莫忘浩然志”②。而且，赵舒翘

① 赵舒翘：《慎斋别集》卷三，第5页。

② 赵舒翘：《慎斋别集》卷一，第1页。

心底有一种深深的自卑感，觉得自己的才能尚不足以担当大任，更何况仕途风云变幻，往往身不由己。故其虽怀有归隐之心却不能如愿退出，只能战战兢兢立身官场，诚心诚意待人处世。他说："古来成大事业者，类多才德迈众，精力过人，予才既平庸，精神亦弱，似未能膺天眷而成事功。乃数年来，天恩高厚，则又时际艰难，虞欲进不能，欲罢不可，似天意又欲试以艰巨。岂时当未造气衰，不能钟毓大贤挽回气运，而以次劣者承乏乎？"[①] "以朴讷之质，平庸之材，虽稍知读书学道而身心且不治，遑言安济……故刻刻收敛，事事俭约，只求窃禄二三年，足了宿债，即退归矣。"[②] "本拟即行引退，惟念受恩太重，时局太艰，不忍遽言，只好作一日算一日，做一分算一分，成败听天而已。"[③] "天道福善祸淫，治身则长善去私，治人则扬善遏恶，是之谓顺天休命，是之谓可与佑神，若扬善而善弗获用，遏恶而恶仍难除，则是己之学力审机未精，否则天道之变，修吾德而安其变，他何容心焉。"[④] "诚则无累，不诚则有累。盖诚则只求为己，慊于幽独自然，心广体胖，一切毁誉得失不能扰矣。不诚则处处务外，为人患得患失，随物迁移。此中沾恋纷纠，安有脱然时乎？"[⑤] 透过以上诸多言论，都可看出赵舒翘为官的心态。面对自己难以左右的仕途，他不过多地在乎和考虑自己的升迁罢黜，不计较个人的荣辱得失，诚心尽性，超然物外，无累于名与利，实实在在做自己分内之事，余则听天由命。故有人评价赵舒翘，谓其"守道不阿，峻洁自淑，与世多梗"，"以诚敬为其根，其忠君爱民则本所心，得以措诸实行，足以扶世翼教，有古大儒名臣之风。"[⑥]

作为大学士的徐桐，在慈禧太后跟前也曾是炙手可热的人物，但其人生观同样具有明显的消极避世意味，他试图通过对佛学的参详来思考人生，追求入世与出世的协调统一。无疑，追求避世的心境正是其梦想真实、自由心态的体现。摆脱尘世的诸多烦恼，寻求自由自在、没有束缚的

① 赵舒翘：《慎斋别集》卷三，第6页。
② 赵舒翘：《慎斋文集》卷九，第4页。
③ 赵舒翘：《慎斋文集》卷十，第8页。
④ 赵舒翘：《慎斋别集》卷三，第9页。
⑤ 赵舒翘：《慎斋别集》卷三，第8页。
⑥ 王步瀛：《慎斋年谱序》。

人生，将心灵放归幽静的山林，是徐桐骨子深处难以言尽的渴望。他认为，人世间的功名利禄都是人生的负担和困扰，人往往为名利所累而活得十分忧郁与压抑，摆脱这种困扰的方法就是看破世间万事万物、心不为尘世所累从而拥有虚空的境界，还自己一个自由自在之身。梦想虽如此，但他与赵舒翘一样，对于这种虚空境界的渴求只是一种心理趋向，尘世的许多因素使其并不能真正做到这一点。他说："一真法界本圆融，偶著微尘便不通，堪叹浮生尘累累，何时勘破入虚空。非是虚空可寄身，此身原是一微尘，微尘剖得真如见，无喜无忧自在人。"① "检点生平应世缘，无思无虑养心田，却嫌明决施为少，难得心光自在圆。总是尘缘累本真，出尘原是在尘人，会须踏破此尘网，大地山河一样春。"② 可见，身处尘世中的徐桐在参详世事时，内心深处有着无法摆脱的归隐意识，他渴望归隐山林以摆脱尘世间纷纷扰扰的繁杂政事，认为那里才是适合心灵安放的精神家园，于是，他常谓："宁作急流勇退人，不从宦海问前津，簪缨本在幻身外，幻境休将幻作真。"③

官场对于人性的抑制和束缚，使徐桐感觉如同被一个巨网裹挟和捆绑，透不过气来而欲窒息。"要将世网全撕破，俯仰方知天地宽，苦羡浮荣盖世功，不知身在网络中，金楼博得蜘蛛隐，不入飞尘万丈红。强将律例当身箴，借镜澄观自问心。富贵逼人如桎梏，何如颐性在山林，自持绳榧已多年，芟剔榛芜养性田。翻讶官箴多系累，不由人处且由天。"④ 他痛恨官场诸多非人性的地方和人身处其中的种种身不由己。光绪九年（1883）徐桐在沈阳办差，好友崇绮时为奉天将军，但碍于官场规矩，此时其不能前往拜访。于是，其感慨万分，写下了下面的文字："咫尺天涯忆旧知，隔城如有越秦思，只因律宪森严甚，不许论交语及思。余与文山将军为莫逆交，今奉命来沈，所居相距只隔一城，竟不能一握谈往来文书相诘问，如行路人，漠不相关，思之可哂。"⑤ 字里行间，可见他心底深深的失落和无奈，官场的身不由己也在此处显露无遗。

① 徐桐：《使沈纪程偶吟》，第 10 页。

② 徐桐：《使沈纪程偶吟》，第 11 页。

③ 徐桐：《使沈纪程偶吟》，第 20 页。

④ 徐桐：《使沈纪程偶吟》，第 38 页。

⑤ 徐桐：《使沈纪程偶吟》，第 16—17 页。

尽管徐桐追求归隐的心态不时浮现，但深受儒家入世思想影响的他却不可能真正选择消极避世，乞归田园。一种与生俱来的责任感使其无法对世事释怀，因而其消极避世心态中又不免包含积极入世的思想，于是他就用难得糊涂的表象来掩盖那颗在尘世中摸爬滚打、清醒而又孤独的心。“自在二字甚不易，到书以自励。窃念素性憨直，遇事辄以无心应之，殊觉录录（碌碌），因自号为录录（碌碌）道人。诗以自嘲……吕端大事不糊涂，纵令浪得糊涂号，也胜聪明绝世图。”① “此心放得平心秤，一任他人说有无。录录（碌碌）无奇始是奇，默中养得此端儿。笑他自负精明者，何若无知胜有知。”②

徐桐的难得糊涂，表现在能吃亏，不计较个人得失。“吃亏自是寻常事，休惹他人话短长。为学吃亏寻快活，而今快活也寻常，向人犹说三分话，装作糊涂不较量。此是真心涉世方，几人识得者行藏，每依正法行吾道，暗室无欺对玉光。”③ 可见其吃亏的表象下掩藏着圆滑的涉世之方，也蕴藏了不过多计较的豁达。

涉及个人利益的小事可以糊涂，但对于家国大事，徐桐却坚持不能糊涂。他一向“正色立朝”，不计较蜚短流长，坚定立场，不违己心，做自己该做的事，尽心尽性。早在同治年间，他为同治帝师傅的时候，其办事风格就凸显出来。他严格要求同治皇帝，一旦其学习进展缓慢，成效无多，他就急躁无比。如他因教同治帝生书久而无功，“甚急躁，同人劝变通，未之许”④。由于心急，徐桐甚至“肝气咯血”，翁同龢评价其此举“亦出于至诚也”⑤。甚至对于同治帝，他也会经常“大声呵嚷”⑥。不难看出，徐桐办事有任由自己性情发展的趋向，甚至趋向于顽固而不善变通。他不仅不理会同僚变通教育方法的建议，而且对于别人有效的教育方法也“颇不以为然”⑦。当翁同龢认为：“今日之事，当务之急，减诵读而增讲贯，先文义而后词章，急时务而缓性理”，而其他同人，如倭仁、李鸿藻

① 徐桐：《使沈纪程偶吟》，第 10 页。
② 徐桐：《使沈纪程偶吟》，第 10 页。
③ 徐桐：《使沈纪程偶吟》，第 38 页。
④ 陈义杰整理：《翁同龢日记》第 2 册，第 719 页。
⑤ 陈义杰整理：《翁同龢日记》第 2 册，第 754 页。
⑥ 陈义杰整理：《翁同龢日记》第 2 册，第 737 页。
⑦ 陈义杰整理：《翁同龢日记》第 2 册，第 756 页。

等人纷纷表示同意，独“荫轩（徐桐）云生书无可减”。[①] 徐桐这种近乎任性而偏执的行事风格显然存在诸多问题，但从另一角度来看，也可见其认真、诚心、实心办事的态度，无疑也是真性情尽情流露的表现。正如其诗中所叙：“自问生平无一长，吹毛寻垢漫推详，只凭一点真如性，触处全彰海印光。”[②] “真如性”三个字，反映出徐桐以诚为首、尽职尽责的真实心态。

怀揣归隐之意的徐桐，在官场每一天，都以诚心而尽职的态度，按照自己个性的本真来处理事务，不为外界环境所烦扰。在个人努力的基础之上，则万事随缘，听从天命，注重办事的过程而不太注重事情的结果，这也是徐桐的人生态度。“每因酬酢顺人情，事到行权私意生，我只无心顺天道，朝纲为重世缘轻”。[③] “心如不系舟常住，眼似通明镜自圆，任尔多端呈变态，随缘不改个中天。”[④]

总之，在涉世红尘中的徐桐，思想是复杂的，出世与入世的思想互相杂糅，既不放弃个人的努力，又相信天命的注定。归结为一点，就是一切随缘而已。一切随缘，不强求名利，追求本真，即其人生态度。

启秀，“深于性道之学，不汲汲以文章名世，而矩矱先民，奖励后学，常恐不及，天怀澹泊利欲不足撄心，然一饭不敢忘君，忠爱忱于言表。自起家科名以跻台阁，恂恂如布衣，处阽危之局，无日不以忧国为心。”[⑤] 从中可见其诚心为朝廷、为君主的内心。庚子事变后，其被押往刑场正法，其“衣冠至菜市”，“下舆小立，气度犹从容”，[⑥] 此时的他，即便即将命丧黄泉，也以一颗从容的心面对，听从天命。

李秉衡，乃国家“扶正除邪”[⑦] 之赖，其不计个人的得失、地位的升降，甚至将生死置之度外，受当时官僚系统广泛好评，其为官任事有目共睹，公忠体国众所周知。可以说，李秉衡完全将个人的利害得失置诸脑后，心里装的只有朝廷，连身家性命都置之度外。尽管他迂腐而固执，但

---

① 陈义杰整理：《翁同龢日记》第 2 册，第 764 页。
② 徐桐：《使沈纪程偶吟》，第 8 页。
③ 徐桐：《使沈纪程偶吟》，第 12 页。
④ 徐桐：《使沈纪程偶吟》，第 8 页。
⑤ 《启秀事略》，第 16—17 页。
⑥ 胡寄尘：《清季野史》，岳麓书社 1985 年版，第 58 页。
⑦ 徐桐：《使沈纪程偶吟》，第 13 页。

不可否定，其是一个诚心敬意为官、爱民、秉公办事的人。

于荫霖，十分赞赏倭仁“安贫乐道”，虚心静气，不为外物所扰的人生态度。其谓：“倭文端公好言虚心静虑四字，夫虚则无一外物，静则无一妄念，皆非中有所主不能此。”① 于是，他以之为榜样，严格要求自己，主宰内心，做到心外无物，排除杂念，不为物欲所扰。其认为，“有主则虚，虚谓外邪不得入，尚何杂念之有？则虚心尤静虑之本也。”② “虚静和乐心之体，然必无物乃能。虚静无欲自然，和乐功夫自持敬始，非可以意揣求之。所谓无物者，非屏绝事物之谓，只是顺物而应，无将迎系恋之私则虚矣；所谓无欲者，亦非屏弃思虑之谓，只是思所当思，无邪妄闲杂之想则静矣。”③ “心能自做主宰，虽事物毕集，心自卓然。不能自作主宰，虽无物心，且无顿放处，物来安得不为所役。”④ 心无杂念，心内无物，不为物欲所诱惑，是于荫霖坚持不懈的追求。现实生活中，他也尽量自主其心，做到不为外物所惑。他认为贫富乃命之所在，不可强求，但不可因贫而不义，不可因富而不仁。不以物喜，不以己悲的思想在他身上能得到切实的体现，如光绪十七年（1891）四月二十九日，“接家信闻倾陷而心动，何也？因先人办义举而得祸，即倾家何妨？贫富，命也”⑤。不难看出，佛家宿命论思想在影响着他的人生态度。但他又是积极入世的。他“侃然以匡君之责自任”⑥，曾弹劾朝臣、不畏权贵，整顿弊政，消除积习，清厘田赋、杜绝欺隐，在位一天，绝不尸位素餐。

以上虽只列举了几个具有代表性的清末守旧派的人生观，但不难窥见他们整体的思想状况。他们大多厌倦尘世间的追名逐利，试图摆脱功利心的束缚，梦想自由、随意、随心的生活。他们的心态包含了佛家淡泊名利、真性随缘的思想，也颇有一番宿命论的意味。但因为对君主深厚的知遇之恩，携带着归隐意识的他们又不得不诚心敬意地在其职位上尽职尽责、尽心尽力。因此，尽管他们心底渴望平静而随意的生活，但儒家入世

① 于荫霖：《悚斋日记》卷二，第812页。
② 于荫霖：《悚斋日记》卷二，第812页。
③ 于荫霖：《悚斋日记》卷二，第818页。
④ 于荫霖：《悚斋日记》卷二，第819页。
⑤ 于荫霖：《悚斋日记》卷三，第888页。
⑥ 柯劭忞：《于中丞奏议·序》。

思想的熏陶又使他们秉承“立人之朝，而知死其位、竭其力，利不苟就、害不苟去”的传统力图成为“圣人之徒也”。①

第四节　留恋祖制的复古文化意识

儒家思想自其产生之初就开始了对前人创造的完美世界的歌颂，这种对三皇五代美好社会的追求和向往，经过长期的社会发展，逐渐演变成为儒家学者内心永恒不变的心理追求，浸入肌理、深入骨髓。在缺乏与外部世界交流的情形下，中国官吏往往将治理国家的希望寄托于前代的经验和教训，认为只有借鉴前朝、效仿祖制，才能重现祖先时代的辉煌盛世。清末清政府守旧派在维护祖制上比一般的儒家学者走得更远、更坚定，崇尚古制、留恋祖制、坚信中国传统文化完美无缺，成为他们贯彻终生的立场。

一、“天朝上国”的尽善尽美

在清末守旧派看来，清朝政治制度完美无缺，并不需作任何改善，也不应随时代和环境的改变而有所变更。他们不断讴歌“天朝”的完善与美好，以此来抵制学习西方的进步举措，对西方政治制度的引进更是群起攻之。

李秉衡曾谓：“中国圣经贤传，大而纲常伦纪之重，小而名物象数之微，无不具备，推而百家九流之书，凡天文、地舆、算学以至树艺畜牧，各有专家。今人所诧泰西之法为神奇者，多衍中国之书之绪余以成为绝诣，特中国不以此专长耳。”② 在其眼中，有着几千年文明的中华民族无所不通、无所不有，尽善尽美。关于天朝的完美，苏舆在其所编之《翼教丛编》开篇序言中就论述道，清朝“主德清明，升平日久，率土之士，咸怀忠良，履蹈荡平，罔有横议”，“皇灵赫濯，遐迩震慑，邪慝不作，圣学弥

① 王珏：《素庵文稿》卷上，第24页。

② 李秉衡：《奏陈管见折》，《李秉衡集》，第298页。

昌”。[①] 这些描述不难让人感觉国势日蹙的晚清王朝此时正处于歌舞升平、文化昌明、国家发展、气象万新的太平盛世。

刚毅也持此种见解。早在光绪十四年（1888）刚毅就寄希望于光绪帝能固守祖制，维护祖宗开创和传承下来的完美无缺的政治制度。其谓："我国家圣圣相承，肇造丕基，缵述大统，无不夕惕朝乾万几在御，而创业之端本善即守成之，继志述事，故能安久长治，绵亿万年无疆之休也。""奴才恭读列朝实录圣训，见夫宪典昭垂，无微不至，所谓整纲饬纪之宜，戡乱致治之术，用人行政之方，化民成俗之略，莫不尽美尽善，而非后世补苴苟且者所能及也。"[②] 刚毅此种祖制尽善尽美的观点，到了戊戌变法、义和团运动时期依然没有改变，认为："我朝成法尽美尽善，日久废弛者，皆由于粉饰瞻徇，是时弊也，于法何尤?"[③] 对于那些"转谓祖宗成法为无用，欲尽驱入夷狄之教"之人，其批判不遗余力。他认为，"历朝圣训"，"宪典昭垂，无微不至"，故"请皇上万几余暇常读《实录》《圣训》以广圣听，于用人行政之方，戡乱致治之略，自能出自圣裁"[④]。

刚毅认为，清初开国之君任用亲贵使国家得到了有效治理，符合国家统一的需要，也值得后世效法。他解释道，任用亲贵能有效维护和巩固统治秩序，原因是亲贵懿亲属于帝王家族成员，与居于统治地位的帝王有着共同的政治利益，因而对于自己家族统治的稳定与政权的统一必定会竭尽全力、不怀贰心。而在亲贵维护和监督下的国家政权，"懿亲见用，群小不便行私"。故"我朝定鼎之初，以亲王为将相，令其掌兵权摄政事，非祖宗有所偏私也，以其与国家休戚相关，国脉相连，其势不能不志秉公忠心向君父。是以朝政清明，人心朴厚，内无结党徇私之徒，外无把持跋扈之吏，上下一德，明良至盛"[⑤]。如此直白的文字，彰显出刚毅对满洲贵族权势一统天下局面的维护。作为一名满洲贵族官员，其认为满洲贵族掌控国家权力理所当然，其站在满洲贵族的立场统治全国、傲视全国的立场昭然若揭，也丝毫看不出其有掩饰的打算。

---

① 苏舆：《翼教丛编·序》，第1页。

② 《刚毅折》，光绪十四年十一月十七日，《录副奏折》第552卷，第1685号胶卷。

③ 《刚毅折》，光绪二十四年三月初二日，《录副奏折》第423卷，第1785号胶卷。

④ 《刚毅折》，光绪二十四年三月初二日，《录副奏折》第423卷，第1785号胶卷。

⑤ 《刚毅折》，光绪二十四年三月初二日，《录副奏折》第423卷，第1785号胶卷。

刚毅对于清初的军制也高度肯定，他认为八旗具有很高的战斗力，“八旗兵丁世蒙豢养，在内拱卫京师，在外驻防各省。其深明大义者，皆能以身报国，纵有顽懦无知者，家属所系亦不敢背我降敌。”因此，“舍旗兵而不用，以厚饷招游民，是用兵乖方矣。”而“各省练勇多系无籍之徒，身家难查，籍贯不确，往来自便，聚散无常，以之驱敌，岂能用命，甚有见敌口粮丰厚降彼攻我者”[①]。徐桐等人也认为：“我八旗兵丁素称劲旅，受国家二百余年养育之恩，曾不能用以一战乎？近见旗兵已成积弱之势，缓急恐不足恃，此由承平日久，习于安逸，亦由统领之非人，而训练之无方也。”如此说来，在他们眼中，八旗军制并没有问题，问题出在统领无人和训练无方。于是，他们的观点，解决军队战斗力低下的当务之急，不是改变制度，而应整顿旗兵，勤加操演，严于纪律，优待将士，严明赏罚，以忠孝节义鼓其气，如是，“旗兵不转弱为强，未之有也。”[②]

对于清朝的人才培养模式，守旧派充分肯定其合理性。王廷相谓：“中国造士之规总于国子监，算学隶之，四裔之学隶之，此古之所谓大学也。大学之教，凡修身之道，经世之法无所不备，博艺适时，皆学术中所有事。”[③] 对于八股取士制度的优越性，守旧派也是充满着溢美之词，上文早有涉及，兹不赘述。

另外，在守旧派看来，中国传统文明之昌盛是西方国家不能与之比肩的。叶德辉曾谓中国“开辟在万国以前，是以文明甲于天下。中外华夷之界，不必以口舌争，亦不得以强弱论也”[④]。叶德辉此语很能反映当时广大守旧人士的观点，清末守旧派也是如此。如曾廉也曾谓：“若夫中国圣人之邦，人伦明于上，小民亲于下，礼义行乎天下，饮食有其礼，衣服有其章”，总之乃声名文物之邦，风俗醇美之世，“岂以无人伦无礼义之人而可以习中国之风气哉？”[⑤]

关于清朝政治制度的醇美，张之洞《劝学篇》中有一段话最能反映当时包括洋务派、守旧派在内的广大官绅阶层的思想主张和认识。在张之洞

① 《刚毅折》，光绪二十四年三月初二日，《录副奏折》第423卷，第1785号胶卷。
② 《徐桐等代奏折》，光绪二十年九月十三日，《录副奏折》第658卷，第90号胶卷。
③ 《王廷相折》，光绪二十二年十月二十九日，《录副奏折》第423卷，第1660号胶卷。
④ 《叶吏部非〈幼学通议〉》，《翼教丛编》，第136页。
⑤ 曾廉：《蠡庵集》卷八，第23页。

眼中，清朝拥有三代以来最完备的制度、最爱民的举措，是美好的盛世，是民众安享太平的理想社会。他谓：“自汉、唐以来，国家爱民之厚，未有过于我盛清者也。”“三代有粟米、布缕、力役之征，盛唐有租、庸、调三等之赋，最称善政，已列多名。以后秦创丁口之钱，汉行算缗之法，隋责有司以增户口，唐括土户以代逃往，唐及五季、宋初有食盐钱，中唐、北宋有青苗钱，宋有手实法，金有推排民户物力之制，皆出于常例田赋，力役之外。明万历行一条鞭法，丁、粮尚分为二，明季又有辽饷、剿饷、练饷。至我朝康熙五十二年，奉滋生人丁永不加赋之旨；雍正四年，定丁粮并入钱粮之制；乾隆二十七年，停编审之法，于是历代苛征，一朝豁除。赋出于田，田定于额，凡品官士吏、百工闲民，甚至里货肆、钱业银行，苟非家有田产，运货行商者终身不纳一钱于官。”接着，张之洞列举了清代十五项仁政：屡次减损之赋税之薄赋政策；普免天下漕粮之宽民政策；不惜巨资之赈灾举措；动用库帑雇佣民工修筑河工等之惠工政策；官不压商之恤商政策；不扰地方的减贡政策；戒绝奢侈不病民之游幸；不累农民之应募军制；财用不足无科敛；审慎而不滥刑的刑法制度；保护异乡谋生之人而仁及海外的恤民政策；不穷兵而求和平的爱惜民命的戢兵政策；对士大夫进退有礼，不以一眚废其身的重士政策；政令肃清，无亲贵佞幸骄暴横行；笃念勋臣、优恤战士之劝忠政策。如此等等，不一而足。其进一步指出：“此举其最大者，此外良法善政不可殚书。列圣继继绳绳，家法、心法相承无改二百五十余年，薄海臣民日游于高天厚地之中，长养涵濡，以有今日。试考中史二千年之内，西史五十年以前，其国政有如此之宽仁忠厚者乎？中国虽不富强，然天下之人，无论富贵贫贱皆得俯仰宽然，有以自乐其生。西国国势虽盛，而小民之愁苦怨毒者郁遏未伸，待机而发，以故弑君刺相之事岁不绝书，固知其政事亦必有不如我中国者矣。”①

由张之洞上述言论不难看出他对于清王朝及其政治制度评价之高。不可否认，清王朝作为末代的封建王朝，其政治制度集历代王朝之大成，在某些方面确实优于之前的封建王朝，特别是相对于同样是少数民族入主中

① 《张孝达尚书〈教忠〉》，《翼教丛编》，第40—44页。另见张之洞：《劝学内篇》第二。

原的元朝来说，更是如此。但是，到了晚清，清王朝毕竟已经步入了封建王朝的末世，在新的社会环境催化下，各种社会矛盾尖锐、突出，体制弊端不断涌现，腐败问题层出不穷，政治制度僵化不能解决新的社会问题，军队腐败不堪，战斗力低弱。而这些方面，即便是对清王朝浓墨重彩般不遗余力进行讴歌和赞美的张之洞其实也是心知肚明的，否则，便不会有他在洋务运动及后来清末新政中的表现了。

相对于清末守旧派，张之洞的思想是开明与进步的。他在洋务运动开办的过程中，思想逐渐开明。因而他头脑里洋务运动的宗旨“中体西用”中“中体”的范围在逐渐缩小，“西用”的范围却在不断扩大。他甚至将西方法律也列入了“西用”的范畴。他能在一定程度上承认西方国家政治制度的优越性，比一般的清朝大臣思想都要开明。

尽管张之洞的立场与守旧派有所不同，但是，与当时众多顽固守旧派一样，张之洞不能容忍“一切邪说暴行，足以启犯上作乱之渐者”①，他坚持“五伦之要，百行之原，相传数千年更无异义，圣人所以为圣人，中国所以为中国，实在于此”②。

但即便与守旧派有共同的坚守，张之洞的行为与思想，仍然不能为徐桐等清末守旧派容忍。虽然康、梁之言在张之洞《劝学篇》中“并此书只字未见者矣”③，但徐桐等守旧派仍然能拨开张之洞极尽褒扬与溢美之词的面纱，深入到张之洞内心深处，窥测到其对清王朝政治制度的改良意识和对戊戌变法在某些方面维护的立场，④ 故徐桐曾“疵南皮之《劝学篇》尽康说”⑤。

思想开明的张之洞对于清朝政治制度的评价如此之高，维护如此之坚定，清末守旧派依然对他存在诸多不满和猜忌，守旧派对清朝政治制度的颂扬与维护则更可见一斑。在他们眼中，天朝的制度与文明几乎完美无缺，西方政治制度根本不能与之同日而语。只要彻底效法和贯彻祖制，当

① 《张孝达尚书〈教忠〉》，《翼教丛编》，第 45 页。

② 《张尚书〈明纲〉》，《翼教丛编》，第 45 页。

③ 《张謇全集》第 6 卷，江苏古籍出版社 1994 年版，第 432—433 页。

④ 罗志田：《思想观念与社会角色的错位：戊戌前后湖南新旧之争再思》，《历史研究》1998 年第 5 期，第 70 页。

⑤ 《张謇全集》第 6 卷，第 432—433 页。

时的社会危机和各种社会问题便都能迎刃而解。

总之，歌颂与赞美天朝政治、军事、经济、文化等各方面的制度，是清末守旧派的基本立场和态度，这也就在一定程度上决定了他们效法祖制而不容许变更的政治立场和倾向。

二、祖制的完美无缺与不可更改

祖先崇拜是儒家传统中圣人崇拜、天命崇拜、祖先崇拜三大崇拜之一，“它们是顽固派坚持儒家复古主义历史观的理论依据”[①]。复古史观的特征，就是相信古比今好，过去比现在好。拥有复古思想观念的人们将他们的理想建构在远古社会，希望通过他们的努力在现实社会中再现远古时代的辉煌。在复古史观的引领下，儒家高度赞美尧、舜、禹、汤、文、武时代，鼓吹其乃政治文化醇美、值得子孙后代万世效法的太平盛世，而尧、舜、禹、汤、文、武、周公等古代的统治者，都是圣德仁智的君王代表。此类对于儒家先祖的褒扬之声久久回荡于源远流长的中华民族历史时空中，振聋发聩，影响深远，一直绵延到近代。清末守旧派的复古观无疑就是这种声音在近代社会的回荡和延续。

清末守旧派不厌其烦地颂扬尧、舜、禹、汤、文、武等圣君，希望以此督促当代君主效仿而成就新一代圣君。徐桐等人认为帝王需要效法尧、舜，加强自身道德修养，日益完善自身，使自己日益接近于尧舜等圣君，如此，国家的治理才有希望。其谓：“德日新，则日进一日，尧舜兢业之事也；志自满则日怠一日，后世人主不克终之事也，治乱之分在此而已。”[②]

圣君之所以能标榜后世在于其品德，守旧派分别归纳了尧舜等圣王品德的可贵之处。“尧舜之执中，禹之安止，汤之日新，文王之宅心，武王之敬义，以及商高宗之逊志时敏，周成王之缉熙光明”，“《大学》则以一言该之曰：壹是皆以修身为本，此当万世人君所当法也。”[③] 故欲成就一代圣君，需从这些方面着手努力，如能上行下效，国家之治理则指日可待。

---

① 朱义禄，张劲：《中国近现代政治思潮研究》，上海社会科学院出版社 1998 年版，第 50 页。

② 徐桐：《大学衍义体要》卷二，第 11 页。

③ 徐桐：《大学衍义体要》卷二，第 35 页。

明晓了圣君高贵的品德，当今圣上该如何效仿呢？在守旧派看来，帝王效仿尧舜之君，首先需要做到的就是一个敬字。“尧、舜、禹、汤、文、武皆天纵之圣，而《诗》《书》之叙其德必以敬为首称。盖敬者一心之主宰，万善之本原，学者之所以学，圣人之所以圣，未有外乎此者。”① “自尧舜以来世相传授惟此一敬”②，“而其所以为大圣大恶之分者，敬与弗敬而已”③。帝王只有在遵照尧舜之道以修身和治民，在此过程中持之以敬，则将会使国家日趋于治，这也是尧舜禹时代圣君的治国之方。“敬者德之聚，故圣学莫先于持敬。惟人情乐放而厌拘，居安而忘危，始也惮其难继也，习于偷；终也亵天慢民无所顾，畏难灾害并至，曾不能生其恪恭震动之忱，此三代以来所以治日少而乱日多。”④ 由此，守旧派要求君主对圣君、对盛世怀有一颗敬畏之心，不能稍有忤逆和背叛，才能将自己的国家治理得如同圣君时代一样。

守旧派认为，要成就圣君时代的盛世，不仅需要国家的掌舵者——君主效法圣君，君主以下文武百官及各级权力部门的掌控者也必须竭诚遵照贯彻施行，如此，才能摆脱近代人心日益驳杂，风俗日趋浮躁的大势，恢复尧舜等圣王时代风俗醇美、法度完美、人心纯净的局面。曾廉认为，“昔者文武创周，周公继之遂制礼乐，修法度，致治之美几于唐虞，呜呼，盛已”⑤，而后世之致治之所以不如三代，就是因为有治法无治人，法虽完美，却无人坚定不移地执行，故而导致国家不治与纪纲败坏。“顾定、哀之世，法度未尝不存也，而纪纲倾覆且至于陪臣窃柄，何哉？其患在于不能用贤也。” “法者琴瑟也，而人所以鼓之者也。久而不鼓，则其弦必至废弛。”⑥

对三代之世的称道是儒家圣人崇拜的表现，儒家思想者试图引导其所在时代回到三代圣王之世的理想境界之中，这实际上就是一种复古的历史观。而当这种复古的历史观同封建宗法制相结合时，祖先崇拜的地位也得

① 徐桐：《大学衍义体要》卷十，第 29 页。
② 徐桐：《大学衍义体要》卷十，第 30 页。
③ 徐桐：《大学衍义体要》卷十，第 31 页。
④ 徐桐：《大学衍义体要》卷十，第 56 页。
⑤ 曾廉：《蠡庵集》卷七下，第 27 页。
⑥ 曾廉：《蠡庵集》卷七下，第 27 页。

到进一步彰显。当圣人崇拜与封建宗法制度结合，祖先崇拜思想得到巩固与加强，前世帝王所做出的决定便成为神圣不可侵犯的“祖宗成法”，具有崇高而绝对的权威，一般情况下谁也无法否定[①]。一旦否认前代帝王的所谓英明抉择，就会被视为大不孝，贬斥之言将应声而至。这也即中国儒家思想所认定的“万物本乎天，人本乎祖，开辟以来，岂违斯义”[②]。可见，清末守旧派对三代圣君时代称赞的目的，绕了一个大弯，终究还是回到了祖制不能违背上，他们告诫后世之人，不管是君主还是臣子，除遵从三代之际圣人之道外，还应将清朝历代皇帝制定的所谓祖宗成法坚定不移地推行下去，不能稍作变更。

守旧派对于祖宗成法怀有深深的敬畏之心，不容许后世任何忤逆的行为。先代帝王的成法在他们眼里就如同先皇在世般具有威慑力。任何认为先皇成法存在缺陷而主张改进的人都被视为藐视先皇的乱臣贼子，乃大逆不道，哪怕提倡改革的人是拥有九五之尊的皇帝，也不能例外。光绪皇帝就是因为主持戊戌变法而被守旧派视为变乱祖制，在守旧派的抵制中败下阵来。正如曾廉所指出的，“天下者，乃祖宗之天下”[③]。即便贵为皇帝，也没有资格将祖宗万世不变之法予以更改，否则，就是不肖子孙，使祖先不能安寝于九泉。

守旧派认为祖宗之成法不容变更，其中一个重要的原因就是他们认为祖宗所制定的法规和治国原则都已非常完美，现实社会出现的一系列弊端并不是祖宗成法的问题，归根结底在于不法官吏对祖先成法的破坏。因此，守旧派十分敌视“谓祖宗成法为无用，欲尽驱入夷狄之教”的新派人物。他们认为，“我朝成法尽善尽美，日久废弛者皆由于粉饰瞻徇”，因此，改变现状只需整顿内政、改变粉饰因循的状况就可达成所愿，国法并无弊端，“于法何尤?”[④]

而且，在儒家仁孝思想熏染下的守旧派心里，孝顺的一个重要表现便是敬畏祖先，而敬畏祖先就必须严格遵从祖宗成法。“古者继统之君，意

---

① 朱义禄、张劲:《中国近现代政治思潮研究》，第 50 页。

② 朱克敬:《暝庵二识》卷 1，岳麓书社 1983 年版，第 85 页。

③ 曾廉:《蠡庵集》卷十三，第 3 页。

④ 以上均引自《刚毅折》，光绪二十四年三月初二日，《录副奏折》423 卷，1785 号胶卷。

在尊祖也”[1]，“言必称先行，礼不求变俗，祭之为义，备物尤须参时，是故孝莫大于飨神，莫切于尊祖”，“绝粮得炊梦先君而思馈”。“自世教陵夷，异端猋起，论衡矜己，厚诬其先籍氏典司，忍忘乃祖”。[2] 可见，在守旧派祖先成法完美无缺的理念中，注入遵从祖先不违祖制乃孝之表现的思想，终于结出了守旧派对于祖宗成法不加批判地维护和遵从的酸涩之果。

戊戌变法时，维新派变更服制的建议，在守旧派当中引起了轩然大波，导致怒骂之声不绝于耳。王龙文在《谏阻变服疏》中征引清朝历代帝王坚持已定服制不变更的圣谕，以论证其服制不可变更的观点。他列举了几朝圣谕，如清太宗乾隆皇帝谕令，“本国衣冠言语不可轻变，朕谆谆训谕非为目前起见，及朕之身岂有习于汉俗之理，正欲尔等识之于心，转相告诫，使后世子孙遵守无变弃。”清高祖也谓，衣冠“乃一代昭度”，不敢随便改易，原因为“恐后人议及衣冠，则朕为得罪祖宗之人矣，此大不可”。在旁征博引的基础上，王龙文断定维新派这种欲改变清王朝奉行已久服制的行为乃“蔑弃祖制”。让他更不能容忍的是，“列圣当日只虑数传而后，渐染汉俗，初不料其弃礼从夷至于欲服西衣者。”于是，这种变更服饰的建议在守旧派眼中成为了变乱祖制、扰乱国法、弃夏从夷以至于贻笑大方的行为，即“此孔子之所谓乱臣贼子也”。王龙文坚信祖宗成法不容变更，变乱祖制无疑是冒犯列祖列宗的忤逆之举。他指出：“祀莫尊于天祖，礼莫隆于郊庙。设令陛下过听决意变更，礼曰‘惟圣人为能享帝，惟孝子为能享亲’，建一策而使列祖不安于寝庙，陛下无以承宗祀。……臣以为既妄且背。妄者心无顾忌，蔑视旧制，其罪在于诬祖；背者罔上行私，伺庶务之振兴欲藉以煽其邪说，以愚天下之耳目，其罪至于误君以误国。”在王龙文等人眼中，早已逝去的祖宗已幻化成活菩萨不断指引和规范后人，一旦有人敢冒天下之大不韪变乱祖制，祖宗就会痛心于九泉而不得安宁。故“为恪守祖制起见”，必须“将首倡改服者立正典刑，以永绝妖言之萌，安天下”。[3]

守旧派一直将祖宗成法视为绝对不可变更的真理而信奉，并不只在清

---

① 曾廉：《蠡庵集》卷七下，第1页。

② 王龙文：《平养文待》卷十三，第11页。

③ 以上均自王龙文：《平养堂疏稿》，第6—9页。

朝末年如此。早在光绪朝早期，徐桐、刚毅等人就有维护祖宗成法的言论。光绪五年（1879），“吴可读为穆宗争大统”[①]，“以死建言，请豫定大统之归”[②]，其认为光绪帝如生皇子应立为同治帝之后，储为皇嗣。徐桐、潘祖荫、翁同龢联衔上疏，谓：“我朝家法不建储贰，此万世当敬守者也。……臣等以为，诚宜申明列圣不建储之彝训，将来皇嗣后繁昌，默定大计，以祖宗之法为法，即以祖宗之心为心。总之绍膺大宝之元良，即为承嗣穆宗毅皇帝之圣子。揆诸前谕则合，准诸家法则符。使薄海内外，咸晓然于圣意之所在，则诒谋久远，亿万世无疆之业，实基于此。”[③]可见，祖宗家法不可变更乃守旧派一贯的立场。

刚毅于光绪十四年（1888）谓：“咸丰年间，运漕艰厄，内讧外侵，势甚微岌”，困境中，幸亏慈禧太后效仿祖宗成法，才得以振衰起弱，成就“同治中兴”之局面。“惟我皇太后垂帘听政，一本祖宗成法，无偏无倚，卒使中外臣工同心协力廓清海宇，柔服远人，措天下于苞桑磐石之安而还之。”因此，刚毅希望刚当政的光绪帝能“伏祈祖宗肇造缵述之维艰，皇太后承前启后之不易，而于用人行政之大端虑心以察之，实力以体之，又勤召大臣讲求郅治，察纳忠言，了然于邪正是非之间，而进退措施时时以法祖为心，则宏图永固，可以延亿万年有道之长基矣”[④]。

守旧派这种维护祖制的思想终其一生都没能改变，他们深信如能真正本着祖宗成法治理国家，一切难题都可迎刃而解。反之，更张祖宗成法不仅不能解决社会危机，还会带来新的社会危害，后患无穷。总之，在他们眼里，祖宗成法是维持封建统治正常运转的关键所在。故戊戌变法时期，国家财政度支不敷，刚毅认为导致这种局面的原因是滥支滥用，关键在人，与制度、政策毫无关系。他说，“咸丰初年并无厘金洋税，天下岁入之款不过四千万金，未见财不敷用也。现今既有厘金又有洋税，每年增入三千万之多，而转形支绌者，何哉？皆由滥支滥应故也。”因此，欲解决此困境，就应效仿祖宗成法而不可轻言改变，“除今日之积弊，应仍遵旧

---

① 胡思敬：《驴背集》卷1，第110页。

② 《徐桐》，蔡冠洛：《清代七百名人传》，第452页。

③ 恽毓鼎：《清光绪帝外传》，第48页。

④ 《刚毅折》，光绪十四年十一月十七日，《录副奏折》第552卷，第1685号胶卷。

日之成法，力戒因循，不可轻议更张”[①]。可见，在其思想中，历代成法就是解决当前一切问题的万能钥匙。守旧派一味强调守成的重要性，却忽视了近代社会与古代社会的极大不同。他们顽固地抱着祖宗成法，去面对新的社会问题，不懂得顺应时代新形势和新情况，表现出与新的社会局面的疏离和不切实际的迂腐、无知与愚昧。

然而，口口声声声明要遵从祖制的徐桐等人，却在1899年身体力行导演了“己亥建储”，试图废黜光绪皇帝。此举遭到诸多朝臣抵制和批驳，被认为是真正有违祖制。如胡思敬在《驴背集》中指责他们为争权夺利而不惜违背祖制，揭露其在同一类事件中表现前后的不同。“先是光绪五年，吴可读为穆宗争大统，诏集廷臣会议。桐时为礼部尚书，疏言我朝家法，不建储贰，万世当敬守。及己亥议立溥俊，不力谏反赞成之，与前议相反，遂与崇绮同入青宫，以伊周自任。”[②] 前后两次建储之议，徐桐表现大相径庭，前次他坚决反对立储，后来却成为“己亥建储”的导演，其行为前后矛盾令人费解，也因此成为徐桐遭同僚诟病的原因。康有为也以其有违祖制相批驳：“戊戌政变以来，权臣柄政，逆后当朝，祸变之生，惨无天日”，而己亥建储，“几欲蔑弃祖制，大逞私谋”。[③] 因此，在康有为眼里，一向自视为恪守祖制的守旧派反倒成为了“蔑弃祖制”的叛逆之臣。

然而，深入分析就会发现，守旧派此举看似有违清朝祖制，实际上仍服务于维护祖制的根本目的。

首先，守旧派之所以要废黜光绪帝，根本原因就在于光绪帝违背了祖制。他们认为，康、梁维新思想大逆不道，而光绪帝却听从这种违背封建伦理纲常、影响封建社会秩序的言论而主持变革，本身就是不可饶恕的。无疑，他们的废立举措实际上仍然是戊戌政变的延续，是为镇压维新派和杜绝维新思想的复兴而服务的。

其次，守旧派认为，废黜光绪帝是守旧派守旧主张落实的必要条件。人们分析徐桐等守旧派废光绪帝、立端王载漪之子为储君的行为时，往往认为他们是为了自己的政治前途而勾结载漪等人，是权臣行私同流合污的

① 《刚毅折》，光绪二十四年三月初二日，《录副奏折》第423卷，第1785号胶卷。

② 胡思敬：《驴背集》卷1，北京古籍出版社1990年版，第110页。

③ 康有为：《驳后党张之洞于荫霖伪示》，《戊戌变法》（1），第425页。

表现。这种说法当然有其合理之处。但是，笔者认为，分析这一历史事件不应该仅仅着眼于守旧派政治利益的需要，还应将其行为与深层思想联系起来。他们思想的保守性决定了一旦开新的政治派别入主中枢、掌握朝政，其思想和政见必再难见天日，这也就决定了他们必然竭尽全力对开新的政治派别和人物大肆攻击与打压。

如徐桐，“曾为同治帝师傅，自于太后前少有势力”。但光绪帝“雅不欲其在军机，恨之甚深”，故“自 1887 至 1898 年，只召见过一次”。[①] 可见，尽管徐桐为大学士，几朝元老，地位尊贵，立朝威严，但思想开新的光绪帝却对他不屑一顾。1895 年徐桐应诏陈言，光绪帝对徐桐的话语几乎置之不理，“以其迂阔，报闻而已”[②]。这对于元老级人物的徐桐来说，是多么郁闷、压抑与不得志的局面，其愤懑与颓丧之情与日俱增自然在所难免。而对此次徐桐所上奏折进行分析，可见其观点并不如光绪帝所认为的那样迂腐不堪。其《奏为和议虽成武备虽缓仍令选将练兵以固根本》和《奏遵议兴利裁费敬陈管见》两折中实有不少可取之处。这在前面章节中已有所论述，比如徐桐论应该重视武备，不能敷衍了事而流于形式，“补抽洋货以广利源”“清查海关以增公项”等都不失为切中时弊颇为中肯的建议。但一意革新的光绪皇帝，对维新派赞赏、青睐有加，对徐桐等人的意见却置若罔闻，分明是在有意压制。此种状况，立朝几十年、政治经验丰富的徐桐等人又焉有不知之理？郁郁寡欢不得志情绪的积累，必然推动其对光绪帝行为的公然反抗。

况且，光绪帝当时对于翁同龢的信任，使“时士论动称翁、潘，而不及桐”，此局面也令徐桐心里非常不是滋味，“颇羞之”，“遇博赡之士，则斥其浮薄”。[③] 更何况，徐桐在骨子里是看不起翁同龢为人处世的。如当翁同龢为户部尚书之际，“日于宅中为文酒之会”，徐桐之子徐承煜，“为户部郎”，每当携公文找翁，翁则“托以他出”。[④] 翁同龢这种办事风格与为人令徐桐十分厌恶。无疑，光绪帝宠信翁同龢而疏远自己的行为，也令其

① 《戊戌政变始末》，恽毓鼎撰：《清光绪帝外传》，第 91—92 页。

② 《徐桐》，沃丘仲子：《近代名人小传》，中国书店 1988 年版，第 113 页。

③ 《徐桐》，沃丘仲子：《近代名人小传》，第 113 页。

④ 佚名：《静海徐相国传》。

愤愤不平、耿耿于怀。

与光绪帝的态度不同，慈禧太后对徐桐优礼有加，戊戌政变后对其尤为宠信。“二十四年政变后，太后以其耆臣硕望，颇优礼，朝请令近侍扶掖以宠之。”[①] 两相对比，就注定了在光绪帝当政的朝局下，徐桐等人根本没办法施展其政治主张和实现政治抱负，唯有慈禧太后才是其靠山，也只有倚靠慈禧太后，他们的政见才能付诸实施、重见天日。再加上他们对光绪帝的变法举措原本就深为不满，故“非禁制皇上，不能去康有为也，故谤之阻之，思求其得以禁制皇上之道，不遗余力以谋之，遂激成八月之变”。[②] “桐尝诋帝蔑祖变法，罪浮于汉昌邑王，宜亟废。”[③] 于是，废帝图谋的迸发就在所难免了。

由此可见，守旧派的政变和废立举措的出台不单纯源于政治利益，还牵涉到其对封建道统的维持、封建秩序的承续等。虽然光绪帝在戊戌政变后被囚禁于中南海瀛台，然而，其正处壮年，从人生发展阶段上来说尚处于上升之势，而守旧派所倚靠的慈禧太后衰势明显，日薄西山乃是必然。如果慈禧太后辞世之后光绪帝重新执掌政权，且不说其是否会对守旧势力反攻倒算，单就从其不听从守旧派任何建议与主张来说，也绝不利于守旧派苦心孤诣维持的封建统治局面之延续。因此，为了将守旧思想付诸实施，守旧派必然要搬掉一切与其政治方向相悖的绊脚石。故而，压制非圣无法的新派人物以保全祖先留下的统治思想和局面，成为守旧派心中的头等大事。

综上所述，守旧派秉承着法祖的历史观，祖先崇拜在他们身上烙下了太深的印记。他们对于祖先的敬畏与孝顺在现实生活中演化成为对祖宗所定成法的无限信任与绝对遵从。他们具有天朝大国的优越感，坚信天朝政治制度的尽善尽美、完美无缺故毋庸变更，从而要求恪守祖宗成法。当封建统治出现危机的时候，他们首先想到从祖宗成法中寻找理论依据和救世良方，希望通过祖宗所用的旧方略来解决现实社会的新问题。然而，在晚清这种前所未有的危机和局势面前，“医方只贩古时丹”、倚靠祖宗成法、

① 《徐桐》，《清史稿》卷465，第42册，第12750页。

② 苏继祖：《清廷戊戌朝变记》，《戊戌变法》（1），第351页。

③ 《徐桐》，沃丘仲子：《近代名人小传》，第113页。

古老方略已远远不能解决现实生活中日益严重的社会危机了。诚如有学者所言，“对于面临二十世纪时代挑战的中国，无论是从政治上看，还是从文化上看，退回到祖宗成法上去，退回到古圣先贤的遗训上去，只能是走入了一条死胡同。一切妄想把中国再度变成闭关的、排外的、拒绝一切新文化和新事物的‘天朝’的企图，都只能扼杀中国的振兴之机，堵死中国的富强之门。”[①] 一味依恋和迷信祖宗成法，带来的不是社会危机的解决，而是更加激烈社会矛盾的开端，后来的史实无不证明了这点。

① 丁伟志、陈崧：《中西体用之间》，中国社会科学出版社 1995 年版，第 275 页。

第六章　清末守旧派思想的特征、成因及影响

在新的历史背景下如何顺应时代潮流以恰当的方式对待中华民族几千年的历史与文化传统，是守旧派留给后代永远的教训。如何正确地守旧和开新，即在趋新的历史环境中如何真正保守自己的传统，既保留自己国家与民族文化的特色，又适应新的时代要求、与时俱进、开拓创新，这需要后代不断探索。而清末守旧派以他们自己的方式论证了顽固守旧、止步不前治国理政方式的破产和给国家民族带来的危害。本章拟挖掘守旧派思想的特征与成因、影响，以为后世鉴。

第一节　守旧派思想的历史特征

清末守旧派的思想是特殊时代背景下的产物，是近代备受列强欺凌的中国人对敌仇恨情绪的一种异化，也是近代中国人在西学东渐大潮中对于传统的顽固坚守，还是守旧和盲目排外的情绪在驾驭国家行政大权之后的非理性践履。多种因素相结合，使清末守旧派的思想复杂多样，这也就决定了我们在考察和分析清末守旧派的历史特征时，必须进行多方面、多角度的整体把握和综合分析。

一、差异与趋同：近代不同时期守旧派思想的比较

晚清守旧思想既是特殊历史条件的产物，又经历了一个较长的演变过程。因此，要准确把握清末守旧派的整体思想面貌和具体特征，必须将其放到奔流不息的历史长河和近代转型社会中去考察，将其与前后时期的守旧派进行比较，深入了解他们之间的差异与趋同，才能准确把握近代外敌

频繁入侵，社会危机、民族危机和文化危机分外严重的时代背景下守旧派思想的内涵与实质，也才能准确归纳出清末守旧派思想的历史特征。

首先，从洋务运动时期守旧派基础上发展而来的清末守旧派，已经在许多方面做出了适应时代潮流的改变。洋务运动时期守旧派的守旧，是对洋务运动的一种反动，很多时候，他们都站在洋务运动的对立面来反对洋务派、拒斥洋务举措。该时期发生在洋务派和守旧派之间几次大的论争，就很能说明问题。而清末守旧派已经在一定程度上为适应时代需要做出了一些调整，主要表现在：

1. 洋务运动时期清政府守旧派反对学习西方器物文化，而清末守旧派已不再明确表示反对。

洋务运动时期，守旧派认为富国强兵之道根植于礼义人心，他们将西方科技视之为奇技淫巧，认为乃一技之末，不值得效仿，一旦从学，则有百害而无一益，不仅在抵御外侮、增强国力方面毫无裨益，反而导致人心败坏。倭仁“立国之道，尚礼义不尚权谋；根本之图，在人心不在技艺”①的观点在当时就非常具有代表性。其时，山东道监察御史张盛藻也为倭仁声援助阵道：“朝廷之强莫如整纪纲，明政刑，严赏罚，求贤养民，练兵筹饷诸大端。臣民之强则惟气节一端耳。”② 从整体上来说，洋务运动时期守旧派反对洋务举措的原因乃基于对礼义人心、忠孝节义的强调，他们将国家发展与强大的希望全寄托于此，故而反对学习西方和引进西方的坚船利炮。

历经几十年欧风美雨的洗礼，到了清末，守旧派对西方器物文化的抵制已不再如洋务运动时期那么顽固与坚持了。他们依然强调礼义人心、忠孝节义于国家自强的重要性，但与前期守旧派不同的是，他们已经懂得顺应学习西方而自强的时代趋势（虽然认识得并不深入，也未必从内心真正接受，但至少不再纠结于此了），因而不再在学习西方器物文化的问题上固执己见、喋喋不休、议论纷纷。赵舒翘曾说：“机巧之风既开，自有利权应保”，“然则矿路遂不办乎？”③ 可以说，迫于形势，他们不仅已经承认

① 《洋务运动》（2），第30页。

② 《洋务运动》（2），第29页。

③ 赵舒翘：《慎斋文集》卷一，第20—21页。

了学习西方以自强的国家发展模式，而且还在一定程度上懂得了在敌强我弱、弱肉强食、竞争激烈的国际形势下逆水行舟不进则退的道理。因此，他们不再断断于礼义人心反对学习西方。在西方军事科技的巨大威力面前，面对清政府一次次战败于列强而列强一再长驱直入的局势，他们终于意识到空言礼义人心、反对学习西方先进科技，不仅无益于时局，而且也不利于封建统治的稳定。于是，他们主张在保证礼义人心纯正的基础之上稳妥地推进西方科技。诸如“中国旧式枪炮不及洋枪洋炮灵便”的此类认识，他们早已具备，也曾明确要求购买和仿造西洋先进枪炮。[①] 因此，从这方面来说，他们并非完全颟顸无知、不思变通之徒，而是在变化了的时代面前悄然采取了变通策略。尽管这种变通并不完全出于其主动的心理需求，而只是一种迫于形势的应急举措。早在光绪五年（1879），“东省练新军，倚饷京师，阎敬铭掌户部，方规节帑，未应也。启秀力言，始获请，岁发四十万济之。”[②] 可见，此时启秀不仅不反对用西方新式武器、技术来武装部队，而且还为争取西方新式军队训练和管理方法的引进做出了很大努力。光绪九年（1883）崇绮谓：“战守以军火为先，西洋炮、洋枪大为利器，当此海防紧要，自应宽为储备，免致临事张皇。”[③] 清末守旧派关于引进西方军事科技和武器设备以加强清王朝军事建设的此类言论并不少见，前文也多次提到，李秉衡、徐桐等人都曾发表过相关论说，要求加强西式武器装备。由此可见，清末守旧派并没全盘排外，他们的排外是有倾向和选择的。尽管他们在学习西方先进科技、引进西方器物等方面还存在排斥情绪，但实际的治国行为中其已承认某些方面学习西方的必要性。这正说明，在变化了的时代面前，他们已做出了些许变通。

2. 在士子的教育问题上，洋务运动时期的守旧派反对科举正途人员学习天文算学和西方新知识，而清末守旧派对此不再坚持，他们只是要求士子在学习西学之前打好牢固的中学基础，以避免为某些西方不良习气所干扰。

对于科举正途出身之人学习西方天文算学，倭仁等洋务运动时期的守

① 《徐桐等代奏折》，光绪二十年九月十三日，《录副奏折》第658卷，第90号胶卷。
② 《启秀》，《清史稿》卷465，第42册，第12753页。
③ 《崇绮片》，光绪九年十一月二十日，《录副奏折》第672卷，第82号胶卷。

旧派感到犹如丧权辱国般的难受与屈辱，他们坚决抵制学习西方的举措，试图扭转从学于西方的时代潮流。倭仁等人都认为，“天文、算学为益甚微”[①]，低贱无用，不值得科举正途人员自降身价去学习，“朝廷命官必用科甲正途者，为其读孔、孟之书，学尧、舜之道，明体达用，规模宏远也，何必令其习为机巧，专明制造轮船、洋枪之理乎？”[②] 更何况，科举正途之人从学于西人，“所损甚大”，故“有不可不深思而虑及之者”。[③] 可见，这个时期的守旧派尚没有深刻体会到列强坚船利炮的巨大威慑力。对列强的仇恨，使师事“夷人”犯了他们心头大忌，他们担心学习西方不成，反倒造就一批为“夷”所用的“品行不端”之人。在他们眼里，“以诵习诗书者而奉夷为师，其志行已可概见，无论所学必不能精，即使能精，又安望其存心正大、尽力报国乎？恐不为夷人用者鲜矣。”[④] 总的说来，洋务运动时期的守旧派反对学习西方，他们站在洋务派的对立面，更强调礼义人心的强国作用，对西学持蔑视的态度。

在士子学习西方的问题上，清末守旧派不再坚持反对意见，但他们主张士子应夯实中学基础再学习西方，否则，容易误入歧途，为异说所惑，人心风俗也将面临败坏的危险。故士子应先埋首苦读，打下坚实的儒家思想基础，然后通过以八股制艺为内容的科举考试，以此为基础再去学习西方学说、时务。他们这种主张，本质上与初期洋务派所持的观点不无相通之处。如初期洋务派要求从科甲正途出身的人员中招收学习天文算学之人，一个理由就是：“恐学习之人不加拣择，或为洋人引诱误入歧途，有如倭仁所虑者，故议定考试必须正途人员，诚以读书明理之士，存心正大，而今日之局，又学士大夫所痛心疾首者，必能卧薪尝胆，共深刻励，以求自强，实际与泛泛悠悠漠不相关者不同。”[⑤] 从中不难看出二者观点如出一辙。可以说，清末守旧派虽然秉承了洋务运动时期守旧派的思想观点，但却在一定程度上顺应时代予以变更。

总之，相对于洋务运动时期的守旧派，清末守旧派对于西方科技的看

① 《洋务运动》（2），第 30 页。
② 《洋务运动》（2），第 29 页。
③ 《洋务运动》（2），第 30 页。
④ 《洋务运动》（2），第 34 页。
⑤ 《洋务运动》（2），第 32 页。

法有了些许进步。他们不仅不再鄙视西方科技，而且赞成士子在某些方面学习西方，说明他们思想中那种士子的人生道路就是读书入仕这一既定轨迹的传统观念已经开始松动。然而，他们仅在观念上有了一点改进，理念上有了一定提升，能在一定程度上肯定学习西方的必要性，但因其基本不从事洋务方面的实际操作和管理，多为不善洋务之人，故而对于西方文化缺乏真正认知和深入体验。正因如此，到了义和团运动时期，洋务派认识又有新发展，而守旧派的认识却仍然停留在初期洋务派阶段，依然滞后于时代。

3. 在国家利权的争取方面，清末守旧派比洋务运动时期的守旧派表现出了更多的理性与自觉。洋务运动时期的守旧派面对西方列强侵略时表现得更多的是一种民族义愤情绪，缺乏理性思考；清末守旧派虽然同样怀揣着被侵略的屈辱和反抗情绪，同样有着试图孤注一掷同列强拼死一战的冲动，但相对于前者，他们对国家民族大势已有一定了解，因而能保持一定的理性，能在一定程度上有策略地维护国家权益。遗憾的是，这种理性与自觉相对于同时期其他政治派别来说，仍然非常有限，存在较大差别，处于不同层次。

洋务运动时期，思想一向比较守旧的醇亲王，就曾在1869年提出了驱逐洋人的六点计划，之后不久又要求清廷摒除一切“奇技淫巧洋人器用”[①]。他的六点驱逐计划，包括密令百姓烧毁洋人货物等以达到驱赶洋人的目的，与后来义和团运动时期徐桐、崇绮建议消灭洋人的奏折并无多大区别。可见徐桐等清末守旧派只是将洋务运动时期守旧派备受压抑的民族情绪宣泄出来而已。但是，徐桐等清末守旧派并没有在他们入主中枢掌握朝政伊始就将这种情绪毫无保留地表现和宣泄出来。初掌政权之时，他们并不想与列强决裂，这反映出历经与列强多年的接触和交锋后，他们也已慢慢学会如何减少国家损失而非仅凭一时冲动。如崇绮早在光绪九年（1883）就说过：“通商口岸各国聚居之处以及各处传教游历之人，仍饬地方官照约保护，免致别酿事端，另生枝节，总期战守足恃，中外相安。”[②]而徐桐光绪二十三年（1897）奏请兴办团练一折中谓团练是保护地方、加

---

① 陈义杰整理：《翁同龢日记》第2册，同治九年十一月十八日（1871年1月8日）。

② 《崇绮片》，光绪九年十一月二十日，《录副奏折》第672卷，第77号胶卷。

强防务的好办法，但需注意“不许藉端生事、闹教、寻衅”，地方督抚应“严饬各属密为筹办，勿涉矜张，以免外人藉口”。①

由此可见，尽管对西方列强怀揣着强烈的仇恨情绪，但清末守旧派依然在极力避免违背清政府与列强所签订的和约，试图维持相安无事的和局。这无疑表明，在晚清中国被动挨打、对外关系中动辄得咎的局势下，清末守旧派已经具备保护国家不受侵害的自觉和理性，也说明他们实际上并非从始至终都处于盲目排外的状态。相比他们后期的盲目排外，此时初掌政权的清末守旧派无疑较为理性。同时，为争取国家权益，守旧派采取了正当而合适的方法如试图提高国家制造能力与列强进行商务竞争、对列强的商品倾销采取抗衡措施等等，这在前面章节已有论述。深入了解守旧派这些倾向理性的举措，与其在庚子前夕的行为相比较，不难看出，列强的步步进逼，使他们逐渐丧失了这种在被动局势下维护国家权益的清醒头脑。最终，被日益严峻的民族危机和长期积累的仇恨冲昏了头脑的守旧派，气急败坏地选择了与多国同时开战，将国家和民族推向了危险和灾难的深渊。

其次，清末守旧派与戊戌变法时期的守旧派在思想观念上既有差异也有相通之处。

戊戌变法时期的清政府守旧派是由洋务运动时期的守旧派以及洋务派官僚组成。而本书所论及的清末守旧派乃延续部分戊戌变法时期清政府守旧集团成员而来。通过镇压维新派上台的清末守旧派与其在戊戌变法时期的思想相比基本一致。若一定要深入比较清末守旧派与戊戌变法时期守旧派的思想，则只需将前者与后者集团中开明的洋务派官僚思想做比较就可以了。

清末守旧派直接从戊戌变法时期的守旧派发展而来。戊戌变法时期，二者共同镇压了康、梁维新运动，卫护封建的伦理纲常，表现出完全一致的立场。反对维新变法、反对从根本上改变封建君主专制制度、维护封建统治秩序是他们的共同要求。此乃由其同属封建统治阶级营垒的身份和卫护封建政治制度、社会秩序的阶级属性所决定。这无疑也是清末守旧派与

① 《徐桐折》，光绪二十三年十二月十一日，《录副奏折》第665卷，第209号胶卷。

戊戌变法时期洋务派官僚思想的相通之处。

正如上文已述及的，清末守旧派对于洋务运动的自强求富已不再明确反对，他们虽然通过镇压维新派上台，但在推行洋务举措方面，也试图通过购买西洋新式武器、仿效西方发展制造、开矿、修路等来发展国家、抵御外侮、保护国家利权。他们的思想层次已相当于洋务运动开办之初的洋务派。但是，时代在发展，社会在进步，人们的观念也随着社会的变化而更新。戊戌变法时期守旧派的一部分——由之前洋务派发展而来的这部分洋务派官僚，他们的思想相对于洋务运动开办之初已有了很大改变。虽然他们曾与守旧派一起，压制试图改变封建君主专制制度的维新派，也在极力卫护封建道统和社会秩序，但其整体思想早已不同于以往。故这个时期的洋务派与守旧派，代表的是不同时期的洋务派。前者代表“现在”，即清末洋务派，而后者代表“过去”，即洋务运动初期的洋务派。“过去”与“现在”，显然处于思想发展的不同层次。

因此，相对于清末守旧派，戊戌变法时期这部分反对变法的洋务派官员，他们虽为该时期守旧派阵营的重要组成部分，但却并不顽固守旧。作为洋务运动的直接推动者，经过多年的洋务实践和对外交往，他们思想较为开明、眼界比较开阔、眼光较为长远、对世界大势了解较多，头脑也较为清醒。然而，对于维新派试图改变封建体制的变革运动，他们选择站在封建君主专制体制的一边。在汹涌发展的时代大潮面前，他们也沦为了守旧派，只是比本书所论及的清末守旧派要开明而已。具体说来，清末守旧派与戊戌变法时期饱含洋务思想的守旧派区别如下：

1. 学习西方文化的范围和改革内政的力度不同。洋务派学习西方的口号——“中体西用”，旨在“以中学为主，西学为辅；中学为体，西学为用”，目的是“以中国之纲常名教为原本，辅以西国富强之术”，主张在保存中国传统政治制度和纲常伦纪的基础上学习西方富强之术。分析洋务派的实际动向可知，其在前后两个时期学习西方的内容并不一样。洋务运动初期，自强口号的提出，是为了学习西方的坚船利炮以强国御侮。但随着眼界的开阔，洋务派逐渐发现西方列强的“强”，乃建立在“富”的基础上。况且，中国军事工业的发展也离不开开矿和交通等行业的发展，于是有了洋务派后来求富口号的提出和中国民用工业的发展。而甲午战争清政府战败，洋务派逐渐意识到仅靠学习西方器物文化是不能解决中国问题的。于是，他们学习西方的范围逐渐扩大，涵盖了西方军事、经济、教育、法律等方面内容。如张之洞谓："夫不可变者，伦纪也，非法制也；圣道也，非器械也；心术也，非工艺也。"① 故其提倡"择西学之可以补吾阙者用之，西政之可以起吾疾者取之"。其中，西政就包括有西方律例、财政、学校规制等方面内容。而其所主持的洋务举措，内容也十分广泛，包括开学堂、派遣留学生、译西书、改革军制、举办工政、商政等多方面。总的说来，甲午战后，随着民族危机和清王朝统治危机的日益严重，洋务派学习西方，除练兵制器外，更重视发展工商、改革教育，对原来的官办或者官督商办企业提出质疑，建议改为商办，并要求设置商务局、商会，保护新式工商业；而且，他们认为科举制度这一传统的人才选拔制度，不但不能选取真才，反而会束缚士子的思想，"人才风气之固结不解，积重难返"，乃由于"崇尚时文小楷误之"②，故"救时必自变法始，变法必自变科举始"③。于是，张之洞等人早在维新运动前夕就提出科举改革方案，被光绪帝采纳。"西艺非要，西政为要"，洋务派还主张改革传统官制。甚至对于西方议会制度和维新派所提出的诸多变革主张，其也不全然否定，只是认为当时条件尚不成熟，主张缓议。由此可判断，戊戌变法时期，洋务派官僚并不完全反对维新变法，他们反对的是康、梁维新派激进的变革方式，认为："俟学堂大兴，人才日盛，然后议之，今非其时也。"④

综上可知，洋务派思想在发展和进步。但是，相比戊戌变法时期的洋务官僚思想所属层次，清末守旧派仍然停留在早期洋务派阶段。尽管他们被迫学习西方，开展造船、制器等洋务活动，但是，对于科举制度的维护、对于新式教育的排斥、对于工商业的压制、对于西方军事制度的厌恶，无一不反映出他们思想落后于时代的要求。如他们入主中枢伊始就试图整顿教育，恢复以四书五经为内容的科举取士制度，戊戌变法改书院为学堂的举措也被其废除。刚毅南下筹饷，对于江南各省所采取的新式教育

① 张之洞：《劝学篇·变法》。

② 李鸿章：《复郭筠仙星使》，《李鸿章全集·朋僚函稿》卷18，第2730页。

③ 张之洞：《劝学篇·变科举》。

④ 张之洞：《劝学篇·正权》，《戊戌变法》（3），第224页。

等开新举措一律加以排斥。如《申报》当时发表评论说，两江总督刘坤一鉴于军队统帅不得其人，“军政废弛，多由标防统带不谙纪律所致”，“故特于省垣创设练将学堂，择标下将弁年力强壮、文理粗通者，授以古今兵书、战策，暨中外操法阵图，培植人才用意颇极深远，乃开办甫历三月，遽被刚子良中丞商请裁撤，时论惜之。”[①] 另刘坤一设立的储才学堂，欲改为高等教育学堂，开办不过两月，刚毅为筹饷故，认为“值此饷糈奇绌之时，此事自可从缓”，以“该学堂毫无实效，徒事虚靡，言于岘帅，饬即裁撤”，学堂学生一律遣散。[②] 刚毅的守旧举措遭到时人指责，“学堂撤而人才益无所造就，而国家何以图自强？计较重轻，在稍有见识者皆明此理。即以办理不得其人而撤，则非学堂之不足收效，乃办理非人以致不能收效也，自宜易人以司其事，夫乌可因噎废食乎？”[③] 而江宁的农工商局也被刚毅以筹饷为名，将局中经费提拨。[④] 对于农工商局，刚毅很是不满，其曾谓：“农工商皆百姓执业，何必官为越俎，设局代谋。”他甚至牵强地认为此乃康有为等人在充当洋人眼线，“欲假此局以攘民业，卖之外夷。”[⑤] 而李秉衡“奉命巡视长江，校阅各省师旅，至湖北，督宪张香涛制军方以洋操训练各营将士隶戏下者。陆军悉仿德国规制，即装束亦不用旧时号褂，尽衣短后衣，窄袖蛮靴，灵便矫捷，李见之大不悦，命悉去之，仍返旧制”[⑥]。当时《国闻报》也记载了戊戌政变后洋务运动的开展情况，其谓，政变后，“皇上所创制之新政，其尚未明言作废者，独铁路矿物总局及大学堂二事耳。然路矿总局某大臣之意，大以为不然，业经具奏请撤，而廷旨不准。某大臣虽不辞差，亦不办事。但告其本局之各章京云，此局有我四语，君等切记：一曰无补国计，二曰有害民生，三曰开奸商之垄断，四曰启外人之觊觎。而其尤要一言，则谓自今而后，无论何人有以开矿造路至该局呈请者，有驳无准。”而京师大学堂之保留，“礼部各堂官以及守旧诸臣，亦均不以此举为然，视学堂一事若赘疣。”[⑦] 前则材料中之某

---

① 《论中国亟宜储备将才》，《申报》光绪二十五年十一月十二日。

② 《阅本报纪饬撤学堂毋庸练将二则因合而书之》，《申报》光绪二十五年六月十六日。

③ 《阅本报纪饬撤学堂毋庸练将二则因合而书之》，《申报》光绪二十五年六月十六日。

④ 《论英国议绅请在南洋设立商务公所事》，《申报》光绪二十五年九月十六日。

⑤ 费行简：《慈禧传信录》，《戊戌变法》（1），第470页。

⑥ 《愤言三》，《申报》光绪二十六年七月廿五日。

⑦ 《北京大学堂述闻》，《戊戌变法》（3），第463页。

铁路矿务大臣，应是赵舒翘无疑，其于1898年被委任该职，推辞不掉不得不上任。结合其之前所说的铁路矿务于民生计无益，徒靡经费的话语[①]，可见其思想的落后。但是其曾经也认为“机巧之风既开，自有利权应保”[②]，而“二十年来集股之举流弊之多，由于承办之人利则归己，害则归人”，“或谓各局即留民生计，不知开局集股者系绅商居多，所得之利仍聚而不散”。[③] 故建议由民间集资修筑铁路和开矿，“集股子办”[④]，以防垄断和西洋矿师“勾引外族、明华暗洋”。[⑤] 可见其并不真正反对开矿、修路，只是针对其中的贪渎和垄断现象而建议民间自办。不管其希望民间自办的这种想法是否符合实际，但也凸显出其并不反对开展矿务、路政这一立场。故这则材料后部分言赵“自今而后，无论何人有以开矿造路至该局呈请者，有驳无准”的真实性有待商榷。而后则材料中的礼部各堂官应是指启秀等人。

由上可知，清末守旧派对待洋务的态度还停留在学习西方的坚船利炮、制造、开矿、修路等方面，至于洋务派后来推行涉及政治制度方面的进一步举措，他们则抱排斥态度。正如当时《申报》所评论的，戊戌政变的发生并没有妨碍朝廷洋务新政的继续，“夫外人所谓新政者，特康犯所上之条陈，藉以惑世诬民、蛊惑天下人之耳目者也，乌得谓之政，亦何尝见其新?”“若夫设电线以通消息，行轮船以利轮运，改绿营为练兵，操演一准西式，易弓矢为枪炮，命中兼可摧坚，以及铁路、火车、铁甲、战舰、邮政、矿政、绩棉、织布诸务，凡属泰西最善之规则，皇上既已不惜帑项施行，皇太后初未尝决然弃之，仍墨守我邦之旧法。皇太后孜孜求治之意，亦何尝旦夕忘之哉?”[⑥] 该文所论新政无疑为洋务新政，也由此可知，守旧派发动政变之后并没有顽固到要恢复洋务运动开办之前的闭塞局面。因此，总的来说，清末守旧派学习西方仍停留在器物层面，排斥“西政”，其与洋务派试图改变上层建筑的设想相比明显存在很大差距。

---

① 赵舒翘:《慎斋文集》卷二，第20—21页。

② 赵舒翘:《慎斋文集》卷二，第20—21页。

③ 赵舒翘:《慎斋文集》卷十，第18—19页。

④ 赵舒翘:《慎斋文集》卷十，第18—19页。

⑤ 赵舒翘:《慎斋文集》卷二，第20—21页。

⑥ 《中国并未废弃新法论》,《申报》光绪二十四年十月廿二日。

2. 外交态度的不同。上文早已论及，戊戌变法后列强维护康、梁和光绪帝、不承认守旧派的废立举措，使守旧派内心长期积聚的对列强侵略的仇恨进一步加深，他们对列强的态度渐次强硬，甚至试图与之决战到底。

而戊戌变法时期的洋务派官僚，经过多年的洋务和外交实践，思想较为开明，视野较为开阔，能比较理性地看待国内国际问题，对待列强也不一味仇视。他们试图采取灵活的外交手段羁縻与牵制虎视眈眈的侵略者，虚与委蛇，并不一味主战。但他们又多认为针对德国占据胶州湾、窥伺山东的企图，可以对德一战，以打消列强觊觎之心和争相效尤之意，这点与守旧派相同。如袁世凯认为："德人窥伺山东，蓄志已久，分布教士，散处各邑，名为传教，实勘形势，而构衅之由，亦即阴伏于此"，"该省民情刚强，仇视夷类，稍有龃龉，德人即由胶澳借口遣兵，侵权自治"，如按照国际惯例，"德兵入我内地，戕我居民，即为衅自彼开，立应兴兵击逐"，"敌情无厌，后患伊于胡底"。[①] 盛宣怀认为，"中国地大物博，为各国所艳羡，而兵冗财竭又为各国所洞窥"，有一国起占领之意，则各强国纷纷"群起相争"，"故中国局势不仅坏于战败而让台湾，实坏于不战而让胶澳也"。[②] 刘坤一也有相似言论，谓德国得寸进尺，步步进逼，先是占领胶澳，接着又制造日照、阑山之案，"猖狂为各国所未有"，"如复忍让，德则得步进步，必至荐食山东，各国群起效尤，择肥而噬，中国何以自立？百姓何以自存？不如及时破釜沉舟，与德决死"。"如能击败德人，规复胶境，则中国气势一振，可期转圜，不至江河日下"。[③] 可见，当时的洋务派也主张寻找合适的时机对列强开战，以争取外交中的主动权。

但大多数情况下，洋务派更侧重于通过外交手段争取权益，与列强进行有理有据的抗争。如针对列强干涉中国内政，袁世凯谓："立国之要，权自己操，最忌授人以柄。近来各国合谋，遇事恫吓，甚至刑赏，用人、理财、练兵诸大端，各与国所万不得干预者，亦或强为把持。""嗣后设遇驻华洋人违例干政，必须按照公法条法，忍气耐烦，据理驳诘。一面电咨

① 《袁世凯奏议》卷1，第31页。

② 盛宣怀：《愚斋存稿》卷3，第1册，第39—40页。

③ 刘坤一：《刘坤一遗集·书牍》卷13，第2248页。

出洋各使臣向该外务部切实商办，使我有应有之权，断不轻以假人。”①

而相比于戊戌变法时期的王先谦等人，清末守旧派中深受儒家思想影响的那部分理学大臣与之基本处于同一层次。

笔者综观王先谦等人在戊戌变法前后的思想，在内政、西学、时务上的观点，将其与清末守旧派相比较，发现他们思想实质上区别并不大。如王先谦主张与西方列强进行商务竞争，说：“所谓西学者，今日地球大通各国往来，朝廷不能不讲译学，西人以工商立国，用其货物朘我脂膏，我不能禁彼物使不来，又不能禁吾民使不购，责必讲求工艺以抵制之，中国机庶可转，故声光化电及国家以西学导中人亦是于万难之中求自全之策。”② 对于时务，他主张对臣民“鼓动其忠君爱国之心，然后与之讲求时务，推广作用，庶可望为，通知今古本末兼赅之士，若根底不固，即令泛览杂家言，处此艰危之时局，群吠纷纭未有不为横议所摇撼者，就令熟谙岛志，通晓方言，入仕途只供浮沉沽钓之资伍，凡俗亦备，翻译通事之用不过混世界赚银钱而已”③。可见，王先谦并不是任何时候都顽固与落后。罗志田先生在《思想观念与社会角色的错位：戊戌前后湖南新旧之争再思——侧重王先谦与叶德辉》一文中论述了王先谦、叶德辉的思想，提到王先谦一直侧重于进行中外工商业的竞争，其许多观点甚至比张之洞等新派人物还新，故而认为他其实并非真正的守旧派。由此，不难看出王先谦在对内对外方面的思想认识与清末守旧派趋向的一致性，他们都强调以忠君爱国之心鼓动臣民的爱国热情，在此基础之上与列强进行竞争，加强国力。

不同的是，对于八股制艺，王先谦抱否定态度，他认为其已僵化，禁锢了士子头脑，不再适合作为人才选拔的方式，应予以变通，废除八股制艺以适应时代需要。他说：“一统之天下之士，以制艺造之；列国之天下之士，不可以制艺造之。今之世论海内则一统，合环球则列国。然则社科校艺，儴仍前政，用时文取士，而罔识变通，殆未抉其弊也。”④ 科举制

① 《袁世凯奏议》卷1，第19页。
② 王先谦：《虚受堂书札》卷一，宣统二年刻本，第35—36页。
③ 王先谦：《虚受堂书札》卷一，第71页。
④ 王先谦：《葵园四种》，岳麓书社1986年版，第5页。

艺，“章句所困，而庸庸者因之束书不观，人才消耗，半由于此”①。相比清末守旧派，王先谦此方面可谓见解独到。戊戌政变后关于八股制艺去留的议论，王先谦认为不应因废八股的建议出自维新派之口就否定建议的合理性，八股弊端已很明显，废除乃大势所趋。职是之故，其谓：“今以乱党倡言之故，而复其旧，则亦非吾辈所敢议矣。”②

人的思想是非常复杂的，先进的并不总先进，落后的也并不总落后，许多时候先进的人物在某些方面也有落后的想法，而守旧的人物也可能会拥有切合时宜的观点。故分析历史人物，不能一概而论，不能戴有色眼镜、贴标签，应实事求是，具体问题具体分析。从这个角度来看，就不难理解王先谦在人才选拔制度方面观念的进步，同时也不能否认清末守旧派也有契合时代要求的观点。但相对来说，王先谦等人参与洋务活动较多，而清末守旧派参与较少，视野无疑会因此受限制。但不可否认，从整体上来说，二者思想尚处于同一层次。

通过前面章节论述可知，清末守旧派并不如人们原以为的那样守旧和落后，也不全是冥顽不化、盲目排外而不思改进，他们自己有一套对于时务与内政的主张和看法，甚至在某些方面也有过人之处。正如罗志田先生所指出的，“甲午中日战争后真正纯粹的守旧派几乎已不存在”③。而笔者之所以定义清末守旧派为“守旧”，仅相对于当时趋新的社会势力和政治派别而言，并非指其各方面都守旧和顽固不化。清末守旧派的思想相较于洋务运动时期的守旧派明显有所进步，与戊戌变法时期的守旧派相比，则大大落后于其中的洋务派官僚，而与王先谦等人相比则处于同一层次。而且，清末守旧派大多由戊戌变法时期守旧派中的顽固分子发展而来，而二者又都延续了洋务运动时期的守旧派，故他们思想不可避免存在诸多相通之处。这种现象反映出不同历史阶段中处于前后承继关系的各政治派别思想的关联性。时代大潮奔流不息，中国近代守旧派思想并非停滞不前，而是在缓慢发展，尽管跨度不大，步子迈得也不激烈，但不可否认其也在悄

---

① 王先谦：《葵园四种》，第7—8页。

② 王先谦：《葵园四种》，第8页。

③ 罗志田：《思想观念与社会角色的错位：戊戌前后湖南新旧之争再思》，《历史研究》1998年第5期，第58页。

然发展与变化、进步与上升。然而，近代社会变革太迅速、转型太急遽，背负着沉重传统包袱的守旧派，蹒跚的步伐始终难以跟上急速前行的时代潮流，故而不可避免地成为时代的落伍者。

二、差异与趋同：守旧派与爱国主战派

众所周知，清末守旧派一向主张武力排外，试图通过民心聚结来恢复闭关锁国前中央集权的一统天下，主战的立场贯穿于他们政治生涯始终，登上政治前台后更是将主战的政治诉求付诸实践。那么，他们是否属于爱国主战派？其与爱国主战派有无区别？

顾名思义，近代中国的爱国主战派，乃主张通过战争来维护国家民族利益，要求抵抗列强侵略，试图与侵略者决一死战的爱国人士。晚清政坛上，主战人士多如牛毛。早在第一次鸦片战争时期，以湖广总督林则徐、鸿胪寺卿黄爵滋为代表的朝廷要员认为应当坚决打击烟民烟贩，以杜绝鸦片之祸，哪怕与英国开战也在所不辞。他们成为与主和的弛禁派相对立的政治派别。

中法战争和甲午中日战争中，军情告急，清政府内妥协投降之风日炽，很多朝廷大员主张退让求和。以李鸿藻为代表的朝廷大员反对屈辱求和，主张坚决抗敌，以维护国家的领土完整和尊严，抵制列强的干涉和侵略。

根据《马关条约》，中国须赔偿日本军费白银2亿两，割让澎湖、台湾等大片土地。这一屈辱卖国条约签订之际，舆情激愤，朝中反对者尤多。以翁同龢为首的朝廷重臣、封疆大吏以及御史台谏、领兵将领们纷纷上疏，反对在《马关条约》上签字。许多人主张迁都再战，斥责主和非计。

众所周知，既为爱国主战派，其主战想法无疑根源于内心深处深厚的爱国情感。他们往往希望身体力行地投入到抵抗外侮的战争中，将个人生命置之于度外，视死如归，其爱国之心日月昭昭、天地可表。为维护国家民族的权益，他们愿意奋勇杀敌，冲锋陷阵、赴汤蹈火，也在所不辞。然揆诸史实，可以发现，清末守旧派与寻常意义上的爱国主战派却有所不同。其与爱国主战派有着相同的主战表象，却掩藏着不一样的初衷。拨开

守旧派主战的神秘面纱，挖掘其背后的真实原因，有助于人们加深对守旧派的认识。

清末守旧派人员众多，层次复杂，其内部并非铁板一块，虽都持主战的态度和立场，出发点却不尽相同。守旧集团里既有为了一己之私或者集团利益而要求与列强开战的守旧王公大臣，也有公忠体国、实心为朝、大公无私的爱国主战派，如李秉衡等人。

作为守旧派中的爱国主战人士，李秉衡一直心忧苍生、怀抱许国信念，坚决要求抵制列强的侵略、反对妥协退让。1897 年，德国以巨野教案为借口占领胶州湾，时任山东巡抚的李秉衡积极主战，而清政府坚持“敌情虽横，朝廷决不动兵”，不敢与外对抗。[①] 在中法战争、甲午中日战争及八国联军侵华战争中他都奋勇杀敌、冲锋陷阵、一往直前，各界评价其为一代清官、民族英雄。为国捐躯后，列强要求惩处抚团祸首，其因而获罪，时人惋惜，有评价道：“论者多列公于主持拳匪诸臣之内。……公之力战，翼卫京师，以纾君父之难也。成败利钝，岂暇计哉！及战败，从容以身殉之。此公在扬州所逆计也。竟至撤销恤典，国史不得立传，使公千载后复蒙不白之冤，此真不平之事矣。”[②] 此言中，论者试图掩饰李秉衡抚团抗洋的事实而强调其爱国的立场。其实，二者并不矛盾。因为，在对待义和团的态度方面，李秉衡并不是一开始就主张招抚的，在其地主阶级的立场上看来，义和团乃叛民匪党，自然应该镇压。然而，列强肆虐、外患日亟，当其觉察到义和团民心可用能倚之以扶清灭洋时，他的态度发生转变，赞同改剿为抚。爱国主义本就具有时代性，后人并不应因其地主阶级立场而否定其抵御外侮的爱国情感。与其同朝为官的臣僚们对李秉衡评价颇高，都认为其“公忠朴直，血性过人”，“义气奋发”，面对家国危机“益深忧愤，有以身保国之志”，我们也不应因其抚团主张而否认其爱国之心。正如其出都誓师所言，“宁为国捐躯，勿临死而缩手”[③]，李秉衡无疑是在用生命与列强抗衡。因此，李秉衡虽属守旧派，但毫无疑问，他是守旧派中的爱国主战人士，他因为主战的立场及廉洁勤能深受守旧派看重，

① 《致总理衙门电》，光绪二十三年十月二十五日，《李秉衡集》，第 764 页。

② 《李忠节公奏议翟序》，《李秉衡集》，第 780 页。

③ 《李秉衡誓师文》，《近代史资料》，1957 年第 5 期。

也是守旧派倚之以抵抗列强的中流砥柱。

然而，即便李秉衡希望以身许国，也不能掩盖其与列强开战伊始的懵懂与盲目。一意主战的他并没料到清军如此不堪一击。其奏报称："就连日目击情形，军队数万，充塞道途，闻敌辄溃，实未一战。所过村镇，则焚掠一空，以致臣军采买无物，人马饥困。臣自少至老，屡经兵火，实所未见。兵将如此，岂旦夕之故哉？"① 敌我交战之时，才发现清兵战斗力如此低下，可见作为统兵将领，李秉衡在对敌我双方力量了解方面的严重缺陷。当然，除此之外，国力羸弱不堪、社会制度腐败、朝野上下不能协同作战等，都是战争失利的重要原因。李秉衡所言"出师无军可调，无子弹可发，无粮饷可供，是以败退"②，也的确属实。因此，战争的失败不能归结到李秉衡一个人头上，与众多贪生怕死，只求保全性命、苟且偷安的朝中大员和地方督抚相比，其赤子之心，显而易见；其舍生取义之行为，让人敬佩。

然而，守旧派中其他人也要求抵抗列强。不可否认，其抵抗的心态中，也包含了反对列强侵略的爱国情感，但更多却是出于盲目守旧与排外的情绪以及政治上争权夺利的目的。因此，有必要将守旧派的主战和人民群众的反侵略斗争区别开来，也需与爱国的主战派区别开来。

戊戌政变后，慈禧太后企图废光绪帝，朝野之中反对之声甚浓。让慈禧太后及载漪等人不满的是，列强不仅不支持他们此举，还公然揭穿了慈禧太后令太医捏造光绪帝脉案的阴谋，又掩护康、梁逃走使清政府追捕失利。立大阿哥事件，经元善等联名上书反对让慈禧大发雷霆，意图逮捕，然经元善潜逃至澳门，清政府欲抓经元善归案，多次与澳门当局交涉却无果。此一系列事件，让慈禧及端亲王载漪怒火中烧，欲给列强点颜色以挽回颜面。

然而，慈禧太后作为最高统治者，担负着为国家发展掌舵领航的重任，其经营晚清政坛几十年，深知国家决策不能意气用事、盲目冲动的道理。她稍知世界局势，不能算是颟顸无知之辈，所以虽然痛恨列强，却不敢轻易与列强开战。围绕在慈禧太后周围的清政府中央守旧大臣们谙熟慈

① 《义和团档案史料》，上册，第469页。

② 窦宗仪：《李鸿章年（日）谱》，第422页。

禧太后的心理，深知要想让其下定决心与列强开战，需从其最在意的事情上下功夫。于是，载漪授意章京连文冲伪造了一本“外交团照会”，由江苏粮道罗嘉杰送荣禄递交，核心内容是“令太后归政”。显然，守旧派此举正中要害，取得了立竿见影的效果。慈禧太后在御前会议上声泪俱下，称：“彼族竟敢干预我家事，此能忍，孰不能忍！外人无理至此，予誓必报之。”① 晚清，列强干涉内政之事比比皆是，唯有此次最让慈禧太后忍无可忍。也由此可见，守旧派对慈禧太后了解之深。

而想方设法督促慈禧与列强开战的守旧王公大臣们，则各自心怀鬼胎。载漪一心“怙揽权势，正觊国家有变，可以挤摒德宗，而令其子速正大位”，诸亲贵也“因争竭力阿附，冀邀新宠”②，皆“力主战，语尤激昂”③。拨开载漪为首满族王公主战的堂皇面纱，可见其以排外之名行权力斗争之实的卑劣目的。当然，不可否认的是，他们也痛恨几十年来列强对清王朝的觊觎和侵略，欲寻找机会将列强赶出中国。

刑部尚书赵舒翘为代表的守旧派大臣，面对义和团如火如荼的发展形势，则提出“因势利导”，将义和团“抚而用之，统以将帅，编入行伍，因其仇教之心，用作果敢之气”④。徐桐、启秀等人的主战目的，与赵舒翘同。当仇洋排外的守旧派碰上懵懂排外的义和团时，守旧派中徐桐等理学主敬派主战的想法顿时有了实施的依据，他们提出“宜顺民心，尽戮各省洋人”⑤，试图将历年积累起来的仇洋排外情绪一并发泄。无疑，义和团的出现，正契合了守旧派抗洋的心理，让其驱逐列强出国门的想法在多年的沉沦中看到了希望的曙光，也猛然有了实施的动力。当然，为达到促使慈禧太后下定决心与列强决裂的目的，守旧派也是各种手段无所不用其极，将权力斗争的阴险发挥到极致，如前文所述伪造照会事件。另外，李秉衡奉旨入京后于光绪二十六年七月初一、初二日，连续两天被慈禧太后召见，七月初三日即有懂洋务、识时势的总理衙门大臣袁昶和许景澄的被

① 黄鸿寿：《清史纪事本末》，第67卷，第2页。
② 吴永：《庚子西狩丛谈》。
③ 恽毓鼎：《崇陵传信录》。
④ 《义和团档案史料》上册，第110页。
⑤ 中国第一历史档案馆藏：《随手登记档》，光绪二十六年六月初一日。

杀。孔祥吉先生认为，此悲剧的发生与李秉衡脱不了干系。[①]

总之，守旧派内部纷繁芜杂的人员构成，决定了其主战主张背后不同的心理和目的，决不能单纯将守旧派的主战看成是爱国的表现。无疑，其主战主张包含有爱国的成分，但稍加推敲就会发现，错综复杂的政治斗争和刀光剑影的权力争夺早已原形毕露，无处遁形。

三、清末守旧派思想的历史特征

近代中国守旧派的产生与近代民族危机分外严重而有识之士纷纷寻求强国御侮之策的历史背景密切联系，也与长期以来的历史文化传统突然遭遇异质文化的侵袭和渗透从而开始的迅猛转型有关。因此，厘清清末守旧派思想的历史特征，必须将其放到晚清社会转型的宏大而壮阔的历史背景中加以深入考察与具体分析。具体说来，主要表现在以下几个方面：

（一）卫道观念的无孔不入

对封建政权和伦理道德的维护一直是守旧派坚定的立场，而清末守旧派在这方面尤为突出，他们的卫道犹如天罗地网，将封建纲常伦纪撒向社会每一个角落。他们极端的卫道观念到了清末已于不知不觉中走入了一条死胡同，卫道成为他们的根本要求，他们所做的一切都围绕着卫道这一终极目标进行。这导致其思想因卫道而呈现出异化的趋势，甚至其爱国思想也因与卫道黏合在一起而失去了原本的内涵和意义。而且，源于卫道的坚决，当守旧派头脑中卫道与保国出现冲突时，他们甚至可以视国家安危于不顾，舍弃国家以保存道统。

首先，是满洲贵族守旧派爱国观念的异化。爱国思想本来是一种热爱自己国家和民族的美好思想意识。外患来临之际，爱国观念能激发国人团结一致、凝聚起来共同抵抗外敌入侵。虽然满族以少数民族入主中原，但历经两百多年岁月洗礼，他们与汉族等其他民族已经融为一体，成为中华民族大家庭中的一员。因此，民族之间即便存在隔阂，也不应该牵涉到整个国家和民族的命运，更不应置国家和民族安危于不顾。因此，在晚清，

---

① 孔祥吉：《义和团运动中李秉衡的言行考察》，《清史研究》2011 年第 3 期。

理论上来说，爱国就应表现为对整个国家和民族的卫护，不分满汉。然而，在晚清，当西方列强纷纷觊觎、瓜分豆剖之际，清末部分满洲贵族守旧官员的爱国观却与此有着天壤之别。外患来临的危急时刻，他们首先想到的是捍卫满族的权力，而不是中华民族的利益和整个国家的前途命运。如当汉族官僚在为卫护清王朝封建政权竭尽全力出谋划策的时候，满族守旧派官僚们却在疑神疑鬼、患得患失、阻挠破坏、争权夺利。他们害怕汉族官僚通过改革攫取权益，凭借开通民智的办法来摆脱满族控制。无疑，在此过程中，他们的思想滑入了狭隘民族主义的死胡同，难以自拔。

在满族守旧派看来，吸收了西方新思想的政治派别与势力正趁着外患蠢蠢而动意图夺权，威胁着满洲贵族政权的安危。而近代以来接受新思想、学说的基本上都是汉人，这更让满族守旧派忐忑不安，他们担心一旦新的思想与学说占据思想界统治地位，主导国家政权，那么满族封建王朝的天下将会为汉族所控制，满洲贵族的权利也终将丧失殆尽。刚毅之言足可说明满洲贵族统治者在外患逼处之际对汉族的防患与疑忌。他说："开学堂，不过增长汉人之智识，以危我满洲之朝廷；凡读书能文者，皆当摧抑之，拔其根株，勿令留遗。"① "变法者，汉人之利而满人之害，吾宁输国于外人，而不使奴隶（指汉人）分润。"② 可见，在其思想中，国家的一切活动都必须服从于满洲贵族统治政权的巩固这个大局。这个大局存在，那么封建帝王家天下的格局就存在，满洲贵族的统治地位就存在；而大局一旦出现问题，家将分崩离析，天下将变为汉人的天下。由此，可以判断出，长久以来满洲贵族对于汉族的防患意识在晚清民族危机分外严重的局势面前更加凸显，他们在时刻警惕防范满洲贵族政权被汉族官僚夺走。

更让满洲贵族守旧派惶恐的是，洋务运动以来要求改革的官员大多为汉族官员。汉人倡导改革，是阴谋夺权，趁机将国家引入汉族官吏的一统天下？在怀揣着种种猜疑、顾虑与忐忑不安中，他们试图将国家权力牢牢掌控在自己手中，阻止变革，以保证满洲贵族政权的持续与稳定。如联元本出自崇绮门下，但义和团运动时期，在和、战问题上他与崇绮意见相

① 《戊戌政变始末》，恽毓鼎撰：《清光绪帝外传》，第 89 页。
② 汤志钧：《戊戌变法人物传稿》下编，第 532 页。

左，崇绮便厉声骂之曰："君满人，欲效汉儿卖国耶?"[①] 虽然满洲贵族守旧派也同样追求国家富强，但随着改革浪潮高涨，他们更害怕以新思想为武装的汉族势力会对满洲贵族政权构成威胁。无疑，在此患得患失心态下，他们的爱国观已经完全异化成为一种纯粹的爱族观念，一种旨在卫护满洲贵族封建政权存续的狭隘民族意识。如戊戌变法时期，康有为设立保国会，刚毅拟予以查禁。而御史文悌奏劾保国会时就攻击保国会"名为保国，势必乱国"，"保中国而不保大清"[②]。戊戌变法，"谕劝勉亲贵子弟出洋留学，即亲王，贝勒等，亦鼓励出洋游历，考察政治。满人见之，大为震动，谓为破坏中国的礼法，且使满洲之权势处于危险之域"[③]。此时，狭隘的民族意识无孔不入，成功支配了部分满洲贵族官僚的头脑。在他们的潜意识里，变法与否、学习西方与否直接关系到封建王朝统治秩序的存亡，特别是满洲贵族政权的存续。虽然其懵懂无知，却敏锐觉察到西学对于传统中学和社会制度的冲击，最终势必危及满洲贵族的统治秩序。因而，反对变法就成为他们必然的选择。

总之，在西学东渐背景下国内出现变革传统政治制度要求的时候，清末满洲贵族守旧派的爱国观，已经异化成为一种狭隘的民族意识，此时它的爱国内涵已经消弭，幻变成为只求维护满洲贵族统治地位和捍卫满洲贵族政权的工具。

其次，守旧派对封建道统的维护胜于对国家存亡的担忧。儒家道统向来被视为持国之道，立国之基。晚清民族危机分外严重之际，维新派提出变法主张，以民权、平等为旗帜，欲变更封建统治上层建筑，这无疑触犯了守旧派的心头大忌。守旧派认为，变法旨在改变儒家传统制度和社会秩序，与封建道统背道而驰。故针对康、梁的变法，徐桐喊出了"宁可亡国，不可变法"的口号。可见，其并不认为变法能强国，而即使能强国，那借此强大起来的国家也已失去了其所皈依的封建道统，则终归也是国将不国。曾廉也说："治天下而可以一日舍圣人之道乎哉!"[④] 封建道统是守

---

① 《清朝野史大观》卷8，第71页。

② 吴铁峰：《清末大事编年（1894—1911）》，湖南大学出版社1996年版，第67页。

③ 《戊戌政变始末》，恽毓鼎撰：《清光绪帝外传》，第96页。

④ 曾廉：《蠡庵集》卷八，第40页。

旧派眼中国家赖以存在的精神支柱，若支柱坍塌，国家存在与否也没有任何意义了，道统沦亡，国何以存？他们认为，光绪帝的改革，危及封建道统的承续。正因如此，贵为一国之君的光绪帝也成了他们卫道的绊脚石。为了卫道，即便得罪君主也在所不辞。他们认为，封建道统与国家的关系正如伦常纲纪与风俗人心的关系，“中国自尧、舜、禹、汤、文、武、周、孔以迄于今，皆以伦纪为最。故虽伦薄败坏，而尚不至于绝灭消亡者，伦纪主之也。伦纪一日不绝于天壤，则人心风俗终可挽回。故事事可效西法，惟此风俗人心则中国化导之权一日不可变易。”① 可见，在守旧派看来，封建道统一息尚存，国家复兴就仍有希望，国家自强才有归属；一旦封建道统沦丧，则国将不国，何谈其他？综上所述，在晚清社会变革和转型的背景下，守旧派的爱国观已经异化为一种维护封建道统的工具和手段了。

（二）排外思想的逐步升级

清末守旧派利用义和团以排外，不顾国力羸弱的现状，试图与多国同时开战。其不计后果的盲目举措和冲动行为及其所带来的严重后果，给人留下了他们从一开始就盲目而极端排外的印象。然而，揆诸史实，可知实情并非如此。守旧派的排外举措从相对缓和发展到极端而至盲目，经历了一个过程。而在此过程中，列强的步步紧逼和试图瓜分中国的野心和图谋无疑充当了他们排外行为不断转型升级的催化剂。

首先，守旧派排斥西方国家在一开始的时候并不激烈。这个“开始”指的是义和团运动形成规模以前清末守旧派执政的那个短暂的时段。这在前面章节已经有所论述。毕竟清末守旧派曾亲身经历或耳闻目睹了开一时风气的洋务运动和轰轰烈烈的维新运动，相比之前的守旧派，其在对外态度和处理外部事务方面，已经能比较平和了。即便最以排外著称的徐桐在光绪二十三年（1897）奏请兴办团练一折中也提到，举办团练需注意“不许藉端生事、闹教、寻衅”，应“严饬各属密为筹办，勿涉矜张以免外人藉口”。② 可见，此时的守旧派也不愿与列强发生直接、正面的冲突。

① 《书本报纪节烈可风孝友可风二节后》，《申报》光绪二十五年十二月初二日。

② 《徐桐折》，光绪二十三年十二月十一日，《录副奏折》第665卷，第209号胶卷。

在义和团运动爆发之际，刚毅、赵舒翘等人也认为“拳民扰教”行为会危及中外关系，故并不主张纵容民众“闹教”[①]。综观戊戌政变掌握朝政大权后清末守旧派所采取的对外政策，虽然其强硬的外交立场一如既往，但并无与列强决裂之意。这从《清实录》《光绪政要》《光绪朝东华录》文献上所记载的当时朝廷的政令都可以看出来。面对各地风起云涌的民教斗争，当权的守旧派所要求的仅仅是持平办理，希望继续维持和局。对于各国传教士，“叠经谕令各地方官，实力保护，不啻三令五申”；[②] 对于各国使臣，最开始也要求切实保护，三番五次谕令，强调军队在“各国使馆一带地方昼夜巡视，认真保护，并弹压一切，倘有间杂人等藉端滋事，立即当场拿获惩办，不得推诿，致有疏懈”；[③] 对于拳民，也要求加紧防范，试图解散、惩罚首恶但不愿伤及无辜，总希望“民教相安，不贻后患为要”；[④] 对于地方官吏，要求无论民教，一视同仁，“遇有词讼”，“总应一律持平办理，毋得稍涉歧视”，以期民教之争消弭于无形，并令地方官“随时多方开导，务令民教相安”。[⑤]

总之，戊戌政变之后的清末守旧派控制下的清廷，在处理与西方列强的关系特别是日益紧张的民教冲突的时候，最先的立场基本都是“慎重办理，相机因应”，“固不得事事忍让，无所底止，尤不得稍涉孟浪，衅自我开。疆臣办事，总须为国家通筹全局，期无后患，不宜……率意径行”。[⑥] 由此可判断，清末守旧派在当时列强步步进逼的局势下，仍在试图竭力维持和局。

其次，对于西方的器物文化，清末守旧派最初也没有过激反应和一味排斥，实际上此时的他们已经承认了洋务运动的必要性。

尽管现实生活中守旧派常常排斥西方事物，如徐桐“痛恶外夷，凡西来货品，概屏绝勿用。子承煜官刑部侍郎，一日口含吕宋烟趋庭而过，桐

① 刘坤一有“春间在都门……面奏拳民扰教，必至忧及朝廷，不可不及早严禁，当邀俞允明将谕旨，即刚、赵诸君亦以为然”之语，出自：《刘坤一遗集·书牍》卷十三，中华书局1959年版，第2277页。

② 《大清德宗景皇帝实录》(6)，卷428，第3907页。

③ 《大清德宗景皇帝实录》(6)，卷428，第3910页。

④ 《大清德宗景皇帝实录》(6)，卷431，第3939页。

⑤ 《大清德宗景皇帝实录》(6)，卷439，第4022页。

⑥ 《大清德宗景皇帝实录》(6)，卷440，第4026页。

见之大怒曰：我在尔敢如是，我死，其胡服骑射作鬼奴矣。罚令跪暴烈日中，以儆其后”。[①] 因厌恶洋人，其也非常讨厌洋人的住所，见之往往绕道而行。而赵舒翘也与徐桐同，“家中人无著洋布者，晚年颇以道学自任”[②]。但是，这仅是他们个人日常生活的细节，在办理国家事务的过程中，其表现并不尽如此。尽管他们内心憎恶西方事物，但对于办洋务，清末守旧派并没有激烈反对，有的甚至身体力行参与到修路、开矿以及军队武备建设之中。经历几十年洋务运动洗礼的清末守旧派，无疑已经认识到了西方武备以及路矿建设的先进性和对于国计民生的重要意义。连一向以不善办洋务著称的李秉衡，在其山东任内，都能积极整顿庶务，清除积弊，将署中每年的公费银两一万二千两，“尽行裁革”，“凡局中挂名薪水一概删除”，节省下来的银两则被用来扩充武备加强制造。其谓：“机器局所制洋式后膛抬枪，尚能坚利及远，可称利器”，“机器购就，即可扩充制造”[③]。众所周知，李秉衡曾反对开矿，建议缓行，人们往往以此为依据断定其排外和反对洋务。然而，只要查一查他当年的陈述，将其言论放到具体的历史情境之中，便可发现，实际上其却并没有那么迂腐不堪。

光绪二十二年（1896）3 月，李秉衡在《奏沥陈矿务利害宝情形折》中不顾朝廷一再开矿的谕令，直言上奏，要求暂时停止山东的矿产挖掘。根据其奏折，可知他并不反对开矿，而是认为由于客观条件限制，开矿实际上并不能达到为国家开利源、裕度支的效果，反而浪费了太多人力、物力和财力，为此建议暂缓开矿。他论道：“山东矿务，自光绪七年候选中书马建常禀请试办。九年以前，济东道李宗岱总理其事，殚精毕虑者十有余年，先后所聘西洋矿师，曰壁赤，曰阿鲁士威，曰瓦尊，皆所称矿学之最精者也。购器则开山、戽水及化金等项机器，皆自美国之金山购来，所称用之必大有成效者也。度地则自莒州、平度、宁海、招远以及福山、栖霞、莱阳、掖县、潍县、沂水、日照、蒙阴、临朐、安邱，凡登、莱、青、沂四府所属之地相赤度几篇。其平度之三座山、酒店、双山等处则壁赤所指为金穴，阿鲁士威所指为比之美国亦算超等之矿者，而卒以出金不

① 胡思敬：《驴背集》卷 1，第 110 页。
② 《慎斋年谱》，第 29 页。
③ 李秉衡：《奏山东整顿南运局折》，《李秉衡集》，第 321 页。

旺弃之。是矿师非未选，机器非未购，地势非未度也。所谓获利者安在哉？至于禁用私人，自系当然。惟矿产本无把握，则又不在私人之尽去与否为得失也。……夫朝廷所以允开矿之请者，原欲以济国用；诸臣之屡请开矿者，也无不以利国动朝廷。然近十余年来，各省之议开矿者屡矣。如直隶顺德之铜矿，江南徐州之铁矿，湖北鹤峰、长乐之铜、铅矿，奉天金州之骆马山煤铁矿，皆旋开旋停。不独于国计丝毫无益，并其自集资本亦归耗散，往事历历可征已。即李宗岱先后集股并息借款项共四十余万金，固早已付之东流矣。”况且，“倭兵屯驻威海”，该处矿务已停工有些时日，矿工多已四散，若再另行招集，恐“招集多人聚处滋事”。①

该段文字长篇大论，时人，尤其是洋务派，往往觉得李秉衡总是站在洋务举措的对立面反对变革，其颟顸无知、顽固无比，令人生厌。但如果能抛开成见，平心静气地审视李秉衡的观点，不难看出，他当时反对在山东开矿的理由不无合理性。他痛心于洋务运动成效的话语，也足以引起人们对于洋务运动及其他革新运动的反思：鸦片战争后，近代社会开始转型，新思想、新事物纷纷登堂入室，原本封建思想一统天下的清朝社会，顿时涌现出许多新事物，变革启动，改革浪潮前赴后继。学习西方，成为时代发展的方向，也常被后人追捧。但与之相对，反对改革的人，则往往被视为逆时代潮流而动的顽固派，备受鄙夷。可人们却很少冷静下来理性、平和地思考，反对者因何反对变革，其反对的说法有无合理之处，如何才能减少改革的反对声音，如何才能推动改革更为顺利地进行？很显然，近代中国有识之士在追求强国御侮、救亡图存方略时一味要求学习西方，却很少静心思考怎样的方式才能尽可能减少变革阻力而迅速达到救亡目的。诚如李秉衡奏折所论，在当时条件下，不顾客观实际一味追求开矿、修路的速度、规模和覆盖面等，就一定于国家发展有利吗？不可否认，洋务派是抱着“自强求富”信念来创办现代企业的，但他们往往有着强国之心，却缺乏基本的科学常识，不懂得按科学原则办事，仅凭长官意志和行政命令执行，导致错误举措频频发生，盲目决策四处横行，给初生的企业埋下了种种先天不足的病根，使很多企业长期不能正常运转以至最

① 李秉衡：《奏沥陈矿务厉害宝情形折》，《李秉衡集》，第338—339页。

后转让或破产。无疑，缺乏相关经验和知识作为后盾，仅凭头脑发热就盲目施行，好的初衷不一定能带来理想的效果。由于缺乏科学论证和合理规划，洋务企业一开始就遭到了各种怀疑和批评，不少守旧派的反对言论确实理由充分、证据充足。既然如此，为什么反对洋务举措的人就一定要得到批判呢？为什么当年洋务派官僚没有对反对者的言论予以重视、加以反思呢？历史不能假设，但是，如果当年主持洋务运动的朝廷大员们能重视反对者的意见、从反对者的言论当中汲取教训而加以改进，那么，洋务运动的成效无疑会好很多，不至于因为诸多头脑发热的举措而靡费人力物力财力，也不至于有那么多遭人诟病之处。

与李秉衡一样，徐桐、崇绮、启秀、赵舒翘、毓贤等人都有过类似言论，说明他们并不反对洋务诸如修路、开矿之类举措，也不反对以西方新式枪炮武装军队。如早在甲午战争时，徐桐针对日益紧急的军情，担心从外洋购买恐“为倭夷拦截”，于是建议朝廷督成各军工厂加紧制造；其又认为制造恐缓不济急，而查旗兵旧用之枪，“虽不及洋枪灵便，然击远过之，可改作后膛”。[①] 由此可见，徐桐不仅很客观地承认西洋军火的先进性，而且还建议朝廷综合中西洋武器的长处，根据客观需要加以改进。无疑，当时他并不反对仿造西洋武器。李秉衡也赞同徐桐的观点，其谓：“各省久设机器局，而有事之日枪炮仍需购诸外国，万难应急”，“协办大学士徐桐请饬各省制造局，取快利合用枪炮之式，一律仿造”，此“最为切要之论”。[②] 至于开矿，崇绮早在光绪朝前期任职热河时，就已开始组织开矿。[③] 其他守旧派成员的相关言论和对于洋务运动某些方面的看法，前面章节已有涉及，兹不赘述。

总的说来，清末守旧派入主中枢治国理政之初，已不是一般西洋器物的排斥者了，在处理与西方列强的关系上，他们也较为理性，极力避免无端启衅、开罪列强以惹祸上身。总之，清末守旧派并不是上台伊始就决定与列强决裂而极端排外的。那么，是什么原因导致了守旧派排外思想的逐步升级呢？

---

① 《徐桐等代奏折》，光绪二十年九月十三日，《录副奏折》卷658，第90号胶卷。

② 李秉衡：《奏陈管见折》，《李秉衡集》，第297页。

③ 《崇绮折》，《录副奏折》卷674，第21号、38号胶卷。

守旧派排外思想开始升级始自德国在山东的为所欲为。最先，德国借口两个传教士被杀而派兵进入山东境内，“借衅生端、占据胶澳、夺我炮台、扰我内地，近复追扑退兵，开枪轰击。种种陵侮，实出情理之外”。[①]一向对列强侵略十分痛恨的守旧派心中之怒火可想而知。甚至连洋务派大员刘坤一也说：“外国陵逼我中国，亦至今日极矣！其最无理者，莫如德人袭据胶澳，执辱镇将，残杀土民，而我不能责问一语，转以胶澳与之，任所欲为。由是旅大、威海先后议租。”而随后，“德人益横，日照、阑山一案猖狂为各国所未有”。一再忍让的结果是列强步步进逼，而各国也“群起效尤”，长此以往，“中国何以立?”[②] 故李秉衡说：“战之胜败虽不可知，而患只在一国，不战则各国皆思攘夺，患更不可胜言。”[③] 且因李秉衡持平办理山东教案，德国怀恨在心，逼迫清廷将其罢黜。故李秉衡为此也十分痛恨德国。而守旧派其他成员也多因朝廷用人行政之权操控于列强之手甚是不平与愤懑。再加上，在清末守旧派掌控朝政的这个时期，列强掀起了瓜分中国的狂潮，蛮横而霸道地在中国国内筑起了一个又一个的“国中之国”，国体如此“失甚”，令守旧派再难容忍。在列强一步一步的侵略下，他们的满腔怒火，不可遏止，其排外情绪也随着列强侵略步伐的步步加紧而日益升温。

戊戌政变后，慈禧太后复出听政，而作为“罪魁祸首”的康有为“走入英”，“英人庇焉”，清廷“欲诡致之，购求十万金，而英兵卫之严，不可得”。于是，慈禧太后恼羞成怒，谓“此仇必报”，“时方食，取玉壶碎之曰：‘所以志也’。”列强掩护康、梁出逃，公然给慈禧太后及守旧派难堪，让慈禧太后和守旧派十分痛恨，他们虽拿列强无可奈何，但对列强的不满已在心中疯狂滋长。及立大阿哥事起，载漪“遣人风各公使入贺”，“各公使不听，有违言”，慈禧太后与载漪等人愤恨不已，“日夜谋所以报”。[④]

然而，稍通国情和中外局势的慈禧太后并不肯轻易对列强开战。为激

① 《徐桐折》，光绪二十三年十一月二十一日，《录副奏折》卷665，第173号胶卷。

② 《刘坤一遗稿·书牍》卷13，第2249页。

③ 李秉衡：《致总理衙门电》，《李秉衡集》，第765页。

④ 李希圣：《庚子国变记》，《义和团》（1），第11页。

起慈禧太后对列强的怒火以实现排外主张，载漪等人精心策划了“江苏粮道罗嘉杰以风闻上书大学士荣禄言事”，谓“英人将以兵力协归政，因尽揽利权”，导致慈禧太后“益怒”。[①] 恰逢义和拳兴起，在诸王公大臣“民心可用”的鼓噪下，慈禧太后终于“思倚以锄敌立威”[②]。至此，守旧派已成功牵引朝廷对外决策，时局也在这种极端排外心态驱使下逐渐恶化。守旧派不顾国力羸弱的实际情况，一反从前谨遵保护各国教堂的态度，鼓励义和团民残杀传教士与教民，攻打使馆，试图采取这种极端与野蛮的方式将列强赶出中国境内。为达到朝野一致排外的目的，他们处心积虑地打击反对者，试图消弭反对的声音。于是，庚子五大臣就成为他们极端排外举措的牺牲品。他们甚至为了利用义和团，而默许义和团拆毁铁路、电线，并将已练习洋操的军队恢复成之前的装束，改用传统的阵法。可见，他们已被排外思想控制失去了应有的理智，在盲目与冲动的泥潭中越陷越深。

综上所述，清末守旧派排外原本并不极端，导致他们被愤怒情绪冲昏头脑不顾国力与列强决战的原因，无疑是列强在中国的为所欲为、瓜分野心的充分暴露和侵略行为的肆无忌惮。

（三）迷信外表掩盖下的“利用义和团”本质

说到清末守旧派的迷信思想，人们往往首先想到他们对于义和团“刀枪不入”神话的信奉。义和团运动的兴起，给正愁御外无方的守旧派提供了一个很好的借口，他们可以打着天意的幌子来“合理”招抚义和团以对付列强。义和团鼓吹“神出洞，仙下山，扶助大清来练拳”[③]，“今以上天大帝垂恩，诸神下降，赴垣设立坛场，神传教习子弟，扶清灭洋，替天行道，出力于国家而安于社稷，佑民于农夫而护村坊，否极泰来之兆也。”[④] 这种口号和思想符合守旧派抗洋的心意，可谓正中下怀。于是，守旧派顺应“民意”，将民间这种迷信和谣言拉上了统治的舞台。查查当年守旧派的言论，就会发现清朝当轴诸臣们正在做着神仙下凡驱逐洋人的种种美

① 李希圣：《庚子国变记》，《义和团》（1），第11页。
② 《清史稿》卷465，第42册，第12758页。
③ 陈振江、程歗：《义和团文献辑注与研究》，第31页。
④ 陈振江、程歗：《义和团文献辑注与研究》，第26—27页。

梦，今天看来令人忍俊不禁的话语当时竟于煌煌朝堂之上掷地有声。如“御史徐道焜言洪钧老祖令五龙守大沽，龙背拱夷船，皆立沉；翰林院编修萧荣爵，言夷狄无君父殆二千年，天将假手义民尽灭之，时不可失；御史陈嘉言，自谓从关壮谬得帛书，书言无畏夷，夷当自灭；吉林将军长顺，言二童子殆非人，至则教堂自焚，已忽不见。太后喜，大以为神人也。下其书，览示天下。群臣又时时言山东老团一扫光，金钟罩、九龙蹬之属，能役鬼神，烧海中船尽坏，居一室斩首百里外，不以兵”。“当是时，上书言神怪者以百数，王公邸第，百司廨署，拳匪皆设坛焉，谓之保护”。[①] 后又有“启秀言使臣不除，必为后患，五台僧普济有神兵十万，请召之会攻；曾廉、王龙文请引玉泉水灌之；御史彭述，谓夷炮不然，其术固验”。[②] 可见，当时朝堂上弥漫的迷信和神话氛围之浓。现今看起来荒诞不经的神话，却风靡于当时大清帝国朝野上下。高居于庙堂之上的守旧派们，是既得利益者，作为统治阶级，他们身负治国安民拯救民族危亡的重任。尽管其中不乏有个人或者群体利益的算计，但无论如何，他们谁也不想把大清王朝那艘破败不堪、千疮百孔的航船驶入万劫不复的深渊中任其颠覆沉沦。既是如此，守旧派鼓吹义和团刀枪不入神话的深意何在呢？他们果真如此信奉拳民的神术和相信有所谓神仙来助阵吗？揭开迷信的面纱，我们又能发现什么呢？

守旧派真的相信义和团刀枪不入的神话吗？这一直是史学界关注的问题，很多研究者从义和拳的发源地和当时的社会背景入手寻找“刀枪不入”拳术的思想源头和其所反映的社会文化现象。而我们现在需探讨的问题是：守旧派迷信拳术的行为背后隐藏着何种目的。笔者认为，义和拳只是守旧派用来对付西方的一个工具而已，至于神术，他们自己也是半信半疑。他们真正的想法是，不管其是否有神术，只要具备这种人心思战的民气，就有了抗敌的资本、勇气和信心。他们迷信义和团，并不意味着他们一定相信义和团的神术。在他们眼中，人心趋战、同仇敌忾的齐整心态才是最珍贵的、最强大的国家力量。

赵舒翘不信拳术，时人皆知。当时清廷派遣刚毅、赵舒翘去涿州查看

① 李希圣：《庚子国变记》，《义和团》（1），第15页。

② 李希圣：《庚子国变记》，《义和团》（1），第17页。

拳民情形，赵舒翘回来后有“拳匪无法无天”等话语。他曾在刑部对其僚属说：“拳匪如部中罪囚，如市丐，决不能成事。”① 《清稗类钞》中也记录，赵舒翘自涿州查看义和拳后曾对乡人说：“无论神怪之说荒诞，断不可信，即吾所见数万人者，殆无一不槁项黄馘，不异沟中之瘠。以此而与他国节制之师相当，宁有不覆没者耶?”针对慈禧太后听信刚毅义和拳可恃之言，他评论道：“此辈为乌合狂徒，以挑强敌，宁有全理?”② 可见，赵舒翘并不相信义和团刀枪不入的神话。既是如此，什么原因促使其站到利用义和拳的元凶阵营当中去的呢?

时人都认为赵舒翘由不相信拳民的神功，到支持朝廷招抚团民攻打列强，乃出于巴结和奉承刚毅的目的。李希圣在《庚子国变记》中评论赵舒翘对刚毅谄媚尤力，谓其能进入枢府乃刚毅之功，故其不敢违背刚毅的意愿从而附和刚毅纵容义和团。其记载义和团攻打使馆之际，刚、赵二人“方坐城楼趣战，饮酒欢呼”，赵舒翘谄媚刚毅之心昭然若揭，兹录于下。

> 刚毅曰：“使馆破，夷人无种矣！天下自是当太平。”舒翘起为寿曰：“自康有为倡乱悖逆，喜事之徒，云合而响应，公幸起而芟夷之，略已尽矣；上病且死，又失天下心，不足以承宗庙，幸继统有人，定策之功，公第一。今义民四起，上下同仇，非太后圣明，公以身报国，尽除秕政，与海内更新，亦亡以致今日之效也。古有社稷之臣，今于公见之矣。”③

该文中赵舒翘对刚毅的恭维看起来的确非常露骨。由于赵舒翘纵容义和团，时人都认为此乃其谄媚刚毅等权贵之举，故“论者辄诋之”。对于赵舒翘乃因谄媚刚毅而进入中枢的说法，笔者认为颇为失实。虽然赵舒翘的确曾因刚毅引荐而进入枢府，但其原本就属政绩卓著之辈，并不是庸碌无为之徒、仅靠巴结奉承得以升迁。资料记载，赵舒翘“以寒素起家，致位六卿”，其居官刑部，确实是政绩有声。“其历官治事，实有过人之才，不可没也。”“秦土官秋曹多有声，赵尤冠其僚，论者谓薛文阶尚书允升以

① 王步瀛：《慎斋文集·序》。
② 徐珂：《清稗类钞》第8册，第3687页。
③ 李希圣：《庚子国变记》，《义和团》（1），第16页。

学历胜，赵则以天资胜，自二人外，前后数十年，无第三人也。”① 其治理地方，也是“廉公有威，吏畏民怀，为近百年来良吏第一”②。综上可知，赵舒翘能步步升迁并最终进入枢府与其自身具有一定能力与政绩有关，并非完全依靠刚毅之力、谄媚之功。赵舒翘曾因时人对其升迁存在看法向刘坤一倾诉，刘坤一回答说：“阁下位以能升，官以德授，莫不叹服圣明用人之当，谁能怀忌嫉之私。”③ 从赵舒翘征询的话语，可见其对自己名声的珍视和对外界评论的在意，也由此可知，他与那种为了升迁或利益不惜牺牲自己名声而极尽谄媚能事之辈不同；而刘坤一的回答虽然不无溢美之意，却也比较实在和客观地评述了赵的能力和其受到重用的原因。

如果从另外一个角度来考察，我们会发现赵舒翘恭维刚毅的话也确实出于其内心深处的真实想法，绝非谄媚一词可概括。赵舒翘对于维新派的看法与刚毅等人相差无几，同样对于新派势力极为排斥。戊戌变法之时，身为刑部尚书的他非常不屑于新派人物的思想主张，“当时躁进之徒，争拾有为唾余，希图进用”，而赵舒翘“最恶司员上书”④。六君子案作，慈禧太后命赵舒翘严究此事，询问其意见，“赵对：此等无父无君之禽兽，杀无赦，不必问供”。“赵有门生某君，闻之大骇，谒赵，力陈杨、刘与门生同乡至好，此案稔知其冤，请老师奏请分别审讯。声泪俱下。赵悍然曰：‘汝所言者友谊也，我所执者国法也。南山可移，此案不可动，汝速出，旨即下矣’。”⑤ 从以上材料可判断，赵思想之守旧可见一斑，与刚毅可谓同属一丘之貉。即如前面章节所述，赵舒翘在主持铁路矿务局时，谓铁路矿务局扰民生计，无益民生，这些想法与刚毅何其相似，可见他们在这些方面有共同语言，能够一拍即合。

可以说，赵舒翘有自己的思想，并不是那种人云亦云、见风使舵、为达到升迁目的而不惜牺牲自己人格的溜须拍马之徒。他首先可能因为怀疑义和团的作战能力而不赞同招抚，但其内心又非常渴望将列强赶出国门。于是，在其他守旧派对义和团人心可用的大肆宣扬声中，其心底饱含对列

① 徐珂：《清稗类钞》第3册，第1441页。

② 《赵舒翘》，沃丘仲子：《近代名人小传》，第117页。

③ 《刘坤一遗集·书牍》卷10，第2078页。

④ 胡思敬：《戊戌履霜录》，《戊戌变法》(1)，第385页。

⑤ 《清朝野史大观》卷8，第67页。

强的仇恨，幻化成为倚靠义和团与列强拼死一战的决心。

有时论谓李秉衡纵拳乃因附从刚毅等人之故，笔者认为这种说法也不合情理。李秉衡，时人对其评价很高。其为人廉洁、勤能、坚毅，不惧权贵，坚持自己的立场，顽强抵拒列强的侵略，不计较个人的利益、得失甚至生死。故“甲午、乙未间，当世论疆吏之贤者，必推秉衡”，其“操行廉峻，勤朴坚毅”，世不多见[①]，曾被认为是“北直廉吏第一”。以李秉衡的为人，是不可能因为个人的政治利益而附和刚毅等人的。

也有记载谓李秉衡在朝廷抚团政策出台之前，并不赞同利用拳民抗敌，他认为拳民“不可重用”，“外衅不可遍开”，当江南巡抚联名上奏谏止抚团政策时，李秉衡也有具名[②]。但我们应该看到，“仇视外人”是李秉衡一贯的风格和态度，“其附名入谏，盖不得已而徇诸公之请，非本意也”，[③] 在张之洞、刘坤一、李鸿章等江南督抚的要求下，正在巡阅长江水师的他署名“不得已从之”[④]。但其很快“密奏请募兵北上，谓西兵专长水技，不善陆战，引之深入，必尽歼之”[⑤]。在刘坤一等人筹划东南互保之际，李秉衡以七十高龄，主动请缨杀敌，北上抗击列强入侵。此时刘坤一给湖广总督张之洞发去电报称：

> 急。盛翰电以滋、鉴不以东南保护约为然，请将办法切实电奏。敝处咸电，请公拟稿挈衔速奏，未奉覆。昨有人来函，滋谓保护之约为海外逆臣一派议论。慰帅电，昨晤海城，满口主战主卫等语。此奏似不可缓，祈公即日撰稿，电由慰帅具折六百里加紧驰奏，或可到在鉴至之前。苏、皖、西、鄂、湘、浙各抚应否列后衔？请酌。坤。个。刘制台来电，光绪二十六年六月二十一日酉刻到。[⑥]

此电报中，海城、鉴，皆指李秉衡，李秉衡抗洋的真实态度在此显露无疑。刘坤一此急电可见其担忧之所在，故与张之洞商量对策，希望在李

① 《李秉衡》，沃丘仲子：《近代名人小传》，第62页。
② 《李秉衡》，沃丘仲子：《近代名人小传》，第62页。
③ 胡思敬：《驴背集》卷2，第139页。
④ 罗惇曧：《庚子国变记》，第32页。
⑤ 罗惇曧：《庚子国变记》，第32页。
⑥ 苑书义等编：《张之洞全集》，第10册，第8142页。

秉衡抵达京师之前，自己能先行一步向慈禧太后提出建议，以免李秉衡先声夺人影响慈禧太后的主张。然而，刘坤一担心的事情终究还是发生了。当李秉衡回京慈禧太后面询其意见时，他慨然对曰："中外交争数十年矣，始终归于一和。今列国合纵，难由我发，不战而遽求和，壤地财产脔割殆尽，我清必不国矣。与其以二十二省疆土拱手让人，不若力战而亡，尚可见祖宗于地下。"① "外国多不可灭，异日必趋于和，然必能战而后能和。臣请赴前敌决一战。"② 因其此言与之前刘坤一等人所奏东南互保态度不一致，慈禧太后诘责其"与李鸿章等公奏，何以主和"，他答道："此张之洞入臣名耳，臣不与知也。"③ 从上文可见，李秉衡在慈禧太后面前的言论乃其真实心态的披露，不管李秉衡是不得已具名，抑或根本就不知道此事而被冒名，抗击列强都是其本意。对于列强的痛恨使其完全不理会与列强开战可能兵败人亡的危险，长期积聚的抵抗情绪在这一刻终于得以发泄。所以，不管拳民神术之真假，这种利用人心趋战而灭洋的思想基础是能得到李秉衡的支持与信任的。

而且，李秉衡在山东为官多年，对于山东这一义和拳发源地的民情风俗非常熟悉，对于山东当地民教斗争和民众受传教士和教民欺压的情况也了如指掌。他是一位深入民众的地方官，非常同情民众的处境。因此，对于民教斗争，他一直主张持平办理；对拳民抗洋，他也抱同情态度。正因为如此，其在山东持平办理教案时遭德国构陷，清政府迫于德国压力最终将其贬黜。他当时所上有关义和团的奏折等，大多为向朝廷汇报民教斗争的情况、教民对民众的欺压，传教士的飞扬跋扈等等。他所做的，就是希望朝廷能一意主战，以武力来消除列强的觊觎之心、杜绝其在中国的为所欲为。所以，与其说李秉衡相信拳民拳术的威力，倒不如说是拳民趋战之心迎合了他的抵抗心态。而他迎合拳民的拳术也是为了实现抗击列强的目的。二者为了共同的目的，通过不同的方式走到了一起，最终以同样的形式表现出来。这无疑就是李秉衡抚团抗洋的本质。

关于于荫霖，很少有直接的资料能证明其主张纵容义和团，但从其思

① 胡思敬：《驴背集》卷2，第139页。

② 恽毓鼎撰：《清光绪帝外传》，第23页。

③ 罗惇曧：《庚子国变记》，第13页。

想的守旧和其一贯的政治表现来看，其无疑也是抚团抗敌意见的支持者。如庚子事变后，“士大夫鉴于一时之祸争谓旧学敝窳，非步趋泰西新法不足以致富强”，但是，于荫霖“独立言救时之计在于正人心辨学术，若用夷变夏，恐异日之忧愈不可测度”。[①] 其守旧程度可见一斑。虽然他也如李秉衡一样曾名列江南巡抚联名所上反对抚团抗洋的奏折，但很可能与李秉衡一样，也是被拉上而列名的，其真正的想法却是要借助义和团以抗击西方列强。有一则材料可以证明：在义和团运动汹涌而起而列强也已准备开战之际，他向朝廷上了一奏折，内容如下：

> 闻近畿一带拳教相仇，洋兵藉端入都，各国兵舰停泊大沽，情形紧急。查有前四川总督李秉衡，服官直隶、山东，深洽两省民心，大学士荣禄尝称其公忠，宋庆、董福祥等均甚推服。巡阅长江事尚可缓，应先其所急。……恳请……速召李秉衡入都，畀以帮办武卫军事权，相机办理，必于大局有补。……李秉衡在直隶服官最久，民情最为爱戴，易于信从。臣又深知其忠爱性生，不计一身利害，智深勇(沉)，老成持重，决非孟浪从事、轻于一掷者比。若使身任其事，无论应剿应抚，即捍御强邻大敌，定能相度机宜，妥为筹划……[②]

李秉衡一向与于荫霖私交甚好，志同道合。早在甲午战争期间，李秉衡就曾上书军机大臣李鸿藻，私下举荐于荫霖，称其能实心任事，劳怨不辞。可见二人互相援引，思想立场之一致。从以上材料可以看出，于荫霖很信任李秉衡，其观点和李秉衡也有很多相同之处。其此次奏请朝廷招李秉衡回京，目的无非是想通过李秉衡来加强朝廷抗洋的决心。而事实上，李秉衡也做到了。而且，从当年《德国外交档案》中一份备忘录可以发现，于荫霖当时的排外是为德国政府所知晓和忌讳的，他也因此成为德国政府的眼中钉。列强攻占北京与清廷议和之际，提交了一分名单，要求惩处那些支持端王载漪、支持义和团、排斥外国人的清朝中央和地方官员。其中罗列了义和团运动时期湖北的情况，提出要求惩处湖北省官员黄嗣

① 柯劭忞：《于中丞奏议序》，《悚斋遗书》。
② 故宫博物院明清档案馆编：《义和团档案史料》上册，中华书局1979年版，第152页。

东，谓其支持于荫霖进攻了汉口的外国人。[①] 此则材料无疑能从侧面彰显出于荫霖对列强的态度，也由此可见其附和义和团是为了抵抗列强的侵略。

至于于荫霖是否相信义和团的神术，并没有确切的资料记载。但不管其是否相信神术，抚团在他们看来乃大势所趋、人心所向。

徐桐、启秀的思想基本一致。据载，"启秀以翰林至尚书，自附于理学，大学士徐桐深喜之"。戊戌政变后，慈禧太后对徐桐优礼有加，"以过老，不令入枢府。有大事，则谘之而已"。于是，"桐荐启秀入枢廷。时刚毅方贵用事。启秀遂附于刚毅"。[②] 可见，启秀的为人，徐桐是非常满意的。光绪二十一年（1895）会试中，徐桐为主考官，启秀为副，他们的会试录序文（于前文中已论述）也可以看出二者思想的相通之处。"庚子五月间修撰骆成秉典贵州试，谒启秀辞。启秀谓之曰，俟尔还京时，都中无洋人迹矣"[③]。义和团起，徐桐大喜，谓"中国当自此强矣"。[④] 可见他们当时已经有了对列强开战、与之决战的决心和必胜的信念。

曾廉"戊戌上疏，请斩康有为，徐桐见疏大悦，延至私第以宾礼待之，为窜名会点馆，修书叙劳，保至知府"。[⑤] 也许曾廉此举乃出于声援徐桐以得到徐桐青睐的目的，但由徐桐的反应可见此言深得徐桐赞许，二者之同声相应可见一斑。无疑，从曾廉话语中也可窥见徐桐部分思想。而下文曾廉对邪教的不信任，应该也能在一定程度上反映出同样深受程朱理学熏陶的徐桐对神怪的态度。

曾廉不相信"拳民"有所谓神术，其曾谓："自古及今，天下之祸，莫大于邪说"，"古之邪说讲虚寂假神怪以欺世"[⑥]。曾廉的好友王龙文也谓："自古乞灵于鬼神以兴师旅、捍寇贼者未有不自亡其身，而国威亦遂以不振""听命于鬼神以厄宗社，以祸生民。"[⑦] 从该言可以判断，曾廉、王龙文都不相信神怪等邪说。而且，在义和团运动时期，曾廉、王龙文联

---

① 孔祥吉：《德国档案中有关义和团的新鲜史料》，《清史研究》2000 年第 4 期。

② 《清朝野史大观》卷 4，上海书店出版社 1981 年版，第 144 页。

③ 《清朝野史大观》卷 4，第 145 页。

④ 《豫师》，《清史稿》卷 465，第 42 册，第 12750 页。

⑤ 胡思敬：《驴背集》卷 1，第 115 页。

⑥ 曾廉：《蠡庵集》卷十三，第 19 页。

⑦ 王龙文：《平养文待》卷五，第 10 页。

名上疏之际其实并没寄希望于通过神怪来消灭侵略者。据载，当时“候补知府曾廉、翰林院编修王龙文，献三策”，“攻交民巷，尽杀使臣，上策也；废旧约，令夷人就我范围，中策也；若始战终和，与含璧舆榇何异？则下策矣。”[①] 由此三策可见其并没有相信义和拳刀枪不入的神话。而他们明明不相信义和团的神术却并没有反驳这种谣言、指出朝廷在盲目“迷信”义和团，其中有何深意呢？

曾廉、王龙文等人对于社稷、宗社具有强烈的使命感和深切的忧怀之心，如果他们认为徐桐、刚毅等大臣正被拳术迷惑而分不清真实情况的话，一定会勇于直言、奋起直谏。而且，他们与徐桐、崇绮等人关系一向不错。曾廉为徐桐所亲，且追随李秉衡抗敌；王龙文也很受徐桐等人器重，徐桐、崇绮等人曾经对其寄予厚望，以至于其在他们死后多年仍念念不忘他们的恩情而欲以追随“先烈”以卫护正道，“每念二三耆旧当日许之厚，赫然不敢以自安”[②]。既然如此，曾廉、王龙文对于徐桐、崇绮等几个与之交情颇深也十分敬重的当轴大臣应该会毫无保留地说出自己的意见。但王龙文鉴于历史教训，曾谓“会稽王道子之讨桓玄，无他谋略，唯日祷蒋子文庙，卒鸩于玄，为世大谬”，乃盲目相信鬼神之“殷鉴”，“仆虽无识，不习兵，窃尝借鉴于此举以戒人矣。”[③] 可知其根本不信拳民的神术。然而，他们非但没有竭尽全力劝诫徐桐等人，却在旁边为其出谋划策、摇旗呐喊、声援助威。由此不难判断，当时他们其实深知徐桐等人的想法，立场也是一致，或者说至少他们知晓徐桐等人利用拳民一致对外的真实意图。他们的目的都是希望借此手段让慈禧太后“早定大计，以应人心”[④]，将侵略者赶出国门。因此，不管是什么理由、什么依据、什么手段，只要是具备消灭侵略者这个共同的目的，其他一切都可搁置不论。这无疑乃守旧派面对蜂拥而起拳民运动的真实心态。

义和团运动时期，清廷的诏书、文告多出自启秀、连文冲之手，庚子（1900）五月他们起草的清廷向列强的宣战诏书很能体现守旧派的思想。

---

① 李希圣：《庚子国变记》，《义和团》（1），第15页。

② 王龙文：《平养文待》卷十一，第6页。

③ 王龙文：《平养文待》卷五，第10页。

④ 李希圣：《庚子国变记》，《义和团》（1），第15页。

其文如下：

> 我朝二百数十年，深仁厚泽，凡远人来中国者，列祖列宗，罔不待以怀柔。迨道光、咸丰年间，俯准彼等互市；并乞在我国传教，朝廷以其劝人为善，勉允所请。初亦就范围，遵我约束。讵三十年来，恃我国仁厚，一意拊循，彼乃益肆枭张，欺凌我国家，侵犯我土地，蹂躏我民人，勒索我财物。朝廷稍加迁就，彼等负其凶横，日甚一日，无所不至，小则欺压平民，大则侮慢神圣。我国赤子仇怒郁结，人人欲得而甘心，此义勇焚毁教堂、屠杀教民所由来也。朝廷仍不肯开衅，如前保护者，恐伤我人民耳。故一再降旨申禁，保卫使馆，加恤教民。故前日有拳民教民皆我赤子之谕，原为民教解释宿嫌。朝廷柔服远人，至矣尽矣！乃彼等不知感激，反肆要挟。……彼自称教化之国，乃无礼横行，专恃兵坚器利，自取决裂如此乎？……与其苟且图存，贻羞万古，孰若大张挞伐，一决雌雄。彼仗诈谋，我恃天理；彼凭悍力，我恃人心。无论我国忠信甲胄，礼仪干橹，人人敢死；即土地广有二十余省，人民多至四百余兆，何难剪彼凶焰，张国之威！……①

该宣言逐一回顾清廷被列强步步进逼的历史事实，对在此之前清廷并没打算与列强决裂而屡次谕令保护使馆和传教士的叙述也基本属实，并无不羁之论。也由此可见，守旧派此时利用义和团以抗敌事出有因。而其中，最为关键的就是列强的欲壑难填、步步进逼让其再也不能忍受了。

尽管守旧派不一定相信拳民的神术，但是，当时那种国家颓弱疲敝的被动局势，令有心抗敌而又无力杀贼的他们懊恼不已。他们急于寻求一种能克敌制胜的有效方法。义和团运动适时而发，无疑让他们看到了希望的曙光、找到了抗敌的方向。宋玉卿所编之《戊壬录》记载了载漪等王公对于列强干涉的憎恨情绪，和幻想通过超人力的力量来对付列强的想法。这无疑可以导引那些同样痛恨列强的大臣们利用载漪等人此种心理，将义和团刀枪不入的神话演绎到现实社会中来，以敦促朝廷早下决心与洋人决战到底。如资料所载：

① 《义和团档案史料》上册，第162—163页。

载漪为立大阿哥事仇恨外人也，几于不共戴天之势。凡有满汉官员之谒见载漪者，载漪辄谓之曰：“予见中国说部中恒有剑仙、侠客，何至今寂寂无闻?”谒者叩之曰：“汝欲剑仙、侠客何用?”答曰：“吾欲用其力以杀尽外国人。”谒者乃笑谓之曰：“世无剑仙、侠客久矣，汝将安所求？即求而获之，只杀一二人，安能将外国人杀尽之耶？汝欲杀尽外国人，不必求诸剑仙、侠客也，但求诸义和团可耳。”①

结合下面材料进行分析，就不难看出徐桐等守旧派是怎样利用载漪这种试图寻求超人力力量对付外国侵略者的心理，从而使之相信义和拳神术的。

先是一老人谒载漪，自言有禁方，载漪视其书绝诞，谢之，老人辞去，曰：“异日事急，请东向呼者三，当至。”……载漪置酒，召徐桐、崇绮而告之，桐、绮皆曰：“此殆天所以灭夷也!”呼之则老人已在门，一座大惊。遂入言之太后，太后幸颐和园，试其方尽验。②

自此，徐桐、崇绮等人的用意昭然若揭。他们迎合载漪这种寻求神力驱赶列强的想法，利用和扶植端王载漪，欲借其力敦促慈禧太后早定决策驱逐列强。利用迷信、神话以鼓动最高统治者抗击列强的决心，无疑是对于列强侵略无可奈何的中国人寻求应敌之道的急切心理表现，也能迎合当时整个守旧派的心理需要。贝勒载濂所上之折能反映载漪等王公大臣的思想。其折曰：

查拳民能避火器，虽无确据，其勇猛之气，不顾生死，实为敌人所惮。不扰良善，则系众口一词。惟漫无纪律，以致奸民乘势扰乱。倘饬统兵大员忠信素孚如董福祥者，妥为招抚，练为前队，可以资敌忾而壮军声。就大势言之，拳民宜善抚，不宜遽剿。洋人总宜力拒，不可姑容。剿拳民则失众心，拒洋人则坚众志。人心之所同，即天心之所系，转移之机，即在于此。伏祈宸衷立断，以快人心。③

① 恽毓鼎撰：《清光绪帝外传》，第173页。
② 李希圣：《庚子国变记》，《义和团》(1)，第19页。
③ 《义和团档案史料》上册，第146页。

这又一次证明，在守旧派官僚看来，拳民是否有神术并不重要，有无可供利用的勇猛之气，才是国家存亡的根本之所在。所以，在“天赐良机”突然出现的时候，他们必然走向抚团杀敌之途。

因此，当翰林院侍读学士刘永亨向慈禧太后奏请将义和团当成乱民加以驱逐之时，端王载漪闻说此言厉声道：“好，此即失人心第一法。”[①] 在慈禧太后召见大学士、六部、九卿的御前会议上，慈禧太后问询各大臣意见，光绪帝道：“我国积弱至此，兵不足战，用乱民以侥幸求胜，庸足恃乎?”载漪道：“义民摅忠愤以卫国家，不因而用之以雪国耻，乃目为乱民而诛之，人心一失，将何以为国?”[②] 而朱祖谋请毋攻使馆，曾廉闻之，则谓“祖谋沮大计，可斩也”。“御史蒋式芬及彭清藜、吴国镛亦请斩李鸿章、张之洞、刘坤一”。[③] 可见，载漪等守旧派在竭尽全力鼓动慈禧太后下定决心与列强开战，一切阻碍他们大计的言行都将成为其攻击的对象，甚至不惜置人于死地。因此就有徐用仪、许景澄等五大臣之惨死，而且还被守旧派认为“是死且有余辜”。[④] 徐桐曾谓“不可失者势也，不可挫者气也。势顺而气锐，奋寡可以服众，励弱可以屈强”[⑤]。可知，“人心所趋”的形势和托词，为守旧派长久以来积累的抗敌情绪找到了一个发泄的突破口，抚团成为了他们的必然抉择。

因此，尽管不一定相信“拳民”有所谓的神术，但正是对义和团“人心可用”的迷信主导了守旧派的思想。守旧派一直盼望有机会与洋人决一死战，将其赶出中国。在这种心理的支配下，义和团的出现，无疑让他们觉得此乃天意之所在。而在当时又没有其他力量可依仗使抵抗列强的想法得以实现，那么，他们唯一可倚恃的也只有义和团了。对义和团民心的迷信，使守旧派难以看清敌我之间的力量对比，难以冷静权衡决策之后果，他们一意孤行、头脑发热，做出了与多国同时作战的决策。

综上所述，清末守旧派抚团政策的出台，是他们利用“拳民”人心趋战而使苦闷、压抑的情绪得到释放以扬眉吐气心态的表露。抗击列强是守

① 恽毓鼎撰：《清光绪帝外传》，第 16 页。

② 宋玉卿编：《戊壬录》，恽毓鼎撰：《清光绪帝外传》，第 184 页。

③ 李希圣：《庚子国变记》，《义和团》（1），第 17 页。

④ 《豫师》，《清史稿》卷 465，第 42 册，第 12750 页。

⑤ 《徐桐代奏折》，光绪二十六年六月初七日，《录副奏折》第 631 卷，第 2208 号胶卷。

旧派共同的目的，而义和团的兴起，正好为他们抗洋举措的出台提供了的契机，他们顺势将义和团蓬勃发展的势头推波助澜终致不可收拾。可以说，守旧派内心最关心的是如何将侵略者赶出国门，甚至可以不择手段、不计成本、不论输赢。他们对拳民神术的鼓吹和推崇，无非是想利用迷信来蛊惑人心，从而鼓荡起全民抵抗列强的狂热情绪，以达到集中民众意志抗击列强的目的。从政治学来说，这无疑就是一种政治宗教。归根结底，利用义和团的迷信以抗洋，反映出守旧官僚抗击外侮的焦虑与急迫之情，凸显出他们找不到御敌良方时病急乱投医的心态。传统儒学遭遇西方文化大规模入侵，在缺乏救时良方和应对策略之际，如同抓住了救命稻草般，将原本与儒学格格不入的“邪教”也搬了出来，反映出封建王朝没落之际儒学的惊慌失措。

第二节　传统与现实支配的结果：守旧思想形成的历史原因

清末守旧派，乃举国上下各级守旧阶层的典型代表，他们以封建政权内强大的守旧势力为坚强后盾，集中展示着守旧阶层的整体思想动态和价值趋向。与身后队伍庞大的守旧阶层不同，清末守旧派居于清王朝封建政权前台，拥有着运用权力、身份、地位表达其政治文化旨趣的优势，从而也给近代社会发展带来了各种障碍。要厘清清末守旧派社会影响缘何如此恶劣，需深入挖掘阵容强大的守旧阶层思想形成的原因。中国近代守旧思想的形成是多种历史因素共同作用的结果，具有多元化与复杂化的倾向。探讨在经历了洋务运动和维新运动开一时之风气之后的世纪之交的清朝末年，清朝中央政府统治集团内依然如此守旧与盲目的原因，显然具有十分重要的历史意义，有助于更好地分析、理解与继承中国传统文化。综合清末守旧派的表现及其思想，笔者认为，他们守旧，主要源于以下几方面原因：

一、社会基础

中国近代各历史阶段，守旧思想体系严密，根基牢固，紧紧盘踞于守旧派头脑中、控制守旧派的言行、阻碍中国近代社会的发展。最根本的原因，无疑是守旧派和守旧思想赖以存在的社会基础没有改变。

自给自足农耕经济、儒家思想占统治地位的封建中国，近代以来横遭西方列强入侵，在政治、经济、思想、文化、社会等各个领域都开始激烈转型。伴随着洋务运动开展、民族资本主义兴起和列强对中国的商品输出和资本输出，国内资本主义经济成分呈不断增长的态势。但总体来说，近代中国资本主义经济依然十分薄弱，占社会主导地位的生产方式依然是自给自足的小农经济。有学者估计，在1920年左右，我国的农业生产总值约为165.2亿元，工矿业的总产值约为53.83亿元，共219.03亿元。如将农业中的资本主义生产略去，近代工业的总产值约10.66亿元，只占当时工农业总产值的4.87%。也就是说，到20世纪20年代初，中国民族资本主义发展的水平还只有5%左右。[①] 由此可见，晚清的社会经济依然是自给自足的小农经济占绝对统治地位。封建守旧派正是根植于这种小农经济基础上的社会阶层。与他们相区别的是在封建地主阶级阵营中分化出来的建立在官僚资本基础上的洋务派和建立在民族资本主义经济基础之上的维新派。毫无疑问，代表着陈旧生产关系的封建守旧派，徜徉在封建思想的世界里尽情舔舐着封建文化的雨露，并不想抬头张望其他世界的光芒，故终归难以冲破封建思想的牢笼。因此，他们站在洋务派与维新派的对立面，排斥开新举措，不断地加以讨伐和批判。正如王尔敏所指出的，维护固有的癖好与习惯，是人本来就有的天性，而这种习惯表现在中国古代到近代这种农业社会之中，则更加突出。他说："习惯癖好，安于固守，乃人类本性之一面，则在中国农业社会，历代之施教，世风之熏习，均特别发展墨守固旧习尚，往往加深而成不可解释之惰性。"[②]

无疑，守旧派之守旧，与其自身所处的经济地位、所依附的经济关系有着很大关联。在经济基础没有彻底改变前，封建的守旧派不会消失，封建的守旧思想也还会有生存的土壤和依附的空间。

---

① 吴承明：《中国资本主义的发展述略》，《中华学术论文集》，中华书局1981年版，第333页。

② 王尔敏：《中国近代社会思想史论》，社会科学文献出版社2003年版，第145页。

二、历史文化渊源

文化，乃人类实践生活的总结，也为人们生活观念的表达和精神风貌的体现，其非一朝一夕形成，乃长期历史积淀的结果。浸润于特定文化环境中的人于潜移默化中形成了一套自己的思维方式和价值判断体系。正因如此，当受到外来文化影响的时候，人们很容易倾向于固守已有的社会秩序、生活方式和文化观念。这种文化的认同已于无形中内化成为一种与生俱来的文化性格、文化心理。德国社会理论家卡尔·曼海姆认为这是一种自然的保守心态也即天然的守旧思想，是人与生俱来的、厌恶变化的心理倾向，它依恋旧的生活方式，不愿接受新发明。这种天然的守旧思想“是一种比任何种类的革新主义、比任何刻意的创新尝试更为古老的行为模式”①。这种保守思想根源于人天性中根深蒂固的对于未知和陌生事物的怀疑，对习惯和熟悉事物的依赖，以及对经验而不是理论的倚重。

中国，一个拥有几千年历史的文明古国，众所周知，具有深厚的文化底蕴和厚重的历史传统。在此过程中，中国人已经形成了一套自己的思维方式和价值观念。在这种厚重的历史文化传统影响下，人们通常习惯于用传统的思维方式来思考问题，用传统的经验去解读和解决问题，甚至习惯于固有的生活方式、社会制度和价值标准。而鸦片战争之后突然闯入国门的西方文化，与中国传统文化截然不同，其思维方式、价值观念也大相径庭。因此，中西两个不同质的文化体系一经接触就碰撞出了激烈的火花，冲突由此不可避免。而深受中国传统文化影响、对外界知之甚少的国人，因一直都生活于传统的文化体系中，“一旦置身不同格局，遂觉坐卧不宁。盖人类共通之文化习性，于中国尤见强烈。近世风俗嬗变，制度衣冠，乃其显而易见者，实则至细如语言文字，亦日新月异。依固有习惯衡之，乃视为佶屈聱牙，不堪入耳。”② 由此，不难发现，高举传统文化大旗的清末守旧派，坚持守旧、排外，试图阻止中国社会朝着近代化方向迈进，是传统的巨大惯性使然，是深厚历史文化积淀作用的必然结果。概括来说，传

① ［德国］卡尔·曼海姆著，李朝辉、牟建君译：《保守主义》，译林出版社 2002 年版，第 56 页。

② 王尔敏：《中国近代社会思想史论》，第 145 页。

统思想对守旧派的束缚主要有以下几个方面：

（一）孝道与祖制的结合对改变祖宗成法行为的制约

在中国传统文化中，“忠”与“孝”是一个有机整体不能分割。在君主专制体制下，君主拥有无上的权威，其旨意绝对不能违背，效忠君主乃为人臣者之职责。家庭是社会的细胞。在封建宗法制社会，对君主的绝对效忠与服从，延伸到家庭，必然是对封建家长毫无条件地遵从。在封建家长制下，百善孝为先，“孝”是判断一个家庭成员是否合格的主要标准。而孝的一个体现就是看能否严格遵照和服从家长的旨意，凡是违背家长旨意的行为都会被认为是不孝之举。因而，在传统的中国社会，“忠”与“孝”无形之中被捆绑在了一起，成为规范社会成员行为的准绳，也因此形成了中国传统文化中根深蒂固的泛孝主义倾向。在这种泛孝主义观念的支配下，后辈对于先辈的规定必须严格遵照执行而不能有丝毫懈怠和违背。然而，先辈的行为与言论自有其特定的社会背景，后辈也必然面临一些不同于过往的新环境和新问题。如果忽视变化了的客观形势一味要求遵循先辈训令，无疑将禁锢后人的思想、阻碍时代的发展、创新与进步，后辈沦为先辈的传声筒，故步自封在所难免。不难发现，中国传统文化中这种泛孝主义倾向，是守旧派心中难以逾越的鸿沟。而归根结底，他们这种孝顺是以不违背祖制为依据的，祖制的权威被提升到了无限的高度。

虽然帝王作为一国之君，位居万人之上，拥有九五之尊，被视为真命天子，但儒家文化所倡导的这种孝道、所强调的祖制，毫无例外地制约着帝王的行为，约束其举措，时刻提醒其不能有违祖制。而且，帝王的特殊身份赋予了他们需遵循的孝道比寻常人具有更多、更复杂的内容。帝王治理国家大事，必须严格遵循前代帝王的治国原则和成法，否则就可能遭受臣子质疑。于是，每当帝王举措开新，守旧派就会试图用祖宗成法阻止这种变革行为发生，力图将社会的发展固定在祖宗早已框定的范畴当中。如19世纪末年，清政府守旧派面对海禁大开后的开新局面十分惊慌，特别是对于光绪帝支持康、梁变法，意图变革祖制的行为非常惶恐与痛恨。个中原因，除了牵涉到该派别的政治利益外，毫无疑问，泛孝主义倾向也在趁机作祟。如戊戌变法时议仿照日本改变服制，王龙文对此痛心疾首，高声疾呼，谓：“惟圣人为能享帝，惟孝子为能享亲，建一策而使列祖不安于寝庙，陛下无以承宗祀。”① 其认为改变传统会使九泉之下的列祖列宗不得安宁，乃大不孝的表现，如此不孝之主自然不能秉承宗祀，甚至连到祖宗牌位前祭祀都不够格。可见，守旧派将祖制看成为高悬于头顶的神灯，试图以此来照亮他们未来的道路，殊不知，在不同质的时空隧道里，神灯，也会失去其原有的光芒。

“前事不忘，后事之师”。历代经验无疑值得后世效法和借鉴，治国理政更是如此。改革过程中多思量过往的经验教训，对社会变革举措的推行保持审慎的态度而不是仅凭一时热情和盲目冲动，对于社会的稳定与变革的有序开展不无裨益。但是，如果一味强调用祖宗成法来规范国家治理，事事都须严格按照祖宗成法来执行，并用这种泛孝主义倾向作为衡量是非曲直的标准，将是否遵守祖制与是否孝顺捆绑在一起，无疑不利于国家的发展与社会进步。正如王尔敏所说：“以孝治天下，自以为趋孝道而仪范万民，用为施治之准绳。其不背祖宗，乃至大至显之行为，泛滥其义，遂并祖宗一切，不敢稍移。孝行本为人伦之正道，然施之于繁琐政事，实难适应其变幻万端，与诡谲世局。国人沿二千年来传统，用以维系社会风教，盖屡见其效益。推之为政治理想，当亦不失为崇高原则。若事之为施政准则，自不免迂阔自缚。其于外交军事，尤难以施得当。且古之所谓大孝尊亲，尊亲乃宏扬先人业绩，若一成不变，只在鹄守，又何足以符孝道。”②

（二）“夷夏之辨”观念对开新举措的限制

“夷夏之辨”的出台，本质上就是为了维护封建的等级制度和纲常名教下的政治、文化秩序。因此，任何与封建政治文化秩序和观念相违背的思想、相冲突的言行，都会遭到奉守“夷夏之辨”的封建守旧派不遗余力地反对和批驳。他们害怕这些言行和思想会导致人心蜕化，变而从“夷”，最终跌入“以夷变夏”的万丈深渊。因此，当西方文化作为一种异质文化伴随着侵略者的铁蹄开始向国内渗透的时候，守旧派非常敏锐地觉察到这

① 以上均自王龙文：《平养堂疏稿》，第6—9页。

② 王尔敏：《中国近代社会思想史论》，第144页。

种文化与中国传统文化体系有所不同。列强的侵略让守旧派将西方文化比拟成中国古代法家的霸道政治，而西方的平等、民权观念被守旧派视为墨家的“无父无君”，西方诸多重利举措也被守旧派斥为见利忘义的行径，与重义轻利的传统不符。因而，面对这个与传统儒家文化截然不同的思想文化体系，守旧派搬出“夷夏之辨”的盾牌，试图以此抵制西方文化对中国传统文化的侵袭与渗透。在这种严“夷夏之辨”观念的支配下，守旧派对西方文化秉持怀疑、否定和批判的态度，拒斥西方新思想，认为其有违圣人之道，搅乱了封建统治上下尊卑的等级秩序和封建道统，是缺乏教化的“夷狄”之道。在这种偏见主导下，他们拒绝了解西方，否定西方国家的长处，排斥任何向西方学习的举措。无疑，这种“夷夏之辨”观念的束缚，严重阻碍了守旧派对于西方文化的正确认识和主动吸收，甚至“自蹈固陋，甘自抱残守缺”①。

在中国古代历史上，“夷夏之辨”曾经发挥过积极作用，它对于团结人心，加强民族凝聚力有过一定功绩。特别是在国家民族面临巨大危害和异己势力入侵之时，它在有效团结本民族成员共同对抗外来侵略、保持本民族文化特色、防止民族文化沦亡等方面无疑具有非常重要的意义。因此，在中华民族几千年的历史长河中，“夷夏之辨”对于中国传统文化的维持和延续功不可没。

但与此同时，“夷夏之辨”又是一柄双刃剑。剑的一边是民族凝聚力，能团结民众共同抗敌、阻止外敌入侵；而剑的另一边，却高扬着文化自卫心态，在国力虚弱时，排斥外来文化、阻碍与外来文化的融合。这种文化自卫心态，片面抬高自己文化的优越性，贬低外来文化，甚至攻击外来文化为劣质文化，拒绝向其他国家和民族学习。由此，文化保守主义开始悄然发酵。当民族危机来临之时，人们头脑中根深蒂固的传统观念和文化优越感被不断强化，成为阻碍本民族吸取其他民族文化的绊脚石。

因此，在晚清那种特殊的社会环境和时代背景下，清政府在与西方列强的交锋与较量中节节败退，中国传统文化遭遇西方文化冲击时明显处于劣势，学习西方文化以更新与丰富中国传统文化无疑是正确的抉择与时代

① 王尔敏：《中国近代社会思想史论》，第 144 页。

的必然要求，也是为传统文化增添新鲜血液的明智之举。在这种时代背景中一味固守“夷夏之辨”，则明显有悖历史发展潮流，也必然成为阻碍历史前行的羁绊。无疑，只有真正懂得如何继承和开新，才能在保持自己民族文化特色的同时，吸收其他国家和民族的文化营养以丰富和发展自身，也才能真正保守自己的民族文化传统。

三、社会现实因素的作用

鸦片战争后，清政府闭关锁国的大门被轰开，西学东渐，西方列强频繁入侵，民族危机日趋严重，社会阶层急遽分化，洋务派、维新派等新的阶级、阶层脱颖而出，传统社会前所未见、前所未有的全新政治文化派别纷纷崭露头角，与社会局势相吞吐，与守旧派狭路相逢。剧烈震荡的社会现实、频繁出现的思想流派和社会阶层，不断在守旧派原本一潭死水的思想世界里激起惊涛骇浪。理想与现实的冲突、个人前途命运与国家发展方向的冲突，权力、欲望与学术思想的冲突，杂糅于其脑海中，其思想的复杂性可想而知。他们对列强抱有强烈的仇恨情绪，反对列强在中国的渗透，试图将其驱逐出中国，恢复国门洞开之前“闭关自守”的局面；他们识见短浅，拒绝了解西方、学习西方，倾向于选择不与西方人直接接触、交往的职位，这又进一步阻碍了他们对西方世界的了解和认识，将自己堆砌成了近代飞速发展社会潮流中的暗礁险滩，顽固阻挡近代社会的前行；他们害怕开新政治派别在国家政治生活中占据主导地位从而影响到其政治权益及其赖以生存的儒家信仰、社会秩序，故处心积虑地防患洋务派与维新派政治地位的提升，企图将洋务运动控制在自己能掌控的范围内，将维新派消灭于无形。多种现实原因的激荡与交融，使守旧派守旧与排外的思想被不断强化。

（一）列强侵略引起的仇恨情绪

守旧与排外乃近代中国守旧派肌体上的两颗毒瘤，自守旧派产生伊始便开始分泌毒素，随着列强对中国侵略的加剧和国内开新政治派别学习西方举措的进行，毒素分泌越来越多，甚至左右朝局走向。全身浸透了守旧排外毒液的守旧派，与义和团的盲目排外搅和在一起，终于导致19世纪末年政局的糜烂不堪。如果说守旧与排外毒瘤乃守旧派先天生养，是中国传统社会细胞分裂产生复制错误形成的病变，那么，毒瘤的发作，则毫无疑问由西方列强凭借武力和炮弹优势在中国肆无忌惮施展侵略图谋直接引发。列强侵略中国，干涉中国内政，通过传教对中国进行思想渗透，“培养帝国主义的叛徒”，并纵容教徒扰乱乡里，压迫普通民众。这些，无疑是中国人民族仇恨爆发的总根源，是守旧派守旧与排外毒瘤恶化的外源因素。

列强对近代中国的侵略严重伤害了中国人民的感情。与普通民众不同的是，守旧派能利用他们手头的权力及其在朝政中的影响，将对列强侵略的仇恨付诸国家政治生活实践中。被仇恨情绪包裹的守旧派，基于阶级与识见的局限性，往往不能清楚区分西方列强的侵略和西方文明。于是，他们在痛恨列强的同时，往往将西方文明一并加以拒斥。他们拒绝接受伴随列强侵略而来的西方文明，认为是野蛮与落后的象征。因此，在西方社会日新月异飞速发展之际，清政府守旧派们却在故步自封、踌躇不前。他们始终不能正确对待西方文化，并将矛头对准开新之士，阻止其学习西方的步伐。虽然时势的发展迫使守旧派在一定程度上收敛了仇恨情绪，允许开新派别引进某些西方先进器物和技术，但却无法改变和消弭深藏于他们心底的民族仇恨，他们看待西方文明和西方事务的态度由此也被牵引。

对侵略者的仇恨，往往源于一个血性民族应有的担当。但是，仇恨的情绪不能放任自流、任其泛滥，必须通过理性的约束，才能导引国家朝正确的方向发展。然而，遗憾的是，对列强饱含仇恨的清末守旧派，任由仇恨情绪支配其国家发展的决策过程。他们头脑发热般地，欲仅凭一腔热血就将列强扫地出门。他们并不能正确认识中外局势走向，也无法权衡中外之间的力量，只是试图在列强侵略面前盲目发泄其民族仇恨，结果可想而知。无疑，他们在以爱国的名义公然倒行逆施，结果必然是误国、误民、误己。

（二）个人社会经历与视野的限制

一个人的人生经历是其思想构成的重要组成部分，见多识广之人思维比较开阔，视野较为宽广，开新而不守旧；故步自封之人往往固执己见，不思改变，无意变通。中国近代守旧派守旧、排外的思想和立场无疑与其生活的社会环境和人生经历息息相关。

“排外主义产生于绝对的文化优越感。它特有的表现方式是蔑视一切，在实质上反对一切形式的西方影响。”① 正是那种浸入骨髓般难以消融的文化优越感驱使清末守旧派固守传统和排斥西方文化。自清前期开始奉行闭关锁国政策的清王朝，与国门之外的西方国家接触和交流甚少，导致处于九五之尊的皇帝与身处庙堂之高的臣子们对外部世界几乎一无所知。晚清，西方列强的坚船利炮给中国人轰开了一个接触西方的窗口，同时也给中华民族带来了巨大的灾难和痛苦。国家，在侵略者铁蹄的践踏下体无完肤，在列强咄咄逼人的攻势前节节败退。高扬着民族优越感的守旧派，面对列强环伺的局面，“谈及洋人则嫉之如雠，与洋人交涉则畏之如虎”②。天朝上国至善至美的观念、高扬的民族优越感和对列强侵略的仇恨情绪自一开始便萦绕在守旧派心头，构筑成拒斥西方的顽强堡垒，限制其深入了解西方的步伐。不能正确了解和认识西方文化，铸就了其天朝至上观念的牢不可破、坚不可摧。因此，“他们既不懂得西方传入的新文化，也不肯认真研讨中国的固有文化，在这两方面他们均没有提出任何建设性的见解。他们只能扮演愚昧迷信的角色，终日诵经念咒。”③ 对此，当时的西方人看得十分真切，他们认为，“十八世纪以来清帝国的文化政策所扶掖的天朝至上论，由天朝迭败于西夷所引出的屈辱感，已硬化成一种畸形的文化保守主义，并凝成憎恶西方一切事物的排外情结。”④

与军事堡垒不同，思想文化堡垒具有更强的稳定性和恒久性，不仅摧毁它需要更长时间，还应以潜移默化、润物细无声般的文化渗透才有可能奏效。钟叔和先生说：“长期封闭的社会使得人们对外部世界极度无知，而无知造成的偏见和固执又加深了敌视一切新事物的病态心理，给无知穿戴了一套理直气壮的冠服，以致士大夫讳谈外国，固步自封到了愚昧可笑的程度。”⑤ 因为疾洋人如仇，守旧派打心底里不愿与洋人接触，这无疑阻

① ［美］苛文著，雷颐、罗俭秋译：《王韬与晚清改革——在传统与现代性之间》，第148页。
② 梁启超：《戊戌政变记》，《戊戌变法》（1），第299页。
③ 丁伟志、陈崧：《中西体用之间》，第239页。
④ 《万国公报文选》，三联书店1998年版，第22页。
⑤ 钟叔河：《从东方到西方》，走向世界丛书叙论集，上海人民出版社1989年版，第18页。

隔了中西方之间的交流；而又由于传统“夷夏观”和民族优越感的影响，守旧派觉得与洋人打交道乃有损颜面之事，更为中西方之间的交流与互动设置了屏障。可悲的是，这种观念在中国近代史上占有很大市场，影响久远：

如英法联军攻进北京，咸丰皇帝仓皇逃往承德，派恭亲王奕䜣与列强交涉。家国沦亡之际的咸丰皇帝，没有过多国破家亡的危机感，却对“此次夷务步步不得手，致令夷酋面见朕弟（指恭亲王奕䜣），已属不成事体”① 耿耿于怀，对于列强提出的公使驻京要求更是坚决拒绝，比让其割地赔款还难过。居于国家掌舵位置的皇帝，见识如此之低，国家在对外交涉中又焉能立于主动而不败？很显然，在晚清转型时期社会变革阶段，咸丰皇帝并不能审时度势为国家发展做出最好抉择。咸丰皇帝身后是不计其数的大臣、官员。遗憾的是，深受儒家文化熏染的文武百官及封建士大夫们有着与咸丰帝同样自高自大的民族文化心理，他们怀揣着天朝上国的成见，傲视来自西方的“野蛮落后”国家。《清流党之外交观》一文对于同、光之际的士大夫识见和守旧现象剖析得颇为透彻，其文如下：

> 一班科第世家，尤以尊王攘夷狄套语，诩诩自鸣得意，绝不思取人之长，救己之短。而通晓洋务者又多无赖市井，挟洋人以傲世，愈使士林齿冷，如水火之不相入矣。光绪己卯总理衙门同文馆忽下招考学生令，光稷甫先生问某太史曰：“尔赴考否？”某曰：“未定。”光曰尔如赴考，便非我辈，将与尔绝交。一时风气如此。某君之随使泰西也，往辞祁文恪，文恪叹曰，你好好一世家子，何为亦入洋务，甚不可解。即随星使出都，沿途州县迎送者曰：“此算是甚么钦差，直是一群汉奸耳。”处处如此，人人如此，当时颇为气短也。郭嵩焘之奉使英伦也，求随员十余人，竟无有应者。……郭后乘小轮返湘，湘人见而大哗，谓郭沾洋人习气，大集明伦堂，声罪致讨。并焚其轮，郭噤不敢问。邵又濂随崇厚使俄也，同年公饯于广和居，睢州蒋绶珊户部亦在座，竟向之垂泪。皆以今日此宴，无异易水之送荆轲也。其愚如此。曾惠敏返国后，朝士亦多以汉奸目之。读近世中国外交史薛曾

① 转引自钟叔河：《从东方到西方》，第35页。

郭三星使之书牍，未尝不太息痛恨于书生之误国也。[①]

鄙斥西方的思想言论和行为充分体现出这批人对于外部世界的无知与短视。对西方社会的不了解导致他们思想的闭塞，而闭塞的思想又阻碍其对西方的了解，从而进一步加剧了他们的守旧。

早在洋务运动早期，清廷为软化倭仁的顽固思想，命其任职总理衙门。由于不愿与洋人打交道，在多次向朝廷请求开脱这一差事得不到允许的情况下，倭仁上任第一天从马背上掉落，并以骑马摔伤了腿为托词拒绝赴任。李慈铭也因倭仁被朝廷委任与洋人打交道职位之事而为之抱屈，其言曰："朝廷老成雕谢，仅存倭公，然谋臣势孤，无能匡正，而尚见嫉于执政，龃龉于宫廷，以宰相帝师之尊，兼藩署奔走之役，徒以小有谏争，稍持国体，遂困之以必不能为之事，辱之以必不可居之名。"[②] 对于总理衙门之设，李慈铭也甚为不满，他认为，设置总理衙门无疑提高了西方"蛮夷"地位，故"不宜别立司署"，只应将其看成中国古代历史上藩属国一样，"以理藩院并辖，而添设侍郎一人"[③]。由此可见，转型之际的清政府官员们国家观念依然停留在上古时期。赵舒翘被命督办矿务铁路总局时，也"惶愧无措"[④]。鉴于"东三省、广东、广西等处铁路多归交涉，即山西、河南之路亦有洋人夹杂其中，时有会晤辩驳均须与总理衙门通知"，赵舒翘认为，应将路矿事宜归总理衙门兼办，"无须另立名目"[⑤]。可知赵舒翘也在尽力推脱，避免与洋人交往。无疑，清末守旧派基本都由不善洋务、不愿接触洋务和洋人的清政府大臣组成。守旧派思想的排外决定了他们所接受职位之闭塞性，而所在职位的闭塞又进一步导致其远离与外界交流、接触的平台，限制其对外交往，阻碍其心态的开放和眼界的开阔。如此的六道轮回，他们在守旧的旋涡中越陷越深而不能自拔。

也正因如此，守旧派对于西方列强实力的评估才会出现很大偏差，才会有列强商务依赖中国至不敢与中国开战的错觉，才会对清政府与列强实

---

① 《清朝野史大观》卷4，第92—94页。

② 徐一士：《一士谈荟》，书目文献出版社1983年版，第383页。

③ 徐一士：《一士谈荟》，第382页。

④ 赵舒翘：《慎斋文集》卷二，第18页。

⑤ 赵舒翘：《慎斋文集》卷二，第21页。

力对比过分乐观，最终在懵懂无知中做出与多个国家同时开战的错误抉择。归根结底，是清末守旧派狭隘的视野限制了他们的识见，影响了其决策，导致了严重的后果。正如郭廷以先生所说的："知己知彼工夫的不够，尤其是知彼工夫的欠缺，所谓认识不明，蹉跎遗误，措施乖方，步骤紊乱，劳而少获，甚至无获。百年以来民族的悲运危机之所以构成，均须于此求之。"①

（三）对既得利益与权势的维护

马克思主义政治学认为，政治的本质是阶级关系。人类社会政治生活集中反映了各阶级和阶层的利益及其相互关系。当某个体或者群体来源于一个阶层或者集团，代表着本阶层或集团的利益时，对于本阶级、本集团利益的维护毫无疑问将是他们的基本政治态度。近代社会处于转型时期，当面对国家发展新方向的选择时，守旧派毫不犹豫抱成一团站到一起共同维护本阶级和本集团的利益就是如此。

清末，帝后之争日趋白热化，围绕在光绪帝身边的帝党人物和在慈禧太后周围的后党人物的交锋，实际上就代表了不同阶层和集团的利益之争。光绪帝痛心于中国积贫积弱的情势，欲学习西方，奋发图强。但是，权力欲极强的慈禧太后却时时掣肘，担心改革会危及自身权益。为使国家富强，年轻的光绪皇帝积极图新，吸收一批思想开化的大臣以为股肱，大刀阔斧地改革。可其开新举措所借助的西方理念，与守旧派思想格格不入。与此同时，维新派政见的实施和在政治舞台上一席之地的占据，对于守旧派的既得利益无疑是一种潜在的威胁。基于此，清末守旧派对于新派人物的攻击和打压，饱含政见之争与权力之争的原因。他们紧紧围绕在慈禧太后周围，唆使慈禧太后打压新派人物和势力。"变法之举，与大多数官吏，可谓除行新政者外，均有所碍，故不能不反对者也"。② 康、梁变法对于旧派人物权势的威胁使其如坐针毡，痛感非除掉康、梁维新派不足以保障他们的地位与传统社会秩序。正如论者谓"诸大臣中，并非皆与皇上

---

① 郭廷以：《中国现代化的延误》，转引自罗荣渠、牛大勇：《中国现代化历程的探索》，北京大学出版社 1992 年版，第 355 页。

② 陈鍫：《戊戌变法时反变法人物之政治思想》，《燕京学报》第 25 期，1939 年 6 月。

有嫌，皆与康有为不两立耳，所以然者，忌之、恨之、畏之。盖康之上书曾有云：缓变不如急变，小变不如全变。又云：变法尤须变人。又曰：衰老大臣精力不足以辅新政。兼之裁冗官，许言事，用新进，凡诸臣之求富贵保身家之道，将尽行蔽塞之矣，安得不以死命争之”。因此，守旧派处心积虑唆使慈禧太后发动政变。政变之后，权势暂时保住，心中的大石头终于落下，长吁一口气，感叹“数月来寝不安，食不饱，今始有命焉，非我皇太后如何了得也”①。

另外，认识的规律决定了人对事物的认同要经历一个过程。文化认同的规律是从表层到深层逐步深化的。西方文化中，器物层面文化最先受到近代中国人的认同。煤气灯“自创办之初，谣诼纷纷，而其最可笑者，则云地火盛行，马路被灼”，“人们不敢光着脚从煤气灯附近走过，怕地火攻入心脾”②。“其时有人见西人掘地埋铁管者，争相诧异，不知用，竟有谓西人居心叵测，置地雷、火炮以陷上海者，闻之殊觉可笑。不意一年之后，地火通明，照耀六街几同白昼。”③ 由此可见，在旧有文化心态的支配下，人对于完全陌生的事物往往抱有不信任的心理和害怕的心态，故人所面临的新环境与旧的生活习性相差愈大那么其守成和抵制新环境的心理壁垒也就愈坚固。西方思想文化是与中国传统文化有着完全不同价值观念、意识形态和思维方式的文化体系，而西方人在外表和行为方式上也与中国人大相径庭，国人接触西方伊始抵制与排斥西方就在所难免了。更何况西方国家一开始就是以暴力的方式蛮横地侵犯中国，给中国人留下了野蛮和落后的印象，从而被视为中国古代历史上中原以外没有文化的“蛮夷”。对西方了解甚少而又抵制与西方交流的近代中国守旧派，一直沉浸在这种排斥与仇视的心魔中难以抽身。他们背负着自大的民族意识和强烈的民族优越感，无法清醒认识新的世界形势，最终贻害无穷。可以说，正是传统文化强大的心理惯性制约了他们探索西方新事物的步伐，最终成为阻碍中国近代化前行的绊脚石。

---

① 苏继祖：《清廷戊戌朝变记》，《戊戌变法》（1），第351页。

② 姚公鹤：《上海闲话》，上海古籍出版社1989年版，第16页。转引自李长莉：《晚清上海社会的变迁——生活与伦理的近代化》，天津人民出版社2002年版，第79页。

③ 《论争买电灯股票》，《申报》1882年6月20日。转引自李长莉：《晚清上海社会的变迁——生活与伦理的近代化》，天津人民出版社2002年版，第79页。

总的说来，传统与社会现实多种因素相结合、共同作用，导致了清末守旧派的产生和守旧思想的形成。中国几千年儒家文化一直居于封建统治意识形态的核心地位，造就了许多根深蒂固的传统观念。世世代代都畅行无阻的封建正统思想观念，猛然撞上飞速发展、剧烈转型的近代社会，顿时跌落凡尘沦为格格不入的旧思想，因不适合近代社会新形势而成为社会前行的障碍。文化心理的惯性，决定了其遭遇外来文化时会有所挣扎与反抗，需要一段时间的转换与调适也属情有可原。总之，守旧派的出现，无疑与几千年的传统文化与体系突然遭受外来异质文化侵袭时的抵触和茫然有关。当然，现实社会中西方列强肆无忌惮地侵略，也是对列强痛恨和对西方文化排斥情绪滋生的重要原因。

第三节　守旧思想的影响

清末守旧派在中国近代史上扮演着一个极不光彩的角色。他们误国误民决策的制定和实施给当时社会带来了空前的灾难，也因此时常成为后人批判的反面教材。他们的错误非常明显，但他们存在的意义却通常被忽略。客观全面地分析中国近代历史上这些人物及其思想，对于我们正确了解这一段历史，以及后人应如何从中总结经验和吸取教训，更深刻地理解经过几千年历史发展而来的民族文化在国家和民族发展过程中的作用，都很有帮助。

一、守旧与排外：社会进步的延误

鸦片战争后，近代中国国门被轰开，西学东渐程度日益加深，西方思想文化逐渐形成巨大的浪潮，无情地冲击着古老中国思想界的海岸，震撼着这个古老国度里一批批与世隔绝的中国人。沉迷于天朝上国迷梦中的中国人渐次被惊醒，开始走上自强、救亡图存的道路。而与开新政治派别持有不同观点和立场的守旧派，在西学东来的洪流面前，开始构筑起顽固的思想堡垒，抵制向西方学习的举措、抵挡西方文化的渗透，导致中国近代一次又一次发展良机的错失。

“乙未后，外患日亟，而士大夫顽固益深”①，清末守旧派是近代以来最守旧与排外的思想政治派别，是中国近代守旧和排外者最突出的典型，也是引领清末守旧思潮的总舵手。他们的思想和言行对当时整个思想界的影响比前几个时期守旧派更深、对社会的破坏也比前期守旧派更大，造成的后果和负面影响也比之前更加恶劣。他们掌握了朝政大权，将前期备受压抑、不得不有所收敛的守旧与排外思想肆无忌惮地付诸实施，放任自流，严重危害了社会进步。具体说来，清末守旧派对于中国近代社会进步的延误主要有以下几方面内容：

（一）破坏了改革的进行，限制了思想观念的开新

戊戌变法后期，清朝中央政府内守旧派开始执掌朝政大权，他们仇视新思想、排斥新派人物、残酷镇压新政和维新人士，直接导致了戊戌变法的失败。尽管戊戌变法的失败是多种因素共同作用的结果，也包括维新派自身行为及思想的诸多局限性，但是，一个最基本的原因就是守旧派的反对与阻挠。当时社会一些见风使舵之徒也往往出于畏惧和谄媚权势的目的而趋奉当政守旧派，从而使新思想和新派人物处境更为艰难。正如张謇所谓：“上方在群顽固之掌中”，想要进行社会变革，“能使反掌而脱之乎?”② 守旧派挑拨帝后之间的矛盾，压制维新派，导致了戊戌政变发生，是扼杀戊戌变法的罪魁祸首。

同时，清末守旧派对于民权、平等观念深恶痛绝，他们试图通过加强封建君主专制统治将民众的思想封锁在封建等级制度框架内。戊戌政变后，守旧派加强对所谓圣道的宣传和教育、摧毁戊戌变法的成果、残杀戊戌六君子并对逃往海外的康、梁等人通缉追捕，对于张荫桓的流放和杀害、对于开民气之报刊的禁止等等，这一系列举措无一不彰显出他们对进步思想的摧残和对封建专制制度和秩序的维护。他们这些反动举措与近代社会发展方向背道而驰，造成人治横行与封建专制统治的强化。在守旧派的恐怖统治下，社会风气十分沉闷而令人窒息，当时“朝野上下，咸仰承风旨，于西政西学不敢有一字涉及”，而“鼓吹新学的报刊，已经如西山

① 张之洞：《抱冰堂弟子记》，《戊戌变法》（4），第230页。

② 《张謇全集》第1卷，第43页。

残阳，悠忽匿影，风吹落叶，余片无存”[①]。

不仅如此，在守旧派的威慑和守旧思想严密布控下，任何违背封建正统思想的言行、思想观念以及生活方式等都会遭到守旧派的疯狂排斥和打压。迫于外界风刀霜剑严相逼的肃杀情势，刚刚萌生的开新幼苗重新将头缩回到封建统治堡垒中，不敢再与新思想、新人物有任何接触、沾上任何关系。守旧思想就好比是一个强有力的镇压武器，在其高压统治下，任何具有新思想的人都难逃被压制的命运。守旧思想笼罩和弥漫的社会环境给近代新式知识分子的成长道路平添诸多艰难与曲折。

单以选拔和培养人才的渠道而言，守旧派控制了朝政，强调科举考试这个人才选拔制度的优越性和重要性，从而使新式学堂的学生感觉到被排斥、边缘化。无疑，此种社会环境不仅无法为新式知识分子提供施展拳脚的场所和氛围，而且还让他们感到格格不入、郁郁不得志。当局不重视甚至排斥新式教育，受传统社会风气和社会心理的影响，人们以科举正途为高，视无科举功名的新式知识分子为“异途”“浊流”，科举正途出身之人也似乎高人一等，对新式知识分子“藐与为伍”。如此，部分新式教育出身的知识分子产生了强烈的自卑心理，“愧与正途为伍”。当时的社会，新式知识分子因为外界环境的压力，压抑和苦闷情形比比皆是。如张德彝，曾在同文馆学习三年，于同治四年（1865）经总署大考，被奏保为八品官，之后多次出洋充当驻外使臣。光绪十六年（1890）回国后任总署英文正翻译官，翌年“侍德宗读英文”，成为光绪帝的英文老师。光绪二十七年（1901）至三十二年（1906）任出使英、义（意）、比国大臣，登上了职业外交官晋升的顶点。即便如此，混迹于官场的他对于自己非科举正途的出身始终抱有强烈的自卑感。他在《宝藏集序》中教导自己子孙的话语明显反映了他这种心态，其谓：“国家以读书能文（按指科举考试）为正途。……余不学无术，未入正途，愧与正途为伍，而正途也间藐与为伍。人之子孙，或聪明，或愚鲁，必以读书（按指科举考试）为要务。”[②] 与之相似，严复也深感他所处的社会环境无法开放地容纳他们这些非科举正途出身的留学生，他们与那些经过科举考试进入仕途的知识分子似乎不能融

① 《论中国必革政治始能维新》，转引自丁伟志、陈崧：《中西体用之间》，第 277 页。

② 转引自钟叔河：《从东方到西方》，第 49 页。

洽相处，倍受其鄙视和压制。在这种让人郁郁寡欢的社会氛围下，他甚至曾萌生重新走上传统士子老路、加入科举入仕行列、以期得到正统社会的认可的想法[①]。由此可见，转型时期的中国近代社会，传统观念依然占据统治地位，新式学堂和留学归来的知识分子在如此令人尴尬的社会环境中艰难地寻找生存空间，其境遇让人唏嘘。而这种让新式知识分子倍感压抑的环境却正是守旧派所要极力保持和坚决维护的，他们对科举制度的坚守，使社会环境更加不利于新式知识分子。

戊戌政变后，清末守旧派掌控下的清政府宣布恢复旧有的科举考试，新式学堂纷纷难以为继，而尚在开办学堂中的学生，“因八股取士已复旧制，亦各意存观望，纷纷告退。”故“自同文馆以外，竟无人再敢言声光化电之学，念爱皮西提之音”[②]。京师大学堂作为守旧派废除新政举措后残存的硕果之一，虽未被裁撤，但却由于科举制度的恢复而使报考人数遽减。据记载，在政变前“赴堂投名愿为肄业生者约有千余人”，而政变后局势大变，“取同乡官印结赴堂报考者，不过百余人而已”。时人叹息，“创办未及半年，而今昔情形悬绝如此，可胜浩叹。”[③] 可见，守旧派的守旧举措，如狂风暴雨般，摧残了新式知识分子新生树木般单薄的身姿。国家的发展离不开教育，教育的落后也直接导致国家的落后。守旧派在当时采取的诸多举措，沉重地打击了思想界和教育领域，也直接导致了社会的倒退。正因如此，守旧派成为当时社会风气沉闷、风气不开的元凶。

（二）守旧派掌握朝政，强化了封建专制统治

清末守旧派上台后，加强思想控制，将戊戌变法带来的活跃社会风气一扫而光，整个社会又退回到了封建帝国的漫漫长夜。正如时人所论：“戊戌政变，党锢案兴，逻骑四出，禁令封报，道路以目，至不敢偶语，举世奄奄无生气矣。”[④]

社会文明程度越高，则法制越健全，相反，人治越张狂，则文明程度

① 见拙文：《近代中国知识分子的文化失落心态》，《山西师范大学学报》2005 年第 4 期。

② 《通艺罢学》，《戊戌变法》（3），第 449 页。

③ 《北京大学堂述闻》，《戊戌变法》（3），第 462 页。

④ 金梁：《瓜圃丛刊叙录》，《戊戌变法》（4），第 224 页。

越低。19世纪末年，西方民权、平等等新思想渐次传入国内，西方的文明之花在古老的中华帝国次第开放，清政府守旧派的专制统治却一度变本加厉、猖獗一时。镇压戊戌变法后，清政府守旧派便开始强化封建专制统治，将封建社会的人治发挥到极致。他们幻想将开新的思想政治派别置于死地，甚至操纵了朝廷大臣的生杀予夺大权，“戊戌六人，不谳即决，即有庚子之擅戮五大臣。刑治法国之柄，失措如此，人心从此离叛宜矣。”[①] 庚子五大臣之被戮，较戊戌六君子之死难更加残忍。政府中央机构的高层官员、中枢大臣，动辄被处以极刑，顷刻间便可命丧黄泉，这无疑不符合清朝律法。虽说康熙、雍正、乾隆时代文字狱盛行，但有清一代刑法还算严明。每有重案、命案发生，都须经一整套程序，由地方向中央逐层申报审查，最终经刑部核实，才能将案情定性。虽然清代的刑法制度因太平天国时期清政府出于镇压农民起义的需要而被破坏，但其后也有一定恢复。而义和团运动时期，清末守旧派却导引出了人治的极端，甚至对于中央高级官员的惩处也毫无顾忌，张狂程度令人震惊。如斩徐用仪等人之令已下，荣禄欲邀徐桐、崇绮等人请于皇太后前。徐桐谓：“我看此等汉奸，举朝皆是，能多杀几个，才消吾气。”[②] 朝廷大员的生死此刻竟然成为了守旧派“消气”的手段，可见在守旧派掌握了生杀予夺大权的清朝廷里，人的生命尊严被碾落成泥，消减殆尽。而庚子五大臣被处死，甚至还包含了私人恩怨在内。“戊戌六君子”和“庚子五大臣”，就这样被迫用生命来祭奠法制近代化的亡魂，成为守旧派加强封建专制统治的牺牲品。

朝廷大臣尚且如此，民众则更不用说了。义和团运动时期，民众的生命得不到基本保障，一旦被指为教民，而又无悔改之心，则必定备受摧残或杀戮至死，这方面事例在当时比比皆是。如“庚子京师乱作”，毓贤“大招诸拳，缚教士男妇皆斩之”[③]。有资料记载，毓贤在山西，“以兵守城门，禁教士出入，复移教士老幼于铁路公所，以兵守之。他日复驱入抚署，毓贤坐堂皇，命行刑，杀英教男女老幼三十余人，服役二十余人，枭首示城门，剖心弃尸，积如丘山。又驱法天主堂教女二百余人，至桑

① 赵凤昌：《戊庚辛纪述》，《戊戌变法》（4），第319页。

② 陈夔龙：《梦蕉亭杂记》卷1，第46页。

③ 《毓贤》，沃丘仲子：《近代名人小传》，第64页。

棉局，迫令背教，皆不从，令斩为首二人，以盎承血，令诸女遍饮，有十六人争饮尽之，毓贤令缚十六人悬高处，迫其余背教，皆不从，求死益坚。……其被迫背教，抗而死者，先后数千人。……朝旨命毓贤统兵入京……就道，犹告拳党曰：‘教民罪大，焚杀任汝为之，勿任地方官阻止也’。”[①] 赵舒翘身为刑部尚书，深习律令，却对这种无视法纪的状况无动于衷，“白莲教狱杀无辜百数十人，不复讯供”[②]，“狱不具”[③]。按清律规定，“妇女不同谋，不缘坐”，但义和团在守旧派纵容下指斥民众为白莲教并滥杀无辜之时，“舒翘心知其冤，私窃叹，然不敢言”。[④] 当时的北京城，如同人间地狱般，“城中日焚劫，火光连日夜，烟焰涨天”，拳民横行街市，“莫敢正视之者。夙所不快者，即指为教民，全家皆尽，死者十数万人。其杀人则刀矛并下，肢体分裂，婴儿生未匝月者，亦杀之，惨酷无复人理。而太后方日召见其党，所谓大师兄者，慰劳有加焉。”[⑤] 由此可见，当时守旧派的偏执与张狂。此时他们心中的排外情绪已完全失去理性的控制而演化成丧心病狂了。如徐桐、崇绮在奏折中就曾建议地方官和老百姓见洋人就杀，甚至教民也不放过。这种只凭一时意气的冲动行为本不应是掌握朝政大权的政府高级官员所具有的，而当时清政府的命运却掌握在这群被狂热民族情绪冲昏了头脑的守旧派手中，无疑很难产生正确的抉择和导引局势朝有利方向发展。人治的结果，是国家决策的失误，也带来了空前黑暗的专制统治，注定了清王朝的灭亡。

（三）造成了迷信风气的盛行

清末守旧派掌握朝政，实施愚民政策，带来了社会风气的黑暗与无知。特别是在义和团运动如火如荼之时，从民间至宫廷，处处弥漫着拳民神术的影子，愚昧迷信的风气已经成功控制了人们的心理。甚至军事决策上，也附和拳民（虽不一定是真心信奉，但至少以官方提倡的方式带来了不良的社会影响）：李秉衡出师抗敌，携义和团民以从，“秉衡亲拜其长，

---

① 《庚子国变记》，第 33—34 页。

② 《记庚子六月冤狱》，唐文治：《茹经堂文集》卷六。

③ 李希圣：《庚子国变记》，《义和团》（1），第 37 页。

④ 李希圣：《庚子国变记》，《义和团》（1），第 37 页。

⑤ 李希圣：《庚子国变记》，《义和团》（1），第 14 页。

人各持引魂幡、混天旗、雷火扇、阴阳瓶、九连套、如意钩、火牌、飞剑，谓之‘八宝’”[①]。在抗敌时，“拳民们却衣着不整，披头散发，手执‘法宝’，踽步而行，极像传说中的巫师，北京完全成了一个妖魔鬼怪活动的活地狱。”[②] 还有传言谓：“由津至京某处，洋兵与拳民交战，拳众只作揖，不动步，即能前进。作一揖，进数百步；作三揖，即与洋兵接；洋兵不及开枪，身已被刃。且是时开枪，亦断不能燃，故洋兵无不北者。”[③] 军队长官对拳民神术的推崇，势必导引麾下士兵的迷信，从而使当时的军队也深受拳民拳术和当时迷信氛围的影响，放松了应有的警惕。《清稗类钞》记载，清政府武卫军在庚子年间与列强交战时被打得措手不及就因盲目信奉拳民之拳术所导致。其中一亲历了当时战役的士兵谓：“庚子之役，战衅已开，吾辈犹以为大师兄法力通神，区区外人，固无足当一击。已而令下，檄吾侪入伍。使当时明言与洋人战者，则吾侪亦将为豫防趋避之谋，而统领但云大师兄阅操而已。”及列阵准备战斗，他们才知道是要进行真枪实弹的战争，故而“大惊”，“汗流浃背”。[④] 可见，对拳民神术的盲从使当时军队应战懈怠。“神术”，不但没能提高军队战斗力，还在一定程度上消弭了军队的威力。

上行下效，义和团运动风起云涌之际，北方民间也完全被迷信氛围笼罩。民众深受神术鼓舞，“各处喧嚷烧香灭鬼子”，导致“人人附合接应，一口同声，众声鼎沸，魂梦皆惊”[⑤]。“又有义和团传出，令住户铺户门前各用红布书写‘红天宝剑’四字，贴于门头之上。一时各街巷传遍，无不遵循”[⑥]。又有记载，该时期“城内外常有人狂奔过市，大呼‘反来’或呼‘火起’”，闻着震惊，甚至有人听闻门外大呼“泼水”，“一时无论何人，无不争往取水泼之门外，街市尽湿。事后互相骇怪，亦不知何故”[⑦]。此时，守旧派的愚民举措已成功控制了人们的头脑，迷信盲从者众多，老百姓正常生活秩序受到破坏。

---

① 李希圣：《庚子国变记》，《义和团》（1），第 21 页。

② 费正清：《剑桥中国晚清史》下册，中国社会科学出版社 1985 年版，第 144 页。

③ 管鹤：《拳匪见闻录》，《义和团》（1），第 469 页。

④ 《清稗类钞》第 2 册，第 930 页。

⑤ 仲芳氏：《庚子记事》，中国社会科学院近代史研究所编：《庚子记事》，第 15 页。

⑥ 仲芳氏：《庚子记事》，中国社会科学院近代史研究所编：《庚子记事》，第 23 页。

⑦ 佚名：《庸扰录》，中国社会科学院近代史研究所编：《庚子记事》，第 251 页。

除此之外，红灯照也以非凡的“功夫”活跃在当时的天津、陕西、山西及东北等地。传说其以十多岁、二十多岁年轻俊美女子，着红色衣履，念咒一番，便可腾云驾雾、直上云霄。引得当地人纷纷于夜间登高远眺，“谓空际有红灯一盏，渐多至数盏，忽上忽下，其光明亮。于是争觇其异，竟有以大星为红灯者。”当传言红灯照到来时，“人民多焚香跪接，不敢仰视，称为仙姑。”① 迷信氛围风行，导引着民间对红灯照的顶礼膜拜，有宣扬她们能“远赴东洋”“飞往各国阻其来兵”，有宣扬其“红巾一掷，巾能变灯，灯到处，大火立至”，能背插飞刀相隔很远取人头颅。甚至宣扬其交战时，只需“屹立不动”，由魂魄出窍便可，“一切军器皆不畏惧，枪炮遇之即不能燃”。② 跟红灯照类似的，有成年妇女、老年妇女、寡妇和妓女也纷纷出动，组成蓝灯照、黑灯照、青灯照和花灯照等等。她们常常在夜间活动，“父母不能禁”，“不知所往”③。天津红灯照的首领黄莲圣母设坛授徒，端坐于帘幔之后，“香烛清供，万众礼拜”④，守旧派愚民政策下的百姓们，都虔诚地跪拜，笃信其乃救苦救难、能驱灭洋人的救世菩萨。神秘的力量，神秘的活动，营造出一种神秘的氛围，在这种氛围的推动下，更多的神秘事件纷纷出现。如有哄传“某关帝庙神像，忽满脸流汗”，“由是，一传十、十传百，各关帝庙香火，为之一盛，皆谓为关公助战云”。⑤ 可见，这种迷信风气的强大感染力推动人们对迷信和所谓神术的盲从，影响了社会的健康发展。

社会的发展应该是逐步摒弃迷信、追求真理与崇尚科学的，而守旧派控制之下的朝政，人们信奉和遵从的却是封建迷信。这与近代中国社会发展方向完全背道而驰，无疑是一种历史的倒退。不管该时期清政府守旧派是否真的相信神术，他们对义和团所创造的神话氛围的利用和渲染，无疑成了一种政府行为，导引出当时中央、地方官僚的应声附和与百姓的盲目遵奉。这种迷信的思想在当时以及以后的社会生活之中对于民众心理的负面影响难以估量。

---

① 刘孟扬：《天津拳匪变乱纪事》，《义和团》（2），第9页。

② 佚名：《遇难日记》，《义和团》（2），第163页。

③ 佚名：《天津一月记》，《义和团》（2），第141页。

④ 罗惇曧：《拳变余闻》，《清代野史》第1辑，巴蜀书社1987年版，第276页。

⑤ 刘孟扬：《天津拳匪变乱纪事》，《义和团》（2），第19页。

（四）守旧派误国政策的出台，扰乱了社会发展的秩序

庚子事变八国联军侵华，固然是列强蓄谋已久、步步推进的结果，但守旧派也有着不可推卸的责任。正是他们的误国政策和倒行逆施，给列强的侵略提供了口实。列强不仅联合起来发动了侵略中国的战争，而且还开出各种苛刻的条件以回应清政府停战的请求。有强大的军事实力作为后盾，他们敢于狮子大开口、漫天要价以盘剥、欺压中国。《辛丑条约》的签订，使陷于鸦片战争后列强各种侵略旋涡的中国人掉入了更加深重的灾难之中。巨额的赔款将清王朝原本就已捉襟见肘的财政洗劫一空，国家的经济命脉更是操纵于列强之手。此种情形下，许多关系国计民生的产业也难以为继，中国社会的正常发展步伐几乎中断。据相关研究认为，1908 年后，中国民族工业接二连三发生的金融风潮，乃受庚子赔款影响的结果。这是因为近代中国贸易长期入超，银根一直紧迫不堪，而《辛丑条约》签订后，中国每年仅庚子赔款一项就要"对外兑付 2000 多万两现银"，成为引发金融风潮的根本原因。金融风潮的直接后果就是许多民族企业纷纷倒闭，"工商业资金周转不灵，形成了百业凋敝的萧条局面"①。

在《辛丑条约》签订二十年之后，吴永在评价其破坏性时指出："庚子一约，实吾国无期徒刑之宣告判决书，执吾手而强之署押者也。危症一现，百病交乘，由此而外感日以滋生，内腑益难清理。屈指二十余年来，内忧外患，靡有宁息。清室之所以速亡，民国之所以多难，军队之所以不戢，民气之所以偾张，直接间接皆举于庚子一役有莫大之影响。"② 无疑，他的话，从亲身经历的角度，真实道出了清末守旧派凭一时头脑发热决策，导致列强侵略加速，给国家和民族带来灭顶之灾，给当时社会带来的灾难性后果。

总之，清末守旧派的守旧举措，无疑是以强权和暴力方式为落后思想和保守势力保驾护航。他们的行为，打击了进步的思想和力量，拖累了中国社会的发展和进步，也给转型时期的中国带来了深重的灾难。

---

① 齐大云、任安泰：《百年浮沉——近代中国民族工商业的发展道路》，广播电视出版社 1991 年版，第 56 页。

② 吴永口述，刘治襄记：《庚子西狩丛谈》，第 149 页。

二、部分国人民族自大意识受重创后的自卑倾向

中国近代史，是一部民族屈辱史，也是一部民族抗争史。鸦片战争后，中华民族遭遇几千年未有之大变局，在人们顽强与列强侵略相抗争的同时，传统文化与西方文化碰撞交融，开始改变以往的单一特质，逐渐向近代化转型。与之相随，中国人民族文化心态也在悄然地发生变更。

（一）顽强盘踞在近代国人头脑中自大的民族文化心态

以儒家文化为核心的中国传统文化，发展到近代，依然顽强地盘踞在国人头脑之中。奉守“夷夏之辨”的儒家文化坚守三纲五常的纲常伦理，对于不同质的西方近代文化具有先天的排斥作用。典型者如明末清初，在以天主教为先锋的西方文化冲击下，中国传统文化内部所涌现出的一系列抵制和反击活动。这种对外来文化的排斥，恰恰反映出传统文化壁垒的坚固、传统观念的根深蒂固。

清中期开始，闭关锁国政策推行所设置的制度屏障，阻碍了中西方之间的文化交流。西方世界的日新月异，将中国远远抛在了后面。到了晚清，中国已明显落后于西方。然而，落后并不可怕，可怕的是当时的中国人不仅不了解落后于人的事实，反而在闭关锁国的牢笼里妄自尊大，坐井观天，闭目塞听，对外界一无所知。当时国人大都不把第一次鸦片战争的失败当回事，他们觉得胜败乃兵家之常事，一次战争的失利并不能说明问题。因此，第一次鸦片战争过后，“文恬武嬉，大有雨过忘雷之意”，举国上下依然徜徉在泱泱大国的光辉中沾沾自喜，全然不知外面的世界已经发生了翻天覆地的变化。除了魏源、林则徐等几个主张开眼看世界的有识之士外，其余人依然在天朝上国的美梦中酣睡不醒，学习西方的呼声太过弱小，根本无法打破清王朝举国上下的死寂。对于西方的先进，朝廷大员大都不以为然，他们认为那些全来源于中国，“夷之伎俩，全在恫吓以取虚声”，学习西方，不仅没必要，更是有失体统。“天朝全盛之日，既资其力，又师其能，延其人而受其学，失体孰甚。彼之火炮，始自明初。大率因中国地雷飞炮之旧而推广之。夹板舟，亦郑和所图而予之者。即其算学所称东来之借根法，亦得诸中国。但能实事求是，先为不可胜，夷降如我

何。不然反求胜夷之道于夷也，古今无是理也。”[①] 在此自大心理的主导下，清政府两次鸦片战争期间近二十年的时间里并没有学习西方的举措。

举国上下发出的自大声音中，守旧派的声音无疑最洪亮，且影响最大。守旧派鄙视西方的声光化电，以为“彼之实学，皆杂技之小者”，而中国几千年圣教文明，圣人辈出，远非西方国家所能比肩。为阻止西学传入，也为了“以夏变夷”，守旧派主张利用一切可行之法将“圣道”远播海外。赵舒翘针对当时交通日益便捷的情况，认为乃《中庸》中所叙“舟车所至于洋溢中国施及蛮貊”之情形，是“天殆将以圣道彻海外”。而在此有利情形下，士人却在“争言西法”，“无识者反欲以洋学变中国”。[②] 叶德辉也高度赞扬中国圣教伦理，认为其终将大行于西方，“孔教为天理人心之至公，将来必大行于东西文明之国，而其精意所构，则有以辉光而日新。”[③]

李元度也指出：“人之道以伦常为本”，而西洋各“际天并海之夷”自古不与中国相通，路途遥远，不近圣人之居，故不通人道，未能受到中国圣教的熏陶，近代飞速发展的交通工具和日益频繁的国际交往无疑能改变此种局面。“今此通商诸国，天假其智慧，创火轮舟车以速其至，此圣教将行于泰西之大机括也”。“天诱其衷，以互市故朋游于中土，而渐近吾礼义之俗。彼自知前者之蔑弃伦纪，不复可以为人，有不幡然大变其故俗者耶？”他认为圣人有教无类，必将圣道“施及蛮貊”，至“舟车所至，人力所通，天之所覆，地之所载”，故“尧舜孔孟之教，尝遍行于天地所覆载之区”，“圣教远被绝域”，“必自今日始”。[④]

王闿运在郭嵩焘奉命出使西洋之时，勉励其将圣道传播至西洋。他认为西洋各国“诚得通人开其蔽误，告以圣道，然后教之以入世之大法，与之论切己之先务”，“则炮无所施，船无所往，崇本抑末，商贾不行，老死不相往来，而天下太平”，才能不虚此行。[⑤] 其讲究圣道远扬，字里行间的

① 梁廷枏：《夷氛闻记》卷五，中华书局 1997 年版，第 172 页。

② 赵舒翘：《慎斋别集》卷一，1924 年西山书局铅印本，第 22—23 页。

③ 叶德辉：《叶焕彬吏部〈明教〉》，《翼教丛编》，上海书店出版社 2002 年版，第 66 页。

④ 李元度：《天岳山馆文钞》卷 36，沈云龙主编：《近代中国史料丛刊》第 41 辑，台湾文海出版社影印本 1969 年，第 2117 页。

⑤ 王闿运：《湘绮楼笺启》卷 2，岳麓书社 1996 年版，第 868 页。

文化自大心态展露无遗。

而即便主张学习西方的洋务派大臣们，也并非如守旧派所攻击的那样崇洋，他们学习西方的宗旨是“以中国之纲常伦教为原本，辅以西国富强之术”，“以中国之道，用泰西之器”，在他们眼里，中国的政教文明远高于西人，唯独火器不及而已。因此，洋务派最初学习西方的举措仅限于造船制器方面。无疑，此时，即便是主张学习西方的洋务派，文化心态上也是高高在上俯视西方，他们试图通过中体西用藩篱的设置来抵挡异质文化的渗透、维护传统文化的纯净。

总之，生活在19世纪前期、中期的清朝士大夫、官吏们，依然奉守着传统的儒家文化，排斥着远道而来的西方异己文化，其文化心态上的自大毋庸置疑。

（二）自大心理松动后向自卑转变

洋务运动终究未能挽救清王朝衰颓的命运。清政府甲午战争的失败震惊了国人，生死存亡的民族危机感顿时弥漫在华夏大地。梁启超说：“吾国四千余年大梦之唤醒，实自甲午战败割台湾偿二百兆以后始也。”[①] 甲午战败带给中国的创伤是空前的，一向自视为泱泱大国的大清王朝竟然为“蕞尔岛国”日本所击败，中国人高扬的民族优越感开始崩塌。到19世纪末年，中国面对的不再是单个国家的攻势，而是西方列强联合起来共同瓜分的蚕食豆剖，中国处在“一羊处群虎之交”[②] 的生死存亡边缘。列强加紧侵略步伐，发动了瓜分中国狂潮的引擎，妄图将中国完全变为其殖民地。他们在军事上威胁、经济上压榨中国，且蛮横地干涉中国内政。“教士袒护教民，气焰日张”，“彼教日渐邸张，一经投教，即倚为护符，横行乡里，鱼肉良民，甚至挟制官长，动辄欺人，官民皆无可如何”，[③] 地方官“遇有教案，无不栗栗危惧”，“各处教士欺压平民，民间积愤过甚”[④]。而

① 梁启超：《戊戌政变记》，《戊戌变法》（1），上海人民出版社、上海书店出版社2000年版，第249页。

② 转引自郭汉民：《晚清社会思潮研究》，中国社会科学出版社2003年版，第145页。

③ 故宫博物院明清档案馆编：《义和团档案史料》上册，中华书局1979年版，第24页。

④ 中国第一历史档案馆编：《义和团档案史料续编》上册，中华书局1990年版，第108—109页。

各地方官因畏惧洋人往往敷衍了事，最终导致民众对政府十分失望，而纷纷入教寻求洋人庇护。紧迫的民族危机感攥紧着中国人的心，自大的文化心态在悄然崩塌。庚子事变后，部分国人民族自卑意识开始形成。这种自卑表现为以下两点，一是对于列强的畏惧心理扩大；二是对本民族及传统文化的失望与否定。

首先，清政府已完全沦为“洋人的朝廷”，部分民众、地方官吏畏列强如虎。庚子事变后，清政府地方官畏于洋人的威势，在处理涉外事务时往往唯唯诺诺、畏首畏尾、步步退让，教民更加横行霸道，肆意欺压普通民众，百姓苦不堪言。如在山西，光绪二十七年（1901）和议成，“岑中丞春煊迎洋夷入晋，而晋省教民遂藉夷势挟制官长，横行闾左，大肆凶锋”，“凡教民控民不用呈状，径入署衙，见官言事”，“官不察其果否情实，一听其言，立刻差役锁拿被告到案听审”，“时太原府知府某函告州县曰：‘教民控人，显系捏造。然处此时势，不得不糊涂办理也。”刘大鹏《退想斋日记》记载，庚子事变后，山西“教民横行，武断乡曲，欺虐良民，州县各官不敢一撄其锋，惟是一意抚循，以求无事，而教民由是益肆无忌惮”。“洋贼又聚，教民操练枪炮，声震远迩，官亦不敢问津。洋人自省往有教堂之处，官使兵勇护送，则畏洋人、教民亦甚矣”。可见，列强控制和威胁下，清朝律法形同虚设，政府官员处理纠纷和诉讼已无丝毫公正可言，洋人在中国主宰着民众的命运、操纵着生杀予夺的大权，民众基本的生存权利也难以保障。如山西旱灾，“各州县之教民，官皆赈济，大口银三两，小口半之，而不入教之穷民，饥饿而死者枕藉于野，未闻官开仓赈济，以就民于水火之中。人事如此，安望天之溥降甘霖乎？”①

总之，庚子事变之后，列强加强对中国的渗透和控制，教民更是为虎作伥。遇有民教纠纷，地方官吏往往选择息事宁人，拿无依无靠的平民百姓开刀了事。正如严复于1901年所说的：“自去年大受惩创之后，行省官吏前之痛绝深恶教士者，今皆奉之为神师，倚之为护符，一切兴作更张，惟教士之言是听。”②

其次，庚子事变之后，部分国人对于本民族及几千年的传统文化失去

① 乔志强编：《义和团在山西地区史料》，山西人民出版社1980年版，第60—61、13—15页。

② 严复：《与张元济书》，《严复集》第3册，中华书局1986年版，第539页。

信心。庚子八国联军侵华，中国一败涂地，损失惨重。经此剧变，国人对于国力的孱弱有了更深的了解，而对于列强的发达与先进也有了更深的体会，民族自大心态彻底消融。与此同时，部分国人的民族自信心也开始丧失，媚外心态开始占据其头脑。如时人谓，八国联军入京时，“顺民旗帜遍悬门巷，箪食壶浆跪迎道左者不胜指屈”。联军驻京后，“顺治门外一带为德军驻守地，其界内新设各店牌号，大都士大夫为之命名，有曰‘德兴’、有曰‘德盛’、有曰‘德昌’、有曰‘德永’、有曰‘德丰厚’、‘德长胜’”等，“种种媚外之词，指不胜屈”，“英、美、日、义诸界亦莫不皆然。”故有人批判当时社会风气乃“丧心罔耻一至于斯”。[①] 就连慈禧太后也谓，“当时大家竞言排外，闹出乱来，今则一味媚外，又未免太过了”[②]。萧一山在《清代通史》中颇为精准地指出庚子之后中国民族情绪低沉的状况和原因，其谓：“甲午一役，我国四十年来所提倡之自强运动已被日本炮火所粉碎，庚子之役，又举守旧派之势力而摧毁之。于是攘夷之论，一变而为媚夷，自尊之念，一转而为自卑。信心顿失，乃视吾国人之聪明才智，固远不及西洋矣。虽学亦何益哉?”[③]

经历庚子一役，知识分子深入反思中国颓弱的原因和中国几千年的传统文化，试图从这种深层的思考中找到救国救民的道路。他们认为，“中国一切政治、教育、武备、农工商业种种学问之欠缺”[④]，从而不能挽救国家与民族的危机，故将救亡图存的希望全部寄托在学习西方文明之上。《辛丑条约》后，知识分子在救亡意识的推动下纷纷出洋留学，他们认为“惟游学外洋者，为今日救吾国惟一方针”。因此，与盲目推崇传统文化的守旧派相对的，在新兴知识分子中逐渐萌生了推崇西方文化、贬斥传统文化的趋向。

（三）部分国人崇洋媚外文化心理的产生

20 世纪一二十年代，部分知识分子对西学推崇的程度之高，甚至发展

① 杨国强：《1900 年：新旧消长和人心丕变》，《史林》2001 年第 1 期。

② 何刚德：《春明梦录·客座偶谈》，上海古籍书店 1983 年版，第 4 页。

③ 萧一山：《清代通史》第 4 册，中华书局 1986 年版，第 2061 页。

④ 张枬、王忍之编：《辛亥革命前十年间时论选集》，第 1 卷，生活·读书·新知三联书店 1978 年版，第 384 页。

到要求完全抛弃中国传统文化的倾向，这种文化倾向直接成为20世纪20年代胡适、陈序经等人民族虚无主义倾向的前身。潘家德在其《二十世纪初中国知识分子对传统文化的反思》一文中论述了当时知识分子对于传统文化的批判和反思、对西方文化的盲目推崇。其谓当时主张学习西方的言论中，多带有一种形而上学的倾向，即无限推崇外来文化（尤其是欧美文化），贬斥中国传统文化。"以旧学为不适用，而竞相唾弃者，项背相望"。"今之见晓识时之士，谋所以救中夏之道，莫不同声而出于一途，曰欧化也，欧化也。"甚至，要求改变长期以来中国所使用的语言文字的声音也在当时社会回响。更有甚者，对中国人种质疑的声音也甚嚣尘上，谓："支那人之首则低，支那人之背则曲，支那人之脊则断，支那人之行路则横斜，支那人之衣服则宽博，支那人之言语则冗而浊，支那人之身干则颠而摇。"① 无疑，崇尚西方之极致便是对传统文化的抛弃，即如时人所论，"辛丑、壬寅之后，无一人敢自命守旧"②。

近代中国步履蹒跚，试图改变被侵略命运的诸多举措也多以失败而告终，奋起反抗之声虽不绝于耳但最终结局往往是遭受更进一步的盘剥。惨痛的社会现实，特别是庚子事变时遭到的沉重打击、辛亥革命后政局的曲折回环、险象环生，使部分知识分子茫然失措，他们在苦闷与彷徨中思考国家与民族发展的方向，以为改变这种局势的办法就是改变中国固有文化而全盘学习西方。这个时候，这部分知识分子的心态已走入了另外一个极端，即民族虚无主义。

综上所述，近代民族文化心理从自大向自卑转变的过程与当时国家民族备受欺凌的社会背景紧密相连，这是中国人在探索国家民族出路时中国传统文化逐渐摆脱封闭状态而主动或被动融入世界大潮并开始转型的体现，同时也反映出在此过程中的迷惘、无措，甚至对待中西方文化的非理性态度。时代大潮翻滚，后进的顽固守旧也好，激进的全盘西化也好，终究不过是历史前进浪潮中的小插曲而已。立足于本国国情，在继承传统文

① 转引自潘家德：《二十世纪初中国知识分子对传统文化的反思》，《四川师范学院学报》1997年第5期。

② 张枬、王忍之编：《辛亥革命前十年间时论选集》，第3卷，生活·读书·新知三联书店1977年版，第669页。

化精华的基础上，借鉴与汲取外来文化，收其精华、弃其糟粕，才是理性的态度。清末守旧派以其顽固排外的方式固守传统，终究敌不过时代潮流的奔涌向前。一味强调固守传统文化堡垒，拒绝根据气候变化采用新材料加固与修缮，最终结果可能是堡垒被风化侵蚀甚至轰然倒塌。

三、否定之否定：反思守旧派

由于历史认识的局限性，近代中国守旧派长期以来一直都以反动、顽固、不思变迁的形象呈诸后人面前。但近代中国守旧派作为一个政治文化派别，其存在无疑根源于一定的历史与社会现实，若将其放诸历史发展长河之中，以广阔的历史视野来看待，仍可从其身上找到某些合理成分与存在的意义。

首先，严格说来，清末守旧派已经不能算作纯粹意义上的守旧派了，甚至连以顽固著称、公然宣称“宁可亡国、不可变法”的徐桐也只是“一，不准言西学来改变封建专制；二决不许帝党得势”，至于在中国原有封建体制基础上“一意修攘，图自强”，却并不反对。[①] 到了清末，守旧派并不完全反对学习西方，他们赞同在保证封建君主专制制度和社会秩序的前提之下求得国家的富强和发展。他们对于国家利权的维护、对于国计民生的关怀、对于内政建设的意见、对于强兵御侮的迫切希望，都难掩其爱国之心，也反映出处于封建社会末世的地主阶级对于国家发展方向的艰难抉择。尽管他们最终为国家的发展选择了一个错误的方向，给国家和民族带来了巨大危害，误国误民，但这并非其初衷。正如刘坤一所说的，义和团由于诸王公主持，而“诸王公等，以天潢至亲，休戚相关，讵有愿致危亡之理？岂不以国势日弱，受侮日深，一睹拳匪之奸回，诧为神奇，诈为忠义，而于治乱本末、华洋情形，未尝考究，轻举妄动，卒之薄海切齿，裁逮其身，此不学之祸也”[②]。虽然刘坤一此言反映出其鄙弃底层力量、仇视民众运动的地主阶级立场，但其对于诸王公排外出发点的评价应属客观而中肯。

---

① 罗志田：《思想观念与社会角色的错位：戊戌前后湖南新旧之争再思》，《历史研究》1998年第5期。又见汤志钧：《戊戌变法史论》，群联出版社1955年版，第15页。

② 《刘坤一遗集·奏疏》卷34，第1256—1257页。

与此同时，守旧派对于洋务运动和维新运动存在的诸多弊端和缺陷的批判，正是基于对国家发展前途和命运忧虑而表现出的真切关心。他们对于国家发展方向审慎甚至守旧的态度，彰显出其虔诚的民族文化传统尊重之情。因而，尽管守旧派思想迂腐且落后，但他们无疑是传统的忠实卫护者，“其操心也危，其虑患也深”，他们在以孤臣孽子般的忠心执着地捍卫千年传统。不可否定，正是由于有了这种卫护传统的坚韧精神，民族文化传统才能源远流长。当然，不懂变通的固守，也使他们卫护的效果大打折扣。另外，需要指出的是，他们对于洋务派和维新派指责和反对的言论也不全源于浅薄无知，也并非全是毫无价值的谬论，其中也不乏深刻的思想，启迪后人在如何继承与发扬传统、如果变革求新上深入思考、审慎对待。

守旧派痛心于西方资本主义经济所带来的人心趋利社会风气，竭力阻止其对社会人心风俗的“毒害”。他们试图通过保留传统大一统社会的方式来阻止西方新思想对封建政治文化秩序的侵袭，明显有悖于中国近代化的发展方向。但无论如何，他们对于社会风俗变化感觉的敏锐性，对于人心风俗的忧虑，是具有积极意义的。这至少能表现出他们深厚的社会责任感和他们对社会文化、世道人心、国家发展方向的深切忧虑，表达出一个视国家民族的发展为己任的知识阶层深切的人文关怀。

孙广德在评论洋务运动及其反对者时指出：“反对者以为西洋船炮不必学习，甚至认为西洋船炮不如中国船炮，实在是固陋之见；但他们认为仅学习西洋船炮仍不能富强，当时尚有许多重于船炮的事应该讲求，的确很有见识。倡导学习西洋船炮者，以为西洋船炮优于中国船炮，非购置不足以与西人相抗，应是不刊之论，但他们一心一意地急于学习西洋船炮，却未能仔细考虑并筹谋各种相关条件与之配合，则是疏失之虞。就整个大趋势大潮流而言，反对学习西洋船炮者，终是阻碍了中国西化的步伐，对中国现代化的迟缓难辞其咎，然而在他们反对的言论中，却为倡导学习西洋船炮者提供了值得考虑的问题与作妥善筹划的线索，如果倡导者能平心静气地慎审思辨的话，对中国西化的进行，未尝没有好处，这可以说是他们无意中的贡献。”① 此言不无道理，我们也可以顺着其思路，来评价清末守旧派的思想观点：

清末守旧派对于洋务派和洋务运动开展过程中存在的诸多弊端的攻击，并非完全没有道理，如他们针对矿务兴办的弊端而建议暂缓开采之说有理有据，对于洋务运动开办中出现的贪渎和任用私人现象的抨击也非无稽之谈。他们不少反对言论都是有的放矢、有根可循的。虽然他们思想守旧，但不能否定其能为国家发展方向和道路的选择提供某些合理的依据，为开新政治派别完善其思想提供多方面的参考和借鉴。而新生的政治派别，如果能对守旧派的言行和反对意见予以考虑，加以斟酌，对改革举措勤加反思，以更加审慎的方式和态度规划改革，使改革稳步进行，则结局或许会更好，既能避免一些不必要的弯路，改革阻力也会因之而减少。以往的历史研究往往倾向于站在时代前进的方向对守旧派大加批判和攻击。但笔者认为，历史研究的目的乃为现实社会提供借鉴，辩证看待历史无疑为今人应有的态度。因此，仅仅站在社会发展前进的方向去批判守旧派似乎不足以借鉴历史；只有深入挖掘守旧派守旧的深层原因，从守旧派对于开新政治派别的批判中找寻改革的失误之处，才能更好地分析革新运动失败的原因和教训、反思避免失败结局的方式和策略，也才更加有益于社会的稳定和发展，才更好地体现历史研究的人文关怀。

在对外交往方面，守旧派所持的强硬外交政策也不是没有任何积极意义的。晚清，以李鸿章为首的洋务派所主持的清政府外交对于西方列强往往采取妥协求和的方式，试图以此来赢得自强的机会和时间。可是，列强得寸进尺，将中国一步一步逼入了半殖民地半封建社会的深渊，并开始瓜分豆剖，企图蚕食殆尽。虽然清末守旧派思想落后于世界形势，然而，其对于列强侵略的阴谋却看得非常真切，故他们不愿苟且偷生，试图与敌人决一死战。毫无疑问，守旧派与多国同时开战最终将国家推入灾难的深渊，这种选择本身十分错误、愚蠢，盲目、冲动而无知。但不可否认，如前面章节所述，他们之前对外交往的整体思路有一定合理性。并且，在庚子之前，他们并无与多国同时开战的想法，一直试图提高清政府军事实

① 孙广德：《晚清传统与西化的争论》，台湾商务印书馆 1982 年版，第 23—24 页。

力、力图在对外战争中占据主导地位以改变被动挨打的局面；他们也曾遵守与列强签订的和约，注意保障列强在中国的使臣和传教士的安全；他们也曾如洋务派一般力求维持一个稳定与和平的社会环境进行国家建设。可是，列强得寸进尺、步步进逼，传教士纵容教民欺压平民并干涉中国内政，致使各地教案层出不穷。备受列强欺凌的局势让老百姓苦不堪言，使守旧派如坐针毡。忍无可忍的情况下，守旧派选择了奋起反抗。列强一再劫掠、肆意欺凌，又焉能要求当政的守旧派委曲求全、一味妥协？只是，知己知彼百战不殆，守旧派并没有为战争做好充分准备就仓促上阵，盲目冲动的后果，必定贻害无穷。

而且，若是谈论清政府违背了国际法，那么，根据国际法的规定，当时清政府确实应该保障各国公使的安全。可是，列强又何尝遵守了与中国所签订的条约？他们又何尝没有违背国际法？如光绪二十五年（1899）正月，“金州城外租界，俄官屡次无理生事”，“俄队每日绕城梭巡，见人即拿，以致城内兵民不敢出入，往来不通，势成坐困，此实违理之至。”① 正如王韬早就指出的：列强“夺民间之利，贩犯禁之物，擅以小火轮船深入内港，任意诋毁中国崇奉之教，昌言众前，凡此皆与我禁令条教相违而于例不可行者也，而彼在中国行之，悍然无所顾忌也”②。在列强控制弱小国家和民族的强权政治、霸权主义下，弱小国家和民族的任何行为都有可能是引发更大范围侵略与欺凌的借口。隐忍或是反抗，只是不同的选择而已。归根结底，对于中国内政的肆意干涉与对于中国老百姓的任意欺凌，乃中国人反抗的根本原因。故义和团运动时期，清末守旧派不顾与多国同时开战的危险，在忍无可忍的情况之下选择奋起反抗，实属情有可原。只是，他们并没有采取合理的策略理性地处理问题，才导致了悲剧的发生。也只有在中国积贫积弱而列强能凭借其武力、倚靠强权为所欲为的不公正国际环境下，毫无顾忌违背国际法的列强才能以中国不遵守和约为借口而对中国开战，将战争的责任完全推给中国。在近代弱肉强食的丛林政治里，在强权面前，弱国原本就无外交，此乃永恒的真理。

庚子事变后，经历了守旧派强硬外交政策和中国人的激烈反抗后，列

① 《大清德宗景皇帝实录》(6)，卷438，第4004页。

② 王韬：《弢园文录外编》，上海书店出版社2002年版，第70页。

强蛮横的侵略行为也终于有所收敛。其教会中的某些不肖门徒，被认为是其教派的“声明之累”，如果一味加以徇庇，“既无以昭大公而服人心，且恐以后办理各案诸多掣肘”①，并会播下民众反抗的种子。于是，《辛丑条约》签订两三年后，列强对其在中国的传教士和教民的特权予以限制，规定传教士不能干涉中国内政，同时注意提高来华传教士素质，尽量避免其与中国人直接冲突和教案发生。总的说来，庚子事变后，列强以往漫无边际的传教特权受到了一定限制，部分实现了限教的目标。② 这不能不说是中国人在义和团运动中的胜利，是清末守旧派强硬对外政策的胜利。

经历了庚子事变，中国人也开始总结经验教训，学习以文明的方式排外，以新的民族精神与列强进行抗争，收回和维护了中国的部分利权③。中国政府也充分认识到“守旧之极而有拳匪之乱”，“积习相仍，因循粉饰，以致成此大衅”④。而庚子事变劫后余生的清政府也开始吸取教训，主动进行社会变革。

总之，虽然清末守旧派思想落后、不适应时代潮流、阻碍了近代社会的发展，庚子拳乱国家蒙难其难辞其咎，但这并不意味着他们思想毫无可取之处：包括对于改革的求平求稳，对于西方文化有选择性吸收的方式，维护国家主权的爱国之心，保守传统的人文关怀，对社会风气转变的忧虑等等。我们对其进行评价时，应客观分析，审慎对待，可以批判，但不能因人废言，也不能对其思想中某些合理的零星片断和积极因素视而不见。除了看到其缺陷，我们还应思考他们对于近代中国新派人物和社会变革批判的合理之处，从而进一步思索社会变革如何才能减少阻力，如何才能更加审慎平稳。

① 《义和团在山西地区史料》，第 131 页。

② 李育民：《义和团运动对不平等条约体系的影响》，《湖南师范大学学报》2001 年 11 月，第 108 页。

③ 王守中：《从盲目排外到文明抗争（1897—1911）》，《山东师大学报》1997 年第 5 期，第 31 页。

④ 沈桐生：《光绪政要》（4），卷 27，第 1622 页。

结　语

清末守旧派与之前几个时期的守旧派乃根源于传统小农经济之上的思想政治派别，这就注定了他们在思想上不仅不能代表近代社会发展的方向，反而会成为进步社会思潮中的暗礁险滩，充当时代发展的绊脚石。作为封建统治阶级营垒的成员，清末守旧派与洋务运动时期的守旧派、戊戌变法时期的守旧派一样，都要求维护清王朝的封建统治，维护儒家思想的统治地位。不同的是，不同时期的守旧派，守旧思想往往聚焦于不同的时代问题上，表现的点和面也不尽相同：

相对于洋务运动时期的守旧派，清末守旧派已经不再固执地反对引进西方先进武器装备及技术了；对于洋务运动时期争论激烈的科举正途士子学习西方天文、算学等自然科学的问题，他们也不再固执成见，只是要求士子在学习西方之前先打好牢固的中学基础；在维护国家利权方面，清末守旧派也曾以比较清醒的头脑来思考世界大势，也曾采取较为合理的方式来维护国家权益，不再像洋务运动时期守旧派那样一味要求驱逐列强，而不顾及与列强所签之和约。这些无疑都反映出清末守旧派为适应迅猛发展的时代潮流做出了适当调整，思想也得到了相应提升。总体来说，他们的思想水平已相当于早期洋务派。

不同时期和阶段的守旧派，所守护的事物不完全相同，根源在于社会发展任务和时代主题的不同。洋务运动时期的历史任务是学习西方器物文化，“师夷长技以制夷”。故此时期守旧派反对从学于西方，认为西方列强以侵略的方式出现于国人面前，本身就说明其缺乏教化，只能称为“蛮夷”，故没必要向西方学习。况且，西方的重商举措是求利的表现，这与中国重义轻利的传统相违背，学习西方只会导致人心风俗日趋于利，最终危害世道人心；戊戌变法时期，时代的发展，要求学习西方不能只局限于器物文化，改革封建君主专制制度，宣传民权、平等观念成为时代新要求。在这种背景下，守旧派反对的对象自然是维新派和其种种开新举措。为维护封建统治秩序，守旧派残酷镇压维新派，甚至连主持变法的光绪帝也成为他们卫护传统政治和封建道统的牺牲品；到了义和团运动时期，守旧派继续压制维新派的活动，企图消弭维新思想对民众的影响，时时防范康、梁等维新派卷土重来。随着列强侵略的加速与觊覦意图的日益明显与张狂，守旧派逐渐产生了与列强拼死一战的想法，他们的排外主张也日趋激烈，最终在义和团的触发下一发不可收拾。

相对于前期守旧派，清末守旧派思想有独特之处。他们恪守祖制，不容许有丝毫违背祖制的言论与举措影响封建秩序，极端的时候甚至要求废黜光绪帝、立储君，理由是违背祖制的皇帝不适合居于帝国统治的高位。然而，光绪朝前期，吴可读尸谏立储时守旧派却纷纷反对，理由是祖制有不立储的规定。很显然，他们打着恪守祖制的招牌做着偏离祖制之事，看似矛盾，实则是卫护祖制和传统的真实意图一以贯之。废光绪、立储君，这种行为无疑仍是戊戌政变的延续，是对维新派和维新思想镇压的继续；他们迷信义和团的神术，从根本上说，是想利用义和团以实现其排外、抗击侵略的主张；他们卫道观念无孔不入，甚至导致爱国观念的异化和对道统的维护胜于对国家安危的关心。不可否认，清末守旧派拥有一定的爱国情感，但当其爱国情感遭遇狭隘的民族情感与封建道统时，便立即异化变质了。他们的爱国，变成了对满洲贵族政权的维护和封建专制统治秩序的坚守；他们的极端排外根源于列强侵略的逐渐肆虐，并非一贯如此。最先，他们也试图维持与列强相安无事的和局，并不想违背与列强所签之和约而引发新的战争，但随着列强侵略的日益加深，他们终究还是没能控制住仇恨情绪的急遽滋长。由于他们掌握了朝政大权，能很快将其思想主张付诸实践，于是，他们疯狂地将守旧与排外的思想主张搬上政治舞台，导致大错酿成。对守旧派纵团的评价，也应该客观而审慎，不能全盘否定，正如时人所说：“平心而论，诸人信可谓拳乱一役之罪魁，然亦未尝非由于爱国心之所激。不过昏谬糊涂，不察世界大势，而又暗于学识，一意信仰，遂致铸成此大错，卒至身败名裂，国亦随之。可恨亦可怜矣。然而较之一般卖国贼，殆犹有上下床之别耳！”①

在经历了洋务运动和维新运动的开新举措后，清朝统治集团内部居然还会存在如此极端守旧的思想政治派别，个中缘由十分复杂，乃多种历史原因与现实因素共同作用的结果，既有传统文化的影响，也包括历史渊源和现实政治、社会因素以及个人自身因素。总体来说，守旧派及守旧思想的存在与具体的政治、经济基础相联系：

在自给自足的小农经济下，守旧派难以突破其经济基础的束缚，其守旧与排外的思想正是这种落后经济关系的反映。

传统文化具有巨大惯性，长期熏染于其中的人们产生了共同的文化心理、思维方式和价值观念，形成与西方文化截然不同的价值体系和思维方式。当西方坚船利炮携裹西方文化而来，深受儒家文化熏染的守旧派一时之间很难接受这种异质文化，抵制其传播自是必然。这种文化惯性，归根结底，源于两种文化背景和价值体系的水火不容；而文化惯性的出现，是一种封闭而固定的文化体系遭遇另一种文化强有力的侵袭从而导致方向改变的必然表现。

个人经历和视野的限制，使守旧派守旧与排外的思想很难改变，也注定了其落后于时代潮流的局面难以改变。他们在传统文化心理的支配下拒绝学习西方，拒绝与西方世界有直接交流。因而在职位选择上，他们极力避开需要直接与列强交涉的部门，如此就等于主动关闭了观察和了解西方的窗口。各种因素相结合，将守旧派守旧与排外的思想堡垒铸成了铜墙铁壁，密不透风。

守旧派在中国近代社会进步与发展过程中所设置的重重障碍，阻碍了社会风气的开放、进步和人们思想观念的更新，造成当时社会的黑暗与迷信，同时也导致了民气的低落。而他们最终所采取的误国政策，给列强侵略提供了口实，给国家和民族带来了巨大危害，延误了近代中国社会发展的脚步。

尽管如此，作为一个与进步思想政治派别相对立的群体，守旧派及其思想的存在依然具有一定的合理性与历史意义。尽管他们思想落后，阻碍

① 《义和团》（2），第64页。

了社会向前发展，基于视野的限制其为国家设计的强国举措也难有成效，但这并不意味着他们思想的一无是处：他们的确阻碍了近代社会的发展，但却不能从根本上改变近代社会发展的方向。反而由于守旧思想与进步社会思潮的冲突与较量，推进了进步社会思潮的进一步深化，近代社会就是在进步与落后的思想冲突中逐步向前发展的；同时，清末守旧派对于洋务派、维新派开新举措的反对也不是毫无意义的谬论，其中某些言论确实能反映出当时革新举措的种种不足，启发后人思考如何才能更好地继承与发扬传统，如何才能使改革以更加稳妥的方式进行。如果当年开新的政治派别能重视守旧派的言论，心平气和地反思改革举措并加以改进，而不是一味贬斥，也许，社会的转型会更加顺畅，社会的发展不会那么一波三折、动荡频仍。毕竟，民族文化的发展不是简单地抛弃就可以达致的，而是需要继承与发扬、扬弃与反思，只有立足旧传统，才能开拓新局面，否则，民族文化终成无源之水、无本之木。因此，对守旧派的评价，必须客观而公正，全面肯定绝不可能，一概否定也并不可取。只有全面而辩证、平和而理性、客观而深入地分析守旧派，才能真正达到以史为鉴的目的。

总之，在几千年封闭的、独成体系的传统文化背景中竭蹶前行的清末守旧派，不成想遭遇西方飞速发展的工业文明和民权、平等的西方价值体系，仓皇地返身于传统中去寻找捍卫传统文化、解决新问题的药方。其背上沉重的传统文化包袱，不时释放出种种悖离时代潮流的言行与决策。在此几千年未有之变局中，因传统的负累，他们不能正确看待西方文化，也没法很好地传承传统文化。最终，他们就像矗立于奔流不息历史长河中的巨大礁石，在改天换地的滚滚洪流中被击得支离破碎，巨大冲击声响彻云霄，久久回荡在历史上空，向后人诉说着几千年文化传承的超越与更新。

主要参考文献

一、文献资料

《光绪朝军机处录副奏折·内政》。

故宫博物院明清档案馆编：《义和团档案史料》，中华书局1979年版。

中国第一历史档案馆：《义和团档案史料续编》，中华书局1990年版。

《光绪朝朱批奏折》，中华书局1995年版。

中国第一历史档案馆编：《光绪宣统两朝上谕档》，广西师范大学出版社1996年版。

《戊戌变法档案史料》，沈云龙主编：《近代中国史料丛刊》续集第32辑，台湾文海出版社，1974年版。

朱寿朋：《光绪朝东华录》，中华书局1984年版。

《清德宗皇帝实录》，中华书局1987年版。

沈桐生：《光绪政要》，沈云龙主编：《近代中国史料丛刊》第35辑，台湾文海出版社1969年版。

赵尔巽：《清史稿》，中华书局1977年版。

《清史列传》，中华书局1987年版。

金梁：《光宣列传》，沈云龙主编：《近代中国史料丛刊》续编第10辑，台湾文海出版社影印本。

沃丘仲子：《近代名人小传》，中国书店1988年版。

蔡冠洛：《清代七百名人传》，北京中国书店1984年版。

台湾"中央研究院"近代史研究所编：《近代中国对西方及列强认识资料汇编》，1988年。

杨家洛主编：《戊戌变法文献汇编》，中国近代史文献汇编，台北鼎文书局1973年版。

汤志钧：《戊戌变法人物传稿》，中华书局1982年版。

中国史学会：《洋务运动》，上海书店出版社、上海人民出版社 2000 年版。

中国史学会：《戊戌变法》，上海书店出版社、上海人民出版社 2000 年版。

中国史学会：《义和团》，上海书店出版社、上海人民出版社 2000 年版。

刚毅：《洗冤录歌诀》，宣统元年甘肃官报书局排印，藏于国家图书馆古籍部。

刚毅等纂：《晋政辑要》，光绪十三年本，藏于国家图书馆古籍部。

刚毅：《见闻辑要》，光绪庚辰刊于广东惠潮嘉道署，藏于国家图书馆古籍部。

刚毅辑：《审看拟式》，光绪乙丑秋仲刊于江苏书局，藏于国家图书馆古籍部。

刚毅：《牧令须知》，沈云龙主编：《近代中国史料丛刊》第 65 辑，台湾文海出版社 1971 年版。

刚毅：《秋谳辑要》，沈云龙主编：《近代中国史料丛刊》第 24 辑，台湾文海出版社 1968 年版。

佚名：《静海徐相国传》，藏于国家图书馆古籍部。

徐桐：《光绪二十一年乙未科会试录》，藏于国家图书馆古籍部。

徐桐：《光绪二十一年乙未登科录》，藏于国家图书馆古籍部。

徐桐：《使沈纪程偶吟》，藏于国家图书馆古籍部。

徐桐：《文昌帝君劝友文注释》，藏于国家图书馆古籍部。

徐桐：《廿二史孝感录》，藏于国家图书馆古籍部。

徐桐：《课子随笔节钞》（续编），藏于国家图书馆古籍部。

徐桐：《大学衍义体要》，（清）光绪年刻本。

［宋］真德秀：《大学衍义》，梅墅石渠阁藏版。

［明］丘浚：《大学衍义补》·序，明刻本。

继室归库雅拉室颜札氏追述：《启秀事略》，藏于国家图书馆古籍部。

赵舒翘：《提牢备考》，北京法律出版社 1997 年版。

赵舒翘：《慎斋文集》，1924 年西山书局铅印本。

赵舒翘：《慎斋年谱》，1924 年西山书局铅印本。

曾廉：《蠡庵集》，宣统三年氏会辅堂刊本。

曾廉：《蠡庵续集》，1924 年层漪堂刻本。

王龙文：《平养堂疏稿》，1920 年刻本。

李秉衡著，戚其章辑校：《李秉衡集》，齐鲁书社 1993 年版。

于荫霖：《悚斋日记》，沈云龙主编：《近代史资料丛刊》第 23 辑，台湾文海出版社影印本。

于荫霖：《悚斋遗书》，1923 年北京刻本。

方濬颐：《二知轩文存》，沈云龙主编：《近代史资料丛刊》第 49 辑，台湾文海出版社 1966 年影印本。

李慈铭：《越缦堂文集》，沈云龙主编：《近代史资料丛刊》第 17 辑，台湾文海出版社影印本。

方宗诚：《柏堂师友言行记》，沈云龙主编：《近代史资料丛刊》第 22 辑，台湾文海出版社 1966 年影印本。

方宗诚：《开县李尚书（宗义）奏议》，沈云龙主编：《近代史资料丛刊》第 47 辑，台湾文海出版社影印本。

吕贤基：《吕文节公（鹤田）奏议》，沈云龙主编：《近代史资料丛刊》第 8 辑，台湾文海出版社影印本。

刘锡鸿：《英轺私记》，湖南人民出版社 1981 年版。

《刘光禄（锡鸿）遗稿》，沈云龙主编：《近代史资料丛刊》3 编第 45 辑，台湾文海出版社 1966 年影印本。

苏舆：《翼教丛编》，上海书店出版社 2002 年版。

杨光先：《不得已》，1929 年中社影印本。

［明］徐昌治：《圣朝破邪集》，日本安政乙卯冬翻刻本。

王炳燮：《毋自欺室文集》，沈云龙主编：《近代中国史料丛刊》第 24 辑，台湾文海出版社 1968 年版。

陈义杰整理：《翁同龢日记》，中华书局 1998 年版。

《张之洞全集》，河南人民出版社 1998 年版。

《刘坤一遗集》，中华书局 1959 年版。

《李鸿章全集》，海南出版社 1997 年版。

《张謇全集》，江苏古籍出版社 1994 年版。

邓承修：《语冰阁奏议》，沈云龙主编：《近代中国史料丛刊》第 12 辑，台湾文海出版社 1967 年版。

《袁世凯奏议》，天津古籍出版社 1987 年版。

盛宣怀：《愚斋存稿》，台北文海出版社 1975 年版。

北京大学历史系近代史教研室编：《盛宣怀未刊信稿》，中华书局 1960 年版。

《曾纪泽遗集》，岳麓书社 1983 年版。

李元度：《天岳山馆文钞》，沈云龙主编：《近代中国史料丛刊》第 41 辑，台湾文海出版社 1969 年版。

夏震武编：《嘉定（徐致祥）、长白（宝廷）二先生奏议》，沈云龙主编：《近代中国史料丛刊》第 43 辑，台湾文海出版社 1969 年版。

叶德辉：《觉迷要录》，沈云龙主编：《近代中国史料丛刊》3 编第 33 辑，台湾文海出版社 1985 年版。

《郭嵩焘奏稿》，岳麓书社 1983 年版。

《郭嵩焘日记》，第 1 卷，湖南人民出版社 1981 年版。

王闿运：《湘绮楼文集》，岳麓书社 1996 年版。

王先谦：《虚受堂书札》，宣统二年刻本。

王先谦：《葵园四种》，岳麓书社 1986 年版。

何平、李露点注：《岑春煊文集》，广西人民出版社 1998 年版。

唐文治：《茹经堂文集》，沈云龙主编：《近代中国史料丛刊续编》第 4 辑，台湾文海出版社影印本。

薛福成：《薛星使庸盦全集》，光绪二十三年（1897 年）湖南新学书局刻本。

薛福成：《庸庵笔记》，民国上海商务印书馆铅印本。

王韬：《弢园文录外编》，上海书店出版社 2002 年版。

冯桂芬：《校邠庐抗议》，沈云龙主编：《近代中国史料丛刊》第 62 辑，台北文海出版社 1971 年版。

郑观应：《盛世危言》，华夏出版社 2002 年版。

梁启超：《饮冰室合集》，中华书局 1989 年版。

王彦威：《清季外交史料》，沈云龙主编：《近代中国史料丛刊》3 编第 2 辑，台湾文海出版社 1985 年版。

《教案奏议汇编》，光绪辛丑仲秋上海书局石印本。

葛士濬：《皇朝经世文续编》，沈云龙主编：《近代中国史料丛刊》第 75 辑，台湾文海出版社 1972 年版。

吴铁峰：《清末大事编年》，湖南大学出版社 1996 年版。

王明伦：《反洋教书文揭帖选》，《义和团资料丛编》，齐鲁书社 1984 年版。

《义和团在山西地区史料》，山西人民出版社 1980 年版。

左舜生：《庚子拳乱资料》，沈云龙主编：《近代中国史料丛刊》续编第 37 辑，台湾文海出版社影印本。

罗惇曧：《庚子国变记》，中国历史研究资料丛书，上海书店 1982 年版。

陈振江、程歗：《义和团文献辑注与研究》，天津人民出版社 1985 年版。

胡寄尘：《清季野史》，岳麓书社 1985 年版。

裘毓麟：《清代轶闻》，中华书局、上海书店联合出版 1989 年版。

章伯锋、顾亚主编：《近代稗海》（Ⅱ），四川人民出版社 1988 年版。

荣孟源、章伯锋主编：《近代稗海》（Ⅰ），四川人民出版社 1985 年版。

天台野叟：《大清见闻录》，中州古籍出版社 2000 年版。

《清朝野史大观》，上海书店出版社 1981 年版。

胡思敬：《国闻备乘》，上海书店出版社 1997 年版。

胡思敬：《驴背集》，北京古籍出版社 1990 年版。

吴永口述，刘治襄记：《庚子西狩丛谈》，岳麓书社 1985 年版。

朱克敬著：《暝庵杂识·暝庵二识》，岳麓书社 1983 年版。

陈夔龙：《梦蕉亭杂记》，山西古籍出版社 1996 年版。

罗惇曧：《清外史宾退随笔》，沈云龙主编：《近代中国史料丛刊》3 编第 26 辑，台湾文海出版社 1985 年版。

恽毓鼎：《清光绪帝外传》，北京古籍出版社 1999 年版。

何德刚：《春明梦录·客坐偶谈》，清代历史资料丛刊，上海古籍书店 1983 年版。

徐一士：《一士谈荟》，书目文献出版社 1983 年版。

刘体仁：《异辞录》，上海书店出版社 1984 年影印本。

黄濬：《花随人圣盦摭忆》，沈云龙主编：《近代中国史料丛刊》3 编第 46 辑，台湾文海出版社影印本。

不才：《清史拾遗》，沈云龙主编：《近代中国史料丛刊》3 编第 61 辑，台湾文海出版社影印本。

孔广德：《普天忠愤集》，沈云龙主编：《近代中国史料丛刊》续编第 23 辑，台湾文海出版社影印本。

许大龄：《清代捐纳制度》，沈云龙主编：《近代中国史料丛刊》续编第 40 辑，台湾文海出版社影印本。

徐珂：《清稗类钞》，中华书局 1984 年版。

辜鸿铭：《张文襄幕府纪闻》，山西古籍出版社 1995 年版。

《辛亥革命前十年间时论选集》（第一、二卷），生活·读书·新知三联书店，1978 年版。

《申报》，1898—1900 年。

二、著作与论文集

《马克思恩格斯选集》，人民出版社 1995 年版。

《义和团运动与近代中国社会》，四川社会科学院出版社 1987 年版。

《义和团运动与近代中国社会国际学术讨论会论文集》，齐鲁书社 1992 年版。

《义和团运动史讨论文集》，齐鲁书社 1982 年版。

《义和团运动史论文选》，中华书局 1984 年版。

台湾“中央研究院”近代史研究所特刊：《六十年来的中国近代史研究》，上册，1988 年版。

黎仁凯、姜文英：《直隶义和团运动与社会心态》，河北教育出版社 2001 年版。

中华文化复兴运动推行委员会主编：《中国近代现代史论集》（四），台湾商务印书馆 1985 年版。

中华文化复兴运动推行委员会主编：《中国近代现代史论集》（十二、十三），台湾商务印书馆 1986 年版。

汤志钧：《戊戌变法史论》，（上海）群联出版社 1955 年版。

汤志钧：《康有为与戊戌变法》，中华书局 1984 年版。

吴相湘：《近代史料举隅》，台北大西洋图书公司 1968 年版。

石泉：《甲午战争前后之晚清政局》，生活·读书·新知三联书店 1997 年版。

李侃：《中国近代史散论》，人民出版社 1982 年版。

龚书铎：《中国近代文化概论》，中华书局 1997 年版。

王开玺：《隔膜、冲突与趋同——清代外交礼仪之争透析》，北京师范大学出版社 1999 年版。

王先明：《近代绅士，一个封建阶层的历史命运》，天津人民出版社 1997 年版。

《中国近百余年大事述评》，第 2 册，台湾学生书局 1996 年版。

《中国将相辞典》，明天出版社 1990 年版。

陈旭麓、方诗铭、魏建猷主编：《中国近代史词典》，上海辞书出版社 1982 年版。

杨航军：《走向近代化：清嘉道咸时期中国社会走向》，中州古籍出版社 2001 年版。

罗荣渠、牛大勇：《中国现代化历程的探索》，北京大学出版社 1992 年版。

孙广德：《晚清传统与西化的争论》，台湾商务印书馆 1982 年版。

李细珠：《晚清保守思想的原型——倭仁研究》，社会科学文献出版社 2000 年版。

李守孔：《中国近百余年大事述评》，台湾学生书局 1996 年版。

费正清：《剑桥中国晚清史》，中国社会科学出版社 1985 年版。

萧一山：《清代通史》，中华书局 1986 年版。

吕实强：《丁日昌与自强运动》，台北“中央研究院”近代史所 1972 年版。

李剑农：《中国近百年政治史（1840—1926）》，复旦大学出版社 2002 年版。

《清廷之改革与反动》，正中书局 1973 年印行。

《中国近代工业史资料》，第 2 卷，中华书局 1984 年版。

祝慈寿：《中国近代工业史》，重庆出版社 1989 年版。

齐大云、任安泰：《百年浮沉·近代中国民族工商业的发展道路》，广播电视出版社 1991 年版。

李长莉：《晚清上海社会的变迁——生活与伦理的近代化》，天津人民出版社 2002 年版。

桑咸之、林翘翘：《中国近代政治思想史》，中国人民大学出版社 1986 年版。

朱义禄、张劲：《中国近现代政治思潮研究》，上海社会科学院出版社 1998 年版。

钱钟书主编：《万国公报文选》，生活·读书·新知三联书店 1998 年版。

王尔敏：《中国近代社会思想史论》，社会科学文献出版社 2003 年版。

《近代中国思想人物论：保守主义》，台北：时报文化出版公司 1980 年版。

钟叔河：《从东方到西方》，走向世界丛书叙论集，上海人民出版社 1989 年版。

［德］卡尔·曼海姆著，李朝晖、牟建君译：《保守主义》，译林出版社 2002 年版。

王戎笙：《台湾清史研究文摘》，辽宁人民出版社 1988 年版。

丁伟志、陈崧：《中西体用之间》，中国社会科学出版社 1995 年版。

李泽厚：《中国近代思想史论》，李泽厚十年集（第 3 卷·中），安徽文艺出版社 1994 年版。

陶东风：《社会转型与当代知识分子》，上海三联书店 1999 年版。

李世涛主编：《激进与保守之间的动荡》，长春：时代文艺出版社 2002 年版。

宋军：《申报的兴衰》，上海社会科学出版社 1996 年版。

［美］柯文著，雷颐、罗俭秋译：《王韬与晚清改革：在传统与现代性之间》，江苏人民出版社 2003 年版。

三、论文

金冲及：《义和团运动时期的各阶级动向》，《学术月刊》1960 年 11 月。

廖一中：《论义和团运动时期统治阶级中的抵抗派》，《天津师院学报》1979 年 3 月。

廖一中：《论载漪》，《天津师大学报》1983 年第 4 期。

廖一中：《再论清政府与义和团的关系》，《历史研究》1985 年 6 月。

李文海：《关于义和团与封建统治阶级关系的若干问题》，《求索》1986 年 3 月。

罗志田：《思想观念与社会角色的错位：戊戌前后的湖南新旧之争再思》，《历史研究》1998 年第 5 期。

李德征、丁风麟：《论义和团时期围攻使馆事件》，《文史哲》1981 年 1 月。

高新战：《义和团运动时期清朝顽固派的嚣张与覆灭》，《许昌师专学报》1986 年 2 月。

胜仪：《一伙祸国殃民的顽固派：庚子事变肇祸诸臣》，《历史大观园》1986 年 6 月。

孙石月：《毓贤与山西义和团》，《山西师院学报》1982 年 4 月。

戚其章：《关于毓贤评价的几个问题》，《社会科学研究》2000 年第 3 期。

孙丽萍：《从忠实奴才到替罪羊——清末山西巡抚毓贤的悲剧》，《沧桑》2001 年 3 月。

张立胜：《一个务实的守旧派官僚——刚毅》，《山东行政学院，山东省经济管理干部学院学报》2004 年 3 月。

刘茂亭：《晚清的法律家赵舒翘》，《西北政法学院学报》1984 年 1 月。

陈鍫：《戊戌变法时反变法人物之政治思想》，《燕京学报》1939 年 6 月（第二十五期）。

刘圣宜：《浅论庚子事变肇祸诸臣》，《华南师范大学学报》1987 年第 3 期。

欧阳跃峰：《清朝顽固派与义和团运动的兴起》，《安徽师大学报》1987 年第 4 期。

李宏生：《毓贤与山东义和团》，《山东师院学报》1980 年 5 月。

牛济：《清朝顽固派与北京义和团》，《山东师院学报》1980 年 5 月。

陈在正：《论义和团运动时期的毓贤》，《社会科学研究》1982 年 2 月。

张宇权：《晚清保守思想的成因及其对近代中国的影响》，《厦门大学学报》2003 年 5 月。

张宇权：《晚清士人刘锡鸿保守思想的基本特点》，《广西社会科学》2003 年 5 月。

王毅：《论义和团精神与中国现代化进程逆动关系》，《开放时代》2000 年 9 月，总第 141 期。

李育民：《义和团运动对不平等条约体系的影响》，《湖南师范大学学报》2001 年 11 月。

戚其章：《清政府与义和团运动——以持平办理方针为中心》，《齐鲁学刊》2002 年第 1 期。

周萍：《试析 20 世纪初晚清教案趋于消亡的原因》，《史学研究》2002 年 8 月。

罗志田：《从异端走入正统的——子不语——庚子义和团事件表现出的历史转折》，《历史教学》2001 年第 2 期。

喻大华：《裕禄与庚子事变》，《历史教学》1997 年第 10 期。

吴宝晓：《从张之洞看清流派的主战观点》，《河北师范大学学报》2001 年 4 月。

王守中：《从盲目排外到文明抗争（1897—1911）——中国对德占胶州湾的反应》，《山东师大学报》1997 年第 5 期。

张梅霞：《义和团运动的“封建蒙昧”“笼统排外”现象述评》，《淮南师范学院学报》2004 年第 4 期。

杜继东：《台湾的义和团运动史研究》，《近代史研究》2000 年第 5 期。

陈勇勤：《“清流”三群体与在朝清议》，《荆州师专学报》1995 年第 6 期。

潘家德：《二十世纪初中国知识分子对传统文化的反思》，《四川师范学院学报》1997 年 9 月。

杨国强：《1900 年：新旧消长和人心丕变》，《史林》2001 年第 1 期。

孔祥吉：《义和团运动中李秉衡的言行考察》，《清史研究》2011 年第 3 期。

后　记

这是一本难产的书。它是在我博士论文的基础上修改而成。从博士毕业至今，已快12年。12年，不长不短的时光，已完成生肖的一个轮回，我还在原地踏步，除了奔波忙碌养家糊口之外，学术上并无多大长进，实在有些汗颜。但有些事情终究需要完成，才好进行下一步的工作。所以，厚着脸皮，修改出版，只是为了完成之前欠下的债。虽几易其稿，但由于水平有限，疏漏依然很多，敬请批评指正！

本书的完成，首先应该感谢我的博士生导师史革新先生，是先生的悉心指导，才有博士论文的成文。愿此书付梓出版，能稍稍宽慰先生在天之灵。

本书的修改，得益于博士论文答辩时几位先生的指导，梁景和、郭双林、黄兴涛、郑师渠、王开玺，他们督促我直面书稿的薄弱环节从而加以改善，在此一并致谢。

本书的出版得到了人民出版社的支持和悉心指导，邵永忠编辑付出了很多心血，个中艰辛，无以回报，只言片语，难表谢意。本书的出版得到广东省哲学社会科学规划资助，在此一并致谢！

要感谢的还有很多，在此不一一致谢，只希望本书能得到稍许几个学界前辈或同行的认可或批评，则也不枉导师和诸多学界前辈的提点与指导。

黄庆林

2017年12月31日